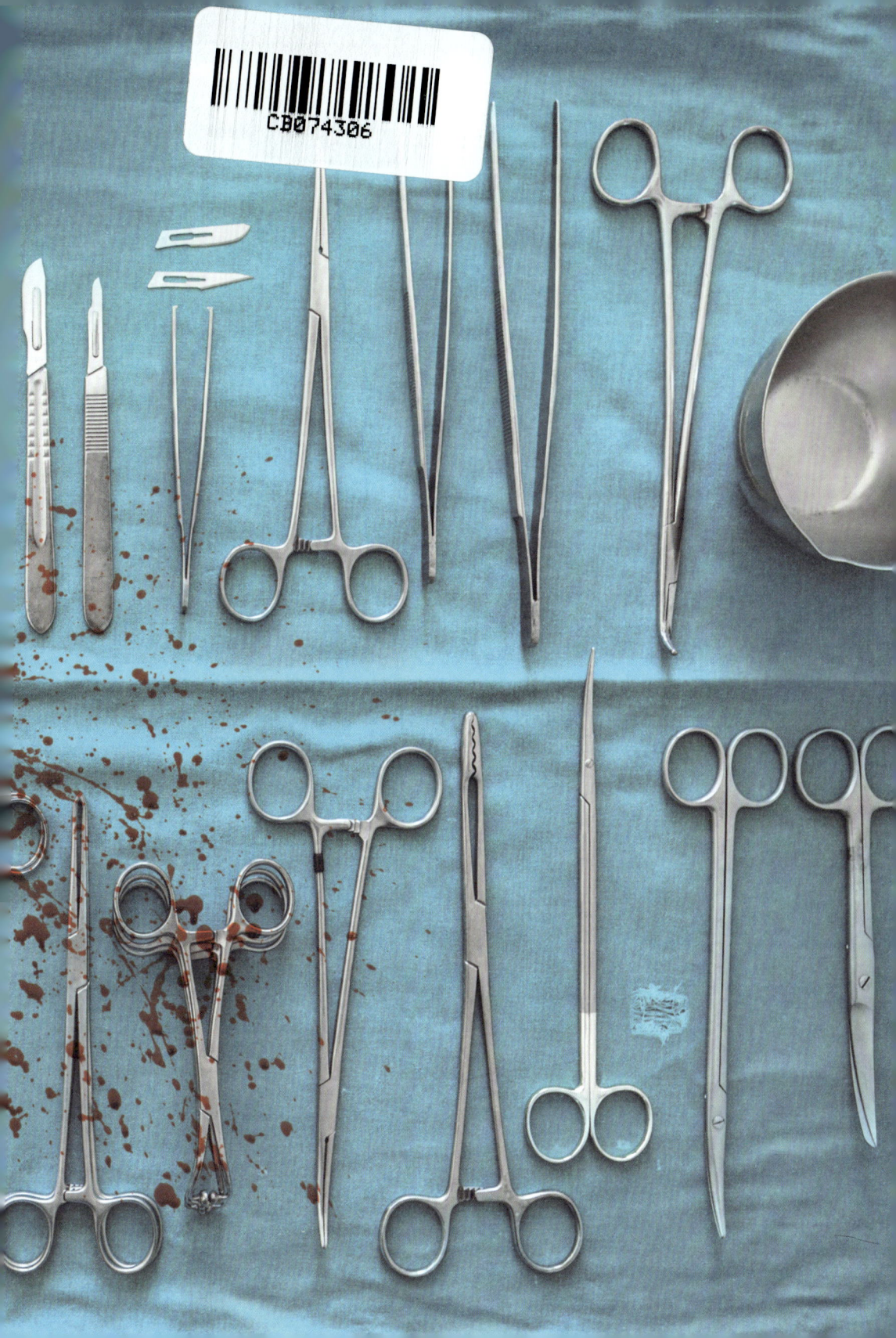

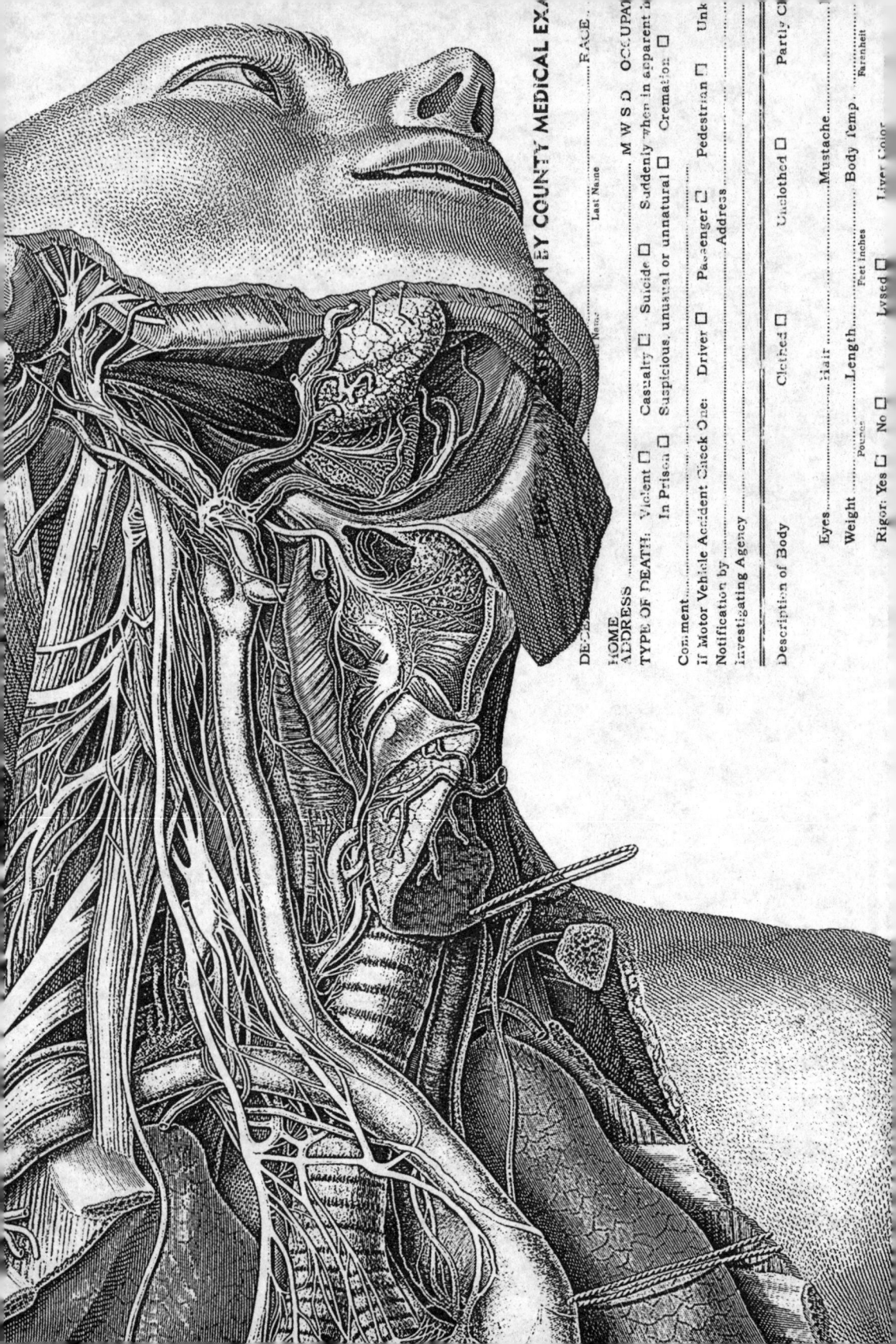

O segredo dos corpos

Dr. Vincent Di Maio & Ron Franscell

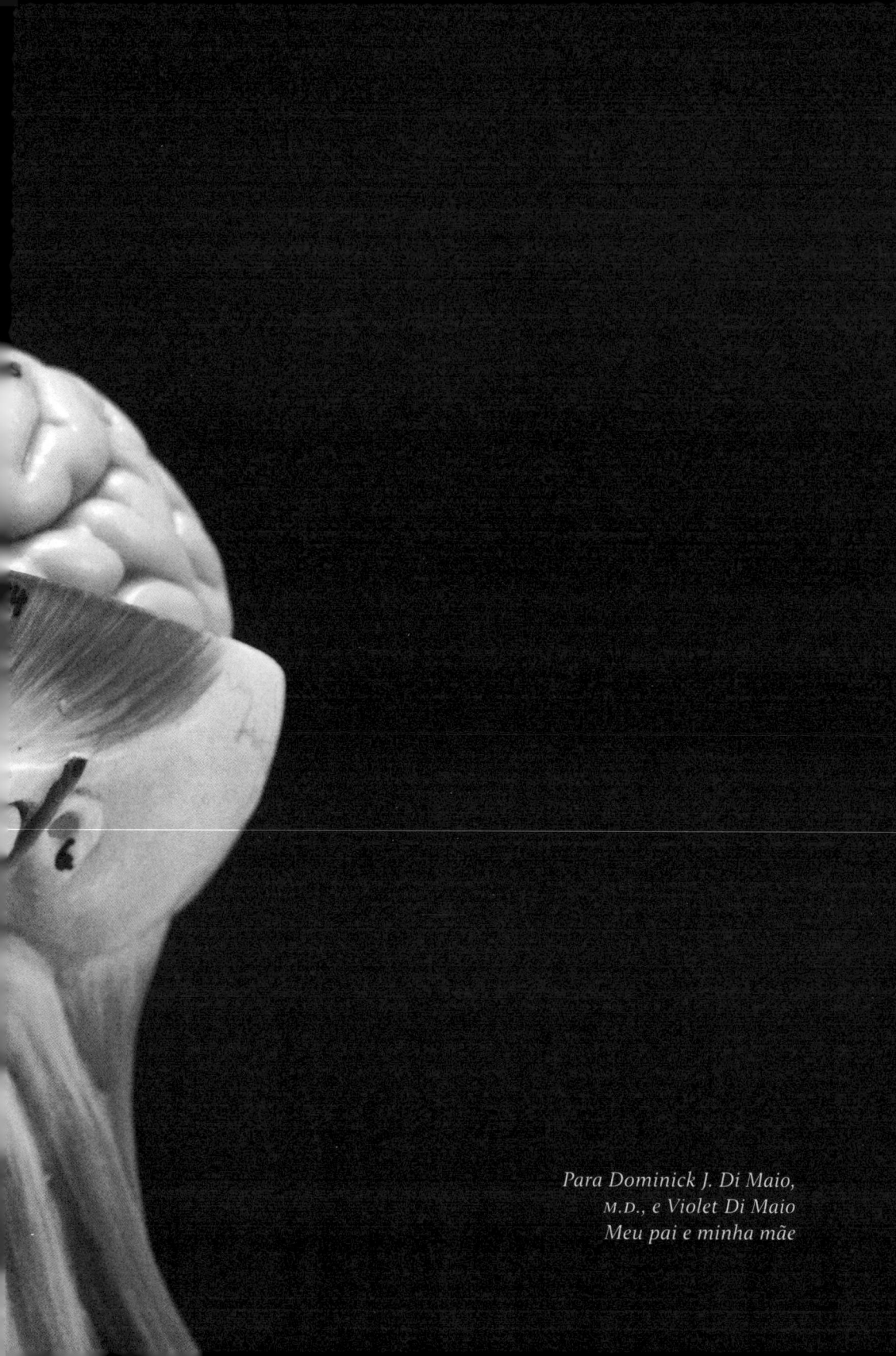

Para Dominick J. Di Maio,
M.D., *e Violet Di Maio*
Meu pai e minha mãe

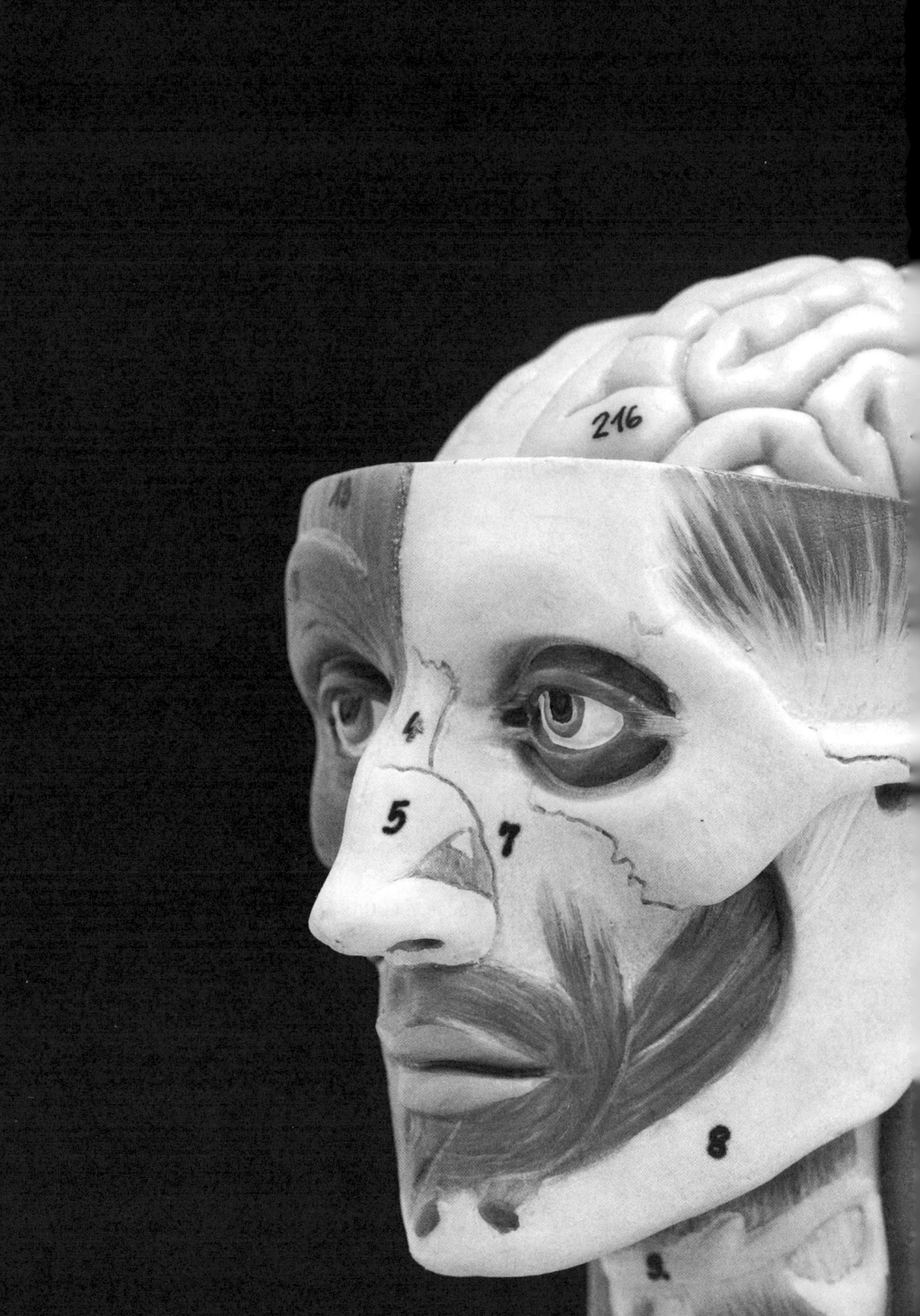

O segredo dos corpos

Dr. Vincent Di Maio & Ron Franscell

Prefácio de JAN GARAVAGLIA,
a "dra. G" do reality show
Dr. G: Medical Examiner,
do canal Discovery

Tradução LUCAS MAGDIEL
Colaboração de EDUARDO ALVES

DARKSIDE

CRIME SCENE®
D A R K S I D E

MORGUE. A LIFE IN DEATH
Copyright © 2016 by Dr. Vincent Di Maio and Ron Franscell
Copyright do Prefácio © 2016 by Dr. Jan Garavaglia
Todos os direitos reservados.

Publicado mediante acordo com Ute Körner Literary Agent,
Barcelona — www.uklitag.com e Books Crossing Borders, Inc.

Tradução para a língua portuguesa
© Lucas Magdiel, 2017

Diretor Editorial
Christiano Menezes

Diretor Comercial
Chico de Assis

Diretor de Novos Negócios
Marcel Souto Maior

Diretor de MKT e Operações
Mike Ribera

Diretora de Estratégia Editorial
Raquel Moritz

Gerente Comercial
Fernando Madeira

Coordenadora de Supply Chain
Janaina Ferreira

Gerente de Marca
Arthur Moraes

Gerente Editorial
Marcia Heloisa

Editor
Bruno Dorigatti

Capa e Proj. Gráfico
Retina 78

Coordenador de Arte
Eldon Oliveira

Coordenador de Diagramação
Sergio Chaves

Finalização
Roberto Geronimo
Sandro Tagliamento

Revisão
Isadora Torres
Marlon Magno
Retina Conteúdo

Impressão e Acabamento
Gráfica Santa Marta

DADOS INTERNACIONAIS DE CATALOGAÇÃO NA PUBLICAÇÃO (CIP)
Andreia de Almeida CRB-8/7889

Di Maio, Vincent
  O segredo dos corpos / Vincent Di Maio, Ron Franscell ;
tradução de Lucas Magdiel. — Rio de Janeiro : DarkSide
Books, 2017.
  288 p. : il.

  ISBN: 978-85-945-4030-0
  Título original: Morgue : a life in death

  1. Patologistas – Biografia 2. Homicídios em série
  3. Medicina legal 4. Patologia forense 5. Crimes
  I. Título II. Franscell, Ron III. Magdiel, Lucas

17-0575   CDD 616.07092

Índices para catálogo sistemático:
  1. Médico patologista : Biografia

[2017, 2023]
Todos os direitos desta edição reservados à
DarkSide® *Entretenimento LTDA.*
Rua General Roca, 935/504 — Tijuca
20521-071 — Rio de Janeiro — RJ — Brasil
www.darksidebooks.com

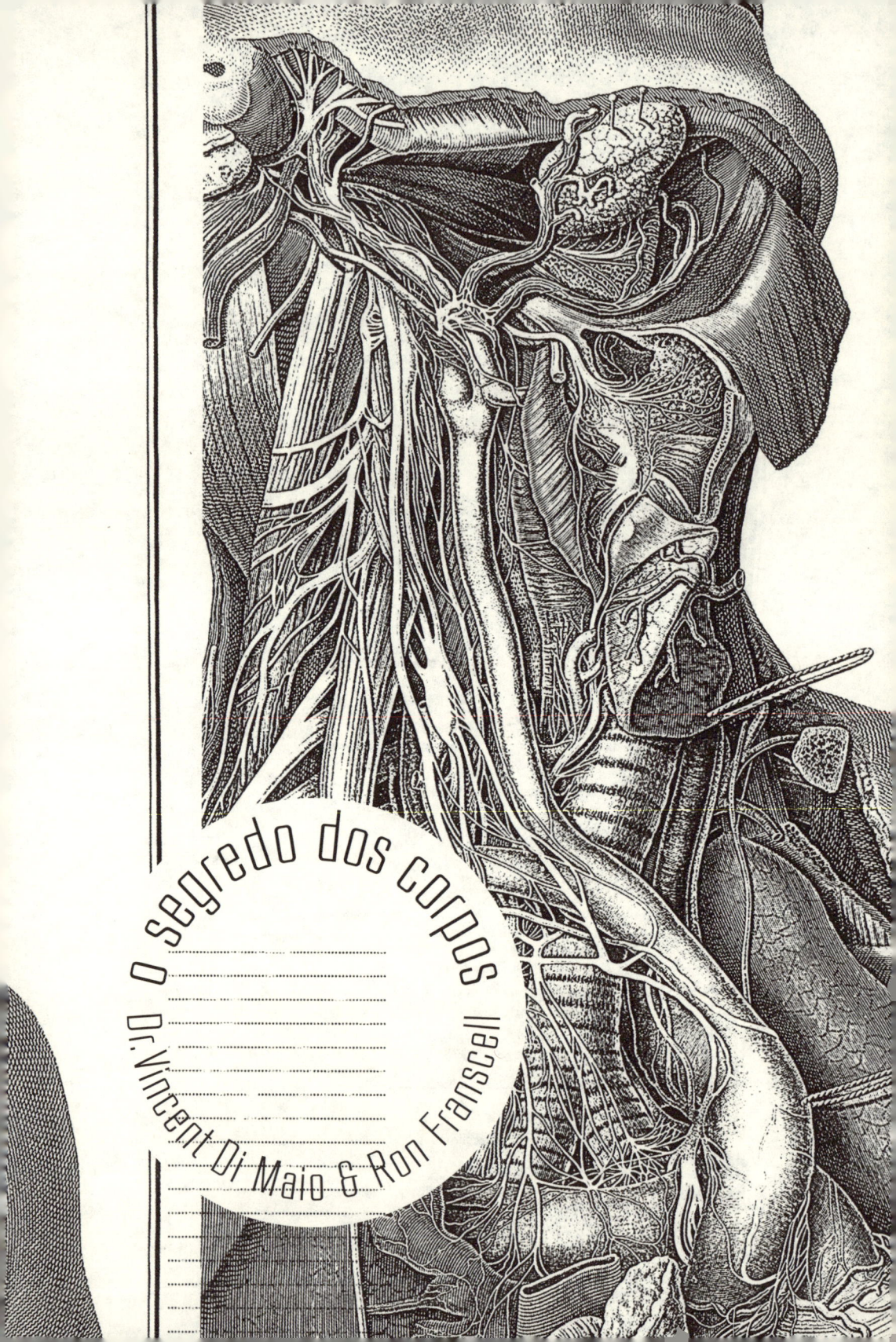

O segredo dos corpos
Dr. Vincent Di Maio & Ron Franscell

DR. VINCENT DI MAIO & RON FRANSCEL
REPORT OF INVESTIGATION BY COUNTY MEDICAL

SUMÁRIO

PREFÁCIO
O QUEBRA-CABEÇA É TUDO .013

[1] **A MORTE EM PRETO E BRANCO** .017
[2] **A INCISÃO DO "PORQUÊ"** .045
[3] **UM BERÇO VAZIO** .077
[4] **EXPLODIDO EM PEDAÇOS** .107
[5] **LEE HARVEY OSWALD: DESENTERRADO** .125
[6] **OS MONSTROS ENTRE NÓS** .145
[7] **SEGREDOS E ENIGMAS** .171
[8] **FAMA, MORTE E JUSTIÇA** .211
[9] **OS FANTASMAS DE WEST MEMPHIS** .233
[10] **A CURIOSA MORTE DE VINCENT VAN GOGH** .257

EPÍLOGO
O FIM É PARA TODOS .279

"A morte não é um evento individual, mas social. Quando, com um suspiro quase imperceptível, o último sopro de ar é exalado, o sangue para de pulsar através das artérias e veias, e os neurônios já não têm energia para alimentar o cérebro, a vida de um organismo humano terá cessado. A morte não é oficial, no entanto, até que a comunidade tome conhecimento dela."
— STEFAN TIMMERMANS
Postmortem: How Medical Examiners Explain Suspicious Death

"A vida de todo homem acaba da mesma maneira, são somente os detalhes de como viveu e de como morreu que diferenciam um homem do outro."
— ERNEST HEMINGWAY

PREFÁCIO – DRA. JAN GARAVAGLIA

O SEGREDO DOS CORPOS
DR. VINCENT DI MAIO E RON FRANSCELL

QUEBRA-CABEÇA

O **QUEBRA-CABEÇA** É TUDO

Com minha linda noiva em nosso primeiro casamento, 1969.
(ACERVO DI MAIO)

As pessoas têm fascínio pela patologia forense. Embora algumas estejam interessadas principalmente nos detalhes técnicos, são as histórias de como e por que os mortos foram parar no necrotério que intrigam a maioria.

Séries de tv, filmes e romances que retratam o trabalho dos patologistas forenses são extraordinariamente populares, não pela precisão com que abordam a arte e a ciência da patologia forense, e sim porque permitem montar as peças de um quebra-cabeça. Entretanto, todos os dias, patologistas forenses da vida real puxam a cortina para lançar a luz da verdade sobre o que realmente aconteceu, a fim de explorar os verdadeiros dramas ocultos da condição humana.

Muita gente acha que o patologista forense dedica todo o seu tempo a casos de assassinato e crimes, mas, na verdade, os homicídios ocupam menos de 20% da carga de trabalho de um médico-legista. Ficamos tão comovidos com o mistério de um corpo decomposto, não identificado, encontrado em um lago, quanto com o que teria levado uma criança a morrer subitamente nos braços da mãe. As necropsias e investigações que conduzimos podem causar impacto na saúde ou na segurança pública ao identificar, por exemplo, uma epidemia emergente de uma droga ou de uma doença. Se concluirmos que uma mulher morreu prematuramente de uma anomalia genética, tal conclusão pode ter profundas implicações para as futuras gerações de uma família. Empregamos todos os meios científicos para identificar corpos irreconhecíveis em virtude de ferimentos, queimaduras ou avançado estado de decomposição, sem outra razão que não seja dar dignidade aos mortos.

Assassinatos também fazem parte de nossa rotina. Determinamos se uma morte foi causada pelas ações de outro ser humano, o que pode ter profundas implicações para um suspeito. Mesmo quando a causa da morte é evidente, e inclusive em caso de morte natural, examinamos meticulosamente o corpo e identificamos vestígios relevantes e lesões sutis, ângulos de incidência e trajetória dos ferimentos... qualquer coisa que possa esclarecer os acontecimentos.

Infelizmente, apesar da forte demanda por patologistas forenses, essa ainda é a especialidade com menor número de adeptos entre os novos médicos. Isso se deve, em parte, a uma percepção negativa sobre o trabalho. No dia a dia, lidamos com feridas repulsivas, carne em decomposição, cheiros nauseantes, violências horrendas, fezes e conteúdos gástricos que precisam ser meticulosamente examinados (ou pelo menos manipulados). Além disso, temos que encarar famílias enlutadas e (ocasionalmente) advogados detestáveis.

Apesar desses aspectos desagradáveis, nós que trabalhamos na área vemos isso como um chamado. Adoramos o desafio de juntar as peças do quebra-cabeça para desvendar a verdade. Não me vejo fazendo qualquer outra coisa.

Isso descreve bem o dr. Vincent Di Maio, meu mentor e amigo. Trabalhei com ele por dez anos em San Antonio e nunca me cansei de sua perspicácia, riqueza de conhecimento e aparentemente ilimitada coleção de boas histórias. Agora, neste livro fascinante e bem escrito, leitores e entusiastas da área também terão o privilégio de ouvir um dos mais respeitados patologistas forenses dos EUA falando sobre alguns dos casos mais intrigantes e polêmicos de sua longa carreira.

E vocês verão que a ciência não é tudo. Os quebra-cabeças também são um grande barato.

A dra. Jan Garavaglia — mais conhecida como "dra. G" do canal Discovery — é legista-chefe da cidade de Orlando, Flórida, e de seus condados vizinhos. Graduou-se pela Escola de Medicina da Universidade de Saint Louis, e especializou-se em patologia forense no Departamento Médico-Legal do Condado de Dade, em Miami. Mais tarde, trabalhou para o dr. Vincent Di Maio no Departamento Médico-Legal do Condado de Bexar, em San Antonio, Texas.

Seu famoso seriado de TV, *Dra. G: Medical Examiner*, é transmitido em todo o mundo e tornou-a um dos rostos mais conhecidos da medicina forense. Ela já teve participações na CNN, *no programa da Oprah, no* Rachael Ray Show, *no* The Doctors *e no* Dr. Oz Show. *Também foi testemunha em casos altamente polêmicos, como o julgamento de Casey Anthony, em 2011, acusada de assassinar a filha de dois anos, e em 2008 lançou um livro intitulado* How Not to Die.

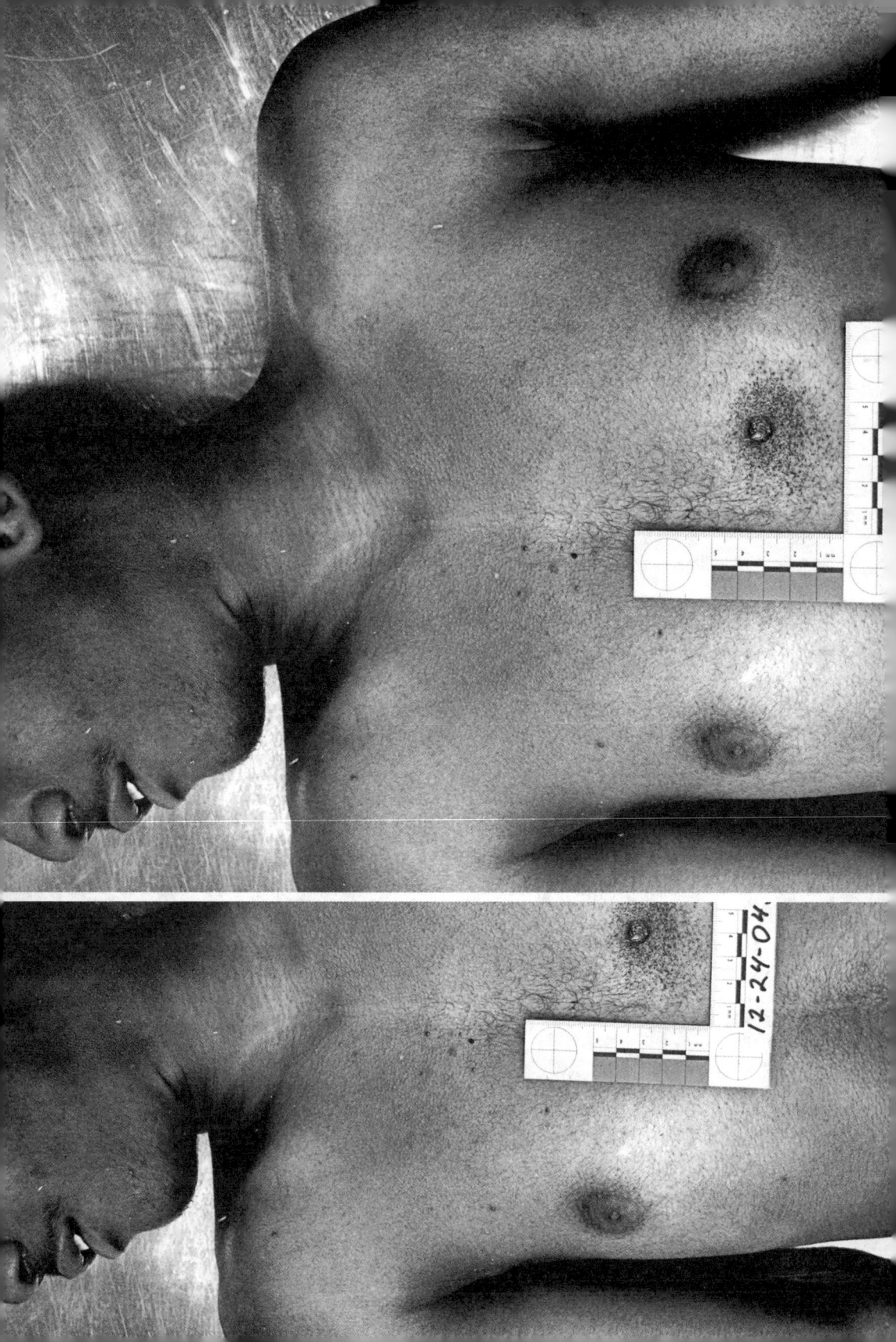

CAP. 1
O SEGREDO DOS CORPOS
DR. VINCENT DI MAIO E RON FRANSCELL

MORTE
A **MORTE** EM PRETO E BRANCO

A ferida fatal de Trayvon Martin era pequena e limpa, mas aquela única bala causou um dano enorme. A pele do adolescente tinha a marca reveladora que nos informava que a arma disparou de "distância intermediária".
(ESCRITÓRIO DO MÉDICO-LEGISTA, CONDADO DE SEMINOLE, FLÓRIDA)

Eu não sei o que há dentro de um coração humano. Já vi uma porção deles, segurei-os em minhas mãos. Uns eram jovens e fortes, outros estavam esgotados, deteriorados, estrangulados. Muitos já tinham deixado vazar uma vida inteira através de estreitas fissuras causadas por balas ou facas. Uns tinham parado de bater por envenenamento ou susto. Alguns tinham explodido em mil pedacinhos, ou foram destruídos por algum choque violento. Todos estavam mortos. Mas nunca soube de fato o que havia dentro desses corações, e nunca saberei. Quando enfim os vejo, quaisquer sonhos, esperanças, medos, fantasmas ou deuses, vergonhas, arrependimentos, raiva ou amor que possam ter contido já há muito se foram. A vida — a alma — vazou por completo. O que resta são apenas vestígios a investigar. É onde eu costumo entrar.

SANFORD, FLÓRIDA
DOMINGO, 26 DE FEVEREIRO DE 2012

Tracy Martin ligou para o celular do filho, e a ligação caiu direto na caixa postal.

Era uma noite úmida de domingo, e já passava das 22h. Tracy e a namorada, Brandy Green, tinham passado a maior parte do fim de semana fora, deixando os respectivos filhos, Trayvon, de 17 anos, e Chad, de 14, sozinhos na casa de Brandy em Retreat at Twin Lakes, um condomínio residencial fechado no subúrbio relativamente calmo de Sanford, na Flórida. O casal namorava havia dois anos, e não era a primeira vez que Tracy saía com o filho de Miami para pernoitar ou passar um fim de semana.

Mas não era só pelo romance que Tracy viajava quatro horas de carro até a casa da namorada. Aflito, queria que Trayvon caísse na real, que deixasse a vida marginal que levava em Miami, e aquelas longas viagens eram sua chance de enfiar algum juízo na cabeça do garoto.

Trayvon não parecia dar a mínima. De certa forma, era um adolescente típico, obcecado por garotas, videogames, esportes e pela batida do rap nos fones de ouvido. Adorava a rede de restaurantes Chuck E. Cheese e não perdia uma série de comédia na TV. Sonhava um dia em ser piloto ou mecânico de aviões. A família também era importante, embora alguns parentes fossem ovelhas negras. Ele ajudava o tio tetraplégico a comer, assava biscoitos com os primos mais novos e começou a usar um broche em memória de outro primo que morreu misteriosamente depois de uma apreensão de drogas, em 2008.

Porém, Trayvon não era nenhum anjinho. Com quase 1,80 m de altura, ele podia ser intimidador, e sabia disso. Emulando a atitude desafiadora e o estilo de vida marginal do rap, fumava maconha e posava de bad boy no Facebook. Naquele ano, a escola onde estudava em Miami já o havia suspendido três vezes: a primeira por atrasos frequentes, a segunda por pichar uma porta e a terceira ao ser flagrado com um saquinho de maconha na mochila. Tracy, que era motorista de caminhão e estava divorciado da mãe de Trayvon desde 1999, começou a dar sermões no garoto sobre suas amizades, seu comportamento e suas notas.

Ligou para o celular de Trayvon de novo e a ligação caiu na caixa postal. De acordo com Chad, filho de Brandy, Trayvon tinha saído por volta das 18h para ir a uma loja de conveniência que ficava a pouco menos de 2 km da casa. Os dois planejavam ver o Jogo das Estrelas da NBA na TV às 19h30. Antes de sair, Trayvon perguntou a Chad se queria alguma coisa. "Skittles", disse o menino, sem desviar a atenção do videogame. Trayvon cobriu a cabeça com o capuz do moletom e saiu. Nunca mais voltou.

Talvez tivesse ido ao cinema com um primo, pensou o pai, ou quem sabe encontrou uma garota no caminho e acabou desviando de rumo. Ele fazia coisas desse tipo.

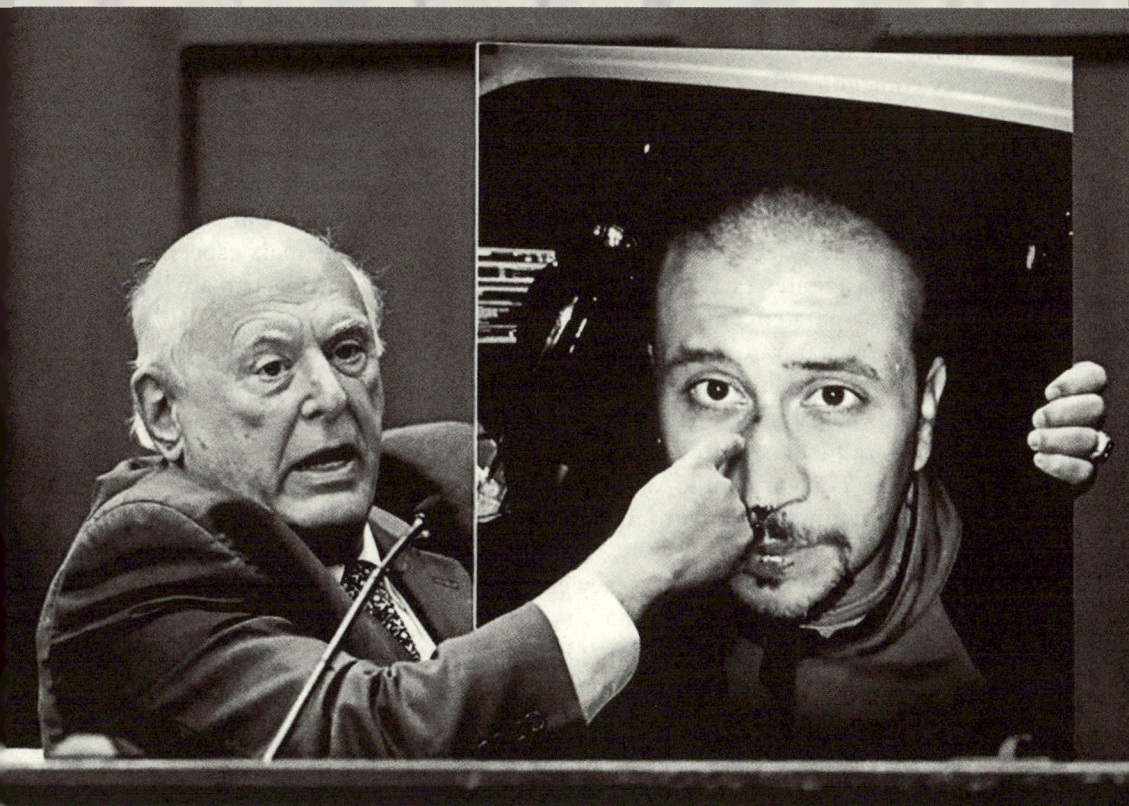

Usando uma imagem aumentada do rosto de GEORGE ZIMMERMAN, descrevi sua ferida para o júri que decidiria se ele tinha matado o adolescente TRAYVON MARTIN.
(FOTO DO VÍDEO/CIRCUITO DO DÉCIMO OITAVO TRIBUNAL, FLÓRIDA)

Tracy ligou para a casa do primo, mas, como ninguém atendeu, deu de ombros e foi dormir. Trayvon ainda estava se descobrindo e se distraía com facilidade. Vivia testando os próprios limites; às vezes, ia longe demais. O garoto tinha acabado de completar 17 anos, caramba! Ele ia aparecer.

Na manhã seguinte, Tracy levantou cedo e tentou ligar de novo para o filho. O celular continuava desligado. Em vez de chamar, caía direto na caixa postal. Ligou para o primo de Trayvon várias e várias vezes, até que o garoto finalmente atendeu, apenas para dizer que não tinha visto o rapaz.

Tracy começou a ficar preocupado. Por volta das 8h30, ligou para a delegacia a fim de reportar o desaparecimento do filho. Tem 17 anos, vestia um moletom cinza com capuz, tênis vermelhos-claros e provavelmente estava de calça comprida, descreveu à atendente, explicando que ele e Trayvon eram de Miami, mas estavam na casa da namorada dele em Sanford. Em poucos minutos, outra atendente retornou a ligação com perguntas mais específicas, e disse que agentes estavam a caminho da casa. Tracy sentiu certo alívio; logo teria ajuda para encontrar Trayvon.

Três viaturas pararam diante da residência. Um policial de ar sombrio se apresentou a Tracy e lhe pediu uma foto recente do filho. O homem foi passando as fotos na galeria do celular, até que por fim encontrou uma.

O policial rangeu os dentes. Disse que tinha uma foto para mostrar e queria saber se era Trayvon. Então, de dentro de um envelope pardo, puxou uma foto colorida de um jovem negro. E morto.

Era Trayvon.

Naquele momento, o filho de Tracy estava em uma gaveta do necrotério, pálido e frio, com um buraco de bala no peito.

A visão de Tracy Martin escureceu. O choque repentino que sentia logo se desdobraria em um longo e doloroso período de profunda angústia para o país.

...

A chuva caía sombria e persistente quando Trayvon saiu de casa. Era uma daquelas noites indecisas de fevereiro na Flórida, nem muito quente, nem muito fria, com a temperatura por volta dos 10ºC. O garoto ajeitou o capuz, atravessou o condomínio, cruzou o portão principal e seguiu em direção à loja de conveniência 7-Eleven, na Rinehart Road, que ficava a menos de 2 km de distância.

Chegando à loja, Martin pegou do freezer uma lata comprida de suco de melancia da marca AriZona, e de uma prateleira perto do caixa apanhou um pacotinho de Skittles. Depois de remexer no bolso da calça bege, pagou com algumas notas e moedas que pôs sobre o balcão e saiu. Uma câmera de segurança da loja registrou a hora em que o garoto deixou o estabelecimento: 18h24.

Na volta, a chuva apertou. Trayvon abrigou-se sob um toldo que cobria as caixas de correio do condomínio e ligou para Chad para dizer que estava a caminho de casa. Também ligou para DeeDee, uma garota que tinha conhecido em Miami e com quem falava e trocava mensagens sem parar. Naquele dia, aliás, os dois já tinham passado umas seis horas no telefone. Dessa vez, conversaram por cerca de dezoito minutos, mas, antes de desligarem, o tom de voz de Trayvon mudou.

A alguns metros, dentro de uma caminhonete prata da moda, um carinha branco de aspecto sinistro não parava de encará-lo, disse ele à amiga, sério. Parecia assustado. Pensou em sair correndo de trás da pequena área onde ficavam as caixas de correio e despistar o sujeito branco no labirinto de casas, mas DeeDee lhe disse para correr de volta para casa o mais rápido que pudesse.

Ele não queria correr. A casa não estava longe. Puxou o capuz sobre a cabeça e saiu andando em direção à caminhonete. Ao passar por ela, sem diminuir o passo, olhou de relance para seu ocupante e seguiu em frente.

Depois de alguns instantes, ainda segurando o telefone, Trayvon começou a correr. DeeDee podia ouvir a respiração pesada do garoto e o vento assobiando contra o minúsculo microfone de seus fones de ouvido.

Menos de um minuto depois, disse à garota que tinha despistado o cara e reduziu o passo. DeeDee sentiu medo na voz do amigo, e também estava assustada. "Continua correndo", ela aconselhou.

Mas o carinha branco apareceu de novo, persistente. Ela implorou a Trayvon que corresse, mas o garoto ainda estava ofegante e não conseguia. Segundos depois, ele disse que o sujeito estava mais perto.

De repente, Trayvon parou de falar com DeeDee. Ela podia ouvi-lo falando com alguém.

"Por que tá me seguindo?"

Outra voz respondeu, não muito longe: "O que você está fazendo aqui?".

"Trayvon! Trayvon!", gritava DeeDee ao telefone.

Ouviu um baque e um ruído de folhagens, e depois alguém gritando.

"Me solta! Me solta!"

A garota chamou várias vezes o amigo, mas o telefone ficou mudo.

Desesperada, tentou ligar de novo para o celular dele, mas ninguém atendeu.

• • •

Pouco depois das 19h, George Zimmerman saiu de casa dirigindo sua picape Honda Ridgeline prata, ano 2008, para fazer suas compras semanais na Target. O supermercado costumava estar mais vazio nas noites de domingo, e aquela chuva espantaria ainda mais os clientes. Era a ocasião perfeita.

Antes de sair do condomínio, porém, viu um adolescente com o rosto coberto por um capuz cinza parado no espaço escuro entre um grupo de casas, em meio à chuva. Zimmerman não reconheceu o garoto, que parecia estar perambulando sem rumo, e teve um mau pressentimento. Um mês antes, vira um rapaz naquele mesmo lugar tentando invadir uma casa, mas ele fugiu.

Portanto, sua suspeita tinha fundamento. O Retreat at Twin Lakes, até então um reduto da classe média, sofreu um forte abalo quando a bolha imobiliária estourou. Os preços dos imóveis despencaram e moradores com empréstimos atrelados a hipotecas caíram fora. Investidores abocanharam uma porção de casas cujas hipotecas foram executadas e começaram a alugá-las. A comunidade mudou. Estranhos iam e vinham. Pessoas de baixa renda, do lado errado dos muros, conseguiam se infiltrar. Garotos de gangues, com seus bonés virados e suas calças folgadas e caindo, começaram a circular pelo condomínio. Na sequência, vieram os roubos e as invasões. Durante a noite, os muros e portões já não pareciam tão seguros.

> Antes de sair do condomínio, porém, viu um adolescente com o rosto coberto por um capuz cinza parado no espaço escuro entre um grupo de casas, em meio à chuva. Zimmerman não reconheceu o garoto, que parecia estar perambulando sem rumo, e teve um mau pressentimento.

Em agosto de 2011, após uma sequência de três arrombamentos a casas da comunidade, Zimmerman propôs montar uma patrulha comunitária. Como a ideia agradou os membros mais aflitos da associação de moradores, ele convidou um agente da polícia de Sanford para explicar como aquilo funcionaria na prática: voluntários desarmados ficariam de olho em tudo e ligariam para a polícia caso vissem algo suspeito.

Vigilância sem violência. Parecia relativamente fácil. A diretoria logo nomeou George Zimmerman, 28 anos, um homem gorducho e de aparência séria que vivia no condomínio havia três anos, como coordenador do programa.

Filho de um ex-corregedor da Virgínia com uma peruana, ele era perfeito para o trabalho que ninguém mais queria de fato fazer. Embora frequentasse a faculdade com o sonho de se tornar juiz um dia e trabalhasse meio período como auditor de fraudes financeiras em uma empresa privada na cidade vizinha de Maitland, Zimmerman levava a sério seu trabalho não remunerado na comunidade. No passado, o antigo coroinha já tinha se metido em pequenas encrencas por causa de seu temperamento um tanto explosivo, mas seus vizinhos no condomínio tinham-no como um cara amigável, prestativo e digno de confiança.

Ele se considerava uma espécie de defensor da comunidade. Mesmo antes de se tornar o "capitão" da vigilância, Zimmerman tinha ajudado a capturar um ladrão que surrupiou aparelhos eletrônicos de um supermercado local. Agora, devidamente "autorizado", vivia ligando para a polícia para reportar cães abandonados, apressadinhos no trânsito, buracos na estrada, pichações, brigas de família e gente suspeita. Dizia-se que chegava a bater nas casas para avisar aos moradores que tinham esquecido a porta da garagem aberta. Para alguns, ele era um anjo da guarda; para outros, um chato de galochas.

Assim, naquela noite cinza e úmida, a presença de um garoto negro e encapuzado, estranho à comunidade, não escapou à atenção do vigia. Zimmerman estacionou a caminhonete, pegou o celular e ligou para a polícia.

"Polícia de Sanford", disse uma voz feminina ao atender.

"Oi, andaram arrombando umas casas aqui no meu condomínio", disse Zimmerman, "e tem um cara bem suspeito, hã... [perto de] Retreat View Circle, hum... o melhor endereço que posso te dar é Retreat View Circle, 111. Esse cara parece que vai aprontar alguma, ou vai ver tá drogado, sei lá. Tá chovendo e ele fica ali zanzando, olhando em volta."

"Certo, e esse cara é branco, negro ou latino?"

"Parece negro."

"Pode descrever a roupa dele?"

"Posso", disse Zimmerman. "Uma blusa de moletom, acho que cinza-escura, com capuz, calça jeans ou de moletom e tênis brancos... ele tava olhando..."

"Certo, ele está circulando pelo local", disse a operadora de polícia. A questão não era bem essa.

"Olhando todas as casas", retrucou Zimmerman, como se completasse a frase dela. "Agora ele tá me encarando."

Nesse momento, o adolescente começou a caminhar em direção à caminhonete, e o vigilante continuou a narrar cada passo dele.

"Que idade você diria que ele tem?", perguntou a operadora.

Zimmerman apertou os olhos no escuro, em meio à garoa.

"Ele tem um broche na blusa. Eu diria quase uns 20."

"Ok, quase 20."

Zimmerman parecia nervoso. "Tem alguma coisa errada com ele. É... Ele tá vindo me sondar. Tem alguma coisa na mão dele. Não sei qual é a desse cara."

"Me avise se ele fizer alguma coisa, ok?"

"Quanto tempo até vocês mandarem alguém?"

"Já temos alguém a caminho", tranquilizou-o. "Me avise se esse cara fizer mais alguma coisa."

A adrenalina corria pelas veias de Zimmerman. "Esses filhos da puta sempre se safam", disse, e começou a detalhar o endereço onde estava, quando o garoto começou a correr.

"Merda, ele tá correndo", disse o vigia.

"Em que direção ele está correndo?"

"Para a outra entrada do condomínio... a entrada dos fundos." Zimmerman xingava em voz baixa enquanto arrancava com a caminhonete e tentava perseguir o garoto.

"Você está seguindo ele?", perguntou a operadora.

"Estou."

"Ok, nós não precisamos que você faça isso."

Zimmerman ouviu, mas a perseguição já tinha terminado. O garoto desapareceu entre dois edifícios. Zimmerman saiu da caminhonete. Queria achar uma placa qualquer para dar o endereço à operadora, e também corria os olhos pela escuridão em busca do vulto de preto. Mas o rapaz tinha sumido.

Eram 19h13. A ligação do vigia à polícia durara exatamente 4 minutos e 13 segundos.

Nos três minutos seguintes, Trayvon Martin e George Zimmerman travariam uma luta de vida ou morte.

E um deles morreria.

...

Ninguém sabe direito o que aconteceu em seguida. Os relatos divergem.

Segundo Zimmerman, depois de perder o adolescente encapuzado de vista, ele estava caminhando de volta para a caminhonete quando o garoto praticamente se materializou diante dele. Estava visivelmente irritado, com uma expressão de raiva no rosto.

"Ei, *mermão*, você tem algum problema?", gritou o rapaz encapuzado.

"Não, eu não tenho nenhum problema", respondeu Zimmerman.

"Agora você tem." O garoto grunhiu e desferiu um soco no vigia, quebrando seu nariz.

Atordoado pelo golpe, Zimmerman cambaleou e caiu de costas no chão. Trayvon saltou em cima dele. O vigia não conseguia se desvencilhar do garoto, que começou a bater sua cabeça repetidamente contra a calçada de concreto que ficava entre as fileiras de casas.

Zimmerman gritou por socorro a plenos pulmões.

Trayvon pressionou uma das mãos contra o nariz de Zimmerman e a outra contra seus lábios, mandando que "calasse a porra da boca". No meio da confusão, a camisa e a jaqueta de Zimmerman foram puxadas para cima, deixando à mostra a pistola Kel-Tec 9mm que trazia em um coldre no cós da calça, do lado direito, junto ao quadril.

Trayvon viu a arma.

"Você vai morrer hoje, seu filho da puta", disse.

Zimmerman gritou mais uma vez por socorro.

Ninguém veio ajudá-lo, mas diversas testemunhas alarmadas ligaram para o 911 para comunicar o tumulto. Durante as chamadas, os operadores podiam ouvir, ao fundo, berros desesperados.

"Ele parece estar ferido?", perguntou o operador a uma mulher no telefone.

"Não dá pra ver daqui", respondeu a mulher. "Não quero ir lá fora. Não sei o que tá acontecendo, então..."

"Acha que ele está gritando 'Socorro'?"

"Está, sim", respondeu a mulher, assustada.

"Certo", disse com calma o operador. "Qual é o seu..."

Um barulho de tiro ecoou nos ares.

Os gritos pararam às 19h16.

Um minuto depois, a primeira viatura chegava ao local.

Um jovem negro jazia de bruços sobre a grama molhada, com os braços sob o corpo e o capuz da blusa de moletom caído para trás. Sem pulsação.

Zimmerman, ao lado, tinha os olhos vermelhos e sangue no rosto e na cabeça, mas estava consciente. A parte de trás da calça jeans e da jaqueta que vestia estava úmida e manchada de grama. Ele admitiu que disparou contra o rapaz. Ergueu as mãos e entregou a pistola ao policial, que o algemou e o colocou sentado dentro de uma viatura.

> Um jovem negro jazia de bruços sobre a grama molhada, com os braços sob o corpo e o capuz da blusa de moletom caído para trás. Sem pulsação.

Mais tarde, relatou aos investigadores que durante a luta o garoto viu a pistola exposta em sua cintura e tentou alcançá-la, mas ele foi mais rápido. Apanhou a 9mm e apertou o gatilho. O garoto tombou de frente na grama, com uma expressão de surpresa no rosto.

"Você me pegou", disse ele. Foram suas últimas palavras.

Atordoado, segundo contou à polícia, Zimmerman rapidamente se levantou e moveu os braços do garoto para o lado, para se certificar de que não carregava nenhuma arma. Não pôde ver ferimento algum nem enxergar o rosto dele.

Logo chegaram outros policiais, seguidos pelos paramédicos, que tentaram inutilmente reanimar o garoto, de cuja identidade ainda não tinham nenhuma pista. Sem batimento cardíaco. Foi declarado morto exatamente às 19h30.

Um dos policiais levantou a blusa de moletom de Trayvon e sentiu o peso e o volume de um objeto gelado no bolso da frente — era a lata de suco de melancia, ainda fechada. Também encontrou um pacote de balas, um isqueiro, um celular, 40 dólares e uns trocados, mas nenhuma carteira ou documento de identificação.

Assim, o cadáver não identificado foi encerrado em um saco azul e recebeu um número antes de ser transportado para o morgue. Tristemente, ele estava a menos de cem metros de casa.

Os paramédicos examinaram Zimmerman e observaram escoriações em sua testa, um pouco de sangue e sensibilidade ao toque no nariz, e dois cortes que ainda sangravam na parte de trás da cabeça. Seu nariz estava inchado e vermelho, provavelmente quebrado.

Os ferimentos de Zimmerman foram limpos na delegacia, onde o vigia prestou um depoimento voluntário. Mais tarde, relatou aos policiais cada passo seu naquela noite.

Dias se passaram. A polícia de Sanford prestou toda assistência à família de Trayvon e expressou sincera tristeza por sua morte, já que, apesar dos deslizes típicos de qualquer adolescente, ele parecia estar no caminho certo. Por outro lado, não podiam provar que Zimmerman tinha cometido um crime. Na verdade, todos os indícios pareciam confirmar a veracidade de seu relato.

Na época, os objetos comuns encontrados nos bolsos do garoto não pareciam ser especialmente relevantes para a investigação, mas a importância de algo isolado nem sempre é aparente à primeira vista.

Na manhã seguinte ao incidente fatal, no necrotério de Daytona Beach, o dr. Shiping Bao, auxiliar de necropsia do Condado de Volusia, abriu sobre sua bancada o zíper do saco mortuário azul que abrigava o cadáver de Trayvon Martin e iniciou a necropsia.

Bao, então com 50 anos, era nascido e criado na China, onde se formou em medicina e se pós-graduou em medicina nuclear. Naturalizado norte-americano, cumpriu quatro anos de residência médica em patologia na Universidade do Alabama, em Birmingham. Depois de passar três anos no Departamento Médico-Legal (DML) do Condado de Tarrant, em Fort Worth, mudou-se para a Flórida em busca de um salário melhor. Estava no trabalho havia menos de sete meses.

Agora, diante dele, estava o cadáver de um adolescente negro, bonito e bem desenvolvido, nem gordo, nem esquelético. A não ser pelo buraco de bala no peito, com o anel de fuligem e a pele pontilhada ao redor, Trayvon Martin parecia estar em boa condição física e de saúde.

Ah, mas aquele buraco...

Aquela única bala de 9mm que causou sua morte entrou em cheio no peito, bem à esquerda do esterno. O projétil perfurou o pericárdio, penetrou a cavidade inferior direita do coração e atravessou o lobo inferior do pulmão direito, fragmentando-se em três pedaços no trajeto. Em volta do orifício de entrada havia um halo de fuligem, uma tatuagem de pólvora com cerca de 5 cm de diâmetro.

O coração ferido tinha continuado a bombear, e cada contração fazia jorrar sangue dentro da cavidade torácica, preenchendo-a com quase 2,3 litros de sangue — mais de dois quartos, ou cerca de um terço do volume sanguíneo de uma pessoa normal.

Bao não registrou esse dado no relatório, porém disse mais tarde que acreditava que Martin tinha permanecido consciente por até dez minutos após ser baleado, provavelmente sentindo muita dor.

Uma coisa é praticamente certa: consciente ou não, dificilmente Trayvon Martin viveu por muito tempo depois do tiro mortal.

A maioria das lesões por arma de fogo no coração não causam morte instantânea. Na verdade, apesar do que vemos na TV ou no cinema, apenas ferimentos de bala no cérebro tendem a causar morte instantânea... e, ainda assim, nem sempre. A perda de consciência depende de três fatores: o órgão lesionado, a extensão da lesão e o estado psicológico/fisiológico da pessoa ferida. Certas pessoas perdem imediatamente a consciência depois de sofrer uma lesão de menor gravidade; outras levam um tiro no coração e ficam bem. Alguém pode permanecer consciente por pelo menos cinco e até quinze segundos após ser baleado no coração.

Mas o que sabemos com certeza é que, quando os paramédicos chegaram ao local, dez minutos após o disparo, Trayvon Martin já estava morto.

Além do ferimento fatal, a necropsia de Bao identificou apenas uma pequena escoriação no dedo esquerdo de Martin, abaixo da articulação. Ele não fez incisões nos nós dos dedos de nenhuma das mãos em busca de hematomas internos que poderiam ter demonstrado se o rapaz tinha socado alguém ou não. A existência desses hematomas não seria necessariamente uma prova conclusiva de que ele era o agressor, mas talvez confirmassem que esteve envolvido em uma luta.

O sangue e a urina de Martin também continham baixos níveis de THC — o princípio ativo da maconha —, mas ninguém sabe ao certo quando ele usou a droga ou se estava chapado na noite em que foi morto.

Para Bao, aquele parecia um caso corriqueiro de tiro. Ele concluiu a necropsia em noventa minutos.

"A lesão", anotou Bao em seu relatório final, "é condizente com uma ferida de entrada causada por um disparo a distância intermediária."

Essas duas palavras — *distância intermediária* — repercutiram como em uma câmara de eco nos meios de comunicação dos EUA, os quais, embora não soubessem ao certo o que significava aquela expressão, aferraram-se a ela, porque parecia importante. Se o cano da Kel-Tec de George Zimmerman não estava pressionado contra o peito de Trayvon Martin no momento do disparo, a que distância estava? "Distância intermediária" queria dizer que o tiro fatal foi disparado a uma polegada do peito do garoto? Meio palmo? Um palmo e meio? Diversos peritos criminais (e um bocado de comentaristas leigos) não conseguiam chegar a um consenso sobre o exato significado do termo.

Pior, a fúria da opinião pública contra Zimmerman tornava-se intolerável, e essas simples palavras — distância intermediária — só instigavam ainda mais os ataques. Um dos lados via a expressão como uma prova de execução sumária. O outro, como uma confirmação de legítima defesa.

Ambos estavam errados.

Quando o gatilho de uma arma é acionado, o percussor atinge o detonador da bala, criando uma minúscula chama que inflama a pólvora dentro do cartucho. Essa ignição repentina produz uma súbita expansão de gases quentes que impulsionam o projétil pelo cano da arma. Tudo isso é expelido de forma explosiva do cano — a bala, os gases quentes, a fuligem, os metais vaporizados do detonador e a pólvora incombusta — em uma nuvem de fumaça tão espetacular como mortífera.

> Um dos lados via a expressão como uma prova de execução sumária. O outro, como uma confirmação de legítima defesa. Ambos estavam errados.

Quão longe essa nuvem superaquecida de destroços pode viajar depende da arma, do comprimento do cano e do tipo de pólvora. Os resíduos de pólvora de uma arma de fogo podem ser encontrados na roupa e no corpo de uma vítima. Podem deixar um tênue depósito de fuligem, ou "tatuar" a pele em volta do ferimento com partículas de pólvora combustas ou parcialmente combustas que perfuram a camada superficial da pele, ou podem não produzir nenhum resultado visível. O padrão desse dano — ou sua inexistência — pode nos dizer qual era a distância entre o corpo da vítima e a "boca" da arma por ocasião do disparo.

Essa "tatuagem" (também chamada às vezes de "pontilhado") é a marca registrada de um disparo a distância intermediária. Disparos a 30 cm ou menos de distância podem deixar resíduos de fuligem. Sem o pontilhado, a fuligem ou quaisquer outros resíduos na pele ou na roupa, um disparo pode ser classificado como distante. Já a ferida resultante de um disparo encostado, isto é, quando a saída do cano da arma de fogo toca a pele da vítima, é completamente diferente.

No caso de Trayvon Martin, essa "tatuagem" ou "pontilhado" ao redor do orifício de entrada do projétil apresentava um diâmetro padrão de 5 cm. O legista também detectou a presença de fuligem. Para mim, o padrão sugeria que a boca da Kel-Tec estava em uma faixa de 5 a 10 cm de distância da pele do garoto — a uma distância intermediária, portanto — quando George Zimmerman apertou o gatilho.

Porém, enquanto a mídia se perdia em acaloradas discussões sobre o pontilhado e sua relevância como prova, poucas pessoas repararam em um pequeno fato apontado em outro relatório, que ficou escondido em meio à montanha de documentos que os investigadores e promotores despejaram sobre o público antes do julgamento.

Esse minúsculo e obscuro detalhe provocou uma reviravolta no caso.

• • •

Amy Siewert era perita em balística de armas de fogo do Laboratório de Criminalística do Departamento de Segurança Pública da Flórida (Florida Departament of Law Enforcement, FDLE). Graduada em Química pelo Instituto Politécnico de Worcester, em Massachusetts, ela trabalhou na divisão de toxicologia forense do FDLE antes de ser transferida para a divisão de balística de armas de fogo, onde atuava como analista havia três anos.

A tarefa de Siewert era examinar a pistola Kel-Tec 9mm que George Zimmerman portava no dia do incidente, bem como a blusa de moletom cinza-claro da Nike e o casaco de moletom cinza-escuro com capuz que Trayvon Martin usava por cima na mesma ocasião. Também submeteria as peças de roupas a análises microscópicas e químicas em busca de resíduos que pudessem revelar detalhes sobre as circunstâncias do disparo.

A primeira coisa que chamou atenção de Siewert foi um buraco em forma de L no capuz de Martin, medindo cerca de 5 × 2,5 cm. Alinhava-se perfeitamente com o ferimento da vítima, em volta do qual detectou também a presença de fuligem, tanto interna como externamente. Fibras corroídas em torno do buraco também estavam chamuscadas. Na análise química, encontrou chumbo vaporizado. Ao redor de tudo, havia uma extensa mancha alaranjada, de cerca de 15 cm: era o sangue de Martin.

Na ocasião de sua morte, o garoto usava uma segunda blusa de moletom por baixo daquela com capuz. Também estava coberta de fuligem e chamuscada devido à explosão do disparo. O furo da bala tinha 5 cm de diâmetro, formato de estrela e manchas de sangue em volta.

TRAYVON MARTIN

TRAYVON MARTIN

No entanto, o que Siewert não conseguiu encontrar em dois testes separados foi um padrão de dispersão dos resíduos de pólvora ao redor dos buracos ou em pontos mais afastados.

O buraco estrelado, a fuligem, o chumbo vaporizado e a falta perceptível de um padrão de dispersão da pólvora só podiam levar Siewert a uma única conclusão: o casaco de Trayvon Martin estava sendo tocado pela "boca" da pistola de George Zimmerman quando o disparo foi feito. Não estava apenas perto, mas apoiada sobre o tecido.

Todavia, quase ninguém — e muito menos a mídia norte-americana — atinou para o significado do breve relatório dela. O tiro "a distância intermediária" se encaixava muito melhor na narrativa proposta. Supondo que tais veículos tivessem, sim, atentado para as descobertas de Siewert, das duas, uma: ou não captaram a diferença técnica, em balística forense, entre disparo de contato e disparo a distância intermediária, ou não quiseram levantar uma questão vital: como a boca de uma pistola poderia estar em contato com um casaco de moletom e ao mesmo tempo a uma distância de até 10 cm da pele de quem o vestia?

Tudo foi reduzido a uma contradição simplória e de menor importância. A mídia apressou-se a explorar aqueles aspectos envolvendo a morte de Martin que tinham maior impacto emocional.

A pergunta que ninguém estava fazendo era justamente aquela que daria a resposta que todos menos esperavam.

• • •

Aquele único tiro em uma noite chuvosa desencadeou uma tragédia de proporções épicas; silenciosa, a princípio, mas que aos poucos foi se tornando uma gritaria ensurdecedora.

Por mais de uma semana, a morte de Trayvon Martin não teve grande destaque na mídia. Estações locais de TV transmitiram reportagens de curta duração sobre o caso, o jornal *Orlando Sentinel* publicou dois resumos, e o bissemanal *Sanford Herald* dedicou apenas 213 palavras ao incidente. Até que, no dia 7 de março, a Reuters veiculou uma notícia de 469 palavras, cuja principal fonte era um advogado da família de Trayvon. O relato dava a entender que um vigia comunitário branco perseguiu e encurralou uma criança negra, inocente e desarmada, e a matou a sangue-frio, tendo o assassinato sido encoberto pela polícia local. A notícia incluía uma antiga foto de infância do garoto, fornecida pelos pais, deixando a impressão de que a vítima era um estudante colegial feliz e inofensivo, com carinha de bebê.

Foi como lançar sangue à água para atrair tubarões. Veículos de comunicação do país inteiro sentiram o cheiro e foram atrás.

Sanford foi invadida por repórteres que, ao mesmo tempo que cobriam o caso, contribuíam para a escalada do conflito. Quando lideranças negras começaram a bradar contra o racismo, os interesses em jogo foram se multiplicando depressa, juntamente com a audiência e o público leitor dos meios de comunicação. Um canal de notícias editou a ligação de Zimmerman à polícia para fazer sua fala parecer racista; os pais de Martin apoiaram um abaixo-assinado no site Change.org que exigia a prisão de Zimmerman e conseguiram 1,3 milhão de "assinaturas"; o reverendo Al Sharpton e o restante da indústria do ressentimento racial vieram jogar lenha na fogueira; membros do Novo Partido dos Panteras Negras ofereceram uma recompensa de 10 mil dólares pela "captura" de Zimmerman; e a mais nova brincadeira nas rodas de conversa era tentar adivinhar que insulto racista George tinha murmurado na ligação para o 911, quando não havia nenhum insulto aparente.

De repente, blogueiros e comentaristas de TV se tornaram peritos criminais de poltrona, apresentando teorias que mais pareciam ter saído dos roteiros extravagantes de Hollywood do que das aulas de medicina legal.

O então presidente Barack Obama promoveu a polêmica a uma questão de Estado quando declarou que "Trayvon Martin poderia ter sido eu 35 anos atrás" e "Se eu tivesse um filho, ele se pareceria com Trayvon", ao passo que convocava o país inteiro a fazer um "exame de consciência". Assim, em vez de frear o discurso de ódio, o presidente o alimentou.

Comícios inflamados transformavam pacotes de Skittles em bandeiras de protesto. Blusas de moletom com capuz e latas de chá se tornaram símbolos do racismo americano.

"Ele pode ter sido suspenso da escola, e tinha vestígios de maconha no sangue", escreveu o jornal londrino *The Guardian*, "mas quando olhamos por trás da aparência ameaçadora de um adolescente negro, para o pacote de Skittles, vemos apenas uma criança."

Celebridades, políticos e uma multidão de pessoas comuns exigiam justiça para Trayvon, mas pelo visto a única justiça que aceitariam como adequada seria a prisão, a condenação e a pronta execução daquele homem vil e racista chamado George Zimmerman.

• • •

Em 11 de abril de 2012 — mais de seis conturbadas semanas após a morte de Trayvon Martin, e depois que um promotor local não encontrou indícios suficientes para abrir um processo penal —, um promotor nomeado especialmente para o caso ordenou a prisão do já quase combalido George Zimmerman e o acusou formalmente de homicídio doloso sem agravantes. Uma nova equipe de defesa se voluntariou para cuidar do caso: Mark O'Mara e Don West, ambos advogados veteranos e renomados, e também defensores de primeira linha. Os dois, que eram velhos amigos, formavam um bom time: O'Mara sabia se impor com maestria em disputas judiciais, sempre sério e imperturbável; West era combativo e, apesar da pressão popular, compartilhava abertamente sua impressão de que as acusações contra Zimmerman mais pareciam a versão moderna de um linchamento do que a justiça sendo feita.

Além disso, ambos tinham uma vasta experiência em casos de legítima defesa. Na verdade, aquele supostamente afável cidadão de West Pennsylvania largou o trabalho como defensor público federal em casos de pena de morte para defender Zimmerman.

Ele não tinha nascido ontem. Considerado um dos melhores advogados criminalistas de defesa do país, já havia atuado em casos complicados com clientes ainda mais difíceis. Ele sabia que os acusados mentiam às vezes. Sabia também que as provas nem sempre eram cabais. Já vira, em situações similares, como a mídia era capaz de distorcer fatos concretos de maneira grotesca. Porém, depois de passar algum tempo com Zimmerman, mal reconheceu a caricatura monstruosa que a opinião pública fizera dele.

O'Mara e West em pouco tempo perceberam que o clamor público impregnado de fanatismo e a política local ameaçavam passar por cima de importantes questões jurídicas.

Vários observadores no tribunal esperavam que Zimmerman alegasse isenção de culpa com base na lei chamada Stand Your Ground (algo como "Defenda seu território"). De acordo com essa lei, vigente na Flórida, uma pessoa sob ataque ou risco de vida não é obrigada a recuar ou fugir e está legalmente autorizada a usar força letal contra seu atacante a fim de se defender.

Entretanto, para muitos apoiadores de Trayvon, que recordavam a imagem daquela criança sorridente, a possibilidade de que George Zimmerman tivesse sentido sua vida ameaçada parecia absurda. Para eles, a lei era apenas um salvo-conduto para se livrar da prisão. Fora do tribunal, o mérito da questão tinha mais a ver com cor da pele do que legítima defesa, e os negros vociferavam contra uma lei que, segundo acreditavam, era um sinal verde para os brancos matá-los. Exigiam também sua imediata revogação, e diversos políticos pareciam prontos a atendê-los.

Ironicamente, na época em que Martin foi baleado e morto, essa lei tinha beneficiado os afro-americanos de maneira desproporcional na Flórida. Como os indivíduos negros e pobres que viviam em bairros com altos índices de criminalidade estavam mais suscetíveis à violência, a lei tornava mais fácil que se defendessem quando a polícia não podia chegar rápido o suficiente. Embora os negros representassem apenas 16% da população da Flórida, 30% dos réus que invocavam a lei Stand Your Ground eram negros e foram absolvidos com uma frequência expressivamente maior que brancos que usaram a mesmíssima defesa.

Mas O'Mara e West não se importavam com o tumulto, e optaram por não apresentar uma defesa com base na tal lei simplesmente porque acreditavam que Zimmerman tinha a seu favor um sólido argumento de legítima defesa: ele estava de costas e não tinha como desviar dos violentos socos de Martin. A lei era irrelevante.

Para os advogados, mesmo que Zimmerman tivesse feito uma estupidez, seus atos estavam isentos de qualquer intenção criminosa. Um assassino ligaria para a polícia antes de matar alguém?

Também era possível que tanto Trayvon Martin como George Zimmerman temessem por suas vidas, e que ambos tivessem escolhido empregar a força para se defender. Se o júri acreditasse nisso, pela lei da Flórida, Zimmerman seria considerado inocente.

Contudo, a promotoria tinha uma teoria diferente. Zimmerman mentira sobre tudo, menos sobre ter atirado em Trayvon Martin. Ele perseguiu o adolescente, que estava desarmado, e provocou um confronto violento. O vigia sequer deveria estar armado. Além disso, seus ferimentos eram bem menos graves, e ele não tinha razão alguma para pensar que sua vida estivesse em risco. Os gritos de socorro que se podia entreouvir nas ligações para o 911 eram de Trayvon Martin, não de George Zimmerman. O vigia comunitário atirou a sangue-frio enquanto o garoto jazia indefeso sobre a grama molhada.

> Para os advogados, mesmo que Zimmerman tivesse feito uma estupidez, seus atos estavam isentos de qualquer intenção criminosa. Um assassino ligaria para a polícia antes de matar alguém?

O palco estava pronto para uma épica batalha nos tribunais.

Semana após semana, os protestos se intensificavam, e um terrível incidente foi simplificado para o consumo das massas: um garoto negro, de bom coração, foi a uma loja comprar doces e um suco, e acabou sendo emboscado e morto por um homem branco e racista.

Alguns já diziam que Trayvon Martin era como um Emmett Till[1] dos dias de hoje. Centenas de ameaças de morte forçaram George Zimmerman a se esconder, enquanto repórteres o descreviam como "branco de ascendência latina", o que parecia acentuar os matizes racistas implícitos na tragédia. Não demorou muito para que os verdadeiros Trayvon Martin e George Zimmerman fossem engolidos pelo abismo retórico cavado pela mídia para polemizar sobre temas como racismo, porte de armas, perfis criminais, direitos humanos e vigilância voluntária.

O'Mara e West se concentraram nas questões jurídicas, mas não conseguiram se isolar de toda aquela comoção nas ruas. Tinham consciência de que os futuros jurados estavam com os ouvidos atentos.

A equipe de defesa de Zimmerman dividiu a intimidante tarefa de forma brilhante. O eloquente O'Mara tentava manter o barco em movimento enquanto, de um lado, enfrentava a obstinada opinião pública e a abordagem intimidatória da promotoria e, do outro, lidava com a intensa repercussão midiática do caso. West, por sua vez, mergulhava nos aspectos técnicos e jurídicos do processo.

Mesmo que a mídia, os grupos incitadores do ódio racial e o público em geral já tivessem tirado suas próprias conclusões, a justiça dava passos mais comedidos. Ainda havia problemas jurídicos a resolver. Toda aquela tragédia — e a conclusão sobre a culpa ou a inocência de George Zimmerman — resumia-se a uma simples questão jurídica: *quem era o agressor no momento em que o gatilho foi acionado?*

• • •

Aquele era um caso real, com questões jurídicas reais, mas, para O'Mara e West, era um pesadelo. Como se não bastasse toda a complicação, o processo de busca de provas era frustrante. Os promotores se mostravam lentos ou pouco colaborativos quando solicitados a fornecer provas à defesa. Levaram meses para entregar uma simples foto colorida do rosto de George Zimmerman após o crime. Retiveram documentos importantes, tais como o dossiê completo do FDLE sobre o incidente. O Estado alegava que a polícia não tinha coletado nenhuma prova do celular de Martin, mas um informante dizia o contrário.

---

1   Menino afro-americano, nascido em Chicago, Illinois, assassinado em 28 de agosto de 1955, aos 14 anos de idade, na pequena cidade de Money, Mississippi, depois de supostamente assobiar para uma mulher branca. [NT]

Uma vez que a defesa dispunha de parcos recursos, West assumiu a árdua tarefa de encontrar peritos que pudessem analisar as provas em busca de pistas que ajudassem a esclarecer o ocorrido. Precisava de especialistas em balística, patologia, toxicologia, fonoaudiologia e animação computadorizada.

Um amigo toxicologista mencionou meu nome; segundo ele, eu era "o cara" quando o assunto envolvia lesões por arma de fogo. West já conhecia meu nome e minha reputação. Ele tinha até um exemplar de meu livro sobre o assunto. Em setembro de 2012, dez meses antes do início do julgamento de Zimmerman, o advogado entrou em contato comigo. Talvez não pudessem me pagar, disse-me ele, mas era um caso importante que levantava questões relevantes para o país.

Eu tinha me aposentado seis anos antes como legista-chefe do Condado de Bexar, no Texas, onde construí um dos mais respeitados centros de medicina legal do país. Já havia empreendido mais de 9 mil necropsias, e continuava a prestar consultoria em casos de mortes inexplicadas ou suspeitas em todo o mundo. Agora, a defesa de George Zimmerman queria que eu usasse meus conhecimentos para reconstituir os últimos três minutos de vida de Trayvon Martin.

Eu sabia que os ânimos estavam exaltados no país inteiro por conta daquela tragédia. Sabia que os vieses político e racial do caso tinham complicado ainda mais as coisas; e havia fatos que foram mal compreendidos ou negligenciados. Mas também sabia que a verdade sobre o que ocorrera estava escondida em algum lugar em meio às provas.

Topei o desafio.

De maneira simplificada, meu trabalho como médico-legista consiste em determinar como e por que uma pessoa morreu. Em termos técnicos, temos de encontrar a *causa* e o *modo* da morte. A causa é a doença ou lesão que provocou a morte. Pode ser um ataque cardíaco, um ferimento por arma de fogo, AIDS ou um acidente de carro. O modo da morte se refere a uma das quatro formas gerais de um ser humano morrer — causas naturais, acidente, suicídio ou homicídio —, além de uma incômoda e quinta forma: morte indeterminada.

> De maneira simplificada, meu trabalho como médico-legista consiste em determinar como e por que uma pessoa morreu. Em termos técnicos, temos de encontrar a causa e o modo da morte.

Nossas conclusões afetam mais os vivos do que os mortos. Os mortos já não são objeto de preocupação, mas os vivos podem ir para a cadeia. Vidas podem ser salvas por causa de vírus e germes. Nossas conclusões podem provar a inocência de alguém. Perguntas podem ser respondidas, e suspeitas validadas. Portanto, médicos-legistas carregam o pesado fardo de chegar a conclusões científicas, imparciais, baseadas em fatos, a despeito do que desejam os familiares, amigos, inimigos ou vizinhos do morto. A verdade é sempre melhor do que aquilo que meramente desejamos ser verdade.

Inúmeras vezes dei notícias amargas aos familiares de suicidas, que se recusaram a aceitá-las. Muitas famílias não querem acreditar que um ente querido tenha se sentido tão desprezado a ponto de se matar. Preferem acreditar que tudo não passou de um acidente ao limpar uma arma ou de um passo em falso em uma ponte alta. Querem que o legista corrobore suas ilusões para que possam seguir em frente, oficialmente eximidos de culpa.

Cheguei a ver alguns suspirarem aliviados quando lhes disse que um filho foi assassinado, como se o suicídio fosse uma forma pior de deixar o mundo. Não se trata dos mortos, mas dos vivos.

Às vezes, não querem ouvir o que digo, e outras digo exatamente o que querem ouvir. Seja como for, não importa: eu sempre falo a verdade.

Não tomo partidos. *O que eu sei* é vital; *como eu me sinto* é irrelevante. Como patologista forense, tenho um compromisso com a verdade. Presume-se que eu seja imparcial e diga a verdade. Fatos por si só não têm qualidades morais; somos nós que atribuímos moralidade a eles.

Mistérios são, por definição, perguntas sem resposta. Se pudéssemos compreendê-los, eles não só deixariam de ser mistérios como provavelmente os consideraríamos indignos de ser compreendidos. Assim são os seres humanos.

Só a razão não dá conta do mundo. Ansiamos por explicar tudo racionalmente, mas muitas vezes também aceitamos o irracional: teorias da conspiração, explicações sobrenaturais e mitologia, por exemplo.

Não sou nenhum grande pensador. Não busco sentidos profundos no comportamento humano, nas estrelas ou na alquimia das pequenas coincidências. Ficamos abismados com tais coisas simplesmente porque nosso mundo se recusa teimosamente a revelar significados, se é que eles existem.

A ciência forense não é magia ou alquimia, embora tecnologia complexa e investigações intrincadas possam tomar sangue coagulado, fragmentos de bala, pedaços de ossos e lascas de pele e transformá-los em justiça. Eu busco esses pedacinhos de verdade que a morte deixa para trás. A ciência forense pode enxergar aquilo que não é visível para a maioria das pessoas, mas só a ciência não é suficiente. Precisamos de pessoas confiáveis e honestas para explicar tudo que tem de ser explicado. Para que a verdadeira justiça seja feita, homens e mulheres corretos devem interpretar a ciência.

Por quanto tempo um homem com infarto agudo do miocárdio pode falar? (Ou nutrir esperanças, ou sonhar, ou imaginar?) É possível determinar com precisão o momento em que os instintos primitivos de um ser humano lhe avisam que sua vida está em risco? Será verdade que toda interação humana deixa um rastro?

Cresci com esse tipo de pergunta me martelando a cabeça, e minha carreira girou em torno delas, como demonstrarei neste livro. Mas as respostas nem sempre são satisfatórias.

E quando não o são, meu telefone toca.

Foi assim com George Zimmerman.

O fato é que a comunidade de médicos-legistas nos EUA é muito pequena — apenas cerca de quinhentos patologistas forenses licenciados pelo conselho nacional residem no país. Assim, antes mesmo da ligação de West, eu já tinha tomado conhecimento de detalhes sobre o ferimento e sabia que o buraco da bala no casaco da vítima era resultado de um disparo de contato. Sabia, além disso, que havia conclusões díspares sobre a distância em que o disparo foi efetuado: se encostado à vítima ou a uma distância intermediária, mas também sabia por que tais observações não eram incompatíveis. Transmiti meus pensamentos a West, que se mostrou surpreso ao ouvi-los. Tinha consciência de que, se eu estivesse certo — e estava —, todos os fatos descritos no processo seriam postos em dúvida.

Desse modo, minha tarefa era documentar as lesões de Martin, determinar a trajetória do projétil e o dano físico causado, e também examinar as lesões de Zimmerman para demonstrar se eram condizentes com a versão dele dos fatos. Não fui contratado para inventar uma opinião que ajudasse a defesa, mas para apresentar minha opinião especializada sobre as provas, e avaliar se corroboravam ou não o relato do atirador. Eu não era um mercenário pago para fazer o trabalho sujo da defesa. Às vezes, os legistas parecem dizer o que foram pagos para dizer. Não tenho dúvida de que alguns o fazem, e considero essa conduta detestável. Porém, não trabalho para a defesa, para a promotoria, para o assassino, para a família da vítima e nem para a polícia. Não cheguei tão longe vendendo minhas opiniões a quem pagasse mais.

Entretanto, naquele caso, todo mundo já tinha escolhido um lado. Sem o conhecimento completo dos fatos, muita gente olhou aquela tragédia pelo prisma dos próprios preconceitos e chegou a conclusões categóricas. Não seria nem a primeira nem a última vez que eu veria isso acontecer ao longo de minha carreira, mas estava entre os exemplos mais gritantes.

Don West me enviou um pendrive contendo todo o material de que eu precisava: o relatório da necropsia de Martin, fotos do local do incidente, uma reconstituição que a polícia filmou com Zimmerman no dia seguinte ao tiro, análises toxicológicas e balísticas, gravações de ligações para a polícia e depoimentos de testemunhas, laudos periciais acerca de exames de DNA, vestígios biológicos e resíduos diversos, o histórico médico de Zimmerman e dados extraídos de seu telefone celular.

Aquele era um caso complicado apenas em termos culturais. Cientificamente falando, não era nada complexo. Era tragicamente simples.

• • •

O julgamento de George Zimmerman por homicídio começou na segunda-feira, dia 24 de junho de 2013, quase dezesseis meses depois de o tiro fatal ser disparado.

A promotoria abriu as declarações iniciais com um impacto calculado.

"Bom dia. 'Punks do caralho, esses filhos da puta sempre se safam'", disparou o promotor estadual de justiça John Guy diante de um júri composto por seis mulheres. "Estas foram as palavras que saíram da boca deste homem enquanto perseguia um garoto que não conhecia. São palavras dele, não minhas."

Durante meia hora, Guy repetiu os palavrões diversas vezes enquanto apresentava, em linhas gerais, as provas e os argumentos da promotoria contra Zimmerman.

"Estamos convencidos de que, ao final deste julgamento, vocês vão saber, do fundo de suas mentes, seus corações e seus estômagos, que Zimmerman não atirou em Trayvon Martin porque não teve escolha", disse Guy. "Atirou nele pela pior de todas as razões: porque queria."

Do lado da defesa, Don West começou com uma daquelas piadas em que a pessoa simula bater em uma porta e diz toc-toc, à espera de uma resposta. Entretanto, vendo que seu gracejo não surtira efeito algum, decidiu partir direto para o xis da questão.

"Acredito que as provas vão mostrar que esse é um caso triste, e que não há monstros envolvidos", disse West. "George Zimmerman não é culpado de assassinato. Ele atirou em Trayvon Martin para se defender depois de ser violentamente atacado."

Zimmerman observava da mesa da defesa, e os pais de Trayvon, da galeria, enquanto West sugeria que a arma letal que Martin empregara era uma calçada de cimento, "que não era muito diferente de pegar um tijolo ou de bater com a cabeça de alguém contra uma parede".

"Mal sabia George Zimmerman que menos de dez minutos depois de ver Trayvon Martin pela primeira vez, levaria uma saraivada de socos na cara, teria a cabeça golpeada contra o concreto e acabaria tragicamente baleando e matando seu agressor", disse West.

Disparados os primeiros tiros, a guerra de trincheiras começou.

Promotores também reproduziram outras ligações para a polícia nas quais Zimmerman reportava a presença de homens negros e estranhos na vizinhança. DeeDee descreveu suas conversas ao telefone com Martin até o momento do confronto e negou que o garoto tivesse se referido ao vigia de forma racista.

O detetive encarregado afirmou que não havia grandes inconsistências nos vários relatos de Zimmerman sobre o incidente, embora dificilmente ele tivesse sido golpeado dezenas de vezes, como dissera à polícia naquele dia. Um médico-legista que analisou as provas periciais disse que as lesões do réu "não representavam risco de vida", eram "muito insignificantes" e não chegaram a demandar suturas (mas não soube o que responder quando O'Mara lhe perguntou se lesões próximas a machucados já sofridos poderiam tê-lo matado). Diversas testemunhas oculares deram relatos conflitantes sobre quem estava por cima de quem durante a luta. Tanto o pai como a mãe de Martin disseram que a voz gritando por socorro nas ligações à polícia era a do filho. E cinco amigos de Zimmerman afirmaram que a voz nas gravações era claramente a do réu.

A questão central — *quem era o agressor quando o tiro foi disparado?* — permaneceu sem resposta até o 10º dia de julgamento.

Subi ao banco das testemunhas no 11º dia, apenas um dia antes da data prevista para a apresentação dos argumentos finais da defesa. Talvez tenha sido uma bênção que a mãe de Trayvon Martin estivesse ausente do tribunal, porque a mãe de uma vítima não deveria ser forçada a ouvir o tipo de coisa que eu normalmente digo em um julgamento.

A questão central — quem era o agressor quando
o tiro foi disparado? — permaneceu
sem resposta até o 10º dia de julgamento.

Meu testemunho não era nenhuma surpresa para os promotores. Eles sabiam exatamente o que eu ia dizer, porque já tinham tomado meu depoimento havia menos de três semanas, durante a fase de produção antecipada de provas testemunhais. Na verdade, poucas horas antes de eu subir ao banco, os promotores voltaram a me interrogar sobre o que eu estava prestes a dizer em juízo. Diante disso, imaginei que chamariam uma testemunha contrária para refutar minhas opiniões. Não chamaram.

Testemunhei que George Zimmerman sofreu múltiplas lesões contundentes no rosto e na cabeça — os exames mostravam dois nódulos inchados, e cortes e escoriações compatíveis com as pancadas violentas por ele descritas nesta última região, um possível nariz quebrado que foi recolocado no lugar, e hematomas na testa, onde provavelmente foi socado, ou seja, tudo condizente com o relato do réu. Era possível que Zimmerman tivesse sofrido graves lesões na cabeça, que podiam até colocar sua vida em risco, mesmo que não apresentasse qualquer ferimento externo visível, complementei.

O interrogatório prosseguiu. Zimmerman se lembrava de Martin deitado de bruços, com os braços estendidos depois do tiro fatal, porém, quando os policiais e paramédicos chegaram, os braços do adolescente estavam sob seu corpo. Para os promotores, este era um indício claro de que Zimmerman estava mentindo. West me perguntou se era possível que Martin, mesmo mortalmente ferido, tivesse recolhido os braços sozinho.

"Mesmo que eu me atirasse sobre o senhor neste instante, enfiasse a minha mão dentro de seu peito, agarrasse seu coração e o arrancasse do corpo", eu disse a West, com certo exagero talvez, "o senhor poderia continuar parado onde está por dez ou quinze segundos ou inclusive caminhar na minha direção, porque o que controla seus movimentos e sua capacidade de falar é o cérebro, cujo suprimento de reserva de oxigênio dura dez ou quinze segundos."

"Neste caso", continuei, "temos uma perfuração completa do ventrículo direito, além de pelo menos um buraco, senão dois, atravessando o pulmão direito. Portanto, ele está perdendo sangue, e, cada vez que o coração se contrai, bombeia o sangue para fora dos dois buracos no ventrículo e pelo buraco no pulmão. Vai estar morto dentro de dois a três minutos após ser baleado."

West se concentrou na lesão de Martin. Havia algo nos ferimentos de Trayvon que pudesse nos revelar a posição dos dois homens no momento em que o tiro fatal foi disparado? Saberia dizer quem estava por cima e quem estava de costas no chão?

Eu sabia.

"Quando uma pessoa se debruça sobre outra, vai reparar que a roupa tende a cair a alguns centímetros do peito", eu disse. "Se em vez disso a pessoa estiver deitada e alguém atirar nela, a roupa estará encostada contra seu peito. Portanto, o fato conhecido de que a blusa da vítima estava a uma distância de 5 a 10 cm da arma bate perfeitamente com alguém se inclinando sobre o atirador e com um espaço de 5 a 10 cm entre a roupa e a pessoa [que é baleada]."

Não havia contradição alguma entre a tese do disparo a uma distância intermediária, formulada pelo legista, e a tese do disparo de contato, formulada pelo perito em balística. No momento do disparo, a boca da Kel-Tec tocava o casaco de Trayvon Martin, que pendia a pelo menos 5 e no máximo 10 cm abaixo do peito do garoto enquanto ele se debruçava sobre George Zimmerman. A gravidade tinha puxado a lata de refresco e o pacote de balas que a vítima levava no bolso da frente da blusa — e que juntos pesavam quase 750 g — ainda mais para baixo.

As provas periciais provavam que Martin estava inclinado para a frente, não deitado de costas, ao ser baleado. Tal conclusão era compatível com o relato do réu, segundo o qual o garoto estava ajoelhado ou de pé sobre ele, golpeando-o com brutalidade, quando Zimmerman apertou o gatilho.

Se Martin estivesse de costas no chão, o casaco estaria pressionado contra sua pele, sem nenhum espaço entre os dois. Se George Zimmerman estivesse puxando o casaco do garoto, os buracos da bala não estariam tão perfeitamente alinhados.

Reinava um silêncio mortal no tribunal. O júri parecia hipnotizado. A inquirição da promotoria fazia rodeios, evitando desafiar minhas conclusões, que pareciam lançar por terra a teoria de que era Zimmerman, e não Martin, quem estava por cima naquela luta.

Fui dispensado do banco das testemunhas, e a filha de Don West me levou direto ao aeroporto para pegar um avião de volta para casa, em San Antonio. Durante aquele longo voo, pensei nas duas vidas que se cruzaram em uma noite escura e chuvosa de fevereiro. Fosse quem fosse que estivesse por cima, o que aconteceu foi uma tragédia. Vidas foram mudadas, e não só as vidas daqueles dois que se altercaram.

Nenhum de nós estava lá. Não há fotos ou vídeos do momento fatal. Não podemos saber o que de fato aconteceu, e certamente não podemos saber o que havia no coração daqueles dois homens. Entretanto, as provas científicas contavam uma história que muitas pessoas não queriam ouvir e na qual outras tantas se recusam a acreditar até hoje.

Com a verdade é assim. Ela nem sempre é bem-vinda.

Alguns dias depois, não havia mais nada a dizer. Agora caberia ao júri exclusivamente feminino dar o veredicto. Enquanto as seis juradas deliberavam, dezenas de manifestantes se reuniram diante do tribunal, gritando palavras de ordem, brandindo cartazes e trocando opiniões. Duas semanas de depoimento não haviam arrefecido nem um pouco seus ânimos.

Depois de mais de dezesseis horas, o júri chegou a um veredicto: George Zimmerman não era culpado de nenhum crime relacionado à morte de Trayvon Martin.

Ele saiu do tribunal como um homem livre, mas provavelmente passará o resto de sua vida olhando por cima do ombro.

Uma absolvição nem sempre é um atestado de inocência.

• • •

Ainda hoje, para muitas pessoas, é difícil ouvir isto, mas a questão da morte de Trayvon Martin não foi um erro judicial, mas sim um exemplo perfeito, ainda que doloroso, de aplicação da justiça. Nosso sistema funcionou como o previsto. Perguntas foram formuladas, hipóteses exploradas, teorias discutidas. É simplesmente da natureza de qualquer homicídio — defensável ou não — que haja vencedores e perdedores quando o caso é encerrado.

As provas periciais constituem o alicerce da justiça. Elas não mudam sua versão dos fatos nem recordam mal o que viram. Não se retraem quando um bando de linchadores se junta na escadaria do tribunal. Não fogem ou se calam de medo. Elas nos dizem de forma franca e honesta o que precisamos saber, mesmo quando desejaríamos que falassem outra coisa. Devemos apenas ter a sabedoria para enxergá-las e interpretá-las corretamente.

Foi assim com Trayvon Martin.

Como tantas palavras que foram completamente distorcidas por políticos, pretensos especialistas e por quem hoje vive de negociar trocas de favores, "justiça" não é o mesmo que satisfação ou punição. Deveria ser uma investigação justa dos fatos, tendo em vista uma conclusão razoável e imparcial. Para alguns, entretanto, o que vale é a vingança. Trayvon Martin teve justiça, mas seus entes queridos nunca vão ficar verdadeiramente satisfeitos. Foi assim, também, com os entes queridos do adolescente negro Michael Brown, em Ferguson, Missouri, que bradavam em uníssono "Sem justiça não há paz" e prometiam continuar os protestos até que o policial que alvejou mortalmente o jovem fosse punido. E se a vingança não é justificável?

Não foi a primeira vez, e certamente não será a última, que as pessoas se apressaram para tirar suas próprias conclusões antes de conhecer os fatos. Elas enxergaram toda a tragédia que se desenrolava pelas lentes defeituosas de seus próprios preconceitos e do ponto de vista de uma mídia cada vez mais dogmática.

Nós não estávamos lá. Nenhum de nós viu um vigia comunitário atirar e matar um adolescente negro desarmado naquela noite fria e chuvosa de 2012 na Flórida. E, apesar do ofuscante frenesi midiático que se seguiu, os fatos iam se turvando conforme o país se dividia e as pessoas assumiam lados não com base no que sabiam, mas no que imaginavam. Discutimos febrilmente sobre o que ninguém viu.

Toda turba de linchadores começa com uma suposição e uma conclusão rápida. A essa altura, depois de tantos crimes, já deveríamos ter consciência de que começar com uma suposição e dar o caso por encerrado depressa demais é um erro fatal.

Apesar de muitas pessoas terem transformado o julgamento de George Zimmerman em uma campanha contra o racismo, o caso não teve nada a ver com negros e brancos.

O verdadeiro problema não foi a falta de justiça, mas a ocorrência de uma infeliz sequência de erros humanos triviais que levaram dois homens a reagir de forma desproporcionada e fatal. Trayvon Martin não precisava morrer. Um sujeito branco julgou de forma indevida o comportamento de um adolescente negro, que, por sua vez, julgou mal o comportamento do sujeito branco. Eles puseram rótulos um no outro. Ambos viam o outro como uma ameaça. E os dois estavam errados.

No fim, não posso ver dentro de seus corações. Aquele caso de homicídio estava resolvido, mas as grandes questões sobre a humanidade ainda vão levar um pouco mais de tempo.

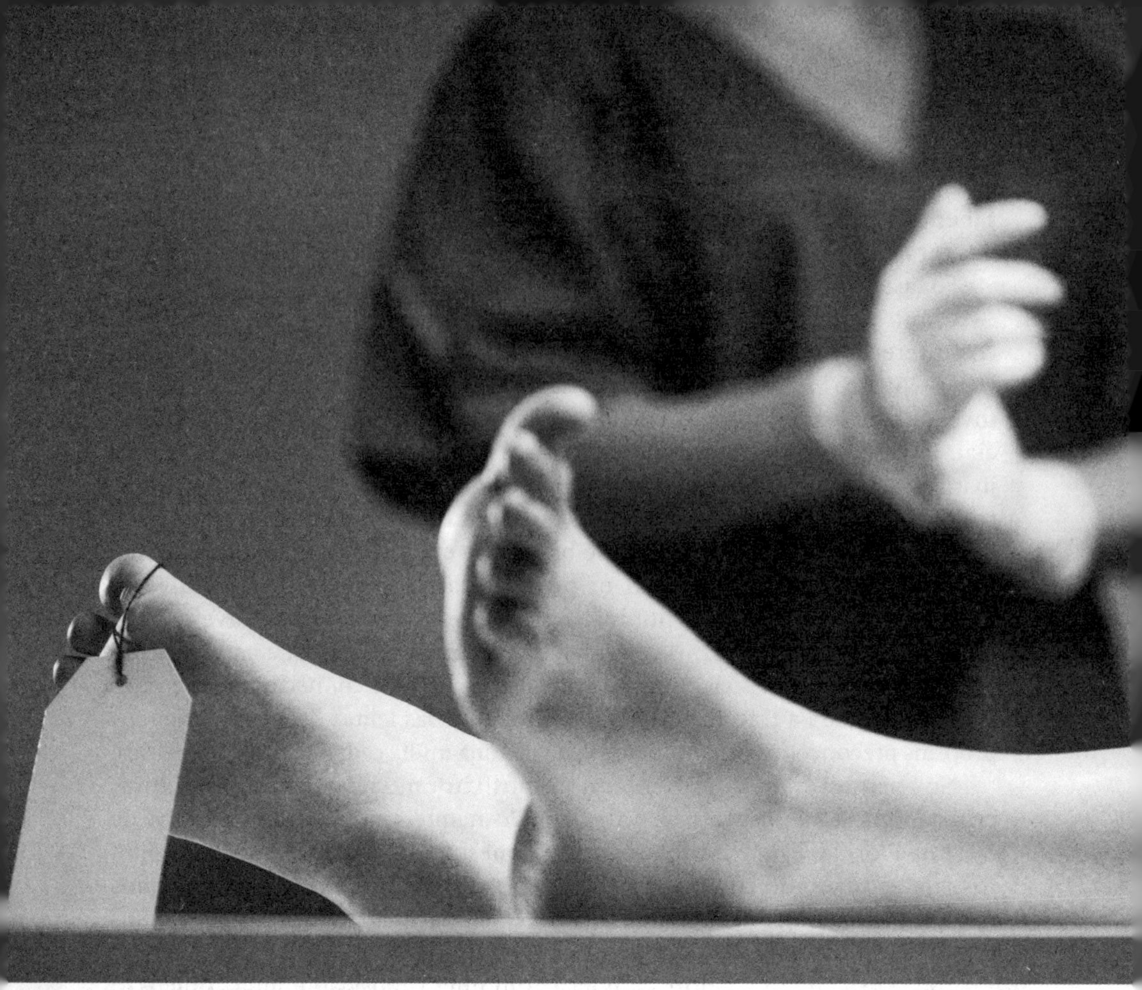

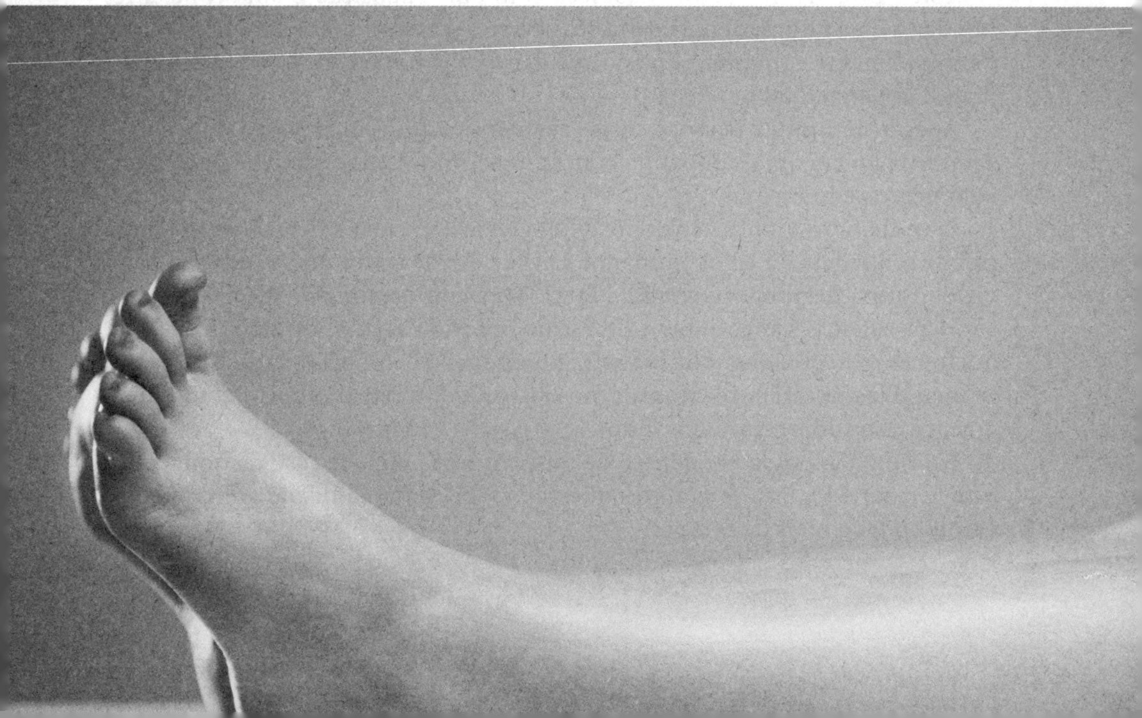

CAP. 2

O SEGREDO DOS CORPOS
DR. VINCENT DI MAIO E RON FRANSCELL

INCISÃO

A **INCISÃO** DO "PORQUÊ"

"... há muitas coisas em minha infância que não posso explicar, coisas que ficaram grudadas na memória sem que eu tivesse pensado muito a respeito. Eis uma delas: sempre quis ser médico."

Minha lembrança mais remota tem a ver com a morte. E, daquele dia em diante, passei a ter uma relação íntima com ela. Mantive-a sempre a uma distância respeitosa. Ela se tornou um trabalho que eu fazia em uma sala bem iluminada, não uma ferida que precisava da escuridão para cicatrizar. Para alguém que ganha a vida com a morte de outras pessoas, que a compreende melhor que a maioria dos homens compreende as esposas, e que sabe que um dia ele próprio terá de experimentá-la, eu raramente a deixo tocar em mim. E, nas poucas vezes que deixei, ninguém soube disso.

Um dos prazeres da infância é que sentimos as coisas mais do que as compreendemos. Há grandes lacunas em minha memória consciente, acontecimentos dos quais não me recordo perfeitamente, mas que ressurgem como fragmentos emocionais. Assim, há muitas coisas em minha infância que não posso explicar, coisas que ficaram grudadas na memória sem que eu tivesse pensado muito a respeito.

Eis uma delas: sempre quis ser médico. Ainda na escola primária, enquanto os outros garotos sonhavam em ser bombeiros, caubóis ou detetives, eu só queria ser médico. Jamais me questionei nem conversei com ninguém sobre isso. Nunca cogitei outra coisa. Não foi uma sugestão de meus pais, mas acho que eles também presumiram que seria assim. Não houve um único dia em que eu considerasse fazer outra coisa. Era um sentimento, não uma decisão consciente. Simplesmente dei por certo que seria médico. Antes mesmo de saber que tinha um futuro à frente, eu sabia o que faria dele, e ponto final.

Talvez aquilo fizesse parte de meu DNA. Meu pai era médico, meu avô materno era médico, e desde o início do século XVII todos os homens do lado materno da família — com uma única exceção — foram médicos. (A ovelha negra desgarrada era um corregedor.)

Meus dois pais eram norte-americanos de primeira geração, filhos de imigrantes italianos que vieram de Nápoles no início do século XX em busca de uma vida melhor. Meus avós não estavam fugindo da pobreza ou da desesperança; eram pessoas cultas e bem instruídas, que, no entanto, viram as oportunidades e possibilidades que aquele novo mundo oferecia. Eles traziam consigo as mesmas tradições de trabalho duro, resiliência e de assumir riscos apostando nas recompensas. E, acima de tudo, talvez fossem movidos por uma disposição ao desconforto.

Em 1911, meu avô paterno, Vincenzo Di Maio, chegou aos EUA a bordo do navio a vapor francês *ss Venezia*, procedente de Nápoles. Ele tinha 50 dólares no bolso — o mínimo —, e o escriturário da ilha Ellis (porta de entrada de imigrantes nos Estados Unidos) registrou uma cicatriz em sua testa. Tenor de ópera italiana, desfrutava uma carreira musical de modesto sucesso, tanto nos palcos como nos discos, e chegou a atuar em um filme pioneiro (hoje perdido) antes de abrir uma loja de música no chamado Harlem italiano, onde vendia pianos, fonógrafos e antigos rolos musicais, além de consertar qualquer aparelho musical que entrasse pela porta. A esposa de Vincenzo, Marianna Ciccarelli, era uma parteira benquista entre as jovens imigrantes *gràvetas*. Ela morreu de tuberculose no ano em que nasci, com apenas 53 anos, e nunca cheguei a conhecê-la.

Domenico Di Maio — que todos conheceriam como Dominick — nasceu em 1913, no apartamento que Vincenzo e Marianna alugavam na Hester Street, no Lower East Side (bairro no sudeste de Nova York). Marianna era uma robusta *mamma* italiana e desempenhava um papel dominante na vida de meu pai.

O inglês dela nunca foi bom, então ela incumbia meu pai, então com 8 anos, de negociar com banqueiros em quem ela não confiava. Meu pai a adorava.

Meu avô materno, Pasquale de Caprariis, já era médico quando chegou aos EUA, em 1901, mas não foi a carreira que o levou a cruzar o Atlântico. Ele deixou a Itália por amor. Pouco depois de desembarcar na ilha Ellis, casou-se com uma enfermeira de 26 anos chamada Carmela Mostacciuolo. Sua mãe queria que ele se casasse com uma mulher da alta classe, mas Pasquale a desafiou. Deserdado, partiu para aos EUA com Carmela, casou-se com ela, abriu uma clínica em Manhattan, e também começou a atender pacientes em domicílio no Brooklyn.

Entre seus pacientes estava a esposa de Francesco Ioele, vulgo Frankie Yale, o mais temido chefão da máfia no Brooklyn durante o período de vigência da Lei Seca, de 1920 a 1933, quando a fabricação, o transporte e a venda de bebidas alcoólicas foram proibidos em todo o país. Yale, que deu ao jovem Alphonse Capone e Albert Anastasia seus primeiros trabalhos, costumava se queixar ao meu avô de que as crianças daquela época tinham se tornado muito desrespeitosas e violentas. (Isso é especialmente engraçado se considerarmos que o capanga em quem Frankie Yale mais confiava era Willie Altiere, apelidado de "Duas Facas" porque sua marca registrada era matar suas vítimas duplamente armado.) Depois que Yale foi assassinado, em 1928 (possivelmente por ordens de Al Capone), milhares de pessoas — quem sabe inclusive meu avô — viram um cortejo fúnebre, que se estendia por muitos quarteirões, transportar seu cadáver dentro de um caixão prateado de 15 mil dólares para um dos mais suntuosos funerais da história do crime organizado.

> Meu avô materno, Pasquale de Caprariis, já era médico quando chegou aos EUA, em 1901, mas não foi a carreira que o levou a cruzar o Atlântico. Ele deixou a Itália por amor.

Durante a Grande Depressão, período de forte recessão econômica entre 1929 e 1939, alguns pacientes de meu avô no Brooklyn, doentes e sem um tostão, pagavam as consultas com ovos, legumes e galinhas. Quando criança, ao ouvir histórias sobre ele, tinha certeza de que eu também, quando me tornasse médico, conseguiria sobreviver com a carne e os produtos agrícolas que meus pacientes levariam à minha casa.

Foi na casa do dr. Pasquale de Caprariis, no Brooklyn, que Italia Alfonsina Violetta de Caprariis veio ao mundo pelas mãos do pai, em 1912, um ano e um dia antes de seu futuro marido nascer.

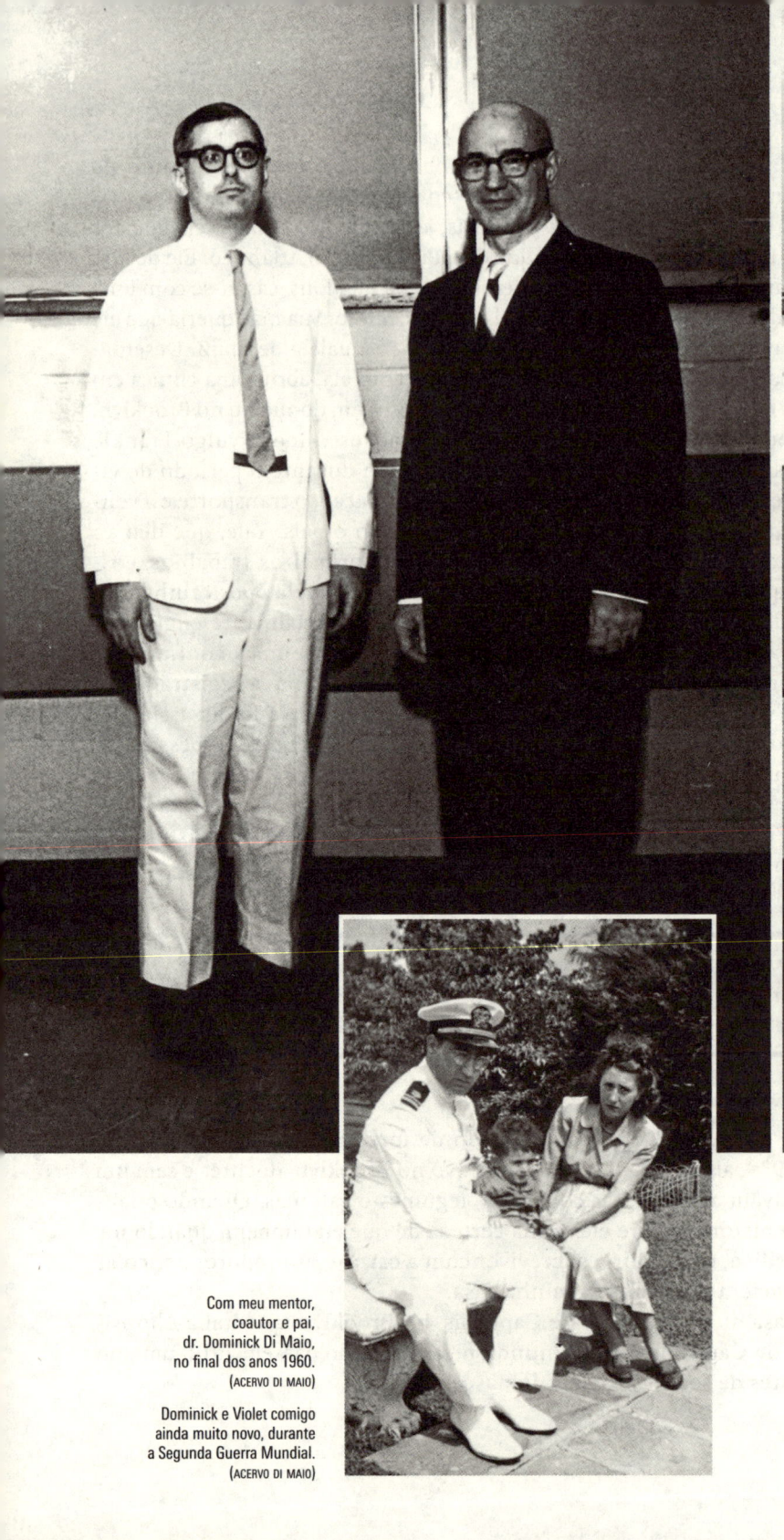

Com meu mentor,
coautor e pai,
dr. Dominick Di Maio,
no final dos anos 1960.
(ACERVO DI MAIO)

Dominick e Violet comigo
ainda muito novo, durante
a Segunda Guerra Mundial.
(ACERVO DI MAIO)

Dominick Di Maio e Violet de Caprariis se conheceram como calouros na Universidade de Long Island, em 1930. Namoraram por alguns anos antes de ficar noivos, um noivado que se estendeu por sete anos em meio à recessão. Nas noites de domingo, após a missa, costumavam jantar na casa de Vincenzo e Marianna, sempre sob o olhar vigilante de minha tia, irmã mais velha de minha mãe.

Depois de alguns anos de faculdade, ainda sob o peso sufocante da Grande Depressão, meu pai ingressou na Escola de Medicina da Universidade de Marquette, em Milwaukee, onde se formou patologista em 1940.

E minha mãe fez algo ainda mais extraordinário: foi estudar Direito na Universidade St. John. A verdade era que ela adorava História e queria cursar uma pós-graduação em Columbia para se tornar professora universitária, mas o governo federal só bancaria seus estudos se fizesse Direito. Em 1939, Violet era uma das quatro únicas mulheres da turma.

Depois de se casar com Dominick, em junho de 1940, minha mãe nunca mais voltou a exercer a advocacia. Naquela época, esperava-se das jovens esposas italianas que criassem os filhos e fossem uma espécie de argamassa que mantinha a família unida — ainda que tivessem um diploma de Direito. De qualquer forma, minha mãe nunca manifestou especial entusiasmo pela advocacia. Para ela, foi apenas uma forma de se instruir. Esporadicamente, redigia documentos legais para a família e os vizinhos, mas, após contrair matrimônio, nunca chegou a ganhar muito dinheiro na área. Esse nunca foi seu objetivo. Ela preferia ler livros de História, que consumiu vorazmente pelo resto da vida.

Quase onze meses depois, nasci na casa de meu avô, no Brooklyn. Meu pai e meu avô se encarregaram do parto. Vim ao mundo pelas mãos de um advogado, que me transferiu aos braços expectantes de um médico. Era um bom presságio.

Durante a Segunda Guerra Mundial, enquanto eu aprendia a engatinhar, meu pai servia como médico da Marinha em postos do Serviço Marítimo dos EUA distribuídos por toda a área metropolitana de Nova York. E, graças ao trabalho dele, recebi um benefício inesperado. Alguns dias após o fim da guerra, desenvolvi uma terrível infecção no ouvido médio, e estive entre os primeiros civis norte-americanos a receber um novo antibiótico chamado penicilina — que, até aquele momento, só era ministrado em soldados. Ela me curou.

Depois da guerra, meu pai dedicou suas vastas energias a alavancar a carreira e a criar uma família no Brooklyn.

Aqui está outra coisa que ficou impressa na memória: minha lembrança mais antiga é de ver minha avó Carmela, mãe de minha mãe, morta sobre a mesa da sala de jantar. Nas suaves cores pastéis de uma velha recordação, lembro-me de entrar em uma sala por uma porta envidraçada. A mesa ficava no centro do cômodo, e minha avó jazia inerte sobre ela. Caminhei até a mesa e, de alguma forma, sabia que ela estava morta. Até hoje não compreendo como eu podia saber o que era a morte. Não me lembro de mais nada além disso: nem do funeral, nem da tristeza de outras pessoas.

E não me lembro de nada antes desse dia. Eu tinha apenas uns 5 anos de idade, e não compreendia a morte, os velórios, os funerais ou o significado de "para sempre". Só sabia que nunca tinha visto minha avó em cima da mesa, muito menos tão quieta. Não me lembro de sentir tristeza. É só um instantâneo que ficou alojado em minha jovem memória, e seu único sentido é o que lhe atribuo hoje, quase setenta anos depois.

Mas era possível que, mesmo tão novo, eu já tivesse aprendido a não chorar.

• • •

O Brooklyn de minha infância não é o mesmo Brooklyn da cultura moderna, seja o real, seja o imaginário. Os conflitos raciais ainda não estavam no palco central das discussões, os Dodgers eram incríveis, e a criminalidade não estava galopante. Conviviam no mesmo bairro, misturadas, as famílias da classe média e da classe operária. Médicos e advogados eram vizinhos de lojistas, estivadores e motoristas de ônibus. Nosso vizinho da Forth Street era motorista de caminhão.

Contudo, os vizinhos não eram nosso círculo social mais importante. As famílias eram muito mais unidas, maiores e mais confiáveis. Eu tinha uma tia e um tio que moravam no mesmo quarteirão, e todos os meus familiares viviam no Brooklyn, com exceção de um tio que morava em Long Island. A gente se reunia na maioria dos feriados. Para nós, "família" era um grupo de pessoas reais que você podia tocar, e que podiam tocar você. Os filhos de Dominick e Violet Di Maio foram criados para honrar a família, não para envergonhá-la, desapontá-la, magoá-la ou desonrá-la.

Como a maioria dos italianos naquele espaço e lugar, éramos estritamente católicos. Íamos todos juntos à igreja, todo domingo, embora minha mãe também frequentasse a missa da Igreja de Santa Rosa de Lima duas ou três vezes por semana. Ela era tão devota que batizou uma filha com o nome de sua santa padroeira, Santa Thérèse Martin. Minha mãe deixava uma pequena estátua de cerâmica da Virgem Maria sobre a mesinha de cabeceira. Em cima da cômoda, no entanto, havia uma imagem muito maior de Santa Teresinha, um presente de meu pai que, todo dia 3 de outubro — quando até recentemente se comemorava o dia de Santa Teresinha na Igreja Católica — dava à mulher uma rosa vermelha.

Era de se esperar que eu cumprisse os sacramentos e me confessasse, mas a religião não era uma força motriz ou conspícua em nossa casa. Eu cresci acreditando em destino, em uma espécie de justiça final — e na vida após a morte. Para mim, a morte é uma prova de que temos almas. Vejo as pessoas como uma espiga de milho: têm uma parte exterior, uma casca descartável e um miolo repleto de grãos — as próprias sementes da vida. Quando estou diante de um corpo sem vida, vejo apenas uma casca. A alma já se foi.

Não faço necropsias em pessoas. Faço necropsias em cadáveres. Uma pessoa é algo vivo, vibrante e único. Cadáveres são apenas o que elas deixaram para trás.

Existe uma curiosidade natural sobre meu trabalho (e sobre qualquer pessoa que trabalhe com os mortos). Certa vez, alguém me perguntou sobre o corpo de uma mulher que, em vida, fora bonita. Ela também era bonita morta?

"Não", respondi. "Eu nunca vi um cadáver bonito, só uma coisa sem vida que se parece com uma pessoa, mas não é. A parte bonita se foi."

• • •

Em 1930, morávamos em uma casa de três andares, em uma rua arborizada. O quintal não era grande o suficiente para brincar — ou para fazer qualquer coisa, na verdade —, mas as crianças tinham a rua, que era uma área de recreação muito mais fascinante.

Ali, as crianças levavam uma vida diferente da dos pais. Eu cresci nessa época antiga, quando as crianças saíam de casa pela manhã para brincar, voltavam para almoçar, e então ficavam na rua até a hora do jantar. Depois, nas noites de verão, costumávamos ficar à toa, até que as primeiras luzes dos postes se acendessem. Como outras crianças, eu jogava *stickball* — uma espécie de beisebol de rua com cabos de vassoura —, jogos de baralho, andava de bicicleta e fazia todas as travessuras típicas dos meninos de minha idade.

Porém, gostava mais de ficar na minha, e preferia os livros aos esportes. Muitas vezes, caminhava dez quarteirões até a biblioteca pública, pegava uma pilha de livros emprestados e levava tudo para casa. Então, deitado em uma rede que ficava na nossa enorme varanda, devorava avidamente cada palavra. Esse foi outro hábito que herdei de minha mãe. Nada me distraía de minhas viagens às Termópilas, à floresta de Belleau, a Waterloo e a milhares de outros lugares que conheci através dos livros.

Eu era um bom aluno. Não digo que adorava a escola, mas procurava tirar o melhor proveito dela. Na maior parte do tempo, pelo menos. Meu primeiro dia de aula foi um reflexo de como eu me sentiria nas salas de aula pelo resto da vida: depois de se apresentar à turma, a professora ficou de costas para escrever no quadro-negro. Era minha chance. Eu me levantei, saí da sala e corri até em casa. Minha mãe me arrastou de volta para a escola. Talvez por respeito a ela, passei meus dezenove anos seguintes em algum tipo de sala de aula.

Quando chegou a hora, meus pais me mandaram para a St. John, uma escola secundária particular, católica e só para meninos em Bedford Stuyvesant, na parte central do Brooklyn. No mundinho paroquial dos anos 1950 que

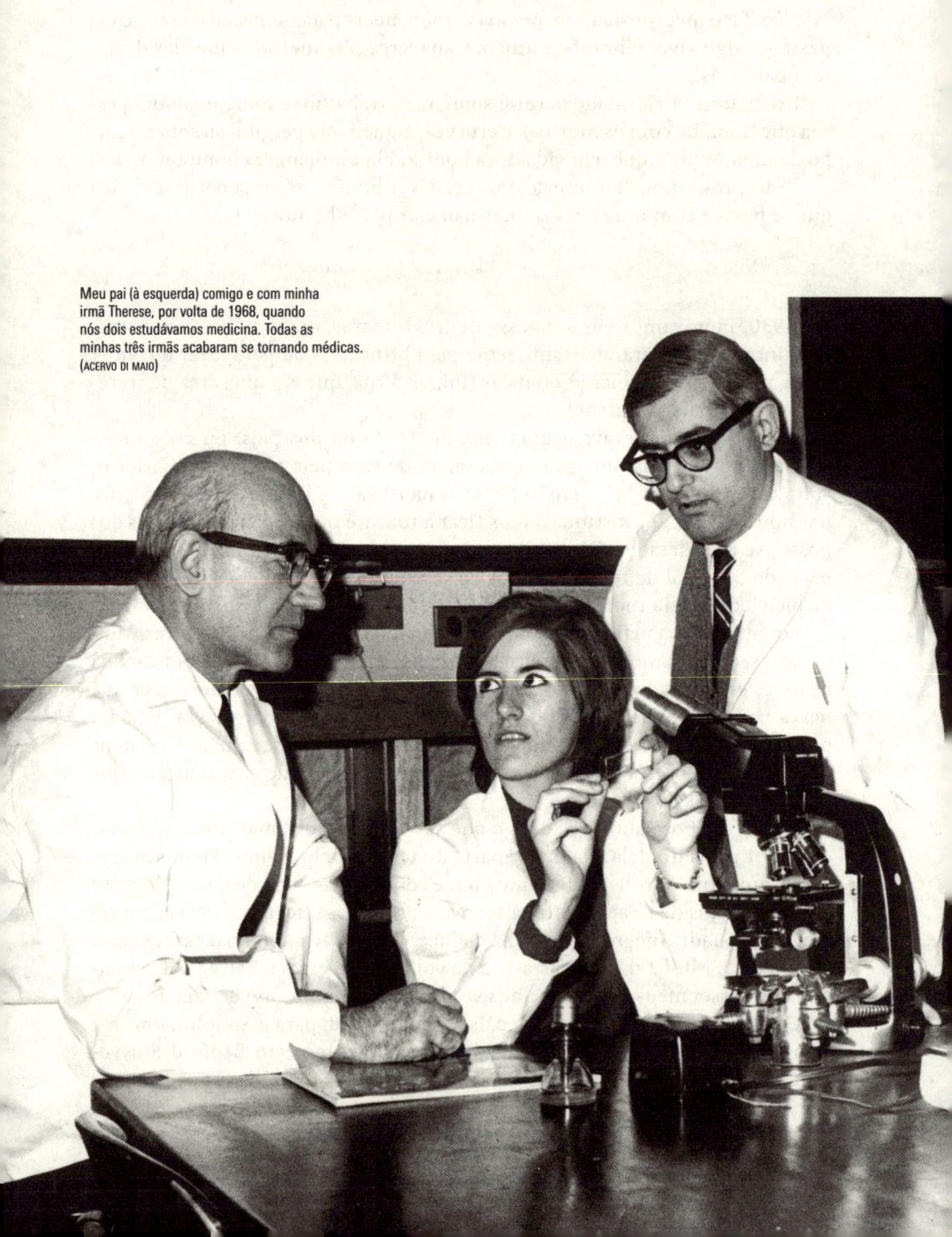

Meu pai (à esquerda) comigo e com minha irmã Therese, por volta de 1968, quando nós dois estudávamos medicina. Todas as minhas três irmãs acabaram se tornando médicas.
(ACERVO DI MAIO)

chamávamos de Brooklyn, isso era tão longe que parecia outro estado, mas, na verdade, ficava a apenas uns 8 km em linha reta. Todos os dias, eu percorria cinco quarteirões, pegava dois trens e um ônibus para ir à escola e voltar. Com essa rotina, não poderia ter praticado esportes mesmo que quisesse, e nunca trabalhei depois da escola porque, com tantos ônibus e trens, basicamente não tinha tempo. Todos os meus colegas de escola moravam em outros bairros, e nenhum dos amigos que moravam no mesmo quarteirão que eu foram estudar na St. John. O ensino médio foi uma época solitária para mim.

Como nunca cheguei a fazer amizade com os outros garotos da escola — meu jeito introvertido e meu cabelo prematuramente grisalho já aos treze anos contribuíram bastante para isso —, eu passava muito tempo na vasta biblioteca da escola lendo. Meu assunto favorito era História... Até descobrir a seção sobre armas.

No mundinho paroquial dos anos 1950
que chamávamos de Brooklyn, isso era tão longe
que parecia outro estado, mas, na verdade,
ficava a apenas uns 8 km em linha reta.

Eu não tinha uma arma. De tempos em tempos, quando viajávamos para o interior, meu pai deixava que eu atirasse em latinhas com uma arma de pequeno calibre, mas essa era praticamente toda a minha experiência com elas. No entanto, eu nutria um verdadeiro fascínio por essas máquinas, pela maneira como funcionavam, por como eram fabricadas e pelo que podiam fazer.

Minha primeira arma foi uma espingarda Remington 513S, calibre .22, operada por ferrolho manual. Ganhei de presente de um dos colegas de meu pai, um caçador de animais de grande porte que soube de meu crescente interesse por armas. Eu a tenho até hoje.

Naqueles tempos, não fazia ideia da importância que as armas assumiriam pelo resto de minha vida.

Em casa, nossas vidas não eram exatamente o que se poderia esperar de um lar chefiado por um médico e uma advogada. Logo vieram minhas três irmãs caçulas, e nossa casa passou a viver em um rebuliço constante. Minha mãe comandava a educação dos filhos como o rígido general Patton comandava seus soldados na Segunda Guerra, enquanto meu pai se ausentava para lutar outro tipo de batalha.

Meu pai, um homem de hábitos frugais, entregava todo o salário para minha mãe, de hábitos igualmente frugais, que era quem administrava as finanças. Formávamos uma típica família de classe média alta, mas não era o que aparentávamos para o restante do mundo. Minha mãe detestava qualquer tipo de ostentação. Discreta, séria e muito inteligente, ela também se vestia de maneira simples. Não gostava de joias, mas em ocasiões especiais usava pérolas. Não se achava bonita, e nunca usava maquiagem, a aliança de casamento ou mesmo um relógio. Sempre mantinha o cabelo curto.

Por outro lado, nossa casa era repleta de livros. Minha mãe lia vorazmente, sobretudo livros de História, e também acreditava que essa era a chave para o sucesso dos filhos. Se tivesse que escolher entre comprar um livro ou um vestido novo, não pensava duas vezes. Sempre escolhia o livro.

Outra coisa de que me lembro sobre ela: nunca a vi chorar em público, nem mesmo quando seus pais e irmãos morreram. Para minha mãe, chorar em público era humilhante e mostrava fraqueza, por isso nos repreendia severamente quando o fazíamos.

É curioso, às vezes, como certas coisas ficam na memória.

• • •

Dominick Di Maio vivia em *moto perpetuo*. Sempre ia para casa a tempo do jantar, mas quase sempre saía de novo em seguida, e era assim inclusive nos fins de semana. Trabalhava em tempo parcial para todos os pequenos hospitais particulares do Brooklyn e do Queens. Vivia correndo de um para o outro, sete dias por semana, doze horas por dia. Nenhum dos estabelecimentos tinha patologistas no quadro de funcionários, então ele dava as caras, examinava os relatórios laboratoriais do dia, emitia diagnósticos, e partia para o próximo. Chegou um momento em que ele se desdobrava em cinco empregos simultâneos. Na mesma época, conseguiu um trabalho de meio expediente, ganhando apenas 4.500 dólares ao ano, fazendo necropsias para o Departamento Médico-Legal de Nova York.

Meu pai era um investigador tenaz, com uma mente afiada. Embora fosse, sem sombra de dúvida, um italiano puro-sangue de Nova York, era muito difícil que manifestasse aquela paixão extravagante do estereótipo. Nas raras ocasiões em que de fato explodia de raiva, em geral era porque sentia seu senso de justiça ultrajado, algo que ocorria com mais frequência quando uma inocente criança era morta.

Na vida privada, mostrava uma personalidade expansiva, mas jamais dominava o ambiente. Como estava sempre trabalhando, não fazia muitos amigos. Por outro lado, e isto era talvez mais importante, também não fazia muitos inimigos. Não se abalava com facilidade, não era suscetível a intimidações, nem se esquecia das desfeitas. Colecionava selos. Adorava nadar. Era sua forma de relaxar. Por isso, adquirira o costume de ir à praia e nadar para bem longe da costa. Filho de cantor de ópera italiana, meu pai sabia tocar piano de ouvido, sobretudo jazz e arranjos para big band, como eram popularmente conhecidas as grandes orquestras jazzísticas da época. Houve uma época em que tomou gosto por pescar e andar de barco, mas se viu obrigado a abandonar tais atividades quando começaram a prejudicar seu trabalho.

Meu pai também era severo quanto ao cumprimento dos deveres, e dedicava especial atenção aos estudos dos filhos. Queria que eu me destacasse na escola, e não esperava menos das três filhas. Acreditava que eram iguais em todos os sentidos e que poderiam ser bem-sucedidas da mesma forma. E estava certo: as três também se tornaram médicas.

Mas nunca houve uma verdadeira separação entre trabalho e vida pessoal. Em nossa casa, morte e vida coexistiam. Aprendemos a conviver com a morte.

Meu pai desenvolveu um interesse por patologia forense antes mesmo que esta se tornasse uma especialidade reconhecida. Ocorrências de abuso infantil, em particular, deixavam-no transtornado, isso muito antes de o assunto se tornar uma *cause célèbre* na mídia atual.

No início de sua carreira, em 1940, a medicina legal contava com um número bastante limitado de recursos em comparação com os dias de hoje. Dispunha da análise de impressões digitais, dos testes de tipagem sanguínea, das análises dentárias, dos raios X, e de uma toxicologia relativamente primitiva. As melhores ferramentas eram o bisturi, o microscópio e os olhos do próprio legista.

Em 1950, meu pai começou a trabalhar em tempo parcial para o legista-chefe de Nova York. Sete anos depois, foi contratado em tempo integral como legista-adjunto no Brooklyn, o distrito mais populoso da cidade, e, portanto, a divisão mais movimentada do morgue municipal.

Minhas três irmãs caçulas e eu ainda éramos pequenos quando meu pai começou a nos levar a hospitais e necrotérios. Ele não queria que tivéssemos medo da morte; em parte por supor que todos seríamos médicos um dia, mas também porque ele próprio mantinha uma relação casual com a morte. Queria que respeitássemos a tragédia da morte, mas também que fôssemos atraídos por seus mistérios. Ele via seu funesto trabalho como um instrumento para salvar vidas, um sistema de alerta antecipado contra epidemias, assassinos e a tendência básica da mente humana de confiar mais na própria capacidade de discernimento do que nos fatos.

Não precisava ter se preocupado conosco. Ainda crianças, vivíamos olhando escondido as macabras fotografias de locais de crime e do necrotério que nosso pai guardava em pastas dentro de um armário. Esquadrinhávamos as estantes de livros em busca de imagens de cadáveres e ferimentos fatais, que espiávamos cheios de culpa. Em mais de uma ocasião, tendo sido chamado para examinar um cadáver ainda "fresco", ele nos mandava esperar no carro, e então nos esticávamos ao máximo para dar uma olhada.

Para mim, isso fazia parte da vida. Era um lado triste da realidade, mas era a realidade.

Lembro-me de um piquenique em Staten Island, quando eu tinha 10 anos. Naquela época, meu pai era legista-adjunto no distrito sul de Manhattan, uma região predominantemente rural. O morgue onde trabalhava era rodeado de descampados e terras sem cultivo. Nos fins de semana, era comum que a família toda pegasse a balsa para Staten Island — a ponte Verrazano-Narrows ainda não tinha sido construída — para que meu incansável pai pudesse trabalhar um pouquinho mais. Chegando lá, estacionávamos em algum local sombreado nos fundos do necrotério, abríamos as janelas do carro e ficávamos ouvindo rádio enquanto almoçávamos e brincávamos naqueles descampados — os quais, para mim, um garoto do Brooklyn, eram como uma vasta selva.

Em um desses dias, estacionamos atrás do morgue e saltamos do carro, prontos para mais um magnífico dia ao ar livre. Meu pai abriu o porta-malas para pegar a cesta de piquenique e, bem ao lado dela, como se fosse uma simples mala de viagem, havia uma caixa aberta com um esqueleto humano dentro.

Ele não via nada demais naquilo. E, o que era mais importante, o menino que estava ao seu lado — eu — também não.

• • •

Quando se tornou o quarto legista-chefe da história de Nova York, em 1974, meu pai passou a ter um telefone especial perto da cama para receber ligações de emergência. A polícia ia bater à nossa porta a qualquer hora do dia ou da noite para levá-lo até a mais recente cena do crime.

Todas as noites, ele percorria os corredores mais profundos e sombrios do necrotério para expulsar intrusos que lá adentravam sorrateiramente, ávidos por emoções macabras. Chegou a descobrir uma garota de programa e uma rede ilegal de apostas que operavam secretamente durante a noite nos arredores do estabelecimento. Embora administrasse o maior e mais movimentado necrotério do mundo — com um time de 129 legistas, auxiliares, investigadores, motoristas e secretárias —, meu pai ainda realizava necropsias com certa frequência. E tudo isso por apenas 43 mil dólares ao ano, uma remuneração baixa mesmo para os padrões da época, especialmente quando se tratava do melhor perito criminal de uma cidade que nunca dorme e onde as mortes não param. (Como chefe-adjunto do DML de Dallas naquela época, eu ganhava consideravelmente mais que meu pai.)

Nova York estava falida, e o departamento se desintegrava lentamente. Faltavam fundos, funcionários e sangue novo. Meu pai não se deixava desanimar. A morte não tira férias.

Ainda a mil por hora, ele dava aulas de investigação médico-legal na Escola de Direito do Brooklyn, gozava de privilégios como membro fixo do quadro de diversos hospitais locais e dava palestras na Universidade St. John.

Apesar disso, sua compaixão e serenidade diante de situações adversas permaneciam intactas. Pouca gente sabia que quando ele comprava um novo casaco ou um par de sapatos não jogava os velhos fora, mas os levava para o "porão", onde eram feitas as necropsias, e dava-os aos chamados *dieners* (termo derivado da palavra em alemão *Leichendiener*, que significa "servente de cadáver"), isto é, atendentes do necrotério e auxiliares de necropsia que faziam o trabalho mais sujo pela menor remuneração.

Meu pai não participava muito do jogo político. Na verdade, ele dificilmente entrava nesse jogo. Não fugia de uma luta, mas também não as provocava. E não corria para o *New York Times* toda vez que surgia uma morte de maior visibilidade.

Mortes, claro, não faltavam. Elas sempre ocorriam. Aos montes. Meu pai teve um papel significativo na investigação de algumas das mortes com mais repercussão da história de Nova York. Ironicamente, muitos desses casos ecoariam em minha própria carreira décadas mais tarde.

> Nova York estava falida, e o departamento se desintegrava lentamente. Faltavam fundos, funcionários e sangue novo. Meu pai não se deixava desanimar. A morte não tira férias.

Em 1975, ele reabriu a investigação sobre o estranho suicídio do cientista da CIA Frank Olson, que fazia experimentos com diversas armas biológicas para o governo. Em 1953, agentes da CIA ministraram LSD a Olson sem que ele soubesse, e nove dias depois, o cientista deu um mergulho mortal da janela do 13º andar de seu quarto de hotel em Manhattan. A CIA disse à polícia que Olson sofrera um colapso nervoso, e, em um acesso de paranoia delirante, cometeu suicídio. Com base na investigação policial, meu pai, então apenas um legista-assistente, declarou morte por suicídio. Caso encerrado.

Ou assim ele pensava. Quando, 22 anos depois, tomou conhecimento dos experimentos ilícitos com drogas conduzidos pela CIA, ficou furioso. A família Olson processou o governo federal, e meu pai dedicou um novo olhar ao caso, abrindo a porta para uma futura exumação em 1994. Embora não fosse possível chegar a conclusões definitivas quarenta anos depois de sua morte, diversos peritos criminais acreditam que Frank Olson foi assassinado por escusos agentes norte-americanos que nunca foram levados à justiça.

Durante as quatro décadas em que trabalhou no DML de Nova York, mortes violentas e bizarras eram lugar-comum na rotina de meu pai. Entre 1976 e 1977,

David Richard Berkowitz, o assassino em série conhecido como Filho de Sam, deixou a cidade paralisada. Meu pai examinou (em vão) diversos restos mortais que se pensava pudessem pertencer ao célebre líder sindical Jimmy Hoffa, que desapareceu em 1975 e nunca mais foi encontrado. Assassinatos ligados à máfia aconteciam com uma regularidade frustrante. Malcolm X foi assassinado no teatro Audubon Ballroom, em Manhattan. Em 1976, o famoso estilista de celebridades Michael Greer foi encontrado morto em seu apartamento, na Park Avenue, após um encontro sexual com outro homem, um caso que permanece sem solução até hoje. Naqueles tempos, tal como hoje, celebridades como a colunista de fofocas Dorothy Kilgallen, o poeta Dylan Thomas e o problemático ator Montgomery Clift viravam manchetes quando apareciam mortos em quartos de hotel, mansões de arenito pardo ou apartamentos do nobre Upper East Side. Meu pai trabalhou em muitos desses casos.

E também resolveu alguns mistérios. Tome como exemplo a estranha morte, em 1954, de Emanuel Bloch, renomado advogado de defesa de Julius e Ethel Rosenberg, encontrado morto na banheira de sua casa em Manhattan poucos meses após o casal ser executado por crime de espionagem contra o governo norte-americano, acusados de fornecer à União Soviética segredos sobre a fabricação da bomba atômica. Guardião legal dos dois filhos caçulas do finado casal, Bloch, quando vivo, dera o sangue para defender figuras impopulares. Não era o primeiro nem o último dos casos de morte investigados por meu pai em que a mídia e a opinião pública não esperavam provas antes de mergulhar na boataria histérica da Guerra Fria. Enquanto a mídia fabricava teorias conspiratórias anticomunistas, meu pai concluiu que Bloch tinha morrido de uma simples parada cardíaca. As manchetes pararam mais rápido que o coração do sr. Bloch.

No verão de 1975, os irmãos gêmeos Cyril e Stewart Marcus — renomados e talentosos profissionais que dividiam um próspero consultório ginecológico em Manhattan — foram encontrados mortos no chão de seu luxuoso apartamento no East Side. Estavam mortos há uma semana. Eram solteiros, e suas vidas inseparáveis, paralelas, terminaram exatamente como haviam começado quarenta anos antes: juntas.

Como não foram encontrados sinais de violência, a polícia concluiu que se tratava de duplo suicídio. Alguns atribuíam as mortes a uma simultânea overdose de drogas, enquanto a mídia tinha suas próprias teorias extravagantes.

No entanto, meu pai trouxe a verdade à tona. A dupla de gêmeos era viciada em barbitúricos, um segredo guardado por seus colaboradores mais próximos. Quando surgiu a ameaça de sua dependência conjunta ser revelada ao público, eles decidiram parar de uma vez, "na marra", de usar uma das mais poderosas drogas indutoras de alterações comportamentais.

O problema é que a abstinência de barbitúricos é letal. É pior que a abstinência de heroína. O viciado sofre convulsões e delírios, e seu coração entra literalmente em colapso. Foi assim que os gêmeos morreram. A história dos dois chamou a atenção dos EUA para o problema da toxicodependência entre os médicos e, em 1988, serviu de inspiração para o filme *Gêmeos, Mórbida Semelhança* (*Dead Ringers*), estrelado por Jeremy Irons.

Foi então que algo trágico aconteceu. Algo que para a maioria de nós seria inimaginável, mas não para meu pai. Não era uma tragédia causada por um vírus misterioso, uma catástrofe natural, ataques terroristas ou um prolífico assassino em série, mas jogou meu pai no centro de uma indescritível carnificina.

Em 24 de junho de 1975, uma terça-feira chuvosa, um Boeing 727 da Eastern Airlines entrou em colapso ao se aproximar do aeroporto internacional John F. Kennedy, no Queens. A menos de 2 km da pista, o voo 66 procedente de New Orleans arremeteu bruscamente, impelido por uma gigantesca corrente de ar ascendente, e depois bateu com violência em uma coluna de ar, que jogou a asa esquerda contra uma fileira de postes de luz. Com o choque, a aeronave foi se desfazendo em pedaços, em uma queda espetacular.

Cento e quinze pessoas morreram nessa terrível catástrofe (embora nove tenham milagrosamente sobrevivido). Aquele era, então, o terceiro pior desastre aéreo da história dos EUA.

Corpos carbonizados e desmembrados espalhavam-se por toda parte. Dentro de instantes, um telefone especial tocou no escritório de meu pai em Manhattan, e ele correu para o local do acidente a fim de supervisionar a coleta e o exame dos restos mortais. Um lento desfile de furgões, carregados de caixas de pinho repletas de pedaços de corpos, ia enchendo o necrotério e uma tenda provisória montada no local do desastre. Trabalhando durante toda a noite e também no dia seguinte, meu pai e sua equipe identificaram os mortos, notificaram os parentes mais próximos e prepararam os cadáveres de todas as 115 vítimas para serem transportados aos seus respectivos locais de descanso em todo o mundo.

E por que algo assim não seria inimaginável para meu pai? Porque não era a primeira vez que trabalhava em um desastre com mortos e feridos em massa. Não era nem sequer a terceira ou a quarta. Em 1960, ele esteve no local da colisão aérea de dois jatos comerciais em Nova York, um desastre que matou 134 pessoas, seis delas no solo. Um ano antes, lidou com os restos de 95 indivíduos mortos na queda de um Boeing 707, que mergulhou de nariz em Jamaica Bay, na costa de Long Island. Esteve ainda no acidente de trem em Gardens Kew, que matou 78 passageiros, em 1950. E também no local do acidente do voo 663 da Eastern Airlines, em 1965, no qual 75 pessoas morreram após a aeronave cair no mar, perto da costa de Long Island.

Se já não tinha visto todas as formas como um ser humano pode morrer, devia faltar muito pouco.

Um dos casos mais célebres de meu pai, no entanto, ocorreu depois que se aposentou como legista-chefe, em 1978, e ironicamente não envolvia a morte de nenhuma pessoa.

Três dias antes do Natal de 1984, um comerciante de aparelhos eletrônicos chamado Bernhard Goetz, homem branco e acanhado, viu-se cercado por quatro adolescentes negros em uma estação de metrô em Manhattan. Eles pediram dinheiro a Goetz, que, desde que sofrera um violento assalto no metrô, anos antes, andava para todo lado com um discreto revólver Smith & Wesson, calibre .38, com capacidade para cinco tiros.

> Um dos casos mais célebres de meu pai,
> no entanto, ocorreu depois que se aposentou
> como legista-chefe, em 1978, e ironicamente
> não envolvia a morte de nenhuma pessoa.

Temendo que os jovens estivessem prestes a assaltá-lo, Goetz se levantou, sacou a arma e começou a atirar. Esvaziou o cartucho e feriu todos eles. Darrell Cabey, de 19 anos, levou um tiro no lado esquerdo do tronco, e a bala rompeu sua medula espinhal, deixando-o paralisado depois de desabar sobre um assento do metrô.

Em uma época em que Nova York vivia um acirramento das tensões raciais e a criminalidade atingia níveis alarmantes, a mídia não hesitou em apelidar Goetz de "Justiceiro do Metrô". O caso era seminal no contexto da lei Stand Your Ground. Os norte-americanos estavam obcecados com uma questão: teria Goetz atirado em legítima defesa ou sua atitude foi deliberadamente racista?

Era uma pergunta cujos ecos sinistros se fariam ouvir décadas mais tarde por ocasião das mortes de Trayvon Martin, na Flórida, e de Michael Brown, em Ferguson, Missouri, ambos baleados em incidentes semelhantes. Tal como viria a ocorrer nesses casos, o país se viu dividido entre brancos e negros, e, no calor da polêmica, todas as atenções se voltaram para Goetz. Ambos os lados tiraram suas próprias conclusões antes de conhecer os fatos.

Ao acusar Goetz de tentativa de homicídio, os promotores alegaram que Cabey estava sentado quando foi baleado e, portanto, nunca havia representado uma ameaça. A defesa contratou meu pai para examinar as lesões de Cabey e a cena do crime, e ele emitiu um laudo controverso: o rapaz estava em pé quando foi baleado. A trajetória do projétil era lateral e plana, e não descendente, segundo aclarou. Cabey não poderia ter sido alvejado enquanto estava sentado, a não ser que Goetz, que tinha quase 1,88 m de altura, tivesse ajoelhado ao lado dele — o que não havia ocorrido.

O laudo de meu pai convenceu o júri, composto de sete homens e cinco mulheres, incluindo duas pessoas negras. Goetz foi absolvido das acusações de agressão e tentativa de assassinato, embora tenha sido condenado por porte ilegal de arma. Teve de cumprir apenas oito meses de prisão. Mais tarde, Cabey entrou com uma ação civil contra um falido Goetz, que foi condenado a indenizá-lo em 43 milhões de dólares. (Em 2005, Goetz concorreu, sem sucesso, à prefeitura de Nova York.)

Para os nova-iorquinos, Goetz cometera outro crime grave: ele tinha uma arma. Apenas policiais e criminosos carregavam armas em Nova York, e lideranças municipais julgavam todo o resto da população estúpida demais para manejar armas de fogo de forma confiável.

Em 1978, meu pai se aposentou aos 65 anos de idade, mas, graças à sua experiência e conhecimentos, continuava sendo bastante requisitado, e ainda dispunha de uma enorme reserva de energia. Continuou a prestar consultoria em muitos casos de morte por todo o país, e em 1992 escrevemos juntos um livro chamado *Manual de Patologia Forense* (*Forensic Pathology: Principles and Practice*), que se tornou uma das principais referências na área e continua à venda até hoje.

Em 11 de setembro de 2001, com 88 anos de idade, Dominick Di Maio já era um senhor aposentado — embora ainda bem ativo, domiciliado na Henry Street, em Brooklyn Heights, elegante bairro residencial junto ao East River, no lado oposto a Manhattan. Em dias normais, ele podia ver as Torres Gêmeas do World Trade Center elevando-se sobre o distrito financeiro, que ficava a menos de 2 km de distância. Nova-iorquino de berço e de coração, ele vira aquelas torres subindo pouco a pouco no horizonte.

Naquele dia, ele as viu desabar.

Em mais de trinta anos como médico-legista, ele nunca tinha testemunhado um assassinato, muito menos um assassinato em massa como o que aconteceu diante de seus olhos.

Ele já sabia a terrível carnificina que iriam encontrar. Já sabia que horrores o homem podia infligir aos seus semelhantes. Já sabia que o modo como todas aquelas pessoas morreram não seria nenhum mistério.

Mas nunca me falou uma palavra sobre o assunto.

Assim era meu pai. Ele não queria — nunca quis — mostrar-se vulnerável diante da morte. Nunca chorou.

Disso também não me esqueci.

Eu me tornei tão resoluto quanto ele. Depois que comecei a estudar Medicina e a desbravar meu próprio caminho, nossas visões profissionais passaram a se chocar com certa frequência. Não havia ressentimento ou raiva na forma como defendíamos nossas posições, mas o fazíamos com ardor. Nossas discussões podiam ser épicas, e talvez um tanto espalhafatosas, mas nunca deixei de acreditar em meu pai. Ele estabeleceu um padrão de excelência que busco alcançar até hoje. Ainda me questiono se estou à altura das expectativas que ele tinha ao meu respeito.

Atravessamos a infância mesmo sem lembrar todos os detalhes ou de como era realmente ser criança. Recolhemos as coisas que ficam na memória, e as transportamos através da ponte que separa nossa adolescência da vida adulta. Quando olho para minha bagagem, encontro a energia de meu pai, seu senso de justiça, seu fascínio por mistérios, sua propensão a trabalhar longe dos holofotes, e sua habilidade de conter as emoções. Também encontro a austeridade de minha mãe, seu pragmatismo, seu amor pelos livros e por História.

E seu estoicismo.

. . .

No outono de 1958, quando comecei a estudar na St. John's — uma tradicional universidade católica no Queens, em Nova York —, eu não tinha nada daquela típica angústia adolescente de não saber o que fazer da vida. Sempre soube qual era meu propósito. Ia ser médico.

Não achava a faculdade tão difícil ou estressante. Comecei como estudante de Química, depois mudei para Biologia, mas a parte mais difícil da graduação foi o trânsito entre minha casa e o campus.

A maioria das pessoas não sabe que algumas escolas de medicina nos EUA admitem alunos ainda no terceiro ano de graduação que tenham concluído com sucesso as disciplinas introdutórias obrigatórias. Assim, durante meu terceiro ano na St. John's, candidatei-me a duas escolas de medicina de Nova York. Uma delas me rejeitou, alegando que só aceitava graduados; a outra, a SUNY Downstate Medical Center, no Brooklyn, a menos de 5 km de onde cresci, deixou a porta ligeiramente aberta. Era todo o incentivo de que eu precisava.

Então, aos 19 anos, passei no Exame de Admissão à Escola Médica (Medical College Admission Test, MCAT), enviei o formulário de inscrição e inclusive compareci à SUNY para uma tensa entrevista com um administrador da instituição.

Durante uma nevasca, em fevereiro de 1961, saí de casa para comprar jornal para minha mãe. Quando voltei, com frio e molhado, entreguei-lhe o jornal, e ela me entregou uma carta da SUNY.

Eu tinha sido admitido na escola de medicina sem ter ainda colado grau. Começaria já em agosto.

No primeiro dia, o corpo docente da escola reuniu todos os novos alunos em um auditório para uma palestra motivacional. "Não se preocupem com o diploma", diziam eles sorridentes, ao mesmo tempo que apresentavam estatísticas preocupantes sobre as taxas de conclusão do curso. Quanto mais nos encorajavam, mais apreensivos ficávamos. Era como se alguém dissesse: "É completamente seguro voar em um avião; só uma em cada nove pessoas acabará morrendo em um terrível acidente". Foi quando soube que aquilo não seria um passeio no parque. Fracassar, porém, não era uma opção. Eu não poderia ser nada além de médico.

Para dizer a verdade, eu detestava estudar medicina. Comparado àquilo, passar quatro anos no campo de treinamento da Marinha seria até agradável.

Os dois primeiros anos envolveram uma constante privação de sono. Nós cumpríamos uma rotina equivalente a 26 horas de estudo (sim, você leu certo), com seis horas de sono. Os dois anos que se seguiram envolveram a mesma privação de sono e muito estudo, acrescidos de exercícios práticos. De repente, nos vimos fazendo coisas que nunca havíamos pensado que poderíamos (ou iríamos) fazer um dia.

> Para dizer a verdade, eu detestava estudar medicina.
> Comparado àquilo, passar quatro anos no campo
> de treinamento da Marinha seria até agradável.

Eram reais os esguichos de líquido amniótico que arruinaram meus sapatos. Uma noite, fui para casa com manchas de sangue e vômito na roupa. Descobri que os pacientes mentem muito. Vi que era bastante difícil matar alguém. E aprendi a dormir em pé, apoiado contra alguma parede durante as rondas hospitalares ou com os olhos bem abertos enquanto um professor dava aula. Até hoje, quando tenho de esperar, seja em um aeroporto ou no corredor de um tribunal, tento dormir um pouco.

Por outro lado, também aprendemos a manter a calma, não importa a situação. Sempre achei que médicos dariam bons soldados devido à frieza que demonstram diante de situações adversas.

Todos que eram aceitos na SUNY seguramente eram inteligentes o bastante para se diplomar em Medicina. Não era a falta de intelecto que levava alguns ao fracasso. Os que desistiram simplesmente não tinham a firmeza, a persistência ou a determinação necessária para sobreviver ao intenso fogo cruzado dos professores. Levei alguns anos para perceber o que faziam conosco. Eles nos submetiam a uma lavagem cerebral, para nos ensinar a pensar como médicos. Não como advogados, contadores ou corretores da bolsa. Médicos pensam de forma diferente. Estávamos começando a adotar certa distância emocional, aprendendo a não nos aproximar dos pacientes a ponto de não conseguirmos fazer nosso trabalho, nem nos afastar tanto que não pudéssemos ouvir o que tinham a dizer sobre suas dores e seus medos.

Nem toda lição estava em um livro. Durante o curso, aprendemos a pensar logicamente, a nem sempre aceitar o que é dito e a questionar o que parece óbvio. Quem não é da área quase sempre salta de A para D, mas um bom médico vai de A para B, de B para C, e de C para D. É preciso se empenhar em reunir todos os fatos.

Além disso, meus colegas eram fascinantes. Lembro-me, por exemplo, de Barbara Delano, que adorava discutir política comigo naqueles dias agitados de meados dos anos 1960, quando os EUA estavam prestes a adentrar a pior fase da Guerra do Vietnã e se multiplicavam conflitos raciais e mobilizações estudantis nas universidades, em um terremoto social que abalaria os alicerces da cultura norte-americana. Certa vez, ela me acusou de defender concepções políticas do século XIII. "Não", eu a corrigi de forma brusca, "elas são definitivamente do século X." (Anos depois, ela acabaria presidindo a Escola de Saúde Pública da universidade.)

Lembro-me também de Chester Chin, tão magro que as enfermeiras do campus tentavam engordá-lo com milk-shakes de chocolate diários. Não funcionou, e ele acabou detestando a faculdade de medicina (e provavelmente milk-shakes de chocolate). Depois de se formar, tornou-se um cirurgião ortopédico e nunca mais quis colocar os pés na faculdade, nem mesmo para reencontros.

Entretanto, o primeiro de nós a ganhar fama — ou mais propriamente infâmia — foi Stephen H. Kessler. Era um cara brilhante, porém um tanto perturbado. Tinha se formado em Harvard, e entrou para a escola de medicina junto comigo. Em pouco tempo, começou a se comportar de maneira errática. Um dia, foi pego atirando bisturis como se fossem dardos nos cadáveres do laboratório de anatomia. Após seu primeiro ano, o reitor forçou-o a tirar uma licença, e ele deu entrada em um hospital psiquiátrico.

Algum tempo depois, Kessler voltou a estudar Medicina, mas foi expulso novamente ao ser flagrado dando LSD a pacientes.

Circulavam rumores de que estava para retornar uma terceira vez quando, em abril de 1966, surgiu uma notícia chocante: Kessler tinha atacado violentamente a própria sogra, a facadas, no apartamento dela no Brooklyn, matando-a. (Por coincidência, meu pai fez a necropsia e calculou um total de 105 lesões individuais.) Kessler alegou que estava sob o efeito de LSD no momento do crime, e a mídia então o apelidou de "o assassino do LSD". Constatou-se que ele havia se drogado com álcool de laboratório, pílulas de LSD e que sofria de esquizofrenia paranoica. Por fim, foi absolvido e considerado inimputável por doença mental. Após o julgamento, foi internado no

Bellevue, à época o maior hospital psiquiátrico de Nova York, e desde então ninguém nunca mais ouviu falar dele.

Em meio à rotina frenética do curso de medicina, eu visitava com frequência meu pai no morgue do Brooklyn, onde inevitavelmente via muitos cadáveres. Claro, eu já tinha visto cadáveres antes, mas aqueles nada se pareciam com os slides que meu pai guardava no armário, as imagens que ilustravam os livros técnicos de medicina ou mesmo com os cadáveres higienizados que cutucávamos e espetávamos nas aulas de anatomia. Eram mortos recentes, reais, pálidos ou azuis, com feridas de bala de verdade, marcas de facadas ou mesmo sem quaisquer lesões visíveis.

Os que mais me fascinavam eram os mafiosos, que pareciam chegar com regularidade ao necrotério de meu pai no final dos anos 1960. As guerras da máfia nova-iorquina iam e vinham, mas a matança nunca parou. Os mortos mafiosos estavam sempre bem-vestidos, com sapatos de couro de crocodilo, cuecas de seda e mãos bem-cuidadas. Eu nunca tinha ouvido falar de homem com esmalte transparente nas unhas até ver de perto os corpos daqueles mafiosos mortos sobre a mesa de necropsia.

Já perto de terminar o curso de medicina, era hora de escolher minha especialidade. Quais eram as opções? Havia uma velha cantilena que dizia: "Clínicos gerais tudo sabem, mas nada fazem; cirurgiões nada sabem, mas tudo fazem; psiquiatras nada sabem e nada fazem; e patologistas tudo sabem e tudo fazem, mas aí já é tarde demais".

Também havia outro ponto a considerar. Na faculdade de medicina, aprendi que (assim como meu pai) eu não tinha bom trato com os pacientes e que também não conseguiria dominar os complexos nós de um cirurgião. Cheguei à conclusão de que me sairia melhor com pacientes que não precisassem ser tranquilizados e em operações que não demandassem nós cirúrgicos impecáveis para salvar uma vida. Nesse sentido, a patologia era perfeita. Patologistas são os médicos dos médicos.

Depois de cumprir um ano de estágio em patologia no hospital universitário de Duke, na Carolina do Norte — onde eu enfim decidi praticar a patologia forense —, iniciei minha residência de três anos no Centro Médico do Condado de Kings, no Brooklyn. Nesse período, comecei a realizar necropsias para o DML do Brooklyn, sob o olhar atento de meu pai. Ao concluir minha residência, eu já tinha feito mais de cem necropsias antes mesmo de trabalhar um único dia como patologista forense licenciado.

A residência médica mudou minha vida em um nível ainda mais profundo quando um de meus supervisores me apresentou à sua secretária, Theresa Richberg. No momento em que a vi pela primeira vez, ela estava debruçada sobre a máquina de escrever, com o rosto oculto sob os cabelos loiros. Quando ergueu os olhos, fiquei baratinado. Ela era linda. Calculei que devia ter 20 e tantos anos, e, pelo seu modo desembaraçado de falar, julguei que devia ser tão inteligente quanto bonita. E uma das primeiras coisas que ela disse com aquela voz confiante — que tinha um toque irresistível do sotaque do Brooklyn — foi que estava noiva e prestes a se casar. Exibiu um anel de diamante para provar.

Senti-me um tanto abalado, mas não derrotado. Nos dias que se seguiram, fiz questão de falar com Theresa sempre que passava pelo escritório dela. Nos papos que tínhamos nos intervalos, descobri que ela costurava as próprias roupas, que para mim pareciam a quintessência da moda nova-iorquina. Ela ria de meu humor sarcástico, que não agradava a todos. Theresa era uma mulher inteligente, resoluta, de opiniões firmes e meio briguenta — exatamente meu tipo.

E, quando lhe revelei que tinha apenas 26 anos, o queixo dela caiu. Ela achava que eu era apenas mais um velho e distinto cavalheiro de cabelos grisalhos e óculos, na casa dos 40 anos, em nada parecido com os garotos italianos arrogantes e grosseirões que moravam em seu quarteirão. Segundo ela, eu tinha classe.

Um dia, algumas semanas depois de nos conhecermos, ela apareceu para trabalhar sem a aliança. Contou-me que tinha rompido o noivado. (Na verdade, havia guardado o anel dentro da bolsa e ainda não tinha comunicado ao noivo que ele fora dispensado.) No dia seguinte, chamei-a para sair.

Ela também soltou outra bomba: tinha só 18 anos, ainda que fosse muito inteligente e sofisticada para a idade. Pelo jeito, ambos enganávamos a idade.

Em um de nossos primeiros encontros, fui buscá-la em casa. Íamos ao cinema. Ela viu um grande jarro no banco de trás do carro. Era a pele de uma mão humana, descolada dos ossos, flutuando em formaldeído.

Em outra ocasião, combinamos de nos encontrar no necrotério do Brooklyn antes de sairmos, mas Theresa se recusou a entrar. Então pedi que me esperasse na porta dos fundos. Enquanto ela aguardava, chegou um furgão. Dois funcionários do morgue tiraram um cadáver da parte de trás e o colocaram sobre uma maca; em seguida, depositaram a cabeça do homem morto sobre seu peito.

Depois disso, eu não a culparia se tivesse fugido aos gritos e nunca mais quisesse me ver de novo, mas, dentro de algumas semanas, ela rompeu oficialmente o noivado com o outro cara.

Com menos de um ano de namoro, Theresa e eu nos casamos na respeitável igreja católica de St. Blaise, no bairro de East Flatbush, no Brooklyn. A chuva não deu trégua até Theresa chegar, mas depois parou, o que era supostamente um sinal de boa sorte. Toda a nossa parentada italiana estava lá, havia comida aos montes, e a festa mais parecia uma cena do filme *Os Bons Companheiros* (*Goodfellas*, 1990).

Naquela época, éramos apenas um casal feliz na infância de nossas carreiras, mas eu tinha casado com uma mulher renascentista. Em muitos aspectos, o futuro dela foi ainda mais brilhante que o meu. Ela acabou largando o emprego como secretária e foi para a faculdade, onde se graduou em Belas Artes. Depois, tornou-se designer de loja da Neiman-Marcus, rede especializada em artigos de luxo da moda de vestuário; trabalhou como designer de interiores; e passou a fornecer joias personalizadas para a Saks Fifth Avenue, uma das mais tradicionais e luxuosas lojas de departamentos dos EUA. Ela educou dois filhos: um se tornou médico e o outro, promotor. Por incrível que pareça, anos depois, voltou para a faculdade e se formou em enfermagem, trabalhou como enfermeira psiquiátrica, especializou-se em enfermaria forense, e escreveu um livro chamado *Excited Delirium Syndrome*, sobre uma complexa mistura de distúrbios mentais e físicos que podem levar à morte súbita em casos de contenção física, como muitas vezes ocorre em detenções policiais. O trabalho dela lançou uma nova luz sobre a síndrome e contribuiu para que fosse adotada como um diagnóstico aceito pelo College of Emergency Physicians e o Instituto Nacional de Justiça.

Toda a nossa parentada italiana estava lá,
havia comida aos montes, e a festa mais parecia uma cena
do filme *Os Bons Companheiros* (*Goodfellas*, 1990).

E, para completar, sempre cozinhou muito bem.

Infelizmente, acabamos nos divorciando anos depois. Casei-me com outra mulher que, em um acesso de raiva, disparou quatro tiros contra mim. Quase me tornei cliente do necrotério. Por sorte, ela errou. Ser baleado (e escapar ileso) é uma experiência muito interessante. Recomendo fortemente a todos que precisam clarear a mente. Você não ouve a arma disparar. Eu vi, mas não ouvi.

Seja como for, logo nos divorciamos, e reatei de imediato com Theresa, que nunca tinha deixado realmente de amar. Voltamos a nos casar após quase dez anos afastados, e me sinto abençoado de tê-la de novo ao meu lado.

Aprendi muito durante esse meio período de minha vida. Acho que a lição mais importante foi que, quando uma mulher lhe aponta uma arma, nunca diga: "Você não tem coragem".

Naqueles primeiros tempos, porém, antes de todos esses problemas, Theresa e eu estávamos felizes simplesmente por ter um ao outro. Eu enfrentava os rigores da escola de medicina e ela descobria a si mesma, mas sempre tínhamos um ao outro, e éramos um bom time.

Ainda somos.

• • •

Médicos solucionam crimes há muito tempo, mesmo antes de a medicina ter um nome para eles. E foi assim até meados do século XX.

Dois mil anos atrás, em 44 a.C., Júlio César foi apunhalado até a morte por senadores romanos em um dos casos de assassinato mais famosos da história. Um médico chamado Antistius foi incumbido de examinar o cadáver do imperador. Ele constatou que César fora esfaqueado 23 vezes no rosto, barriga, virilha e braços, mas apenas um dos ferimentos — provocado por um golpe de baixo para cima que atingiu a omoplata direita e provavelmente perfurou o coração — havia sido fatal. O ataque foi tão frenético que vários dos agressores acabaram se cortando também. Antistius acreditava que se César não morreu ao ter o coração dilacerado por seus algozes, esvaiu-se em sangue poucos minutos depois de ser largado à própria sorte no chão do Senado, diante da estátua de Pompeu.

Era o primeiro registro de uma necropsia na história.

Mil anos mais tarde, na Inglaterra medieval, o rei nomeou homens locais de confiança sem qualquer formação médica para defender seus interesses financeiros em todos os casos de crime (bem como para tomar confissões, investigar naufrágios, conceder indulto a criminosos e confiscar baleias e esturjões — animais que, por lei, pertenciam à coroa). Entre as atribuições desses funcionários estava a de inspecionar os cadáveres de todas as pessoas que tivessem morrido de causas não naturais e registrar suas observações em um "inquérito". A incumbência de "cuidar dos pleitos da coroa" — em latim, *custos placitorum coronae* — levou a que tais indivíduos nomeados pelo monarca passassem a receber, naturalmente, o título de *crowner* (do inglês *crown*, coroa), e por fim, *coroner*.[1]

Leonardo da Vinci e Michelangelo dissecavam cadáveres para aperfeiçoar sua arte, mas também ficavam fascinados com as irregularidades que descobriam. O papa Clemente VI ordenou que os corpos de vítimas da peste fossem abertos para ver o que havia dentro.

No século XVII, a Era do Iluminismo, progressos científicos e uma consciência social revigorada deram um novo sopro de vida às investigações de mortes e crimes. E, no final do século XIX, a análise de impressões digitais revolucionou a ciência forense.

Em 1890, o Condado de Baltimore concedeu a dois médicos o título de "médicos-legistas" e os incumbiu de realizar todas as necropsias ordenadas pelo *coroner* do condado. Várias outras cidades norte-americanas seguiram o exemplo e acabaram atribuindo aos médicos a responsabilidade de investigar mortes

---

[1] Palavra que designa até hoje o funcionário público eleito em dada jurisdição ao qual corresponde para investigar mortes repentinas, violentas ou suspeitas e ordenar necropsias. [NT]

suspeitas. Contudo, o sistema de *coroners* eleitos, que em geral não possuem nenhuma formação médica, segue firmemente enraizado nos EUA.

O primeiro sistema genuíno de médicos-legistas foi instituído em Nova York em 1918, quando a cidade abandonou o sistema de *coroners*.

Logo, há dois tipos de sistemas médico-legais nos EUA: o que emprega *coroners* e o que emprega médicos-legistas. O sistema de *coroners*, que remonta à Inglaterra do século X, ainda vigora em cerca de 40% dos 3.144 condados norte-americanos, em um total de 2.366 departamentos de medicina legal. Nesses lugares, o *coroner* é quase sempre eleito e raramente é formado em medicina. Mesmo quando o *coroner* eleito é um médico, ele (ou ela) em geral não é versado em patologia forense.

E quais são os requisitos do trabalho? Bem, ser residente local, não possuir antecedentes criminais e ter pelo menos 18 anos de idade. É basicamente isso. Porém, não há com o que se preocupar. Uma vez eleito, o vendedor de carros tornado *coroner* vai adquirir, em um passe de mágica, todo o conhecimento em medicina forense de que precisa para resolver casos de morte extremamente complicados. Dessa maneira, sobra mais tempo para trabalhar naquilo que é mais importante para qualquer político: ser reeleito.

Em geral, *coroners* eleitos são agentes funerários de pequenas cidades ou empregados do cemitério cujo contato diário com a morte induz os eleitores a assumir (incorretamente) que são as pessoas mais indicadas para cuidar de tarefas funestas como necropsias, coletas de sangue, manejo de cadáveres

Com Theresa em 2014.
(ACERVO DI MAIO)

e eventuais exumações. (Mais adiante neste livro, contarei uma história sobre um coveiro provinciano que se gabava de que sua principal qualificação para ser *coroner* estava no fato de que era o único sujeito na cidade que tinha um carro grande o suficiente para transportar um cadáver de forma adequada.)

A grande maioria dos sistemas encabeçados por *coroners* produz trabalho inconsistente e de baixa qualidade, ao contrário dos que empregam médicos-legistas, que quase sempre produzem bons resultados. Em um livro de 2009 intitulado *Strengthening Forensic Science In The United States: A Path Forward* (Fortalecendo a ciência forense nos Estados Unidos: um caminho para o futuro, em tradução livre), o Conselho Nacional de Pesquisa defendia o fim do sistema de *coroners*, uma ideia que vem sendo ventilada pelo menos desde 1924.

Até hoje, nada se fez a respeito. Ao que parece, o que era bom para o século X continua sendo bom para o século XXI. Ainda nos dias de hoje, quando a medicina legal nos EUA dispõe de um conjunto muito maior e mais avançado de ferramentas que nos anos 1940, época em que meu pai se tornou médico, as chances de um assassino inteligente escapar impune de seu crime são maiores em uma jurisdição com um *coroner* eleito do que em qualquer outra onde um médico-legista exerce a mesma função.

A despeito da imperfeição e inadequação do velho sistema de *coroners*, necropsias permitiram solucionar milhares de crimes até 1959, quando a patologia forense foi reconhecida pela primeira vez como uma disciplina independente pelo Conselho Americano de Patologia. Houve um grande momento em que a patologia forense estava finalmente legalizada, e meu pai — subchefe do DML de Nova York — figurava entre os dezoito primeiros patologistas forenses a receber certificação nos EUA.

Essa primeira leva de "detetives médicos" incluía celebridades da medicina forense.

O dr. Milton Helpern, chefe de meu pai entre 1954 a 1973, era apenas o terceiro médico-legista de Nova York desde que a cidade abandonou o sistema de *coroners*, em 1918. Certa vez, ele disse: "Não há crimes perfeitos. Há apenas investigadores destreinados e ineptos, e legistas descuidados". Seu nome ainda abrilhanta a premiação que representa a mais alta honraria para um médico-legista, o prêmio Milton Helpern, que ganhei em 2006.

O dr. Russell Fisher foi legista-chefe de Maryland e criou na cidade de Baltimore a melhor equipe e as melhores instalações de medicina forense dos Estados Unidos. Sua fama era tanta que em 1968, pouco antes de eu trabalhar para ele em meu primeiro emprego depois de formado, Fisher liderou a chamada Comissão Clark, que concluiu que a necropsia do presidente assassinado John F. Kennedy — a "necropsia do século" — foi tão mal executada que "deixou dúvidas onde deveria haver apenas certeza absoluta".

O dr. Angelo Lapi foi o primeiro médico-legista de Denver, onde trabalhou até ser transferido para o morgue de Kansas City, no estado do Missouri. Abençoado com uma memória fotográfica, fez parte de uma equipe de elite que ouviu testemunhos de sobreviventes de campos de concentração nazistas e campos para prisioneiros de guerra. As vítimas descreveram massacres brutais, e com base nos relatos o grupo desenterrou corpos decompostos e coletou provas contra os assassinos para o julgamento de Nuremberg, que julgou os crimes cometidos durante a Segunda Guerra Mundial.

> As chances de um assassino inteligente escapar impune de seu crime são maiores em uma jurisdição com um *coroner* eleito do que em qualquer outra onde um médico-legista exerce a mesma função.

O dr. Lester Adelson, patologista-chefe subordinado ao *coroner* de Cleveland, foi uma testemunha-chave contra Sam Sheppard, um osteopata acusado de assassinar a esposa grávida. Sheppard foi condenado em um primeiro julgamento e absolvido dez anos depois no segundo. Seu caso foi um fenômeno midiático que inspirou inúmeros artigos, livros, a série de TV *O Fugitivo* (*The Fugitive*, 1963–1967), e diversos filmes. Depois de uma carreira de 37 anos, durante a qual realizou mais de 8 mil necropsias relacionadas a casos de assassinato, Adelson aposentou-se para lecionar e escrever *The Pathology of Homicide* (A patologia do homicídio, em tradução livre), considerado um dos livros essenciais da patologia forense.

Todos esses 18 homens tinham histórias para contar. Viram a morte em todas as suas violentas cores. Eram os melhores e mais brilhantes em uma nova disciplina.

Porém, a patologia forense não era perfeita então, como tampouco é hoje.

Minha carreira e a de meu pai abarcam toda a era moderna da medicina legal, desde a época em que a identificação por impressões digitais e o teste básico de tipagem sanguínea eram considerados ferramentas de ponta, até o advento dos modernos perfis genéticos e dos gigantescos bancos de dados informatizados. No entanto, acredito de todo o coração que se pudéssemos magicamente trazer um médico-legista dos anos 1940 para trabalhar em um necrotério dos dias de hoje, depois de uma tarde de treinamento na nova ciência, ele seria capaz de exercer normalmente sua função. Por quê? Porque as melhores ferramentas de um patologista forense são seus olhos, seu cérebro e seu bisturi. Sem eles, toda a ciência no universo não basta.

Hoje, há apenas cerca de quinhentos patologistas forenses licenciados pelo conselho em atividade nos EUA — mais ou menos o mesmo número que vinte anos atrás. O problema é que precisamos de até três vezes mais profissionais para fazer frente à crescente sucessão de mortes inexplicadas.

Por que será que justo no auge de popularidade da profissão, graças a séries televisivas como CSI e NCIS, há tamanha escassez de patologistas forenses?

Porque a profissão não é tão glamorosa como a TV faz parecer. Um em cada cinco novos patologistas forenses desiste do ofício logo depois de concluir o curso de formação, e, dentro de um período de dez anos, perdemos outros 10% desses novos médicos detetives.

O problema é que precisamos de até três vezes mais profissionais para fazer frente à crescente sucessão de mortes inexplicadas.

As razões para isso são simples. Em primeiro lugar, o trabalho é complicado. O aspirante a patologista forense nos EUA precisa passar quatro anos na graduação, quatro anos na escola de medicina e cumprir até cinco anos de treinamento adicional. Além disso, é obrigado a treinar primeiro como anatomopatologista, no mínimo, antes de se tornar um patologista forense.

Contudo, patologistas de hospitais ganham duas vezes mais por um trabalho bem menos áspero. Um jovem médico com 200 mil dólares em empréstimos estudantis pode se ver facilmente seduzido por um contracheque mais polpudo (com a vantagem adicional de não precisar explicar a um confuso cônjuge por que recebe um salário tão baixo). Para piorar, alguns patologistas forenses aceitam trabalhar para o governo por salários que são péssimos, mesmo em comparação com o que recebem colegas que já são mal pagos.

A verdade é que o trabalho não é nem de perto tão deslumbrante quanto a TV faz parecer.

Eles não mencionam que você pode acordar um dia, pela manhã, com a roupa ou o cabelo exalando o cheiro pestilento de um corpo em decomposição. Não mostram os vermes caindo em você. E sem dúvida nunca mostram necropsias que não conseguem determinar a causa de uma morte.

Produtores e roteiristas não estão interessados na verdade científica, apenas em fatos de um mundo imaginário, que podem — talvez — ser verdadeiros. O que é compreensível, já que os telespectadores também não estão interessados na verdade científica. Ninguém faz questão de ver, em horário nobre, as entranhas trituradas de um bebê espancado até a morte ou uma cabeça partida ao meio, feito uma abóbora, por um tiro de escopeta.

Em todo caso, a vida continua. A gente vai para casa e esquece. Não dá para viver achando que todas as pessoas são sociopatas ou psicopatas em potencial, porque não são. Apenas 1% ou 2% delas são. Podemos até ficar indignados com as coisas horríveis que tais pessoas são capazes de fazer. No entanto, balançamos negativamente a cabeça e seguimos com nossas vidas. A qualquer momento, um novo mistério baterá à porta do morgue.

• • •

Depois de concluir a residência médica, já prestes a iniciar meu último ano de treinamento especializado, meu pai me desencorajou a continuar em Nova York. O DML da cidade, que já fora um paradigma de excelência quando meu pai começou a trabalhar lá, na década de 1940, havia decaído muito. Mesmo nos últimos anos do grande Milton Helpern como legista-chefe, o maior departamento de medicina legal do mundo carecia de equipamentos de ponta, a motivação profissional era negativa, era difícil demitir funcionários mais antigos, e a corrupção grassava por toda parte.

De acordo com meu pai, Baltimore era uma excelente opção. Russell Fisher havia recrutado a melhor equipe de médicos-legistas do país e estava no processo de construir uma das mais avançadas instalações de investigação criminalística já concebidas.

Com um empurrãozinho de meu pai, fui contratado pelo dr. Fisher, e no dia 1º de julho de 1969, com 28 anos, iniciei, com grandes expectativas, a etapa final da minha formação como patologista forense no DML de Maryland.

Porém, o morgue ultramoderno do dr. Fisher não estava totalmente pronto quando eu cheguei. Por isso, em meu primeiro dia — um dos mais quentes de um sufocante verão —, em vez de conhecer as novas instalações, dirigi-me à Fleet Street, perto da zona portuária. Era onde ficava o edifício oitocentista que abrigava o DML desde que o presidente James Garfield fora assassinado, em 1881. Nos velhos tempos, quando pessoas comuns tinham mais familiaridade com a morte, corpos não identificados eram escorados na janela do necrotério que dava para a rua, na esperança de que um transeunte pudesse reconhecê-los.

O edifício do morgue, que era baixo e tinha uma fachada de tijolos aparentes, ficava praticamente colado à estação de tratamento de esgoto, talvez porque os fundadores da cidade quisessem todas as instalações malcheirosas em um mesmo lugar. Para piorar, o necrotério não contava com ar-condicionado; como a sala de necropsias ficava insuportavelmente quente no verão, os legistas abriam as velhas janelas de guilhotina e torciam para que as telas estivessem intactas; do contrário, moscas varejeiras famintas apareciam em bando para se banquetear e depositar seus ovos nos "convidados".

Em Baltimore, comecei a ver como outras pessoas assumiam uma atitude *blasé* diante da morte.

O morgue de lá tinha apenas duas áreas principais, a sala de necropsia e os escritórios administrativos logo na frente. Diariamente, antes do amanhecer, os assistentes arrumavam os corpos do dia nas mesas da pequena e abafada sala de necropsia, deixando-os prontos para que os legistas os examinassem minuciosamente sob a luz das luminárias que, quentes e implacáveis, deixavam pequenas sombras nos cantos. Antes que o resto da cidade tomasse café da manhã, o lugar já parecia um matadouro bem organizado.

O edifício do morgue, que era baixo e tinha uma fachada de tijolos aparentes, ficava praticamente colado à estação de tratamento de esgoto, talvez porque os fundadores da cidade quisessem todas as instalações malcheirosas em um mesmo lugar.

No meio da manhã, as secretárias e os auxiliares administrativos chegavam para trabalhar, e a forma mais fácil de acessar os escritórios, saindo do estacionamento, era passar diretamente pela úmida e fétida sala de necropsia.

A maioria desses funcionários eram garotas jovens, com não mais de 18 anos, recém-saídas do ensino médio. Vestidas com saias leves de verão e blusas chamativas, elas atravessavam a sala entre as mesas repletas de corpos, portando com recato seus almoços embalados em sacos de papel, batendo papo e dando risadinhas, como se os cadáveres não estivessem lá.

Já nessa época, eu aceitava minha indiferença para com os mortos como uma qualidade profissional, mas achava estranho quando pessoas "normais" se mostravam tão alheias à presença dos defuntos.

Baltimore era então — tanto como é hoje — uma cidade violenta. Os cadáveres abundavam, mesmo quando fomos transferidos dois ou três meses depois para o novo e suntuoso necrotério do dr. Fisher na Penn Street, onde o ar era refrigerado e puro, a sala de necropsia ficava longe de curiosos, as luzes iluminavam cada detalhe, e jovens secretárias não passeavam despreocupadamente entre os mortos.

Eu estava no trabalho havia menos de três meses, e tinha apenas 28 anos, quando um dos casos mais fascinantes e importantes da minha vida chegou à minha bancada sob a frágil forma de um bebê morto.

Meu primeiro emprego de verdade como patologista forense
foi nesse prédio do século XIX em Baltimore, um edifício sem ventilação
em que esperávamos que as telas das janelas fossem resistentes
o suficiente para manter as moscas varejeiras do lado de fora.
(ESCRITÓRIO DO LEGISTA-CHEFE DE MARYLAND)

PAUL DAVID
WOODS
FEB. 9, 1969
SEPT. 21, 1969

CAP. 3

O SEGREDO DOS CORPOS
DR. VINCENT DI MAIO E RON FRANSCELL

BERÇO

UM BERÇO VAZIO

A morte suspeita do pequeno Paul Woods desmascarou a assassina em série de bebês Martha Woods, que matou seus próprios filhos, naturais e adotados, além de sobrinhos e sobrinhas, durante um período de 20 anos. (RON FRANSCELL)

Um bebê morre sem sonhos ou lembranças. É por isso que a morte de uma criança é tão trágica. Quando ela nasce, desejamos que saiba tudo que sabemos sobre a vida, sobre nós mesmos. Ela ainda não se perguntou por que há estrelas, nunca cantou uma música ou riu de verdade. Ansiamos que tenha a oportunidade de ser mais feliz do que jamais fomos. Enchemos essa nova e diminuta vida de esperança. Assim, quando ela morre, um pouco de nossa esperança morre junto. Muitas vezes me perguntam se é mais difícil examinar uma criança morta, mas, para ser honesto, seria mais difícil desviar o olhar.

BALTIMORE, MARYLAND
DOMINGO, 21 DE SETEMBRO DE 1969

No fim de um fresco fim de semana de outono, toca o telefone em nosso pequeno apartamento no subúrbio de Baltimore. No outro lado da linha está Walter Hofman, que, como eu, também estagia no DML.

"Vince, preciso de um favor", diz ele. "O Yom Kippur[1] começa hoje e eu vou viajar amanhã. Você pode me cobrir? Não vou deixar muita coisa. Tem só um caso confirmado até agora, um bebê que vai chegar de Hopkins."

Hofman não tinha muitas informações sobre o caso, exceto que o bebê, do sexo masculino, dera entrada em vários hospitais, mas ninguém sabia a causa exata da morte. Eu só precisava dar uma olhada na papelada do hospital.

"Claro", respondi. "Posso sim, sem problemas."

• • •

A criança nasceu em 9 de fevereiro de 1969. A mãe era uma garota de 13 anos, procedente do estado de Maryland. Sua gravidez tinha sido tranquila, mas o bebê teve um nascimento pélvico, o que significa que estava sentado dentro do útero e seus pés e nádegas saíram antes que o restante do corpo. Esse tipo de parto implica alguns riscos, uma vez que a cabeça e o cordão umbilical do bebê são comprimidos ao passar pelo canal vaginal. Por sorte, o parto transcorreu sem incidentes. Era domingo e caía uma violenta tempestade quando um menino saudável, pesando 3 kg, respirou pela primeira vez.

Anônimo e indesejado, o pequeno mas saudável recém-nascido saiu diretamente da mesa de parto para as frias mãos do governo. Por meio de um programa de adoção temporária, uma família cuidou dele até os 5 meses de vida, período durante o qual o menino não apresentou nenhum tipo de doença. Sua mãe adotiva relatou que ele era um bebê feliz e que raramente ficava irritado. Em menos de cinco meses, seu peso duplicou e ele não mostrava sinais de ter qualquer tipo de deficiência.

Naquela primavera, surgiu uma família perfeita. O terceiro-sargento do Exército Harry Woods, sua esposa Martha, e a filha adotiva do casal, Judy, de 2 anos, tinham sido recentemente transferidos para o Campo de Provas de Aberdeen, em Maryland, onde os EUA testavam armas químicas e outros equipamentos.

---

1   Dia do perdão, a mais importante data da religião judaica, celebrada no 10º dia de *tishrei* (entre setembro e outubro), é dedicado à contrição, às orações e ao jejum, como demonstração de arrependimento e expiação, em busca do perdão divino e de felicidade no ano que se inicia. [NE]

Harry trabalhava como cozinheiro no refeitório do Exército e Martha era dona de casa. O dois tinham sido criados no seio de grandes famílias na cidade de Columbus, Ohio, em uma área que pertencia ao antigo bairro operário de Bottoms, onde se conheceram em 1958 depois de passarem ambos por um primeiro casamento fracassado. Eles se casaram em 1962, pouco antes de Harry embarcar para a Coreia, deixando Martha para trás. Nos anos seguintes, Harry foi ao Vietnã e depois à Alemanha, enquanto Martha ia mudando de endereço, tendo morado em Columbus, Fort Gordon, Georgia e finalmente Fort Carson, Colorado — onde o casal adotou Judy Lynn, em 1967 —, tudo isso antes de Harry ser finalmente transferido para o campo de provas do Exército, em Aberdeen.

Martha, então com 40 anos, já tinha perdido três filhos naturais e sofrido quase uma dúzia de abortos. Queria desesperadamente outro bebê, de preferência um menino, para que pudesse chamá-lo de Paul, mesmo nome de seu irmão caçula, que perdera um filho pequeno onze anos antes. Segundo disse à moça do serviço de adoção, não se importava que a criança fosse física ou mentalmente deficiente, mas, dado seu passado de desgostos, preferia adotar uma criança que fosse fisicamente saudável. Ela precisava de uma nova chance para provar que era uma boa mãe.

Não havia nada de suspeito. Era uma típica família militar itinerante. Uma mãe entusiasmada. Um pai com um emprego estável. Uma irmã mais velha que gozava de boa saúde. Harry e Martha foram aprovados e seus nomes foram incluídos no cadastro de adoção.

Assim, no início de julho, receberam a ligação inesperada de uma assistente social, dizendo que havia um menininho disponível. Eles podiam ir vê-lo e, se quisessem, levá-lo para casa. Empolgados, logo instalaram um berço no quarto de Judy — um dos dois quartos do bangalô onde moravam, cedido pelo Exército —, compraram roupas de bebê e, finalmente, no dia 3 de julho, receberam seu novo filho, Paul David Woods.

Martha conseguiu o que queria: uma nova chance.

Um mês depois, no dia 4 de agosto, um paramédico levava Paul para a sala de emergência do Hospital do Exército de Kirk, acompanhado de perto por Martha.

Preocupada, ela contou ao médico que, pouco depois do almoço, Paul brincava com Judy sobre um cobertor estendido no chão da sala quando a cabeça do bebê pendeu anormalmente para trás e ele tombou. Segundo ela, o menino parou de respirar e ficou azul em volta da boca, do nariz e dos olhos. Martha recolheu a criança nos braços e iniciou uma respiração boca a boca ao mesmo tempo que pegava aflitivamente o telefone para chamar uma ambulância.

Quando a ambulância chegou ao hospital de base, a menos de 2 km da casa, o pequeno Paul já havia se recuperado. Ao examiná-lo, o médico constatou que estava alerta, ativo e não sentia nenhuma dor. Pediu uma radiografia para ter certeza de que o bebê não tinha engolido algum brinquedo, porém suas vias respiratórias estavam desobstruídas. Talvez tivesse sofrido algum tipo de convulsão leve, ou quem sabe a mãe reagiu de forma exagerada, mas tudo parecia normal. Vinte minutos após chegarem ao hospital, o médico mandou-os de volta para casa.

Horas depois, Paul foi novamente levado às pressas para a sala de emergência, consciente, mas pálido, com o corpo mole e sinais de cianose — termo médico que designa a coloração azul-arroxeada da pele devido à falta de oxigênio no sangue. Martha contou a outro médico que, após voltar do hospital, colocou o bebê no berço para um cochilo. Após alguns instantes, ouvi um som de engasgo e se deu conta de que Paul tinha parado de respirar de novo.

Dessa vez, ele foi internado. Os médicos ainda não faziam ideia do que poderia ter causado aqueles espasmos. Ao longo de três dias, o bebê foi submetido a uma bateria de exames — radiografia torácica e craniana, eletrocardiograma, hemograma completo, exame de urina e até uma punção lombar —, mas nada de anormal se revelou. Além disso, durante esse período, o menino não mostrou qualquer sinal de problemas respiratórios. Quem sabe, no intuito de acalmar os nervos da apreensiva mãe, o médico atribuiu tudo a uma infecção das vias respiratórias superiores, ainda que não visse nenhum sinal claro disso. Assim, no dia 7 de agosto, pouco antes do meio-dia, o pequeno Paul recebeu alta e novamente deixou o hospital.

> Os médicos ainda não faziam ideia do que poderia
> ter causado aqueles espasmos. Ao longo de três dias,
> o bebê foi submetido a uma bateria de exames.

No entanto, não demoraria a voltar.

Na tarde do dia seguinte, 8 de agosto, Martha disse aos médicos do hospital que Paul estava em casa brincando em uma cadeirinha de balanço enquanto ela conversava com uma vizinha pela janela. De repente, o filho começou a sufocar e ficou todo duro. Mais uma vez, parou de respirar, e, mais uma vez, sua pele ficou azulada. Novamente, Martha chamou a ambulância. E, de novo, Paul estava ativo e alerta quando chegou ao hospital.

Intrigados, os médicos internaram Paul para uma nova rodada de exames. Todos os resultados foram normais, e o bebê não voltou a ter dificuldades de respirar enquanto esteve no hospital. O médico responsável atribuiu o episódio a um "ataque de respiração presa". Paul deixou o hospital quatro dias depois, 12 de agosto, feliz e saudável.

Voltou em menos de 24 horas. Dessa vez, Martha relatou que o menino tinha ficado com o corpo todo duro de repente, teve uma convulsão, e em seguida, enquanto ela o segurava, parou completamente de respirar. Harry estava a poucos passos de distância quando Paul começou a ficar azul. No hospital, o menino recebeu uma injeção de uma droga anticonvulsivante chamada paraldeído e, dentro de algumas horas, estava, como de costume, alerta e ativo. Um exame neurológico e uma nova punção lombar não revelaram nenhum problema.

Desconcertados com os sintomas de Paul, os médicos do pequeno hospital decidiram então transferi-lo no dia seguinte para o Centro Médico de Walter Reed, o principal hospital do Exército em Washington D.C., o qual dispunha de mais recursos para solucionar o mistério.

Contudo, depois de cinco dias de tomografias, eletroencefalogramas, novas radiografias torácicas e cranianas, e mais uma bateria de complexos exames, os médicos do Walter Reed também não chegaram a lugar algum. Concluíram que Paul sofria de "um transtorno convulsivo de etiologia indeterminada" e, no dia 19 de agosto, receitaram fenobarbital (um medicamento anticonvulsivante) e o mandaram de volta para casa.

Paul Woods tinha passado a maior parte de seus seis meses de vida em hospitais que não conseguiam entender porque ele estava ali.

E sua sorte não mudou.

Na tarde do dia seguinte, 20 de agosto, Paul foi levado às pressas para o Hospital do Exército de Kirk. Seu pulmão e coração tinham parado. Trabalhando com afinco, médicos do setor de emergência injetaram adrenalina diretamente no coração sem vida da criança e enfiaram um tubo em sua pequena garganta, mas o menino estava em coma e não respondia a nenhum estímulo. Foi rapidamente transferido para o Johns Hopkins, em Baltimore, um dos melhores hospitais do mundo. O boletim médico trazia uma simples narrativa: "É fato digno de nota que o bebê nunca apresentou qualquer dificuldade enquanto hospitalizado, mas sempre em casa e menos de 24 horas após receber alta".

Martha contou aos médicos do Johns Hopkins que colocou Paul deitado no berço depois do almoço. Enquanto preparava Judy para dormir, percebeu que o filho não respirava. Tinha os lábios e o rosto azuis. Ela deu pequenos sopros de ar na boca do bebê, e, vendo que não reagia, correu para fora de casa e gritou por socorro. Um vizinho levou-os na mesma hora para o hospital.

Os médicos interrogaram rigorosamente os pais, mas Harry e Martha juraram que o filho não tinha sofrido nenhum trauma físico nem ingerido qualquer veneno. Contudo, quase como uma reflexão tardia, levantaram uma possibilidade nunca antes mencionada: talvez houvesse algo tóxico no ar. Segundo disseram, os militares estavam testando "gases nervosos" no campo de prova, e a baía perto da casa onde moravam fora interditada porque "todos os peixes estavam morrendo devido aos produtos químicos que foram derramados lá".

De repente, os médicos tinham uma pista. Enviaram amostras da urina e do sangue de Paul para um laboratório que identificou "algo anômalo", uma substância estranha que, segundo informaram, poderia (ou não) ser um organofosforado conhecido como diazinon — um inseticida. Enquanto Paul recebia tratamento para um possível envenenamento por diazinon, os médicos descobriram que o Exército também pulverizava periodicamente dois outros inseticidas na base, embora o cronograma não coincidisse com nenhuma das crises convulsivas do menino. Além disso, exames subsequentes de sangue se mostraram inconclusivos.

Então aconteceu algo que ninguém esperava. Na tarde do dia 9 de setembro, vinte dias depois de Paul entrar em estado de coma, sua irmã adotiva Judy foi internada no Johns Hopkins. Quem a atendeu foi o dr. Douglas Kerr, pediatra residente do hospital e ele próprio pai recente. Judy lhe pareceu uma criança alegre; ao examiná-la, não notou qualquer sinal aparente de problemas.

Apesar disso, Martha disse ao médico que a filha, então com 2 anos e meio, havia desmaiado, parado de respirar e ficado azul por alguns minutos; quando voltou a respirar, continuou mole e sonolenta. Por isso, decidiu levá-la ao hospital.

Aos olhos de Kerr, Martha aparentava ser uma mulher inteligente, cuidadosa e bem-informada, ao passo que Harry se mostrava submisso e um tanto estúpido. Dos dois, era ela quem mais falava, mas se mostrava cooperativa e respondia com polidez às perguntas do médico sobre o histórico médico assombrosamente extenso de Judy, que incluía pelo menos cinco episódios similares de espasmos pulmonares. Em todas as ocasiões, Judy sofria cianose e era levada às pressas para o hospital, situação que se repetia desde que fora acolhida pelo casal com cinco dias de vida.

Entretanto, Kerr notava que Martha parecia relutante em falar sobre seu próprio histórico médico — três crianças nascidas de parto natural que morreram ainda bebês por complicações diversas, um bebê natimorto, dez abortos e vários outros problemas. Ele imaginava que Martha, uma senhora de meia-idade, deveria se sentir constrangida de discutir coisas tão pessoais.

Surpreendeu-se, porém, quando soube que o irmãozinho de Judy estava em coma na UTI do Johns Hopkins, alguns andares abaixo. Ao ouvir a teoria do inseticida, ficou ainda mais intrigado. Judy e Paul dormiam no mesmo quarto. Se o ar ambiente estivesse envenenado, não seria razoável supor que ambos sofressem os mesmos sintomas?

Quanto mais Kerr se inteirava sobre os exames — ainda em curso — solicitados pelos médicos de Paul, mais suspeitava de uma história sombria. Especialistas não encontraram nenhum rastro de inseticida na casa dos Woods, e médicos tampouco acharam qualquer coisa no sangue de Judy. Uma equipe de entomologistas chegou a recolher fragmentos de insetos na área e não detectou a presença de nenhuma toxina incomum. Os dutos de ventilação da casa não estavam vazando monóxido de carbono ou qualquer outro gás. As explicações relacionadas ao ambiente estavam se esgotando.

Obcecado por aquele enigma, Kerr pesquisou mais a fundo sobre os três filhos que Martha perdera. Passou a visitar Judy todos os dias. Estudou minuciosamente o trágico e improvável histórico reprodutivo de Martha. Solicitou mais exames e fez outras perguntas. Sempre que tinha algum tempo livre, pensava em Judy. Não conseguia dormir. Alguns colegas zombavam de sua paixão juvenil; já não perdiam tempo se preocupando com mortes súbitas de bebês. Porém, enquanto não descobrisse o que estava levando aquelas crianças a parar de respirar, Kerr não achava seguro deixar Judy voltar para casa. Assim, o jovem pediatra manteve a pobre garotinha por perto, em uma espécie de custódia preventiva.

Até que sentiu uma forte intuição.

O jovem pediatra decidiu entrar em contato com o Serviço de Proteção à Criança.[2] Tinha uma teoria de causar arrepios. Os históricos médicos das crianças e as próprias palavras de Martha insinuavam algo mais horrível que envenenamento por inseticida.

Por fim, em uma desconfortável reunião, Kerr revelou suas suspeitas a Harry e Martha. Falou coisas que eles não queriam ouvir. Os dois negaram tudo. Ficaram zangados e se puseram na defensiva. "Deixe a grama crescer demais e nós vamos cortá-la", rosnou Harry. Apreensivo, Kerr viu nessas palavras uma ameaça velada.

Depois de dez dias internada no Johns Hopkins, Judy foi levada sob a custódia de agentes de proteção à criança, que secretamente haviam providenciado sua liberação. Ao se deparar com o quarto de Judy vazio, Martha teve um surto depressivo. Sabia que nunca mais voltaria a ver a filha.

O casal também foi proibido de ver Paul.

O menino continuava a definhar. Só se mantinha vivo graças a uma máquina. Espasmos involuntários sacudiam os pequenos membros de Paul; tinha tanta dificuldade de respirar que os médicos abriram um buraco em sua garganta para facilitar, e seu corpo queimava de febre conforme o cérebro ia se deteriorando.

Dois dias depois, no domingo de 21 de setembro de 1969, 7 meses e 12 dias depois de nascer, e um mês depois de ser internado em estado de coma, Paul David Woods morreu sozinho no hospital.

E o jovem dr. Douglas Kerr não fazia ideia de que aquela sinistra história que o assombrava estava prestes a se tornar ainda mais sinistra.

• • •

2   Espécie de conselho tutelar nos EUA. [NT]

Na segunda-feira de manhã, quando cheguei ao DML no centro de Baltimore, o corpo de Paul já esperava por mim. O furgão do morgue transportara o pequeno cadáver na noite anterior, e agora estava sobre minha bancada, banhado pelas luzes brilhantes e fluorescentes da luminária.

Eu já tinha visto bebês mortos. Já tinha realizado mais de uma centena de necropsias antes de iniciar meu estágio final em Baltimore. Não sentia tristeza ou raiva. Minha fé e meu treinamento me amparavam. O que está sobre a bancada não é uma pessoa, e sim um cadáver. É só uma casca. A pessoa, bem como a alma que a habitava, já se foi.

Naquele caso, eu sabia que um pediatra do Johns Hopkins suspeitava de maus-tratos. Tinha ciência de que a mãe perdera outros filhos em circunstâncias estranhas. Estava a par da teoria do inseticida. Sabia que aquele menino tinha ido parar diversas vezes no hospital com espasmos pulmonares inexplicáveis. E também sabia que a irmã sofrera crises semelhantes. Era hora de deixar aquela criança falar por si mesma.

> Não sentia tristeza ou raiva. Minha fé e meu treinamento me amparavam. O que está sobre a bancada não é uma pessoa, e sim um cadáver.

Examinei o corpo de Paul, por dentro e por fora, durante algumas horas. Ele media 68,58 cm e pesava 6,8 kg. Não havia sinais externos de maus-tratos, embora sua última internação tivesse deixado marcas particularmente dolorosas. Tinha os olhos claros. O nariz e a garganta estavam desobstruídos. Diante de mim estava um bebê de 7 meses de idade bem desenvolvido, bem nutrido, cujo primeiro dente ainda não tinha nascido.

Removi os órgãos do cadáver, um a um, e examinei-os cuidadosamente antes de separar amostras dos tecidos para analisar na lâmina do microscópio. Estava especialmente interessado no cérebro e nos pulmões, que revelariam mais da história daquele pequenino ser, cujo corpo eu olhava de uma maneira que nenhum de nós olha (ou quer olhar) outro ser humano. De modo geral, não havia infecções ou sinais de envenenamento, e o coração estava em bom estado.

Não encontrei nada que pudesse explicar a ocorrência de tantos espasmos pulmonares. Nada. Ele não tinha alergias aparentes. Vivera mais que a maioria dos bebês vítimas de morte súbita, que normalmente chegam aos três ou quatro meses de vida, se tanto. O aparecimento e a sequência de seus sintomas não eram compatíveis com o desenvolvimento de nenhuma doença que eu conhecesse. Sua morte me intrigava, ainda mais depois de tantos médicos terem constatado que não havia absolutamente nada de errado com ele. É impossível para qualquer pessoa, ainda mais um bebê, prender a respiração por tempo suficiente para morrer.

Mas Paul estava morto. Meu trabalho era determinar por quê.

Privado de oxigênio, o cérebro estava morto já havia um mês. Os danos cerebrais datavam da época da última internação, quando ele sofreu o derradeiro espasmo. Já estava morto antes mesmo de chegar ao Johns Hopkins, mas o coração reanimado continuou a bater e os pulmões ressuscitados seguiram funcionando por um mês. Com o passar dos dias, certas funções controladas pelo cérebro cessaram. Os pulmões se encheram de fluido, e o sangue foi se acumulando em outros órgãos até que, trinta dias depois, o menino morreu.

Causa da morte: broncopneumonia relacionada à morte cerebral.

Tendo em vista o histórico médico de Martha Woods, no qual constava a morte de outros bebês, e sabendo que os sintomas de Paul condiziam com uma asfixia temporária e deliberada que não deixaria marcas ou vestígios, cheguei a uma conclusão inusitada (para a época) sobre o modo como Paul tinha morrido. E ela foi respaldada por meu chefe, o dr. Russell Fisher, um dos mais respeitados médicos-legistas daquela época.

"Recomendamos que a hipótese de homicídio seja seriamente considerada no presente caso", dizia o relatório.

Eu acreditava que Paul Woods tinha sido assassinado, provavelmente por algum familiar, mas não podia imaginar, naquele momento, como a morte daquele menino iria desemaranhar um crime infernal, capaz de chocar mesmo os mais insensíveis de nós.

• • •

Alguns dias depois, Paul Woods foi enterrado na orla oeste (destinada a bebês) do cemitério Harford Memorial Gardens, perto de Aberdeen. Harry, Martha e uma das irmãs dela observaram o pequenino caixão descer à cova. Não tinha ninguém mais presente. O governo pagou pela placa de bronze em forma de coração que trazia apenas o nome de Paul e suas datas de nascimento e morte. O que mais havia ali?

Dentro em breve, Judy Woods seria adotada por uma amorosa família mórmon, e nunca mais voltaria a ter espasmos pulmonares.

Entretanto, as suspeitas envolvendo os Woods persistiram, embora ninguém tivesse ainda noção da verdadeira dimensão daquele caso. Como o suposto assassinato de Paul tinha ocorrido dentro de uma base militar, o FBI assumiu as investigações do crime, que a princípio era tragicamente simples: alguém matara um bebê.

Tal simplicidade, porém, era só aparente, e não durou muito tempo. O assassino cometera um grande erro. Paul morreu devido a uma interrupção do fluxo de oxigênio para o cérebro. Ele foi asfixiado. A falta de oxigênio no cérebro da vítima provocou sua morte cerebral no momento do ataque, perpetrado contra um civil (isto é, Paul) em território reservado do governo. Isso queria dizer que o caso estava sob a jurisdição do FBI, que dispunha de tempo e dos recursos necessários para conduzir uma ampla investigação.

Quanto mais os agentes do FBI cavucavam, mais profunda, sombria e repugnante a história se tornava. Eles desenterraram décadas de documentos bolorentos de arquivos de pequenos tribunais locais, pesquisaram memórias familiares, entrevistaram amigos distantes e vizinhos, e seguiram pistas que surgiam de todos os lados. Uma horripilante imagem se formava. O que começou como uma *hipótese* de maus-tratos logo se tornou uma *forte suspeita* de assassinato.

Todos os indícios apontavam para a mulher que queria mostrar a todos o quanto era uma boa mãe: Martha Woods.

• • •

Nascida em casa no dia 20 de abril de 1929, Martha era a 10ª de treze filhos do casal William, um motorista de caminhão, e Lillie May Stewart, uma dona de casa particularmente fértil. Nascida às vésperas da Grande Depressão, Martha passou a maior parte da infância rodeada de parentes. Era uma família de dezessete pessoas, e viviam todos espremidos em uma modesta casa alugada, de dois quartos, onde tudo faltava. Tendo abandonado a escola sem nenhuma qualificação, trabalhou em restaurantes baratos, lavanderias e fábricas de sapato, mas nunca ficou muito tempo em um emprego.

Em novembro de 1945, pouco antes do Dia de Ação de Graças, Martha Stewart — então com apenas 16 anos — ficou grávida de um garoto do bairro. Martha tinha bem pouco a ser grata. Em uma etapa da vida em que deveria estar frequentando os bailes da escola e namorando, ela estava prestes a se tornar uma mãe adolescente, solteira e sem nenhuma fonte de renda.

Martha entrou em trabalho de parto um mês antes do previsto. Deu à luz um menino prematuro, de apenas 2 kg, que batizou de Charles Stewart Lewis, em homenagem a dois irmãos mais velhos, um dos quais morreu afogado no rio Mosela, na Alemanha, já nos últimos dias da Segunda Guerra Mundial. Porém, chamava-o simplesmente de "Mikey".

Mikey ficou em uma incubadora do hospital por onze dias; quando finalmente recebeu alta, ainda estava fraco. O bebê dormia com Martha no quarto de cima da casa, que ela dividia com a irmã, um sobrinho e várias crianças pequenas. Segundo Martha, ele não comia quase nada; quando comia, vomitava tudo. A certa altura, a avó do menino passou a alimentar Mikey com um conta-gotas, o que não ajudou muito.

Certo dia, de repente, Mikey parou de respirar e ficou azul enquanto Martha o segurava. Os pais dela correram com a filha e o neto para o hospital infantil de Columbus. Os médicos concluíram que Mikey estava com um quadro severo de desnutrição e decidiram interná-lo. Ao longo dos sete dias em que o menino ficou no hospital, ele recobrou as energias e, surpreendentemente, engordou mais de 200 g. Foi enviado de volta para casa com algumas vitaminas e uma nova fórmula láctea.

Apesar disso, dois dias depois, no dia 23 de agosto, Mikey morreu. Assim mesmo, de repente. Estava deitado no sofá da sala e, do nada, parou de respirar, e ficou azul. Quando a ambulância chegou, já era tarde demais. O *coroner* veio e levou o cadáver dentro de um pequeno saco preto.

O corpo de Mikey não passou por necropsia, mas o atestado de óbito acusava um inchaço do timo (um diagnóstico comum para a morte de bebês na década de 1940) e "status lymphaticus" (um termo pomposo para designar a morte súbita de bebês, que, do ponto de vista médico, equivale a um dar de ombros, sem qualquer significado).

Morto com apenas 1 mês e 4 dias de vida, Mikey foi enterrado não muito longe de seu tio herói de guerra e homônimo no cemitério de Wesley Chapel, nos arredores de Columbus.

Não demoraria até que a cova de outra criança fosse aberta ao lado da sua.

Quatro meses depois, no Natal de 1946, quatro crianças que moravam naquele claustrofóbico casebre ficaram doentes. Uma delas era o gorducho sobrinho de Martha, Jonny Wise, de 3 anos, filho de sua irmã Betty, que, assim como ela fora, também era uma mãe adolescente e solteira. Depois de brincar na neve no dia de Natal, Johnny, que normalmente era um menino cheio de vida, começou a se queixar de dores na cabeça e na garganta.

Na noite do dia 26, Martha acomodou Johnny em sua própria cama, no quarto de cima, enquanto Betty tomava banho. Minutos depois, Betty deu um grito e desceu correndo as escadas com o corpo murcho de Johnny nos braços. Ele havia parado de respirar e começava a ficar azul. A ambulância não chegou a tempo de salvá-lo, mas a casa ficou três dias em quarentena. As autoridades de saúde temiam um surto de difteria, uma infecção altamente contagiosa das vias respiratórias superiores que vinha se tornando mais rara na década de 1940. No quarto dia, a quarentena foi suspensa, e a família enterrou Johnny ao lado de seu finado primo Mikey no solo congelado do cemitério de Wesley Chapel.

Foi realizada uma necropsia, mas os órgãos do pescoço da criança não foram removidos e examinados — procedimento necessário para diagnosticar a difteria. Em vez disso, a causa da morte foi atribuída à difteria com base unicamente na ocorrência de outras enfermidades na casa, e não em algo que o legista tivesse pessoalmente observado.

...

No início de 1947, Martha, então com 17 anos, foi presa por crime de falsificação e enviada para um reformatório. Liberada um ano depois, passou algum tempo fazendo bicos como garçonete, até que uma amiga a apresentou a um operário de 22 anos chamado Stanley Huston. Dentro de alguns meses, Martha estava grávida de novo. Assim, em janeiro de 1949, casou-se com Stanley em uma apressada cerimônia, e dali em diante, os dois moraram em uma série de apartamentos e bangalôs. Infelizmente, em meio ao caos, Martha sofreu o primeiro de seus dez abortos, segundo suas próprias contas.

Mas logo deu à luz de novo. Mary Elizabeth Huston nasceu prematura no dia 28 de junho de 1950, e permaneceu no hospital por três semanas antes que Martha pudesse levá-la para a nova residência do casal, um bangalô alugado de 46 m². Uma semana depois, mal tendo completado um mês de vida, Mary repentinamente parou de respirar e ficou azul. Martha correu com a menina para o hospital, onde os médicos não detectaram nada de errado e a liberaram após dois dias de observação.

Oito dias depois, Mary estava de volta ao hospital. Inexplicavelmente, enquanto Martha a colocava no berço, a menina parou de respirar e ficou azul. Martha reanimou-a, fazendo respiração boca a boca, mas os médicos não conseguiram identificar a causa do espasmo respiratório. O bebê foi submetido a uma punção lombar, teve a cabeça raspada e agulhas inseridas no couro cabeludo, porém nada foi encontrado. Ficou três dias em observação, mas não apresentou quaisquer sinais de doença. Por fim, os médicos atribuíram os espasmos a uma infecção respiratória de causa desconhecida e mandaram o bebê de volta para casa.

Na manhã do dia 25 de agosto, menos de duas semanas após ser internada, Mary parou novamente de respirar e ficou azul nos braços de Martha. Mais uma vez, Martha a ressuscitou e a levou para o hospital. E, de novo, os médicos constataram que a menina estava risonha e saudável, e a liberaram.

Naquela mesma tarde, Martha banhou e alimentou a filha antes de colocá-la no berço para dormir. Em minutos, Mary parou de respirar e começou a ficar azul. Ao chegar à sala de emergência, a menina estava morta. Vivera apenas 1 mês e 27 dias, a maior parte do tempo em uma cama de hospital.

Mary Elizabeth Huston foi enterrada em um lote familiar praticamente vazio do Bean Hill, um cemitério rural perto da cidade natal de seu pai, no Condado de Vinton, Ohio. Nenhuma necropsia foi feita, mas o registro em seu atestado de óbito apontava um engasgo por causa de um tampão mucoso que nunca foi encontrado.

• • •

Depois de mais um aborto e passados outros dezesseis meses, Carol Ann Huston nasceu em 22 de janeiro de 1952. Houve complicações durante a gravidez e foi preciso fazer uma cesariana. O bebê nasceu com 7 meses, pesando apenas 1,8 kg. Ficou no hospital por cerca de três semanas antes de ir para a nova casa, que Martha alugara em West Jefferson, uma cidadezinha a oeste de Columbus. No hospital, a mãe visitava a filha quase todos os dias.

Era a primeira vez que um bebê sob os cuidados dela cresceria saudável por mais de três meses seguidos. Mas isso não duraria muito.

Em maio, Carol Ann pegou um forte resfriado e desenvolveu uma tosse persistente. Na manhã de 12 de maio, antes de fazer sua ronda hospitalar, um médico local foi até a casa da menina e lhe aplicou uma injeção de penicilina.

Uma hora depois, ela estava morta. Segundo Martha, Carol Ann simplesmente sufocou e ficou azul. A criança morreu antes de a ambulância chegar.

Com base no relato de Martha, o médico assinou o atestado de óbito sem fazer necropsia e declarou que a causa da morte foi epiglotite, uma infecção grave da epiglote (uma pequena "aba" cartilaginosa que cobre a traqueia), que provoca inchaço e bloqueia a passagem de ar para os pulmões. Mais tarde, o médico admitiria que não observou de fato essa infecção, e que baseou sua conclusão tão somente no relato da mãe.

Era a primeira vez que um bebê sob os cuidados dela cresceria saudável por mais de três meses seguidos. Mas isso não duraria muito.

Carol Ann viveu 3 meses e 21 dias. Dos três filhos naturais de Martha, era a que vivera mais tempo. Foi enterrada ao lado de sua falecida irmã no cemitério Bean Hill, onde hoje as duas compartilham uma lápide.

Martha teve uma crise de depressão tão séria que tentou se matar. Em uma manhã no início de dezembro, depois que Stanley saiu para trabalhar, ela foi até o armário e pegou uma das armas do marido. Fez uma escolha incomum: um rifle de dois canos sobrepostos que atirava cartuchos de calibre .22 de um cano e cápsulas de escopeta calibre .410 do outro. O atirador alternava entre os dois pressionando um pequeno botão.

Martha deitou na cama, segurou o cano contra o peito e apertou o gatilho. A arma disparou com um estrondo, mas milagrosamente não a matou. A bala de calibre .22 atingiu de raspão seu ombro esquerdo, deixando apenas um arranhão feio. Ela correu para fora, aos gritos, até que um vizinho a socorreu e a levou ao hospital. Lá, os médicos limparam com antisséptico sua pele queimada pela pólvora e aplicaram um curativo sobre o ferimento superficial, fixando-o com esparadrapo. Segundo contou aos médicos, Martha achava que estava acionando a trava de segurança da arma, quando na verdade estava trocando o tipo de calibre do mecanismo de disparo.

Stanley ficou assustado. Martha estava louca. Depois que a liberaram da emergência, ele a levou imediatamente para o Hospital Estadual de Columbus, onde ela ficou internada compulsoriamente por quase dois meses.

Na primavera de 1953, sozinha em casa depois de receber alta do hospício, Martha precisava de alguma distração. Arranjou emprego como ajudante na recém-rebatizada Escola Estadual de Columbus (que antes se chamava Instituição para Jovens Débeis Mentais). Cuidava de crianças com necessidades especiais com idades entre 6 e 9 anos. Cumpria uma jornada de trabalho padrão de quarenta horas semanais. Era o emprego perfeito para uma mãe experiente como ela.

Certo dia, Martha embalava um menino com deficiência mental sobre os joelhos quando, de repente, a criança teve um ataque epiléptico. De acordo com ela, ao tentar evitar que o menino engolisse a língua, ele teria cerrado os dentes em volta de seus dedos. Em seguida, simplesmente parou de respirar e ficou azul. Os superiores de Martha a elogiaram por salvar a vida da criança.

Em outra ocasião, um de seus jovens protegidos foi levado da escola empurrado em uma maca de rodas... desacordado, com dificuldade de respirar e a pele azul em volta da boca e do nariz. Sorte a dele que Martha estava por perto.

E assim prosseguia a vida na escola. Era um lugar incomum para gente singular, então ninguém dava muita atenção às coisas estranhas que aconteciam às crianças deficientes.

• • •

Em junho de 1954, Stanley foi recrutado pelo Exército dos EUA. Quando embarcou para a Alemanha naquele outono, o casamento com Martha estava por um fio.

A mulher, então com 25 anos, foi passar uns tempos na casa de fazenda dos pais de Stanley, que ficava no Condado de Vinton. Certa vez, sozinha na fazenda, viu fumaça saindo do celeiro e correu para salvar todos os animais que lá se abrigavam antes de a construção ser reduzida a cinzas.

Embora fosse tida como uma corajosa heroína pelos sogros, Martha logo retornaria para a casa de seus pais em Columbus. Após o divórcio se concretizar, em agosto de 1956, ela alugou uma pequena casa com terraço que dividia com Margaret, sua irmã adolescente, solteira e mãe de dois filhos. Paul Stanley era recém-nascido; Laura Jean era um pouco maiorzinha e já andava.

Um dia, o pequeno Paul parou subitamente de respirar e ficou azul. Histérica, Margaret ligou para o namorado, um jovem mecânico de carros chamado Harry Woods, prestes a se alistar no Exército. Harry levou os três de carro para o hospital, enquanto Martha gritava durante todo o trajeto para ir mais rápido.

Na sala de emergência, uma enfermeira repousou o bebê quase sufocado sobre uma mesa ao lado de um tubo de oxigênio instalado na parede, mas não conseguiu encontrar uma máscara que coubesse no pequeno rosto da criança. No instante em que deixou a sala para providenciar uma, Martha pegou um copo cônico de papel, furou o fundo com uma tesoura e inseriu o tubo de oxigênio no buraco. Tão logo pressionou a máscara de oxigênio improvisada sobre o nariz e a boca de Paul, o menino começou a respirar com mais facilidade. Mais uma vez, graças à sua agilidade de pensamento, Martha evitara uma catástrofe e salvara a vida de um bebê.

Ela também acabaria roubando o namorado da irmã. Os dois começaram a flertar meses depois, pouco antes de Harry ser enviado para a Coreia por dois anos.

Em maio de 1958, Martha estava morando sozinha em um conjugado, onde dormia em um sofá-cama perto da cozinha. Na época, sua única renda era uma pensão por invalidez de 108 dólares mensais, resultado da ação indenizatória que movera contra a escola após sofrer uma grave lesão na cabeça durante uma briga no trabalho. Ela disse aos médicos que sofria terríveis dores de cabeça e tinha até vinte convulsões ou desmaios todos os dias, o que os levou a diagnosticar um possível quadro de epilepsia. (Em 1959, esses sintomas desapareceram completamente, como em um passe de mágica, quando o governo estadual de Ohio pagou a Martha, a título de indenização e de uma só vez, o montante de 2.800 dólares.)

> Mais uma vez, graças à sua agilidade
> de pensamento, Martha evitara uma catástrofe
> e salvara a vida de um bebê.

Irmã zelosa que era, convidou um de seus irmãos mais novos, Paul Stewart, a mulher dele e a filha do casal, Lillie Marie, de apenas 1 ano e 2 meses, para morar com ela enquanto Paul, que estava desempregado, não arranjasse trabalho. Seria difícil espremer quatro pessoas em um apartamento sem quartos, mas Paul poderia dormir com a mulher e a filha no sofá-cama de Martha, enquanto ela se ajeitaria como desse em um catre emprestado, montado no canto dedicado à cozinha.

Na noite do dia 18 de maio, todos foram para a cama cedo. Pouco antes da meia-noite, Martha levantou-se para ir ao banheiro e ouviu o ruído de alguém sufocando no escuro. Era o bebê. Ela deu um berro.

Alarmados, os pais da pequena Marie acordaram e, em meio às sombras, se depararam com Martha segurando a menina desfalecida nos braços. Na mesma hora, ela precipitou-se pelas escadas do prédio e correu dois quarteirões até a casa dos pais, que, por fim, chamaram uma ambulância.

Já era tarde, porém. Lillie Marie Stewart parara de respirar havia vários minutos, e seu rosto estava azul. Quando os paramédicos chegaram, ela já estava morta.

Nenhuma necropsia foi feita, mas os médicos atribuíram a morte súbita e inexplicável da menina a uma "pneumonite aguda", termo genérico para se referir a uma inflamação pulmonar cuja presença nem sequer chegaram a detectar.

Marie foi enterrada no cemitério de Wesley Chapel, ao lado de seus primos Mikey e Johnny, que haviam morrido de forma tão similar. O lote da família se enchia depressa de pequenos túmulos.

Era tudo uma triste coincidência, a família dizia.

É um mal que corre em nosso sangue, lamentavam.

E Martha, pobrezinha, tentara corajosamente salvar todos aqueles bebês.

• • •

Depois de alguns anos de namoro, Martha e Harry se casaram no gabinete pastoral da igreja da mãe de Martha. A cerimônia, simples, foi realizada no dia 14 de abril de 1962, a uma semana de Martha completar 34 anos. O casal morou brevemente com os pais de Martha, até que Harry embarcou para a Coreia para uma missão de um ano. No início de 1964, Harry voltou para os EUA e se mudou com a mulher para Fort Carson, Colorado. Os dois alugaram uma casinha aconchegante, de um cômodo, perto de onde residiam dois colegas de Harry, na cidade vizinha de Colorado Springs.

Martha fez rápida amizade com as outras esposas de militares. Tão rápida que mal tinha aberto as caixas da mudança quando a mulher de um mecânico do Exército, que morava na casa dos fundos, perguntou se ela podia tomar conta de seu filho pequeno, Marlan, enquanto trabalhava. Martha respondeu que teria prazer em ajudar.

Era um dia excepcionalmente quente de inverno no Colorado. Martha estava sozinha com Marlan Rash, de apenas um ano, quando ele parou repentinamente de respirar, desmaiou e ficou azul.

Martha fez respiração boca a boca no menino e levou-o para o hospital do Exército que ficava perto de casa. Quando lá chegaram, o bebê ainda estava consciente, porém letárgico. Do dia 10 ao dia 15 de janeiro, os médicos tentaram de tudo. Coletaram líquido cefalorraquidiano, sangue e urina, fizeram radiografias cranianas e torácicas, examinaram os padrões de ondas cerebrais... e não encontraram nada de errado com o menino. Por fim, atribuíram o episódio a um ataque epilético isolado e o mandaram de volta para casa.

A mesma coisa voltou a acontecer meses mais tarde, no dia 3 de maio. Martha afirmou ter encontrado o pequeno Marlan desacordado no quintal, com cianose, febre, convulsões e dificuldade de respirar. Mais uma vez, ela fez respiração boca a boca no menino e levou-o às pressas para o hospital, onde ele foi submetido a outros quatro dias de exames infrutíferos. Desconcertados, os médicos o mandaram de novo para casa, com um vago diagnóstico de "faringite aguda e convulsões".

No dia 7 de maio, de volta para a casa depois de outra exaustiva internação hospitalar, a mãe de Marlan deixou-o outra vez sob os cuidados de Martha e saiu para trabalhar. O bebê caiu no choro quando a mãe foi embora, mas Martha deixou que ele chorasse no berço até pegar no sono. Segundo a mulher, poucos minutos depois, ouviu um ruído de gorgolejo e encontrou Marlan sufocando, com a cabeça inclinada para trás e o rosto meio azulado. Ela tentou soprar ar em sua boca, mas foi em vão. O pequeno Marlan Rash, com apenas 1 ano e 6 meses de vida, morreu em seus braços.

O relatório da necropsia dizia simplesmente: "Morte súbita de causa desconhecida". Quando o corpo da criança foi enterrado, dias depois, no cemitério Evergreen, Martha estava lá, desdobrando-se em zelos para consolar a mãe enlutada.

• • •

Em 1965, Harry embarcou para o Vietnã. Martha voltou a morar em Columbus, para cuidar da mãe, que era viúva e estava com a saúde debilitada. No ano seguinte, a mãe de Martha faleceu e Harry retornou da guerra. O casal regressou então para Fort Carson, onde acabou se instalando na mesma casa em que Marlan Rash havia morrido.

Agora, porém, eles tinham novos vizinhos: Thomas, outro colega de Harry, a mulher dele e duas crianças. Um dia, enquanto a sempre prestativa Martha tomava conta do filho do casal, Eddie, de 1 ano e 6 meses, a criança sufocou no berço e ficou azul. Martha conseguiu reanimar o bebê no jardim da frente ao expulsar de sua garganta o que chamou de "grande tampão de muco", e em seguida levou-o ao hospital. Mais tarde, ofereceu-se para mostrar à mãe de Eddie o tal tampão de muco no gramado do jardim, mas não conseguiu achá-lo. Os cachorros deviam ter comido, especulou Martha.

Eddie sobreviveu, e Martha continuou a tomar conta dele e de seus irmãos por quase um ano. Nesse meio-tempo, Harry e Martha inscreveram-se no programa de adoção. Os dois sonhavam em começar uma nova família, e esse sonho virou realidade em julho de 1967, quando adotaram uma menina com cinco dias de vida. A mãe biológica era uma garota adolescente de Denver, Colorado. Os pais adotivos a batizaram de Judy Lynn.

Praticamente desde que chegou à nova casa, Judy ia e vinha do hospital do Exército com resfriados, infecções e espasmos pulmonares. Em dezembro, com 5 meses de vida, a menina ficou hospitalizada por uma semana depois de desfalecer no berço e ficar azul. O mesmo ocorreu em março. Duas vezes.

Ao longo daqueles primeiros meses, outras coisas estranhas aconteceram com a nova família. A casa onde moravam pegou fogo duas vezes, mas em ambas as ocasiões Martha conseguiu salvar Judy. Além disso, uma mulher estranha começou a ligar quase todos os dias depois que Harry saía para o trabalho exigindo que Martha lhe entregasse Judy, ou então morreria. Martha denunciou as ligações amedrontadoras às autoridades policiais, mas elas continuaram por meses.

Praticamente desde que chegou à nova casa,
Judy ia e vinha do hospital do Exército com
resfriados, infecções e espasmos pulmonares.

Certo dia, quando Martha estava sozinha em casa com Judy, um homem negro e ameaçador surgiu na janela da sala. Ele queria Judy. Sentindo-se ameaçada, Martha pegou o revólver de Harry e atirou no homem através da janela. Em seu relato à polícia, o intruso fugiu, ferido, e entrou em um carro dirigido por uma mulher.

Fortemente abalado pelo incidente, o casal pediu ao Exército uma transferência para Colorado, onde estariam fora do alcance daquelas pessoas estranhas que queriam levar Judy embora. O pedido foi acatado, e eles saíram de Fort Carson para se acomodar em um novo alojamento no Campo de Provas de Aberdeen, em Maryland.

Mas não adiantou. Dias depois, as ligações recomeçaram. De acordo com Martha, o mesmo homem negro que ela baleou no Colorado voltou a aparecer na porta de casa em Aberdeen, exigindo que entregasse Judy a ele. De novo, ela o afugentou — possivelmente salvando a vida de Judy outra vez — e, mais uma vez, reportou o incidente à polícia militar.

Dessa vez, os agentes militares disseram a Martha que colocariam uma "armadilha" no telefone dela para pegar os culpados. As ligações e as visitas amedrontadoras pararam. Anos mais tarde, a polícia admitiria que nunca chegou de fato a grampear o telefone de Martha.

Superada a ameaça que pairava sobre sua família, Harry e Martha decidiram adotar outra criança. Entregaram toda a papelada necessária às autoridades do condado, compareceram a entrevistas e falaram abertamente sobre a perda dos três bebês.

Contudo, deixaram todo o restante de fora. Nem uma palavra sobre Johnny Wise. Ou sobre Lillie Marie Stewart. Ou sobre Marlan Rash. Ou sobre Eddie Thomas. Ou sobre aquelas duas crianças deficientes mentais. Ou sobre os espasmos de Judy. Ou sobre os incêndios. Ou sobre as ligações misteriosas.

E, certamente, nenhuma palavra sobre todas as crianças que, uma vez ao alcance das mãos de Martha Woods, tinham parado de respirar por tanto tempo que ficaram azuis.

O cálculo era grotescamente simples: ao longo de 23 anos, pelo menos sete crianças morreram e pelo menos outras cinco sofreram graves espasmos pulmonares enquanto estavam sob os cuidados dela. Todas tinham pais diferentes, moravam em lugares diferentes, tinham histórias diferentes, mas morreram de formas sinistramente similares. E, em todos os casos, uma pessoa estava sempre presente: Martha Woods.

O FBI já tinha visto o bastante. Em novembro de 1970, mais de um ano depois da morte de Paul Woods, um júri federal de acusação decidiu que havia indícios suficientes para iniciar uma ação penal contra Martha Woods por onze crimes, incluindo o homicídio qualificado de Paul e a tentativa de assassinato contra Judy.

Martha negou todas as acusações.

・・・

Quem assumiu o caso foi um jovem promotor auxiliar chamado Charles Bernstein, saído havia pouco mais de dois anos da Escola de Direito da Universidade de Maryland. Era um rapaz impetuoso que trabalhara como assistente de um juiz durante o dia para pagar as aulas noturnas na faculdade.

Quando recebi a ligação de Bernstein, já não me lembrava mais de Paul Woods. Não sabia que o caso tivera novos desdobramentos, muito menos que a mãe era considerada a principal suspeita de seu assassinato. Nessa época, eu já concluíra meu treinamento especializado em Baltimore e era major do Exército. Estava prestes a me tornar o novo chefe da Divisão de Balística de Ferimentos do Instituto de Patologia das Forças Armadas — o departamento que estuda ferimentos fatais de guerra para o Exército, a Marinha e a Aeronáutica dos EUA —, que ainda era um lugar bastante movimentado naqueles últimos anos da Guerra do Vietnã.

Quando fiz a necropsia de Paul, acreditava que havia uma probabilidade de aproximadamente 75% de que ele tivesse sido assassinado. Ainda que fosse uma probabilidade alta, a margem para dúvida ainda era considerável para que um júri absolvesse uma pessoa acusada de homicídio.

Quando li o histórico médico completo de Judy, minha certeza aumentou para uns 95%. Estava praticamente convencido da culpa de Martha, embora talvez ainda houvesse espaço para alguma dúvida legal.

Porém, depois de me deparar com a pilha de bebês mortos que Martha tinha deixado para trás ao longo de um período de 23 anos, e de descobrir como morreram, eu podia afirmar *sem sombra de dúvidas* que Martha Woods tinha matado aquelas crianças.

Quando o arquivo sobre Martha Woods aterrissou na mesa de Bernstein, casos federais de homicídio ainda eram raros. Para dizer a verdade, ele pensou que aquela mulher era louca de pedra e que possivelmente seria mandada para uma cela acolchoada do hospital psiquiátrico St. Elizabeth. Entretanto, psiquiatras que examinaram Martha no Walter Reed quando Paul e Judy foram hospitalizados não encontraram sinais de insanidade. Muito pelo contrário: Martha lhes pareceu excepcionalmente lúcida, o que forçou Kerr a buscar outra razão para tirar Judy de casa.

No entanto, a saúde mental de Martha foi uma questão central em seu julgamento. O advogado dela, designado pelo juiz, apresentou uma defesa incomum: Martha não tinha matado Paul (ou qualquer outra criança), mas, caso tivesse, era inimputável por insanidade mental.

O argumento de Bernstein não era menos atípico: ele não podia provar que Paul ou qualquer uma das outras seis crianças mencionadas no processo tinham sido vítimas de assassinato. Porém, quando tais mortes inexplicadas no decurso de três décadas eram consideradas em conjunto, aí sim emergia um sinistro padrão. E só então ficava patente a culpa de Martha Woods.

O problema era que, desde a época da *common law* britânica, o sistema jurídico que serviu de base para o norte-americano, tribunais dos EUA tinham vedado que "maus atos anteriores" de um acusado fossem apresentados como provas de sua culpa. O fato de que outras crianças morreram de maneira similar sob os cuidados de Martha — sobretudo se ela não tinha sido formalmente acusada de tais mortes — não podia ser usado como indício de que assassinara Paul.

Bernstein via-se diante de uma árdua batalha jurídica. Ele nunca havia processado ninguém por homicídio. Já o advogado de defesa de Martha, Robert Cahill, era um veterano de mente e língua afiadas. Sua cliente era uma senhora baixinha e afável, de aspecto maternal, que ninguém suspeitaria ser uma assassina. As principais testemunhas de defesa eram um pediatra e um médico-legista, ambos jovens profissionais ainda em início de carreira. Além disso, entre ele e um possível veredicto de culpa, erguia-se um dos conceitos mais monolíticos da jurisprudência norte-americana.

Bernstein descartou pedir a pena de morte, por temor de que a proposta se tornasse um obstáculo intransponível para eventuais jurados indecisos. Na pior das hipóteses, Martha pegaria prisão perpétua.

Havia muita coisa em jogo. Se fosse absolvida ou considerada inimputável por insanidade mental, Martha sairia livre do tribunal. Naquela época, a legislação federal não previa a hospitalização de pessoas insanas que cometessem crimes. Elas simplesmente não eram responsabilizadas pelo mal que tivessem causado.

Martha, porém, jurava inocência, e não era louca. Estava ansiosa para falar no tribunal. Acreditava que poderia convencer o júri de sua inocência, assim como convencera tantas vezes amigos e parentes de que era uma heroína, não uma assassina.

No dia 14 de fevereiro de 1972 — Dia dos Namorados nos EUA —, iniciava-se o julgamento. Dirigindo-se ao júri, composto por quatro homens e oito mulheres, o juiz federal Frank A. Kaufman declarou que o processo tinha uma duração prevista de apenas três semanas. Enquanto ele falava, Martha mexia, distraída, nos botões de seu casaco de pano simples. Sentado ao lado dela na bancada de defesa estava seu devotado marido Harry. Todos os dias, durante o resto do julgamento, Harry cumpria seu expediente nas primeiras horas da manhã e dirigia até Baltimore para se sentar ao lado da esposa no banco dos réus.

Mais cedo, a bela mórmon que adotara Judy Woods testemunhou que a menina não tinha sofrido outros espasmos desde que chegou à nova casa, e que demonstrava ser uma criança normal e ativa. (Fora da sala do tribunal, contou a Bernstein que Judy, ainda pequena, tinha tentado acalmar um bebê que chorava apertando seu nariz e cobrindo sua boca. Onde uma garotinha aprenderia uma coisa dessas?)

Uma série de testemunhas reconstituiu as circunstâncias macabras das mortes que tinham Martha como elo, de Miley em 1946 a Paul em 1969, em uma avalanche de extravagantes termos médicos. Ainda que ignorassem o jargão, os jurados no fundo sabiam que aquela sequência trágica de eventos não era uma infeliz coincidência. Eles precisavam perguntar a si mesmos: quantas vezes eu vi um bebê sufocar e ficar azul? Quantas vezes presenciei a morte de um bebê? Quantos bebês morreram em meus braços?

A tese do inseticida caiu rapidamente por terra quando vários peritos, incluindo eu, declararam em juízo que não havia nenhum indício de que Paul ou Judy tivessem sido envenenados.

Já a tese de insanidade, apoiada em grande parte na alegação de que Martha tinha ataques epiléticos durante os quais coisas terríveis podiam acontecer (não que a defesa alguma vez admitisse que tais coisas terríveis de fato aconteceram, vejam bem), acabou sendo refutada pela própria Martha: ela não se julgava epilética e negou com veemência que fosse mentalmente incapaz.

Dois psiquiatras, dois psicólogos, dois neurologistas e um médico concordaram com ela.

"Um aspecto crucial de sua psique é a enorme importância que atribui a ser uma boa mãe, um papel que parece constituir grande parte de sua identidade", disse um psiquiatra que examinou Martha. "Para ela, ser uma boa mãe, ao que parece, envolve adotar uma atitude superprotetora em relação a uma criança totalmente dependente [...] Ela descreveu a dor que sentia quando uma criança mostrava os primeiros sinais de autonomia, como se levantar sem ajuda."

Teria Martha sufocado aqueles bebês quando começaram a dar mostras de que já não precisavam dela ou será que eram simplesmente os alvos mais fáceis? Seguramente não reagiram e não podiam testemunhar contra ela, e matá-los era tão simples que não deixava marcas. Ainda assim, a motivação não era muito clara.

> "Um aspecto crucial de sua psique é a enorme importância que atribui a ser uma boa mãe, um papel que parece constituir grande parte de sua identidade."

Ao longo de uma semana, testemunhei sobre a necropsia de Paul, sobre minha crescente certeza de que ele fora assassinado, sobre as outras mortes e como era improvável a ocorrência de múltiplas mortes súbitas de bebês em uma única família. (O termo "síndrome da morte súbita infantil" mal tinha entrado para o léxico médico e ainda não era amplamente utilizado na época.)

O advogado de defesa de Martha argumentava contra minha teoria, citando o caso de uma família da Filadélfia que tinha perdido oito de seus dez filhos de 1949 a 1968 por conta de inexplicáveis mortes súbitas (os outros dois morreram de causas naturais conhecidas). A extraordinária tragédia da família Noe chegou a ganhar destaque em um artigo da revista *Life*, datado de 1963, que chamava a matriarca Marie Noe de "a mãe mais enlutada da América". (Naquele momento, nenhum de nós conhecia o sombrio segredo da família Noe.)

O depoimento mais fascinante foi o da própria Martha. Ela testemunhou por uma semana inteira. Com uma notável memória para datas, lugares, endereços e nomes, narrou sua vida, seus amores, suas casas, seus empregos, suas doenças, seus salários e suas conversas, bem como as mortes que tinha observado, chegando às vezes a corrigir os advogados de ambos os lados quando tropeçavam nas informações. A voz lhe saía tão suave que o juiz teve de pedir várias vezes que falasse mais alto. Mantinha-se imperturbável no banco das testemunhas, e volta e meia apertava um lenço contra os olhos, quase sempre quando falava sobre Paul ou Judy.

Quando confrontada com depoimentos comprometedores ou conflitantes de parentes, amigos e até de seu marido, ela se limitava a insistir em sua vozinha macia que eles não estavam se lembrando direito dos fatos.

Certo dia, durante o intervalo, Martha ficou do lado de fora da sala do tribunal, aninhando o bebê de uma amiga nos braços. Bernstein ficou horrorizado com a cena, que considerou uma clara manobra para influenciar os jurados. Entretanto, o juiz não podia simplesmente mandar que a mulher — que até então tinha direito à presunção de inocência — ficasse longe de bebês.

Durante as mais de trinta horas em que testemunhou, Martha Woods era a epítome da sanidade, ainda que Bernstein a enxergasse cada vez mais como uma brilhante sociopata.

Uma grande questão pairava no ar: hipoteticamente, se aceitássemos que ela tivesse matado aquelas crianças, qual seria sua motivação? Milhões de palavras foram ditas naquele tribunal, mas ninguém sabia a resposta.

O julgamento, com duração prevista de três semanas, arrastou-se por cinco meses. No decurso do processo, quatro acusações de agressão relacionadas a Judy foram recusadas, e todo o foco do veredicto voltou-se para a morte de Paul Woods.

Nas declarações finais da defesa, Cahill tentou descredibilizar a mim e ao dr. Kerr, chamando-nos de novatos e ineptos (provavelmente só não disse o mesmo sobre o promotor Bernstein porque soaria ridículo). Segundo o advogado, toda a argumentação de Bernstein era "um castelo de cartas", construído a partir de suposições, premissas frágeis e explicações pseudocientíficas.

"Eu sugiro, senhoras e senhores", disse Cahill, "que o dr. Di Maio acrescente outra especialidade a seu *curriculum vitae*: a de meteorologista, porque ele exprime opiniões como quem prevê o tempo [...] uma probabilidade de 70% a 75% [de ter ocorrido assassinato]. [...]"

Bernstein rebateu cada um dos ataques de Cahill, ponto a ponto. Em seguida, pediu desculpas, de certo modo, pelos mais de cinco meses daquele falatório triste, pesado, desconfortável, nauseante e por vezes controverso.

"Estamos deixando de lado o mais importante, senhoras e senhores", disse Bernstein. "Não estamos falando das crianças que morreram, que foram atacadas antes de aprender a falar. [...] Quem fala por Paul Woods? Não há advogado algum aqui para defendê-lo. Quem fala por Judy? Quem fala por

Charles Stewart? Por Carol Ann? Por Mary Elizabeth? Por John Wise? Por Lillie Marie? Por Marlan Rash?"

"Eu respondo", continuou. "São vocês que falam por eles, senhoras e senhores. E eles gostariam que a justiça fosse feita."

O júri levou quase dois dias para chegar ao veredicto: Martha Woods foi considerada culpada de todas as acusações.

"Eu não machuquei a criança", disse Martha aos soluços ao ouvir sua sentença, um mês mais tarde, enquanto o sempre fiel Harry a abraçava. "Se eu não o quisesse, não teria me dado ao trabalho de adotá-lo."

Ela também propôs um estranho acordo ao juiz: se ele não a mandasse para a prisão e lhe devolvesse Judy, ela deixaria que o irmão criasse a menina e nunca mais teria qualquer contato com crianças.

"Não faço questão de ter um bebê por perto", disse ela, chorando. "Tudo que sempre quis na vida foi ter uma família. Agora não quero mais. Não quero ter filhos. Não quero nenhuma criança por perto."

O juiz Kaufman a condenou à prisão perpétua e a outros 75 anos por acusações menos graves. Martha não teria o direito de pedir liberdade condicional até o ano de 2003.

Foi encaminhada diretamente para o Alderson Federal Prison Camp, um presídio federal de segurança mínima, exclusivo para mulheres, situado em meio à paisagem deslumbrante dos montes Allegheny, em West Virginia. Construído em 1928 nos moldes de um campus universitário, Alderson recebeu o apelido de "Acampamento Cupcake" quando a empresária Martha Stewart, que apresentava um programa da TV em que ensinava receitas, ficou presa por quase cinco meses, em 2004, depois de ter sido condenada em um caso no qual era acusada de obstruir uma investigação.

À época com mais de 40 anos, Martha Woods era mais velha que a maioria das prisioneiras e não se misturava muito. Nos anos seguintes, ela causou uma boa impressão nos guardas, mostrando-se cooperativa, sempre ávida por agradar e disposta a delatar suas colegas. Por outro lado, vivia se queixando de problemas de saúde diversos — reais e imaginários — para obter regalias.

Harry, por sua vez, mudou-se para West Virginia para ficar perto da esposa e aposentou-se do serviço militar em 1980. Ele a visitava religiosamente todas as semanas; os dois se sentavam juntos na sala de jantar da prisão e conversavam por horas a fio.

Em 1975, Sara Jane Moore, aspirante a assassina que atirou no presidente Gerald Ford (e errou), foi enviada para Alderson. Lá conheceu Martha, e as duas, que tinham mais ou menos a mesma idade, logo se tornaram amigas. A proximidade entre as mulheres durou até 1979, quando Moore fugiu. Depois de um tempo foragida, ela foi recapturada e transferida para outra prisão. Ganhou a liberdade condicional em 2007.

"Ser uma assassina de bebês em uma prisão repleta de mulheres era uma cruz pesada de se carregar", lembraria Moore.

O recurso de Martha pela liberdade condicional, porém, foi negado. Por dois votos a um, o Tribunal Regional Federal da 4ª Região acolheu o argumento de que, nesse caso em especial, os "maus atos anteriores" de Martha podiam ser admitidos como provas.

Martha manteve a postura desafiadora. Após cumprir dezesseis anos da pena de prisão perpétua, enviou uma inflamada carta de seis páginas ao tribunal que a julgara, alegando que havia sido condenada de forma precipitada, vítima de um "grave erro judicial", e exigindo que a pusessem imediatamente em liberdade. Censurou a mim e aos outros "pretensos peritos" que testemunharam em juízo, sem poupar o governo, seu próprio advogado, nem mesmo o juiz. Para finalizar, afirmava que em nenhum momento foram apresentadas provas concretas de que ela tinha assassinado qualquer um dos bebês. O pedido dela foi rejeitado.

"Ser uma assassina de bebês
em uma prisão repleta de mulheres
era uma cruz pesada de se carregar."

Em 1994, Martha, então com 65 anos, foi transferida para o Centro Médico Federal Carswell, um hospital prisional em Fort Worth, no Texas, com um quadro de endurecimento das artérias coronárias e doença pulmonar obstrutiva crônica (DPOC). Os médicos trataram seus sintomas, com frequentes reveses, durante os oito anos seguintes.

Na madrugada do dia 20 de abril de 2002, Martha Woods parou de respirar e morreu. Estava com 73 anos.

Seu último desejo era ser enterrada no cemitério de Wesley Chapel, no mesmo lote familiar onde estavam sepultados os pais, o irmão herói de guerra, o filho Mikey, o sobrinho Jonny e a sobrinha Lilie Marie. Porém, como o lote já não tinha covas vazias — em parte porque Martha ajudara a preenchê-las —, Harry levou o corpo da esposa para West Virginia, onde foi enterrado em um cemitério particular, em Madam's Creek. Embora tenha voltado a se casar após a morte de Martha, Harry foi enterrado ao lado dela, vestindo seu uniforme militar completo.

Ele morreu em 2013, sem nunca deixar de acreditar na inocência da mulher.

• • •

O assassinato de uma criança pelas mãos de um adulto, especialmente uma mãe ou um pai, é um dos crimes mais difíceis de se compreender. Tais crimes quase sempre são cometidos no calor da paixão ou da loucura. Muito mais raro, felizmente, é o assassinato deliberado e sistemático de crianças ao longo de um largo período de tempo e sem qualquer motivo aparente.

Na época em que Paul Woods morreu sufocado, não havia um diagnóstico para a síndrome de Münchausen por procuração, um distúrbio psicológico descrito pela primeira vez no final da década de 1970.[3] Ainda hoje, esse distúrbio é encarado com certo ceticismo. Não aparece listado como um comportamento específico no Manual Diagnóstico e Estatístico de Transtornos Mentais (DSM), embora a literatura médica moderna cite mais de 2 mil casos de ocorrência da síndrome. A psiquiatra que examinou Martha, entretanto, não precisava de um termo extravagante para acertar o diagnóstico. "Não é algo que eu vá declarar em juízo, mas [Martha] está tirando alguma vantagem disso", confidenciou a Bernstein. "Ela gosta de chamar atenção."

Também não havia sido cunhado o termo "assassino em série" — que só passaria a ser amplamente utilizado na década de 1980 — quando Martha Woods foi condenada. As pessoas são ingênuas quanto ao potencial do ser humano para matar. Elas presumem que assassinos são indivíduos diabólicos facilmente detectáveis, mas não são. Woods era uma psicopata que não tinha escrúpulos em matar crianças e nunca pensou duas vezes antes de fazê-lo. Mesmo assim, seu nome aparece em poucas listas de serial killers norte-americanos, ainda que ela tenha matado mais pessoas que infames assassinos como David Berkowitz — o "Filho de Sam" —, Aileen Wuornos, Gary Heidnik, Ed Gein e Westley Allan Dodd.

Em 1974, Charles Bernstein e eu escrevemos um artigo sobre os crimes de Martha Woods para o *Journal of Forensic Sciences*. Intitulado "Um caso de infanticídio", o artigo tornou-se um divisor de águas que mudou radicalmente a forma como legistas e promotores abordam casos de múltiplas mortes súbitas infantis em uma família.

O caso de Martha foi importante por duas razões, uma médica e outra jurídica. Um tipo peculiar de assassino em série — que não era normalmente reconhecido e levado a juízo na época — foi desmascarado por meio de laudos periciais.

---

3   Fenômeno em que os sintomas de uma moléstia são causados por outro indivíduo que não seja o paciente, ocasionando exames e tratamentos desnecessários e, às vezes, dolorosos. Esta síndrome é considerada uma forma de maus-tratos infantis, uma vez que o outro indivíduo, geralmente um dos pais, é a fonte da invenção dos sintomas e submete a criança a cuidados médicos. [NE]

Depois de Woods, promotores e patologistas passaram a contar com uma nova ferramenta. O caso mudou a forma como a lei encara "maus atos anteriores", especialmente em situações em que uma série de eventos aparentemente normais resultam em uma calamidade terrivelmente extraordinária. Sem querer, Martha Woods estabeleceu um precedente, sobretudo em casos de infanticídio: mortes similares no passado podem ser usadas como provas contra uma pessoa acusada de assassinato, mesmo que tais mortes não tenham sido objeto de investigação e denúncia criminal.

Nascia também um novo axioma na patologia forense. Em 1989, escrevi em meu livro *Manual de Patologia Forense*: "A morte inexplicada de um lactente em uma família é SMSI (síndrome da morte súbita infantil). Duas mortes é motivo de suspeita. Três é homicídio".

Estão lembrados da família Noe, que o advogado de defesa Robert Cahill apresentou como exemplo de múltiplas mortes súbitas infantis em uma mesma família? Em 1998, Maria Noe, então com 70 anos, foi presa em sua casa, na Filadélfia acusada de asfixiar deliberadamente oito de seus filhos naturais entre 1949 e 1968.

> "A morte inexplicada de um lactente em uma família é SMSI (síndrome da morte súbita infantil). Duas mortes é motivo de suspeita. Três é homicídio."

Todos nasceram saudáveis, mas morreram em casa de causas inexplicadas. Nenhum deles viveu mais que catorze meses. Em todos os casos, estavam sozinhos com a mãe.

Marie confessou ter matado quatro filhos, mas alegou que não conseguia lembrar o que tinha acontecido com os demais. Ela não pagou o mesmo preço por seus crimes que Martha Woods: pegou apenas vinte anos de liberdade condicional, cinco dos quais cumpriria em prisão domiciliar. (A sentença estranhamente leve veio em 1999, depois de um acordo com a promotoria. Como não havia nenhuma prova concreta que ligasse Noe às mortes, e o processo se baseava unicamente em necropsias insuficientes e na confissão da mulher sobre eventos ocorridos havia décadas, os promotores temiam que ela conseguisse a liberdade. Assim, o acordo teria servido mais para promover um desfecho aceitável ao caso do que propriamente para fazer justiça.)

Outro caso foi o de Mary Beth Tinning. Seus nove filhos, nascidos saudáveis, morreram subitamente entre 1972 e 1985, antes de completarem 5 anos de idade. Todos morreram em casa, em Schenectady, Nova York... sempre

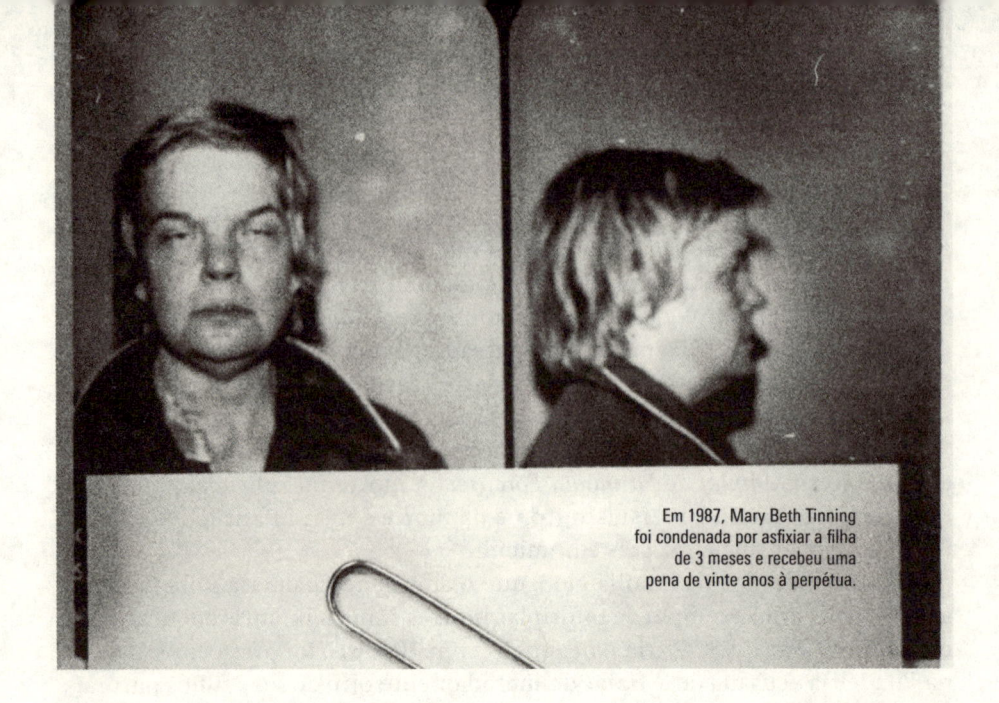

> Em 1987, Mary Beth Tinning foi condenada por asfixiar a filha de 3 meses e recebeu uma pena de vinte anos à perpétua.

quando estavam sozinhos com a mãe. Em 1987, Tinning foi condenada por asfixiar a filha de 3 meses e recebeu uma pena de vinte anos à perpétua. No momento em que escrevo este livro, ela continua presa, mas a cada dois anos pede liberdade condicional.

A princípio, eu não fazia ideia da dimensão do caso contra Martha Woods, mas, com o passar do tempo, fui ficando indignado por três razões. Em primeiro lugar, se o FBI não tivesse entrado na jogada, a polícia local não teria gastado tempo nem dinheiro para desenterrar o passado sórdido de Martha Woods. Ela teria continuado a matar crianças.

Em segundo lugar, Martha poderia ter sido detida antes se fossem adotadas práticas adequadas de investigação criminal e necropsias, mas os sistemas médico-legais em muitas partes do país são um lixo, sobretudo onde *coroners* são eleitos por voto popular e muitas vezes não têm qualquer treinamento na área.

E, por último, me revolta não saber até hoje quantas vítimas mortais ela realmente fez. Há enormes lacunas em sua história. Anos. Não temos ideia de quantas crianças ela matou ou feriu. Só os dez ou doze casos que descobrimos já me deixam enojado.

Teria havido outras vítimas? Provavelmente, sim. O FBI investigou o passado de Martha de forma eficiente, mas não profunda. No início dos anos 1970, a agência estava sobrecarregada, lidando com conflitos raciais e movimentos antiguerra, terrorismo doméstico, tramoias políticas e o temor de novos assassinatos. Investigar uma dona de casa desmazelada não era uma prioridade. A descoberta de mais vítimas poderia ter dado respostas a outras famílias, mas as investigações possivelmente se estenderiam por outro ano ou mais. Correríamos o risco de deixar Martha Woods em liberdade durante esse tempo? Para a infelicidade de outras possíveis vítimas, o governo precisava seguir em frente com o que tinha em mãos.

• • •

Hoje, ninguém que já tenha embalado Paul James Woods, que se lembre dele rindo ou chorando ou que o tenha visto sorrindo continua vivo. Na curta vida que teve — apenas 7 meses —, ele nunca esteve sob os cuidados de alguém que lhe desse suficiente valor para zelar por sua memória, muito menos por sua saúde. Sua mãe biológica o entregou a uma mulher que só queria matá-lo e a um sistema que não pôde salvá-lo.

Alguns de nós só o conhecemos na morte, o que não é uma forma justa de se ser lembrado, mesmo que sua morte tenha revelado os crimes cometidos por Martha Woods. E estamos nos esquecendo disso também.

O DML de Maryland arquivou o relatório da necropsia de Paul sob um nome diferente, e o cemitério onde o menino foi enterrado perdeu todos os registros ao seu respeito. Assim, toda a memória de Paul James Woods está agora contida em uma placa de bronze em forma de coração e em quatro caixas de papelão raramente acessadas em um cavernoso depósito federal, onde os incompletos autos do processo contra Martha Woods estão armazenados.

É possível que acabássemos por nos esquecer dele completamente algum dia, de qualquer jeito, mas ainda me parece cedo demais. Se estivesse vivo, seria um homem de 40 e tantos anos, pouco mais velho que Martha Woods quando foi condenada por asfixiá-lo. Só Deus sabe o que ele poderia ter se tornado. Devo admitir que raramente penso sobre o menino. Pouco reflito sobre vidas não vividas, não porque sou frio e indiferente, mas porque ficaria arrasado.

Ainda assim, eu me pergunto: o que terá sido de Judy Woods? Será que sabe que foi resgatada de uma morte quase certa? Ouvi dizer que ela continuou a se comunicar de forma esporádica com Harry Woods até a morte dele, em 2013, e que ele a teria ajudado vez ou outra com dinheiro. Após o funeral de Harry, Judy ligou para o morgue perguntando se o pai adotivo havia lhe deixado alguma coisa no testamento, mas eles não sabiam dizer.

De qualquer modo, Judy teve sorte.

De todas as infelizes crianças que viveram sob o mesmo teto que Martha Woods ou foram confiadas aos seus cuidados, ao menos ela escapou com vida.

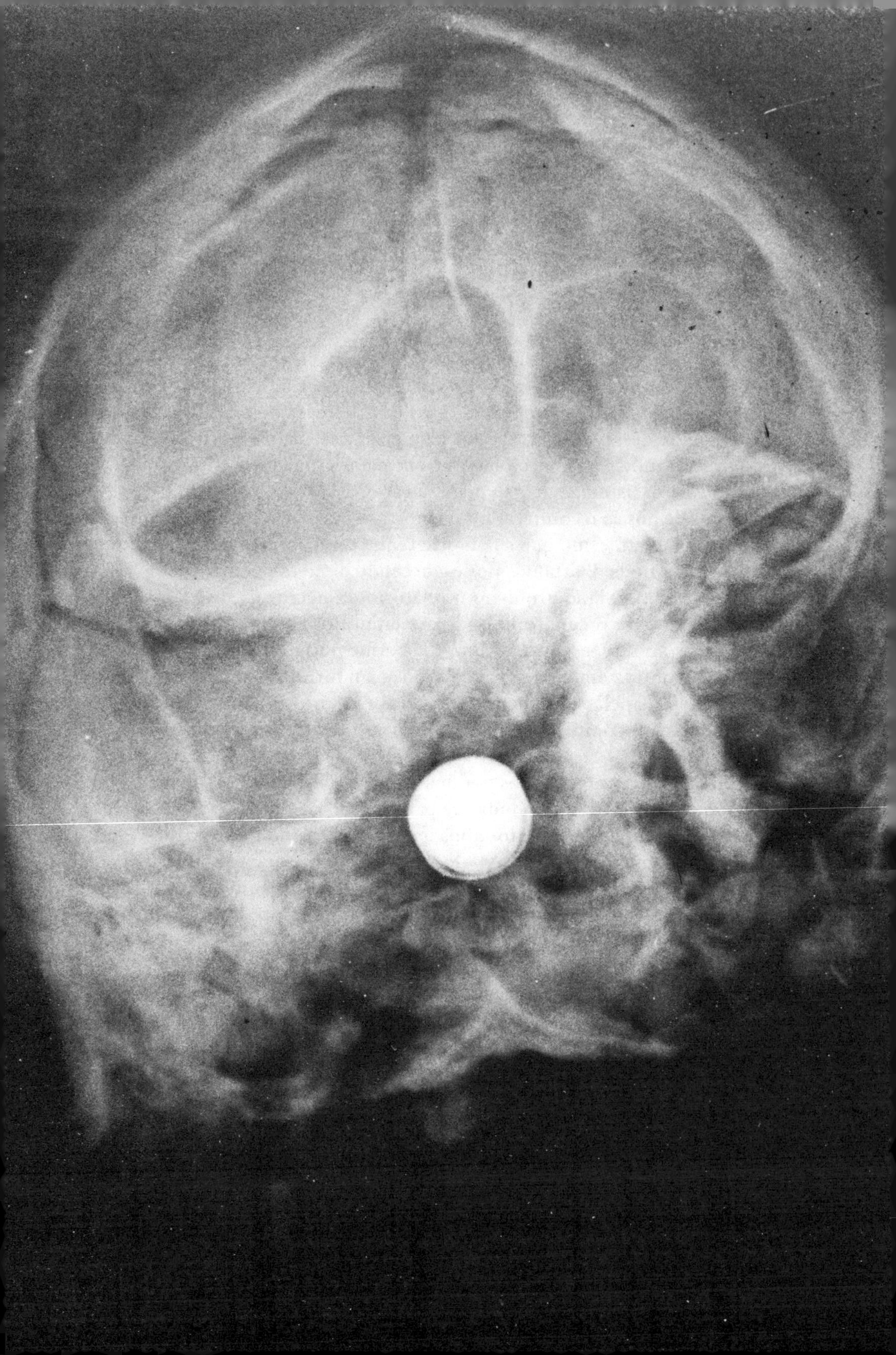

CAP. 4

O SEGREDO DOS CORPOS
DR. VINCENT DI MAIO E RON FRANSCELL

PEDAÇOS

EXPLODIDO EM **PEDAÇOS**

Um raio X do crânio do suspeito de terrorismo
William Payne revelou uma bateria
de mercúrio explodida em seu cérebro.
(ESCRITÓRIO DO LEGISTA-CHEFE DE MARYLAND)

Pelo que você morreria? Nosso mundo não é feito de mocinhos e bandidos, como em um jogo de polícia e ladrão. Somos apenas seres humanos, desnorteados, propensos a equívocos e medos, impregnados de ódio, incitados por nosso egoísmo, sempre fazendo o que achamos ser melhor para nós mesmos. O mundo é um lugar complicado. E estamos todos no mesmo barco, às vezes, fazendo as coisas certas pelos motivos errados. Ou as coisas erradas pelos motivos certos. Logo, talvez a pergunta certa seja: pelo que você mataria?

BEL AIR, MARYLAND
SEGUNDA-FEIRA, 9 DE MARÇO DE 1970

Por ser o cara que chegara mais recentemente ao quartel, saído pouco mais de um ano da academia, Rick Lastner acabou tirando o palito mais curto: era o único agente da Polícia Estadual de Maryland escalado para fazer a ronda de rotina no turno da madrugada. Todos os outros tinham missões mais importantes.

Era uma noite quieta e fria de março em Maryland. Nessa época, a escuridão vinha cedo e drenava a cor de Bel Air. Perto da meia-noite, apenas os postes, as luzes nas varandas e os faróis dos poucos carros que por ali passavam iluminavam as ruas silenciosas. Entre a lua minguante e a relativa calma de uma noite de segunda-feira, aquela cidadezinha rural era um retrato em preto e branco da paz e do sossego.

No entanto, a escuridão tinha olhos. Um importante julgamento começaria no dia seguinte. O famoso militante negro Hubert Rap Brown, que assumiu o controle do outrora pacifista Comitê Não Violento de Coordenação dos Estudantes (Student Nonviolent Coordinating Committee, SNCC) e que proclamou "Nós vamos queimar a América", era levado à justiça por incitar distúrbios raciais violentos que quase devastaram a cidade vizinha de Cambridge, Maryland.

Circulavam rumores de uma nova onda de violência em Bel Air, para onde o comentado julgamento de Brown havia sido transferido. À medida que a data se aproximava e ruidosos manifestantes deixavam Bel Air em polvorosa, o governador acionou a Guarda Nacional e se apressou em nomear voluntários como auxiliares. A polícia local, por sua vez, entrou em alerta máximo ante o temor de confrontos violentos. A cidade vivia dias de alvoroço.

Naquela noite, de dentro de sua viatura, na penumbra de uma rua lateral, um policial viu um Dodge Dart branco, ano 1964, rodear lentamente o fórum — um velho edifício de tijolos anterior à Segunda Guerra — umas duas ou três vezes antes de desaparecer noite adentro. Teve a impressão de ver dois vultos masculinos na parte da frente, mas estava escuro demais para enxergar detalhes, incluindo a placa do veículo. Não deve ser nada, pensou. Ninguém mais apareceu.

Lastner cruzava Bel Air pela Route 1, em direção a Baltimore, cujo vago brilho podia divisar no horizonte, além do claro céu noturno, uma meia hora ao sul. Estava tudo quieto demais, pensou o policial. *Essa porcaria de rádio deve ter parado de funcionar de novo.* Às vezes, as válvulas dos rádios mais antigos queimavam. Era possível que estivesse incomunicável.

Porém, Lastner não era o tipo de cara que perdia a calma facilmente. Criado no interior, entrou para a Corpo de Fuzileiros Navais logo depois de sair do ensino médio. Antes de completar 20 anos, embarcou para o Vietnã. Serviu na unidade militar de maior atividade, a I Corps, que os soldados de infantaria apelidavam de Indian Country (Território Indígena). Antes de ser ele próprio ferido, já tinha visto coisas que ninguém devia ver. Enquanto outros garotos de sua idade iam à faculdade, ele carregava os restos dos colegas mortos em ponchos, depois de terem se esvaído em sangue no meio da selva. À época, não conhecia ninguém com 25 anos tão velho quanto ele. Era treinado para ficar frio, e suas memórias o mantinham sempre alerta.

Para testar o rádio, Lastner precisava ativar o microfone e transmitir uma sequência de teste para a central. Havia apenas um carro à sua frente na estrada, então ele acelerou e olhou casualmente para o lado enquanto ultrapassava o veículo. Era um Dodge Dart branco, com dois caras na frente. O motorista não dirigia em alta velocidade ou de forma errática. A não ser pelo horário, nada parecia fora do normal. Não havia razão para suspeitas. Ele passou direto. Só queria parar em algum lugar para testar o rádio.

Acelerou. Quando estava a uma distância segura, mais de uma quadra à frente, pegou o microfone do rádio para testá-lo.

Enquanto acionava o microfone, atrás dele, a noite explodiu em uma enorme bola de fogo laranja.

> Enquanto outros garotos de sua idade iam à faculdade, ele carregava os restos dos colegas mortos em ponchos, depois de terem se esvaído em sangue no meio da selva.

O Dodge Dart se desintegrou em uma nuvem de poeira e gás.

Atordoado pela explosão, Lastner afundou o pé no freio e girou o volante da viatura a tempo de ver a frente retorcida do carro passar rolando por ele. Já não havia motorista, apenas uma carroceria arruinada. O policial se virou e, apertando os olhos, fitou o emaranhado de destroços. Bem no meio da rodovia, uma cratera fumegante com mais de um palmo de profundidade marcava o epicentro da explosão. Pilhas de metal retorcido espalhavam-se por quase cem metros em todas as direções. Tufos de espuma e de algodão que preenchiam o estofado agora destroçado do carro caíam feito neve sobre o asfalto.

Ao saltar da viatura, Lastner pisou em algo macio. Era um naco de carne humana, do tamanho de um bife. O ar estava impregnado com um forte cheiro de cobre, como o que exala um sinalizador quando queima, porém não havia chamas nem ruídos. Silêncio total.

Não tinha sobrado nada que lembrasse um carro, muito menos os dois seres humanos que estavam em seu interior.

No asfalto, Lastner viu os dois corpos mutilados — na verdade, só os restos maiores deles — fumegando sob a noite fria. Foram atirados a quase trinta metros da explosão. De um dos homens sobrara apenas um tronco com cotos onde antes ficavam os membros e a cabeça. O outro estava despedaçado, mas ao menos ainda tinha uma aparência vagamente humana.

Quando Lastner finalmente informou via rádio a ocorrência de uma explosão com duas fatalidades na Route 1, o operador que o atendeu se mostrou inicialmente cético, mas depois o repreendeu por reportar fatalidades sem o código apropriado.

Mas os dois homens estavam indiscutivelmente mortos.

Dali a pouco, sirenes distantes ecoaram na noite. Lastner ficou ali, no meio daquele cenário sombrio e fétido de silenciosa devastação, e esperou a cavalaria chegar.

Era como estar de volta ao Vietnã.

• • •

Eu ouvi a notícia no rádio de meu carro enquanto dirigia para o trabalho na manhã seguinte.

Estava a poucos meses de terminar meu treinamento de um ano no DML de Maryland. Em julho, começaria meu segundo período de serviço militar — como faziam quase todos os médicos naquela época — como major no Corpo Médico do Exército. Minha primeira missão era comandar a Divisão Médico-Legal do Instituto de Patologia das Forças Armadas em Washington D.C. No ano seguinte, fui lotado na Divisão de Balística de Ferimentos, onde finalmente tive a oportunidade de ver, de perto e em larga escala, os efeitos destrutivos das armas de fogo e dos projéteis sobre o corpo humano.

Entretanto, os dois corpos que seriam depositados sobre nossas bancadas — ou, mais precisamente, os pedaços de dois corpos — não tinham sido alvejados por balas ou por qualquer tipo de projétil. Eles tinham morrido em uma explosão, provavelmente de uma bomba, menos de doze horas antes. Eu não sabia muito além disso quando vi os restos destroçados pela primeira vez, na manhã seguinte.

Werner Spitz, subchefe do DML, incumbiu a mim e ao meu colega, o dr. Irvin Sopher, de fazer a necropsia dos dois corpos não identificados. Mas o que seria nossa missão habitual — descobrir quem eram e como morreram — ganhou uma urgência repentina e inesperada.

Antes que todos os infelizes despojos tivessem sido recolhidos do local da explosão, já circulavam rumores de que uma das vítimas era o próprio H. Rap Brown, que teria sido assassinado por uma bomba atirada dentro do carro ou plantada debaixo dele. Menos de uma hora após o incidente, ainda de madrugada, o FBI já exigia respostas, e depressa.

Os EUA já viviam um cenário de intensa agitação social com frequentes conflitos raciais e manifestações contrárias à guerra. Nos catorze meses que antecederam a explosão de Bel Air, mais de 4.300 bombas foram deflagradas por grupos militantes como os Panteras Negras e o Weather Underground, e outras mil foram desarmadas, falharam ou detonaram prematuramente. Todos os dias, milhares de ameaças de atentados com bomba obrigavam o fechamento de edifícios públicos, escritórios de companhias petrolíferas, grandes fábricas, centros de alistamento militar e arranha-céus por todo o país, em constante estado de alerta.

Na Divisão de Balística de Ferimentos, tive a oportunidade de ver, de perto e em larga escala, os efeitos destrutivos das armas de fogo e dos projéteis sobre o corpo humano.

Agentes federais temiam que o possível assassinato de Brown pudesse desencadear terríveis retaliações por parte de seus violentos seguidores. A nação, já em chamas, podia ser arrastada para uma guerra racial, o que faria com que os tumultos de Watts e a anarquia que vivia o país após o assassinato de King parecessem vigílias de oração.

Menos de 24 horas após a explosão em Bel Air, justo enquanto trabalhávamos para identificar as vítimas, uma banana de dinamite explodiu e abriu um buraco de dez metros no chão de um banheiro feminino do fórum do Condado de Dorchester, onde o julgamento de Brown estava originalmente programado para ocorrer antes de ser transferido para Bel Air. Uma mulher branca foi vista fugindo e nunca foi pega.

O tempo corria. E cada minuto parecia ser pontuado por um estrondo ensurdecedor.

Nossa tarefa era macabra, mas tínhamos de estar certos e ser bem rápidos. Ninguém precisava nos lembrar das consequências de fracassar.

O dr. Sopher ficou com a parte mais fácil do trabalho.

Sobre sua bancada estava o corpo razoavelmente intacto de um homem negro, com aproximadamente 30 anos de idade e o rosto ainda reconhecível. Um bigode e um cavanhaque impecavelmente aparados emolduravam sua boca. A calça e a camisa que vestia estavam completamente rasgadas, e seus músculos se encontravam retesados pela rigidez cadavérica.

Seu corpo foi encontrado junto a um meio-fio da pista, a 25 metros da cratera formada pela explosão, que o lançou para fora do carro pelo lado do motorista. Ainda exalava um forte cheiro de gasolina, carne carbonizada e cabelo queimado.

O morto levava consigo uma identidade e uma carteira de motorista, mas os investigadores encontraram documentos de identificação chamuscados de várias pessoas nos destroços. Não tínhamos como ter certeza de que o indivíduo identificado na carteira de motorista era de fato o homem morto à nossa frente, embora mostrasse certa semelhança com a foto no documento.

Removidas as roupas despedaçadas, o dr. Sopher notou uma única e deliberada cicatriz sobre o mamilo esquerdo do morto: um losango de 5 cm de base por 5 de altura desenhado em volta da letra "K", formando uma figura similar ao logo da Kappa Alpha Psi, uma fraternidade universitária tradicionalmente negra. Ele tinha sido marcado com ferro quente.

Os ferimentos limitavam-se ao lado direito do corpo. Os ossos da perna direita, mutilada, partiram-se em pedacinhos e se desconjuntaram completamente na altura do joelho, rasgando a pele e os músculos. A pele na parte inferior da perna direita e o pouco que sobrou dela na perna esquerda estava queimada e escurecida de fuligem.

Os ossos do antebraço e da mão direita, assim como da perna direta, foram reduzidos a pedaços e mantinham-se unidos apenas pela pele carbonizada.

Além disso, os ferimentos na parte inferior do corpo terminavam em uma bizarra linha no meio das coxas, a exatos 68,5 cm das solas dos pés. Não havia lesões — queimaduras, cortes ou qualquer outro dano — nas costas ou nas nádegas do morto, e muito poucas na parte frontal do tronco. Radiografias não acusaram a presença de nenhum estilhaço dentro do corpo, e exames toxicológicos não detectaram qualquer vestígio de álcool ou drogas.

Os ossos do antebraço e da mão direita, assim como da perna direta, foram reduzidos a pedaços e mantinham-se unidos apenas pela pele carbonizada.

Ao abrir o cadáver, o dr. Sopher descobriu danos catastróficos ao coração e aos pulmões. A explosão tinha provocado uma hemorragia severa nos órgãos. Era uma lesão comumente vista durante os ataques aéreos da Alemanha nazista contra Londres na Segunda Guerra Mundial, quando o abalo causado pela explosão das bombas levava várias pessoas à morte, ainda que não apresentassem qualquer sinal externo de ferimentos graves, pois seus órgãos vitais haviam sido literalmente esmagados pelo choque.

O mesmo ocorrera com os ossos no lado direito do rosto da vítima. Parecia que sua cabeça fora socada por um gigante.

Com base no local onde o corpo foi encontrado (ao lado dos destroços onde estava o motorista, perto de onde o volante tinha caído) e nas lesões no lado direito do corpo, determinamos que a vítima estava ao volante no momento da explosão, e que esta se originara no lado do passageiro. O tronco relativamente intacto e a parte superior da coxa tinham sido protegidos da explosão pelo banco do carro.

Contudo, o mais perturbador não foi o que encontramos dentro do corpo, mas em um dos bolsos.

Era uma espécie de manifesto, metade bilhete de suicídio, metade advertência, toscamente escrito à máquina:

Para a Amérika: se liguem, estou entrando no jogo pra matar. Quando essa porra terminar, eu vou tá em cima do peito de vocês gritando que nem o Tarzan. O perdedor paga o preço. Eu respondo a justiça de vocês com dinamite. Respondo seus assassinos e opressores com armas e balas. Na morte de vocês, meu sermão terá sabor de vitória. Pelo meu povo e com a ajuda de dois canos fumegantes, vou mandar vocês para o buraco do inferno. Que vença o melhor e que Deus abençoe o perdedor. Vale mais o poder que a paz.

Amigos que foram correndo ao local da explosão disseram reconhecer o homem, e o corpo também foi posteriormente identificado por parentes no necrotério. Por fim, as impressões digitais confirmaram: o corpo era de Ralph E. Featherstone, 30 anos, morador de Washington.

Mas quem era Ralph Featherstone? A polícia rapidamente apurou que Featherstone era o fundador e administrador da livraria Drum and Spear, no centro de Washington, especializada em livros escritos por e sobre negros, e que era o ponto de encontro de uma militância negra cada vez mais mobilizada. Quando o ativista H. Rap Brown assumiu o controle do SNCC, fez de Featherstone um de seus principais tenentes. Por imposição dos dois, o SNCC deixou de ser um grupo pró-integração para se transformar em um segmento radical do movimento Black Power que promovia a violência contra a sociedade branca racista.

Featherstone começou como um improvável militante. Depois de se formar pelo Teachers College da Universidade Columbia, antiga e prestigiada escola de pós-graduação em educação, Featherstone dedicou-se a ensinar "correção oratória" em diversas escolas primárias locais. Em 1964, ele participou do histórico "Verão da Liberdade", campanha voluntária de promoção do registro eleitoral de negros no Mississippi. Ali, abriu cerca de quarenta "Escolas da Liberdade", onde deu aulas de alfabetização, direito constitucional e história negra a cerca de 3 mil alunos. Amigos o descreviam como uma pessoa calma, estudiosa e contemplativa.

Foi preso durante as marchas de Selma, no Condado de Dallas, até a capital do estado do Alabama, Montgomery, em 1965, e passou oito dias dormindo no chão de concreto da cadeia municipal, onde comia feijões enlatados e pão de milho em todas as refeições, enquanto sua revolta só crescia.

Dentro do recém-radicalizado SNCC, "Feather" (como o apelidaram) também foi se tornando cada vez mais agressivo e rancoroso. Ele admirava Che Guevara e Karl Marx. Com o tempo, passou a enxergar todos os negros como escravos do século XX, que deviam se revoltar contra os senhores brancos e criar um Estado Negro autônomo, com poder absoluto sobre cada aspecto de suas vidas. Tornou-se um defensor ferrenho do separatismo negro.

Em 1967, sem que Feather soubesse, o FBI começou a vigiá-lo. À medida que crescia a ousadia do SNCC, crescia também o interesse dos agentes por ele. J. Edgar Hoover mantinha um arquivo sobre Feather que, em março de 1970, já somava umas duzentas páginas. O FBI sabia que ele tinha viajado para a então Tchecoslováquia comunista, em 1968, e que em seguida foi de avião a Havana para comemorar o aniversário da Revolução Cubana de Fidel Castro.

Poucas semanas antes de morrer, Featherstone casou-se com uma professora igualmente engajada. Recém-casada, tornou-se viúva. Um mês depois da explosão fatal, ela espalharia as cinzas mortais do marido em Lagos, na Nigéria.

Em vida, Featherstone fora um herói para a comunidade negra em Washington. Na morte, era um mártir. Já pela manhã, poucas horas após o incidente e antes que fossem divulgados quaisquer detalhes sobre o ocorrido, o SNCC emitiu uma nota chamando as mortes de "assassinatos brutais". Comunidades negras no entorno da Fourteenth Street começaram a se agitar. Corria o rumor de que Feather tinha sido assassinado pelos brancos. Os negros tramavam vingança, mas a família de Featherstone pedia cautela, um momento de calmaria antes de qualquer tormenta.

Mas a tormenta era inevitável.

Tínhamos identificado uma das vítimas, Ralph Featherstone, mas ainda não sabíamos como nem por que uma bomba teria explodido dentro ou perto do carro que dirigia.

A boa notícia, se é que poderia haver alguma no meio daquela situação grotesca, era que a primeira vítima não era H. Rap Brown. Mas a segunda vítima, que sofrera ferimentos bem mais severos, era para nós um enigma muito mais difícil e perigoso.

E tínhamos um mau pressentimento. H. Rap Brown não era visto desde a noite anterior e ninguém sabia do paradeiro dele.

•••

Pouco sobrara do corpo à minha frente.

A explosão amputara ambas as pernas abaixo dos joelhos. O antebraço direito e a mão esquerda também foram decepados. Havia uma fratura horrenda na parte superior do braço direito, de onde o úmero se projetava em um ângulo estranho. Como resultado da explosão, as coxas foram fatiadas como postas de peixe até a altura da virilha, deixando as artérias, a pele e os músculos em retalhos. Não restara nada dos genitais.

O quadril e a pelve tinham literalmente rachado no meio, dividindo a parte inferior do corpo em duas metades.

Um ferimento irregular se estendia do púbis ao esterno, expondo os intestinos — reduzidos a uma massa pastosa — e os músculos esfacelados do peito. Estranhamente, a pele permanecia intacta em uma faixa de 8 a 13 cm ao largo da barriga. A pele das costas não foi atingida, mas o pescoço, os braços e o peito evidenciavam ferimentos ainda mais profundos.

A mandíbula, o pescoço e a faringe viraram uma massa sangrenta. O homem teve o rosto esmagado e afundado; o que sobrou do crânio espatifara-se em cem pedaços sob a pele, como bolinhas de gude quebradas dentro de um saco de papel rasgado. Os globos oculares tinham rebentado dentro das órbitas, e uma crosta seca se formou no lugar dos olhos.

Dentro do corpo, o coração e os pulmões tinham sofrido hemorragias ainda piores. O cérebro virara mingau.

A parte frontal do corpo foi a mais atingida pela explosão.

Tal como Featherstone, aquela infeliz vítima não tinha vestígios de álcool ou drogas no organismo. Entretanto, os raios X revelaram algo mais intrigante: um objeto metálico fixado no fundo da boca, que logo descobrimos ser uma bateria de mercúrio de 1,5 V. As radiografias também mostraram peças metálicas — uma mola, vários rebites, dois fios com 1,5 cm de comprimento e diversos outros fragmentos metálicos não identificados — dispersas dentro do peito e do abdome do morto.

E, para complicar um pouco o enigma, encontrei o pênis e a pele descolada da palma da mão dentro do intestino revirado do homem.

Como o corpo foi encontrado a uns 20 m do lado esquerdo dos destroços, no sentido oposto ao motorista, e levando em conta a natureza e a distribuição das lesões, deduzimos que se tratava do passageiro.

Enquanto isso, os peritos do FBI concluíram que a bomba consistia em dez bananas de dinamite acopladas a uma bateria e um despertador de corda da marca Westclox. Eles identificaram o relógio a partir de pedacinhos encontrados no local do incidente. A explosão foi tão violenta que abalou casas a mais de 3 km de distância.

Começávamos a formar uma imagem mais clara do que tinha acontecido.

A bomba não poderia estar dentro do porta-luvas, sob o painel de instrumentos ou debaixo do banco, pois isso não condizia com a natureza das lesões sofridas pelas vítimas. Só poderia estar em algum lugar junto ao piso do carro, no lado do passageiro.

Não poderia ter sido plantada sob o carro, já que o padrão da explosão, os danos ao chassi e o ângulo dos ferimentos sugeriam que a explosão se originara no interior do veículo.

Peritos que examinaram o local também descartaram que o artefato tivesse sido arremessado para dentro do carro, porque todas as janelas estavam fechadas. Além disso, durante sua ronda, Lastner não viu nenhum outro veículo na estrada.

Só havia uma explicação: a bomba estava no chão do carro, entre as pernas do passageiro não identificado. A gravidade dos ferimentos sugeria que o homem estava debruçado sobre o dispositivo, talvez com as mãos pousadas sobre ele, no momento da explosão.

Tudo isso nos levava a uma conclusão: Featherstone e o passageiro sem nome sabiam que estavam carregando um pacote letal. Não era algo que passaria despercebido.

Como sabíamos? As lesões eram simétricas, o que provava que a explosão se originara bem diante da vítima. Aquela estranha porção de pele na barriga foi preservada por causa da prega que se formou quando o homem curvou o corpo. O queixo e o pescoço tinham absorvido a maior parte do impacto. A força da explosão catapultou a mão e os genitais da vítima para dentro do corpo.

Quando a bomba estourou, a mão direita de Featherstone estava no volante, e o lado direito de seu corpo recebeu o impacto.

Tudo isso nos levava a uma conclusão: Featherstone e o passageiro sem nome sabiam que estavam carregando um pacote letal. Não era algo que passaria despercebido.

Agora sabíamos o nome do motorista e que a bomba estava dentro do Dodge Dart. Acreditávamos firmemente que aqueles dois homens transportavam a bomba de forma deliberada, e que o artefato explodiu antes do previsto. Teriam planejado dinamitar o fórum de Bel Air mas foram afugentados pela presença maciça da polícia nas redondezas? Até hoje não sabemos, mas é uma boa teoria.

Para não ser acusada de encobrir os fatos, a Polícia Estadual de Maryland se apressou a divulgar publicamente o que sabíamos sobre Featherstone e a posição da bomba. A reação foi imediata.

"Antes mesmo de os destroços esfriarem, as autoridades de Maryland já estavam certas de ter todas as respostas", declarou o deputado John Conyers, um democrata negro de Michigan, em uma carta assinada por vinte dos maiores representantes do movimento pelos direitos civis. "Segundo eles, Ralph Featherstone andava por aí com altos explosivos. Aqueles que o conheciam sabem muito bem o quanto era sensato, e estão desejosos de uma melhor explicação para sua morte."

Um dia depois, porém, ainda não sabíamos quem era a vítima número 2.

O FBI estava colhendo informações sobre novos casos de violência relacionados à explosão em Bel Air. O advogado de Brown, William Kunstler, um paladino de causas esquerdistas, questionou publicamente a imparcialidade do FBI ou de qualquer outra agência governamental para investigar aquela tragédia. "Sempre desconfio da versão oficial", disse Kunstler ao *Washington Post*. Militantes acusavam abertamente as autoridades de assassinar norte-americanos inocentes. A mídia, mostrando as garras, já começava a perguntar: "Onde está H. Rap Brown?".

O tempo se esgotava.

• • •

No morgue, viramos a noite trabalhando para identificar o homem desconhecido.

Seu rosto estava tão desfigurado que nem a própria mãe o reconheceria. A não ser pelos danos físicos evidentes, não possuía sinais individuais característicos, como cicatrizes, deformidades ou tatuagens. Como lhe faltavam as mãos, não havia como coletar impressões digitais. Restavam alguns dentes, mas, sem alguma ideia de quem era a vítima, não teríamos nada com o que comparar. Solicitamos os registros odontológicos de H. Rap Brown, que continuava desaparecido, mas até então nenhum tinha sido encontrado.

Para piorar a situação, ao vasculhar os destroços, os investigadores encontraram duas carteiras de identidade, cada uma contendo um nome diferente (C.B. Robinson e W.H. Payne), um certificado de dispensa da Marinha, no qual constava o nome William Payne, uma carteirinha de biblioteca em nome de um tal Will X., e três fotografias com três nomes diferentes — embora todas mostrassem homens negros de aparência condizente com o corpo desconhecido. (E nenhum deles era H. Rap Brown.)

Estaria Brown usando novas identidades para escapar da Justiça? Ou quem sabe o homem morto era um dos vários amigos de Featherstone que o FBI não conseguia encontrar? Não sabíamos de nada.

Enquanto a polícia fazia uma varredura meticulosa no local da explosão em busca de mais pistas e começava também a rastrear os documentos, o dr. Sopher se engajava em uma tarefa macabra: reconstruir o rosto do homem morto com seus próprios tecidos, na esperança de criar uma cópia com semelhança suficiente para que alguém o reconhecesse.

A primeira pista veio dos documentos.

O certificado da Marinha dizia que William H. Payne tinha se alistado em Covington, Kentucky, e que agora teria cerca de 25 anos, idade compatível com o homem morto. O Departamento de Registros Médicos da Marinha nos enviou a ficha de Payne e rapidamente constatamos que seu tipo sanguíneo (O+) coincidia com o do cadáver.

No entanto, os registros odontológicos não batiam. As radiografias dentárias da Marinha mostravam claramente cinco dentes obturados na boca do jovem marinheiro. Como nosso cadáver tinha apenas um, riscamos Payne da lista de possibilidades.

O problema era que a busca por C.B. Robinson só dava em becos sem saída. Sem registros que pudessem incluir ou excluir H. Rap Brown, estávamos de mãos atadas.

A reconstrução facial do dr. Sopher era nossa melhor aposta. Usando fios de cobre e uma broca, ele colocou os ossos despedaçados do rosto do cadáver de volta no lugar e arrumou a pele descolada em volta. Tiramos fotos do novo rosto (sombreando as áreas mais danificadas) e nos preparamos para divulgar as fotos na mídia, na esperança de que alguém o identificasse e entrasse em contato.

Mas a macabra reconstrução trouxe um benefício inesperado: de repente, notamos uma estranha irregularidade na linha dos cabelos — pretos, crespos e cortados rente —, além de áreas calvas na cabeça.

Comparando a linha dos cabelos do homem morto com fotos recentes de Brown, percebemos diferenças significativas. Ao compararmos o formato característico da orelha esquerda do cadáver com fotos de Brown, percebemos que não havia coincidência.

Portanto, H. Rap Brown não tinha morrido na explosão em Bel Air. A notícia foi um alívio para muita gente, mas a vítima número 2 ainda não tinha uma identidade, e era nosso trabalho determiná-la.

Na segunda manhã após a explosão, fizemos algum progresso. Um perito encontrou nos destroços duas lascas de pele que pareciam pontas de dedo. Combinando-as com a pele dilacerada da palma da mão que retirei da barriga do cadáver, analistas de impressões digitais do FBI chegaram a uma perturbadora conclusão.

Os dois bocados de pele eram na verdade parte do dedão direito e do mindinho esquerdo de um homem.

E eles pertenciam a William H. Payne.

• • •

Ficamos perplexos. Como as impressões digitais e os registros dentários do mesmo homem podiam ser diferentes? Era possível que um deles ou os dois estivessem errados? Precisávamos de mais dados antes de afirmar que um homem chamado William H. Payne explodiu em pedaços em Bel Air, provavelmente vítima de uma bomba terrorista que pretendia plantar em um lugar público.

Os documentos encontrados nos destroços eram a chave do mistério.

As duas carteiras de identidade não continham pistas óbvias. Uma delas, em nome de C.B. Robinson, trazia uma foto; a outra, em nome de W. Payne, não. As datas de nascimento eram próximas, mas não iguais.

Na carteirinha da biblioteca, em nome de Will X., também não havia pistas óbvias.

Porém, no verso de uma das fotos, alguém tinha rabiscado o nome "Minnie", seguido de um número de telefone do Alabama.

Detetives da polícia ligaram para o número e uma mulher atendeu. Era Minnie. Ela não conhecia ninguém chamado C.B. Robinson ou W.H. Payne, mas admitiu ter dado a foto a um amigo próximo, meses antes. O nome desse amigo era Will X. Disse também que Will sempre usou um brinco de ouro na orelha. Desconhecia o paradeiro do amigo, mas deu aos policiais um número de telefone de Detroit onde ele poderia ser encontrado.

O número era do patrão de Will, que confirmou que ele estivera lá naquele mesmo dia, pela manhã. Horas depois, Will ligou para o DML com uma nova peça do quebra-cabeça. Ele conhecia W.H. Payne, e o recebera em casa semanas antes. A carteirinha da biblioteca e a foto de Minnie estavam dentro de uma carteira que ele perdeu na época em que o amigo estava de visita.

Solicitado a descrevê-lo, Will disse que as únicas particularidades físicas de Payne eram "a linha do cabelo na testa, que fazia um desenho engraçado" e "áreas calvas na cabeça". Não apenas tínhamos observado a linha irregular do cabelo e as áreas calvas, como a foto na identidade de C.B. Robinson mostrava uma linha do cabelo bem similar à descrição. Embora Will não conhecesse ninguém chamado C.B. Robinson e nunca tivesse ouvido Payne mencionar uma pessoa com esse nome, finalmente tínhamos alguém que seria capaz — ou pelo menos assim esperávamos — de identificar o cadáver. Nosso palpite era que C.B. Robinson e William H. Payne eram a mesma pessoa, mas, até que Will desse uma boa olhada na foto de Robinson, ou no rosto do morto, não teríamos uma prova conclusiva.

Em uma época anterior aos e-mails ou mesmo ao fax comum, era preciso ser criativo. Pedimos ao repórter de um jornal que nos ajudasse a telegrafar uma foto para uma emissora de TV de Detroit, onde, em uma hora previamente combinada com Will, a foto seria transmitida. Will foi instruído a examinar a foto com atenção e nos ligar assim que possível.

Bem, o plano desmoronou devido a uma sucessão de dificuldades técnicas, mas a foto foi publicada na manhã seguinte pelos jornais de Detroit, e então Will confirmou que a pessoa identificada como C.B. Robinson no documento que encontramos com o morto era de fato seu amigo William Payne.

Mais tarde, no que já era o terceiro dia desde a explosão em Bel Air, a mãe e um irmão de Payne, que moravam no Kentucky, vieram a Baltimore e reconheceram Payne de forma conclusiva, tanto na foto de C.B. Robinson como nas imagens do rosto reconstruído. Para os familiares, não havia dúvidas: o homem morto era William H. Payne.

● ● ●

Payne e Featherstone eram importantes membros da facção que aplicou um golpe no SNCC em 1966 e assumiu a liderança do grupo. Embora não tivesse tanto destaque como Featherstone, nos bastidores, Payne era, entre os seguidores de Brown, um de seus homens de maior confiança e uma espécie de capanga a quem cabia intimidar os adversários.

A história de Payne tinha muitos paralelos com a de Featherstone. Era o quarto de oito filhos de um casal de classe média baixa, e estudou na Universidade de Kentucky e na Universidade Xavier em Cincinnati. Após abandonar a Universidade Xavier ainda no terceiro ano, passou dois anos na Marinha e em seguida se reincorporou ao SNCC para atuar como pesquisador de campo no chamado Deep South, região dos EUA que compreende os estados sulinos fundadores da Aliança pré-guerra civil, em torno do Golfo do México.

Amigos diziam que ele nutria "uma antipatia geral pelos brancos". Em uma recente manifestação em Washington, Payne teria interrompido os oradores e gritado: "Vamos pra casa pegar nossas armas! Chega dessa conversa!".

Sua militância lhe rendeu o apelido de "Che", em referência ao violento revolucionário Che Guevara, mas nem todo mundo o enxergava dessa forma.

"Ele não era mais militante que qualquer um dos outros", disse a mãe de Payne a Carl Bernstein, um jovem repórter do *Washington Post* (o mesmo que, anos mais tarde, desvendaria o caso Watergate), quando o filho foi publicamente identificado como o segundo ocupante no veículo que explodiu. "A maioria dos rapazes e das moças de cor são militantes agora. Não estão mais engolindo o que os pais e avós engoliram."

Alguns dias antes da explosão, Payne viajou de Atlanta a Washington para assistir ao julgamento de H. Rap Brown. Amigos disseram à polícia que ele tinha combinado de se encontrar com Featherstone e Brown em Bel Air naquele fim de semana.

Na segunda-feira, 9 de março, Payne e Featherstone passaram a maior parte do dia juntos na livraria Drum and Spear. Por volta das 14h, Featherstone pegou um carro emprestado com sua vizinha, uma amiga do SNCC, mas não disse aonde estava indo, e ela tampouco perguntou. Pouco antes das 20h, Featherstone fechou a livraria e saiu com Payne.

Os dois foram vistos pela última vez minutos depois, quando Featherstone fez uma breve parada na casa do pai, na Tenth Street NW.

Quatro horas mais tarde, estavam ambos aos pedaços no asfalto de uma rodovia nas proximidades de Bel Air.

Concluímos oficialmente que Ralph E. Featherstone e William H. Payne (vulgo C.B. Robinson) morreram quando uma bomba que transportavam detonou inesperadamente, às 23h42 do dia 9 de março de 1970, enquanto os dois se deslocavam pela Route 1, ao sul de Bel Air, em Maryland. A causa da morte, em ambos os casos, foi traumatismo generalizado resultante de uma explosão de dinamite. A maneira da morte foi acidental, não um homicídio.

A discrepância entre os registros odontológicos da Marinha e a arcada dentária do cadáver foi uma questão jamais esclarecida. Presumimos que os registros foram misturados, algo que não era incomum na época. Porém, nunca resolvemos esse mistério.

Além disso, os peritos em explosivos do FBI nunca conseguiram precisar exatamente por que a bomba explodiu. Nervoso, Payne poderia tê-la acionado sem querer quando uma viatura da polícia surgiu de repente no meio da noite. Ou talvez a tivessem programado para detonar no fórum, e, impedidos de plantá-la devido à presença da polícia, não conseguiram desarmá-la totalmente. Ou quem sabe o rádio de Lastner emitiu um poderoso pulso elétrico que acionou o detonador. Até hoje não sabemos e provavelmente nunca saberemos.

Alguns dias depois, a família de William H. Payne levou o que restou de seu corpo para casa. Foi enterrado em um pequeno cemitério nos arredores de Covington, Kentucky. Toda última segunda-feira de maio (dia em que se comemora o Memorial Day, em homenagem aos combatentes norte-americanos mortos em ação), seu túmulo recebe a mesma distinção que o de qualquer veterano, decorado com a bandeira de um país que ele queria derrubar.

• • •

Contudo, onde estava H. Rap Brown, o esquivo agitador que desencadeara aquela tragédia, deixando a nação à beira do caos por vários dias? Teria escapulido das mãos da polícia de novo?

Quase dois meses depois, em 5 de maio de 1970, o FBI colocou Brown na lista dos dez mais procurados. Cartazes em agências postais advertiam que estava provavelmente armado e era perigoso. A pergunta "Onde está Rap?" tornava-se um grito de guerra entre os militantes negros radicais enquanto a polícia buscava por toda parte o incendiário rebelde.

Mas Brown não estava nos Estados Unidos. Ele tinha fugido em segredo para a Tanzânia, onde muitos expatriados do SNCC buscavam refúgio.

Dezoito meses depois, um policial de Nova York alvejou um homem negro que se escondia em um telhado após assaltar um bar em West Side. O homem ferido se identificou como Roy Williams.

A pergunta "Onde está Rap?" tornava-se um grito
de guerra entre os militantes negros radicais enquanto
a polícia buscava por toda parte o incendiário rebelde.

No entanto, as impressões digitais de Roy Williams coincidiam com a de Hubert Gerold Brown, mais conhecido como H. Rap Brown. Acusado de assalto à mão armada e tentativa de homicídio, Brown declarou-se inocente. Depois de um julgamento que durou dez semanas, foi condenado pelos crimes e enviado à penitenciária de Attica, em Nova York, onde se converteu ao Islã e mudou seu nome para Jamil Abdullah Al-Amin.

Libertado em 1976, Al-Amin mudou-se para Atlanta e abriu uma pequena mercearia. O SNCC tinha se dissolvido, e os antigos militantes morreram, aderiram a novas causas ou simplesmente desistiram da luta. H. Rap Brown, vulgo Al-Amin, também se dizia um homem mudado. Seguiu literalmente os passos de seu herói Malcolm X e fez uma peregrinação a Meca. Segundo declarou ao repórter de um jornal, Alá só muda as sociedades depois que os indivíduos mudam a si mesmos. Escreveu sobre a revolução por meio da oração e do caráter, uma abordagem bem diferente da que usara em *Die, Nigger, Die!* (Morra, Crioulo, Morra!, em tradução livre), seu belicoso livro anterior.

Logo cofundou uma mesquita no enclave negro onde morava, no West End de Atlanta. Lá, por meio de programas de "regeneração espiritual", teria sido responsável por criar patrulhas comunitárias, lançar programas para a juventude, recuperar viciados em drogas e por quase "limpar" as ruas da prostituição. Ao que tudo indicava, ele tinha evoluído de um violento extremista para um exaltado — porém inofensivo — líder espiritual.

Porém, nem todo mundo estava pronto para aplaudi-lo. O FBI continuava de olho em Al-Amin, e o dossiê que tinham sobre ele já acumulava 40 mil páginas. A polícia local suspeitava secretamente que estivesse envolvido em homicídio, contrabando de armas e pelo menos um caso de agressão.

Em 16 março de 2000, dois policiais do Condado de Fulton foram mortos e outro ferido em uma troca de tiros no West End enquanto tentavam cumprir um mandato de prisão contra Al-Amin por uma multa de trânsito não paga. Ele ficou foragido por algum tempo antes de ser detido. Em 2002, foi condenado por homicídio qualificado e outras doze acusações, sendo sentenciado a cumprir prisão perpétua em uma penitenciária estadual, sem direito a liberdade condicional.

O estado da Georgia entregou o infame e importuno assassino nas mãos das autoridades federais. Hoje, já na casa dos 70 anos, está encarcerado na prisão de segurança "supermáxima" ADX Florence, nas planícies do Colorado, junto de terroristas, chefões do tráfico, assassinos da máfia e assassinos em série como Richard Reid e Zacarias Moussaoui, da Al-Qaeda, Ted Kaczynski, o "Unabomber", e Terry Nichols, que fabricou a bomba usada no Atentado de Oklahoma, em 1995.

H. Rap Brown podia até ter mudado de nome, endereço e atitude, mas, no fundo, continuava sendo o mesmo sociopata que aterrorizou o país por mais de quarenta anos.

Não consigo deixar de pensar que Ralph Featherstone e William Payne, entre outros, pagaram com a morte por seus pecados.

Dallas PD photograph made 11/23/63
Lee Harvey Oswald @ Aleck J. Hidell.
W/M DOB 10/19/39 in New Orleans, La.

DALLAS
POLICE
54018
11 23 63

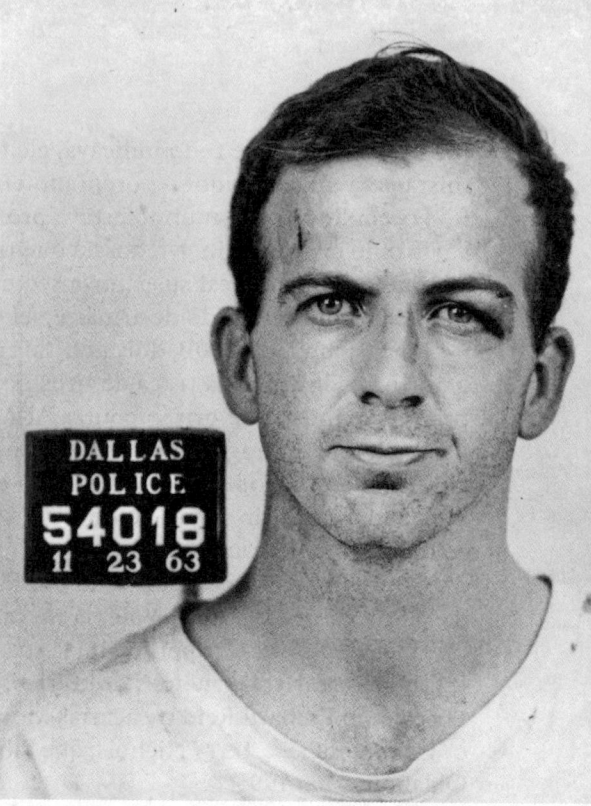

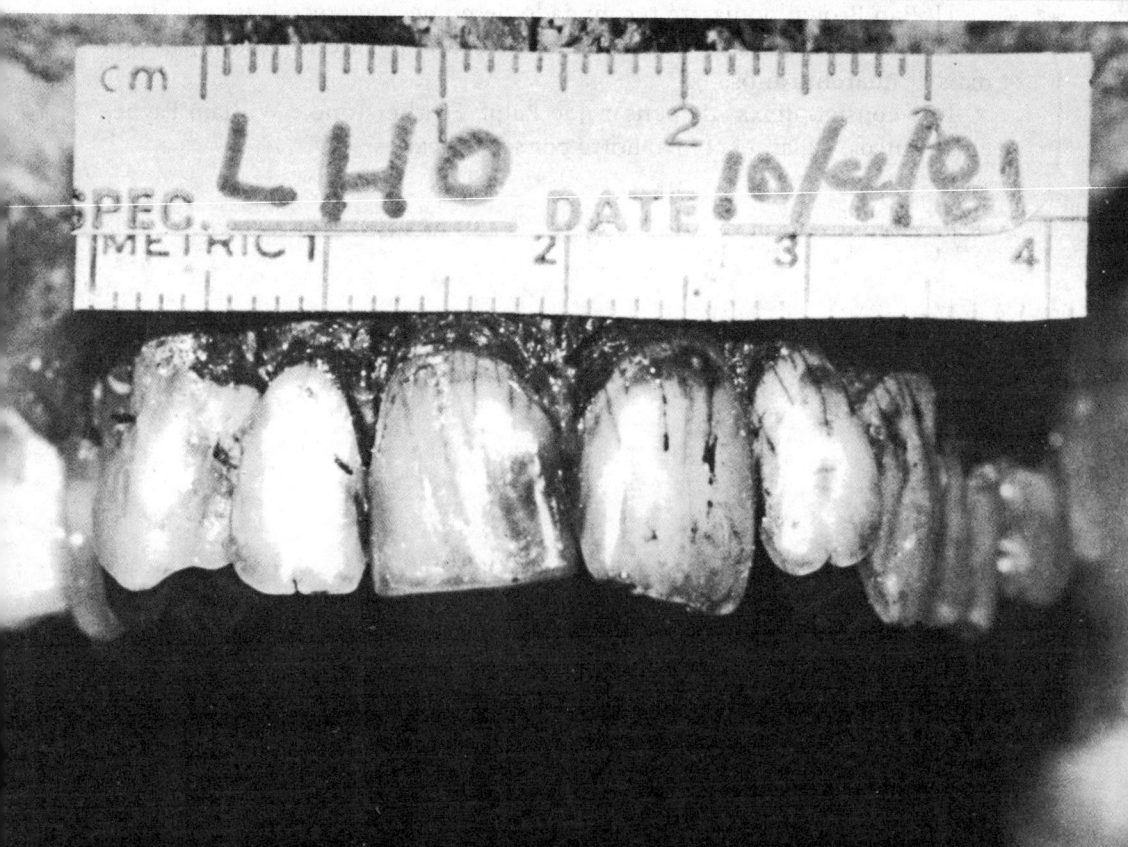

SPEC. LHO DATE 10/4/81
cm METRIC

CAP. 5

O SEGREDO DOS CORPOS
DR. VINCENT DI MAIO E RON FRANSCELL

DESEN-TERRADO

LEE HARVEY OSWALD: **DESENTERRADO**

Acima: fotos feitas após a prisão do suposto assassino Lee Harvey Oswald, em 23 de novembro de 1963, dois dias antes de sua morte. (DEPARTAMENTO DE POLÍCIA DE DALLAS)
Embaixo: Características dentárias únicas ajudaram a identificar o cadáver no túmulo de Lee Harvey Oswald como o próprio assassino, e não como um agente soviético. (ACERVO DI MAIO)

Um possível motivo para adorarmos teorias da conspiração é que elas quase sempre explicam as tragédias como atos intencionais de pessoas que são mais inteligentes e poderosas que nós. De alguma forma, é perversamente reconfortante. Sejam helicópteros pretos, os Illuminati, Roswell, o pouso na Lua, o colapso do World Trade Center ou o assassinato do presidente Kennedy, simplesmente não queremos acreditar que estamos errados ou temos azar, ou que o destino às vezes trabalha contra nós, ou que punks solitários, iludidos e lunáticos podem mudar o curso da história humana.

DALLAS, TEXAS
DOMINGO, 24 DE NOVEMBRO DE 1963

Noventa minutos depois que o mundo viu Jack Ruby atirar em Lee Harvey Oswald, o suposto assassino de John F. Kennedy estava morto sobre uma ensanguentada mesa de operação no Parkland Hospital, em Dallas, a poucos passos da sala onde o presidente norte-americano fora declarado morto, dois dias antes (e na mesma sala de cirurgia onde o próprio Ruby morreria pouco menos de três anos depois).

A bala calibre .38 disparada por Ruby entrou pela parte inferior do peito de Oswald, logo abaixo do mamilo esquerdo, e ficou alojada em um caroço perceptível sob a pele no lado direito das costas. Perfurou praticamente todos os principais órgãos e vasos sanguíneos da cavidade abdominal — estômago, baço, fígado, diafragma, aorta, veia renal, um rim e a veia cava inferior, uma importante veia que carrega sangue pobre em oxigênio dos membros inferiores de volta ao coração. Oswald perdia sangue muito rapidamente, de mais de dez perfurações. Na sala de operações, os cirurgiões injetaram mais de sete litros de sangue em sua corrente sanguínea, abriram seu peito e fizeram uma massagem direta no coração para tentar reanimá-lo, mas o órgão parou de funcionar de vez às 13h07.

O corpo de Oswald chegou à mesa de necropsia já arruinado. O estrago era grande. O suposto assassino tinha suportado dois dias de brutal sofrimento desde que o presidente fora baleado. Teve o olho esquerdo ferido e sofreu um corte no lábio enquanto resistia à prisão. Suas vísceras tinham sido rasgadas pela bala disparada à queima-roupa no peito. Os cirurgiões que o operaram abriram uma grande fenda de 30 cm em seu abdome e outra perto do ferimento de entrada para tentar salvá-lo.

Earl Rose, legista do Condado de Dallas, começou a necropsia de Oswald menos de duas horas depois que os médicos o declararam morto. Já estava frio ao toque. O sangue, não mais bombeado pelo coração morto, acumulava-se naturalmente nas cavidades internas do cadáver. À parte os ferimentos dos últimos dois dias, o exame externo de Rose não acusou nada fora do comum. O homem sobre a bancada tinha estatura mediana, cabelo ondulado com algumas áreas calvas, olhos azuis-claros, dentes bem conservados, algumas cicatrizes antigas, nenhum sinal de abuso de álcool ou drogas, pelos raspados no peito e na zona pubiana. De resto, estava em boa forma física, descontando o fato de estar morto.

Rose abriu a cabeça de Oswald com uma serra cirúrgica e se deparou com um cérebro completamente normal. Com exceção das entranhas diláceradas e do coração manuseado bruscamente pelos médicos que tentaram salvá-lo, os outros órgãos vitais pareciam normais. Até o intestino se manteve milagrosamente intacto. Por fim, Rose encerrou todos os órgãos extraídos do corpo em uma bolsa de plástico bege, do tamanho de uma sacola de mercado, e colocou-a dentro da cavidade abdominal do cadáver de Oswald antes de despachá-lo para a funerária onde seria preparado para o enterro, marcado já para o dia seguinte.

A necropsia levara menos de uma hora.

No Miller Funeral Home, em Fort Worth, o agente funerário e embalsamador Paul Groody não podia perder tempo. Com o pressentimento de que Oswald seria exumado um dia, preencheu o corpo com uma dose dupla de líquido embalsamador e o vestiu com roupas do estoque particular da funerária: cuecas samba-canção brancas decoradas com pequenos diamantes verdes, meias pretas, camisa clara, gravata preta e fina, e um terno marrom-escuro barato, cujas calças foram amarradas à cintura não por um cinto, mas por um elástico. Como era costume na época, o cadáver ficou descalço. A família pagou 48 dólares pelo traje de despedida.

O cabelo de Oswald foi lavado e penteado, os ferimentos visíveis foram disfarçados com maquiagem, e os olhos e lábios foram selados para sempre.

Groody pôs então dois anéis nos dedos do morto. Um deles era uma aliança de casamento; o outro, um anel menor, com uma pedra preciosa vermelha.

O corpo, que voltara a ter um aspecto apresentável, foi disposto em um caixão de pinho de 300 dólares com tampa curva. Então, depois de tirar fotos, reservar um túmulo e encomendar flores no valor de 25 dólares, um empregado de Groody datilografou uma fatura de 710 dólares, com vencimento para dez dias.

Ao enterro do suposto assassino — deliberadamente programado para o dia seguinte, por volta do mesmo horário do funeral do presidente, televisionado para todo o país, bem como da sóbria cerimônia fúnebre do policial J.D. Tippit, com o intuito de desencorajar manifestações públicas de luto — compareceram apenas a pequena família de Oswald, desamparada e traumatizada; um punhado de repórteres; e um pastor local que não conhecia Oswald, mas acreditava que nenhum homem merecia ser sepultado sem uma oração. Como não havia mais ninguém presente, seis repórteres foram recrutados de improviso para carregar o caixão barato de pinho até uma pequena e suja elevação no cemitério Rose Hill.

O discurso fúnebre do reverendo Louis Saunders foi extremamente breve, em parte porque outros dois pastores tinham se recusado, no último minuto, a oficiar o enterro por medo de serem eles próprios assassinados por um franco-atirador. O pastor citou passagens do Salmo 23 e de João 14, e acrescentou apenas: "A sra. Oswald me disse que seu filho, Lee Harvey, era um bom rapaz e que ela o amava. Não estamos aqui para julgar, apenas para sepultar Lee Harvey Oswald. E hoje, Senhor, entregamos o espírito dele à Vossa divina misericórdia".

A viúva, Marina Oswald Porter, com os olhos vermelhos e inchados de tanto chorar por três dias seguidos, aproximou-se do caixão fechado e sussurrou alguma coisa que ninguém conseguiu ouvir antes que o baixassem no úmido buraco de terra. Então, todos foram embora e o túmulo foi enterrado para sempre.

Contudo, a eternidade é para os poetas. Os teóricos da conspiração não têm tanta paciência.

• • •

Michael Eddowes não era nenhum escrevinhador de tabloide britânico ou um paranoico caçador de bruxas. Ao contrário, era um distinto e educado cavalheiro que jogara tênis em Wimbledon e críquete nas ligas secundárias da Grã-Bretanha. Formou-se na respeitável Uppingham School, mas abandonou seu sonho de estudar em Oxford para dar uma ajudinha no escritório de advocacia do pai, em Londres, que ia um pouco mal das pernas. Lá, tornou-se um advogado completo. Quando vendeu a empresa, em 1956, decidiu abrir uma cadeia de restaurantes de luxo e passou a cultivar seu interesse pelo design de carros esportivos.

Uma espécie de homem renascentista, a injustiça também o fascinava. Em 1955, Eddowes escreveu o livro *The Man on Your Conscience* (O homem em sua consciência, em tradução livre), que investigava o caso de um operário galês chamado Timothy Evans, enforcado em 1950 por assassinar a esposa e o filho ainda bebê. Provou que os promotores tinham ocultado provas em um processo cheio de falhas grosseiras. Categórico, sustentava que Evans não poderia ter sido o assassino... e estava certo. Um assassino em série que morava no andar de baixo do mesmo prédio logo confessaria o crime. Acredita-se que o trabalho de Eddowes tenha contribuído para a abolição da pena de morte na Inglaterra dez anos mais tarde.

Eddowes tinha 60 anos em 1963, ano em que John F. Kennedy foi assassinado nos Estados Unidos. Acabou se mudando para Dallas a fim de investigar a história de perto, e ficou intrigado com os boatos sobre a deserção de Oswald para a União Soviética após ter deixado a Marinha, em 1959.

Em 1975, editou e publicou por conta própria o livro *Khrushchev Killed Kennedy* (Khruschóv matou Kennedy, em tradução livre), no qual afirmava que o real assassino de Kennedy era um agente soviético, sósia de Oswald. Eddowes acreditava que o Departamento 13 da KGB — esquadrão responsável por operações de sabotagem e assassinato — tinha treinado um dublê de corpo chamado Alec para assumir a identidade de Oswald. Esse agente (e não Oswald, dizia Eddowes) conheceu a jovem Marina Prusakova em um baile em Minsk, casou-se com ela seis semanas depois e retornou para os EUA em 1962, com a nova esposa e a irmã desta, ainda bebê. "Alec" era tão idêntico a Oswald que teria sido capaz de enganar a própria mãe.

Sua missão: misturar-se, esperar o momento certo, matar o presidente e morrer no caos que se seguiria.

Provas da troca? Eddowes lista várias "inconsistências" específicas entre os registros médicos de Oswald oriundos do Corpo de Fuzileiros Navais e o laudo da necropsia.

Eddowes não estava sozinho em suas suspeitas. Por mais estranho que pareça, o diretor do FBI J. Edgar Hoover e outros funcionários do governo temiam, em 1960, que os russos pudessem tentar substituir o desertor Oswald por um mortífero impostor.

> Eddowes apostou pesado em sua tese. Sugeriu que o corpo de Oswald fosse exumado para provar que o homem enterrado no cemitério de Rose Hill em Fort Worth não era Oswald.

Em 1976, Eddowes publicou outro livro na Inglaterra, intitulado *Nov. 22: How They Killed Kennedy* (22 de novembro: Como eles mataram Kennedy, em tradução livre), que, ao ser lançado posteriormente nos EUA, ganharia o título de *The Oswald File* (Dossiê Oswald). Escolheu o momento certo: o Comitê da Câmara sobre Assassinatos tinha acabado de reavivar o interesse dos norte-americanos pelo assassinato de JFK.

Eddowes apostou pesado em sua tese. Sugeriu que o corpo de Oswald fosse exumado para provar que o homem enterrado no cemitério de Rose Hill em Fort Worth não era Oswald, mas seu dublê soviético Alec.

A jornada de Eddowes começou com o dr. Feliks Gwozdz, na época legista do Condado de Tarrant, no Texas, onde o corpo de Oswald estava enterrado. Gwozdz, no entanto, se recusou a desenterrar o cadáver. Eddowes entrou com uma ação para forçar a exumação, mas ela foi rapidamente indeferida.

Enquanto recorria da decisão, Eddowes abordou a dra. Linda Norton, legista-assistente em Dallas, sugerindo que o DML do Condado de Dallas retomasse sua jurisdição original sobre o corpo de Oswald.

Norton ficou intrigada. Depois de se reunir com seu chefe, o dr. Charles Petty, legista-chefe do condado, ela solicitou uma cópia dos registros médicos e odontológicos de Oswald às Forças Armadas. Esses registros seriam cruciais para qualquer identificação, porque datavam de antes da deserção de Oswald para a URSS e, portanto, continham dados autênticos sobre a identidade do "verdadeiro" Lee Harvey Oswald.

"Acredito que a exumação atende ao melhor interesse público", declarou a dra. Norton ao *Dallas Morning News*. "Se há uma pergunta e uma dúvida razoável que a ciência pode resolver, então esse é nosso trabalho."

Em outubro de 1979, o dr. Petty requisitou formalmente aos seus colegas de Fort Worth que exumassem o corpo e levassem os restos mortais para Dallas a fim de serem examinados. Eles vacilaram. O legista do Condado de Tarrant queria a aprovação do promotor de justiça e da viúva Marina Oswald antes de desenterrar o assassino.

Enquanto os dois legistas não chegavam a um acordo e a disputa se estendia pelo ano de 1980, aqueles que se opunham à ideia iam ganhando terreno. Alguns jornais publicaram editoriais indignados. A comunidade médico-legal resmungava. E G. Robert Blakey, ex-advogado-chefe do recém-dissolvido Comitê da Câmara sobre Assassinatos, dirigiu duras críticas à teoria de Eddowes.

"Eu li o livro dele. É puro lixo", disse Blakey. "É um questionamento que não tem o menor cabimento. O comitê investigou a fundo a tal da teoria dos dois Oswalds [...] não tem o menor cabimento."

Além disso, Earl Rose, o legista de Dallas encarregado da primeira necropsia do corpo Oswald, declarou à imprensa que tinha certeza de que o "verdadeiro" Oswald estava enterrado em Rose Hill, porque tinha comparado pessoalmente as impressões digitais.

Toda a confusão parecia prestes a se dissipar quando o Condado de Tarrant cedeu a jurisdição sobre o corpo ao DML de Dallas, em agosto de 1980. Mas, para espanto geral, o dr. Petty deu de ombros, dizendo que não via necessidade de desenterrar o cadáver.

Eddowes não se deixou desanimar. Prometendo pagar todas as despesas, convenceu Marina Oswald — que suspeitava que a sepultura estava vazia — a consentir uma necropsia particular feita pelo dr. Petty. Marina era assombrada por uma visita que recebera em 1964 de agentes do governo que lhe pediram para assinar uma pilha de papéis do cemitério sem qualquer explicação. Com um conhecimento apenas básico do inglês, Marina chegou a acreditar que os restos de seu falecido marido tinham sido profanados de alguma forma. Tinha uma mórbida suspeita de que o corpo havia sido secretamente removido da sepultura.

Porém, um novo obstáculo surgiu. A notícia da iminente exumação levou o irmão mais velho de Oswald, Robert, ex-fuzileiro naval, a entrar com uma liminar para impedir a remoção do corpo.

A rixa legal desconcertou as autoridades do Condado de Dallas. Temendo "publicidade negativa", proibiram que qualquer instalação do condado fosse utilizada para a necropsia.

Mesmo antes de o caminho estar liberado, pela via legal, para um possível ressurgimento de Oswald no mundo, a dra. Norton já havia sido escolhida como a patologista que chefiaria o procedimento de exumação devido à sua familiaridade com o caso. Ela montou uma pequena equipe, que incluía a mim e dois dos melhores odontolegistas do condado. Ela queria agir rapidamente quando a hora chegasse.

Eu já tinha trabalhado com a dra. Norton antes. Em 1972, depois de concluir meu período de serviço militar no Exército, eu me incorporei ao DML de Dallas sob as ordens da dra. Petty. Cordial e reservada, a dra. Petty havia discretamente construído um dos melhores departamentos médico-legais do país. Comecei como legista-assistente júnior, mas em poucos anos me tornei chefe-adjunto. Por lá trabalhei durante a maior parte do tempo que durou a polêmica envolvendo o corpo de Oswald e só saí em fevereiro de 1981, quando me tornei legista-chefe do Condado de Bexar, em San Antonio, no Texas. Assim, a dra. Norton me conhecia e confiava em minha capacidade.

A batalha nos tribunais sobre os restos de Oswald se arrastou por alguns meses depois que deixei Dallas, até que, em agosto de 1981, Marina, frustrada, processou o ex-cunhado Robert. Um mês depois, um tribunal do Texas decidiu que Robert não estava em posição de impedir a exumação do irmão, contrariamente aos desejos de Marina, e ele acabou retirando a objeção.

À meia-noite do dia 3 de outubro de 1981, a liminar de Robert expirou.

Horas depois, antes de o sol nascer, já estávamos diante da cova do suposto assassino. Naquela manhã excepcionalmente quente, desenterramos o cadáver de Lee Harvey Oswald — ou seja lá de quem fosse — só para ter certeza de que os EUA tinham sepultado o homem certo em 1963.

• • •

Ironicamente, quase ninguém havia prestado atenção quando Oswald foi para debaixo da terra, e agora uma multidão de repórteres se aglomerava em frente aos portões do cemitério, e alguns helicópteros da imprensa sobrevoavam seu túmulo feito moscas varejeiras conforme o tirávamos de lá.

Não que houvesse muitas dúvidas na época sobre a identidade do morto. Muito pelo contrário. O cadáver de Oswald teve as impressões digitais analisadas no necrotério, e as autoridades estavam convencidas de que o ex-fuzileiro naval que desertou para a URSS de 1959 a 1962, o empregado do depósito de livros, o atirador cuja impressão palmar fora encontrada no rifle do suposto assassino e em caixas perto do poleiro do atirador, o agressivo fugitivo detido no Texas Theater, e o suspeito mortalmente ferido por Jack Ruby, eram o mesmo homem: Lee Harvey Oswald.

E, quase dezoito anos depois, eu também não estava esperando nenhuma surpresa. Do ponto de vista médico-legal, sempre tive uma ideia ambivalente em relação ao assassinato de JFK. Era um simples caso de disparo de arma que se perdeu em um emaranhado de interesses alheios. Como em tantos casos históricos que viraram e continuam virando notícia, as pessoas prontamente acreditaram no que quiseram acreditar, e danem-se os fatos. Inicialmente, relutei em fazer parte da equipe responsável pela exumação, sabendo que nossas descobertas serviriam de mero combustível para a máquina conspiratória. Quaisquer perguntas que respondêssemos apenas gerariam novas perguntas.

Fazer uma segunda necropsia assim costuma ser um desperdício de tempo. Com muita frequência, não é motivada por novas provas, mas por lucro, curiosidade e lendas urbanas. Uma segunda necropsia do presidente Kennedy sem dúvida poderia ter respondido perguntas que a primeira, feita de maneira canhestra, deixou sem resposta, mas desenterrar o corpo de Oswald para amenizar o desconforto da viúva, bombardeada por especulações midiáticas, não fazia muito sentido do ponto de vista médico-legal.

Contudo, não era nenhum bicho de sete cabeças. Qualquer patologista forense — e quem sabe mesmo alguns *coroners* do interior — poderiam ter feito aquele trabalho, que prometia ser simples, algo que eu já fizera centenas de vezes: identificar um homem morto. As radiografias dentárias de que dispúnhamos, cedidas pelo Corpo de Fuzileiros Navais dos EUA, além de outros registros médicos aos quais tivemos acesso, seriam suficientes para confirmar, de uma forma ou de outra, se era Lee Harvey Oswald quem estava enterrado na sepultura de Lee Harvey Oswald.[1]

Mas fui engolido pela história. A simplicidade do desafio foi sobrepujada pelo papel significativo daquele indivíduo morto nos acontecimentos humanos. No final das contas, eu não podia resistir a dar uma última olhada naquele homem que — fosse quem fosse — mudou para sempre o curso da história.

• • •

A exumação propriamente dita levou muito mais tempo do que esperávamos.

Nosso plano inicial era simplesmente içar todo o túmulo de 1,2 tonelada, reforçado com aço, para fora da cova e abri-lo em outro lugar, mas o túmulo — que, segundo prometeram, duraria para sempre — tinha várias rachaduras por onde a água se infiltrava. O caixão, em seu interior, além de meio podre, estava quebradiço e coberto de nódoas e mofo. As alças de metal estavam bastante corroídas. Um pedaço da tampa tinha cedido, e a fenda que se abria já deixava entrever que vazio, pelo menos, o túmulo não estava.

---

1   Em 1981, ainda não dispúnhamos de bancos de perfis genéticos.
     Se tivéssemos podido usá-los, a tarefa seria ainda mais fácil.
     Mas estávamos limitados nesse caso às ferramentas pré-DNA,
        como comparações dentárias e outras técnicas de identificação médico-legal. [NA]

De nada adiantavam planos bem elaborados e garantias eternas. Rapidamente, os coveiros escavaram uma vala paralela ao túmulo defeituoso, que seria em seguida removido de modo que pudessem deslizar o caixão arruinado com todo o cuidado para cima de uma plataforma de madeira instalada de improviso dentro da vala. No fim, uma operação que deveria ter levado menos de uma hora se alongou por quase três.

E, nesse meio-tempo, uma multidão de repórteres e curiosos havia se juntado ao nosso redor. O cemitério estava abarrotado, e a situação fugia um pouco do controle. Eu estava nervoso. Tínhamos de retirar o caixão de lá o mais rápido possível e iniciar nosso trabalho em segurança.

Então, com todo o cuidado para não deixar o cadáver tombar sobre o gramado do cemitério, diante de uma centena de ávidas câmeras de TV, o caixão foi extraído da terra bolorenta e transferido para um carro fúnebre que já estava à espera. A equipe de exumação e os observadores oficiais — um grupo que incluía Marina Oswald, Michael Eddowes, um fotógrafo contratado, os agentes funerários que fizeram o enterro, além de quatro advogados representando Marina, Eddowes, Robert e o cemitério de Rose Hill — seguiram em comboio para o local da necropsia, em carros particulares.

> O cemitério estava abarrotado, e a situação fugia um pouco do controle. Eu estava nervoso. Tínhamos de retirar o caixão de lá o mais rápido possível e iniciar nosso trabalho em segurança.

Pela imprensa já corriam rumores de que a segunda necropsia seria realizada no Instituto de Ciências Forenses de Dallas (DIFS, na sigla em inglês). Era uma conclusão lógica, visto que Marina havia publicamente insistido que o corpo do falecido marido não deixasse a área de Dallas-Fort Worth, e o DIFS — meu antigo serviço, que abrigava o DML da cidade e do Condado de Dallas — era um necrotério de primeira classe, especialmente equipado para esse tipo de trabalho.

No entanto, o que o público não sabia era que as autoridades do condado haviam se recusado a receber o cadáver de Oswald no DIFS. Precisávamos arranjar um novo local onde conduzir a necropsia, e, dentro da região metropolitana, as opções eram poucas.

Além disso, precisávamos de instalações bem seguras. Marina receava o vazamento não autorizado de fotos bizarras do falecido marido, como havia ocorrido após sua necropsia em 1963. Tínhamos de ter controle sobre quem entrava e saía, e o que podiam fazer.

Para nossa sorte, a sala de necropsia do Centro Médico da Universidade Baylor preenchia todos os requisitos. Dispunha de toda a estrutura e os equipamentos de que precisávamos, e, o mais importante, só era possível acessá-la por uma única porta. Em dado momento, uma dúzia de pessoas — a maioria delas simples observadores — se espremeria dentro do minúsculo laboratório.

Assim, enquanto nosso lúgubre cortejo cruzava os portões do cemitério de Rose Hill, um carro funerário seguia velozmente para o leste, em direção a Dallas. Era só um chamariz, e deu certo. O tropel midiático percorreu 32 km até o DIFS, onde ficaram aguardando a nossa chegada. Enquanto isso, acompanhados em segredo de um segundo carro funerário, pegamos um desvio e seguimos praticamente incógnitos rumo ao hospital de Baylor.

Chegando lá, o caixão — recoberto de papelão — foi levado em uma maca para o subsolo, e então atravessou um labirinto de corredores e passagens estreitas até chegar ao morgue improvisado. Serventes do hospital o empurraram até a extremidade oposta da apertada sala, onde já tínhamos nos preparado para a necropsia. Se tudo corresse conforme o planejado, não levaríamos muito tempo para verificar se o corpo que havíamos desenterrado pertencia a Lee Harvey Oswald ou a outra pessoa.

A cabeça do cadáver era tudo de que precisávamos.

• • •

Sempre odiei o cheiro dos corpos em decomposição. Talvez fosse uma falha profissional ou quem sabe apenas uma reação humana natural, mas o fato é que nunca cheguei a me habituar àquele odor a ponto de deixar de notá-lo. Felizmente, um grave desvio de septo tinha embotado meu sentido do olfato durante a maior parte de minha carreira. Há males que vêm para o bem.

Quando levantamos a tampa do caixão, provavelmente danificada durante a remoção do túmulo, ela se soltou toda em nossas mãos. O cheiro de terra bolorenta, madeira mofada e carne podre emanou da caixa em uma nuvem invisível. Nós, legistas, não podíamos ignorá-lo; os outros, entretanto, recuaram e cobriram o nariz na mesma hora.

O interior do caixão estava uma bagunça. As laterais, que tinham pouco menos de 3 cm de espessura, estavam úmidas e esponjosas. Parte do forro de tecido soltara-se da tampa, cobrindo o cadáver. Removemos cuidadosamente o forro mofado e despedaçado, e lá estava ele, estirado sobre uma esteira podre de palha.

Finalmente, estávamos cara a cara com o que sobrara do homem enterrado na sepultura de Lee Harvey Oswald, ou pelo menos daquilo que mais parecia uma massa escura e pastosa em forma de homem vestida com um terno marrom barato.

Não usava sapatos e seus pés já estavam parcialmente descarnados. Os músculos das pernas já tinham se desfeito há muito tempo, e uma fina camada de pele enrugada circundava os ossos secos.

As mãos, também descarnadas, estavam candidamente cruzadas sobre o ventre em uma clássica pose fúnebre. No dedo mindinho esquerdo, dois anéis se sobressaíram em meio àquela massa fétida e putrefata: uma aliança de ouro e outro anel menor, de rubi. Marina confirmou que, nos idos de 1963, pedira à casa funerária que os colocasse na mão do marido.

Paul Groody, que embalsamara Oswald em primeiro lugar, também participava da necropsia, servindo como um elo crucial entre o enterro original e a exumação. Ele espiou dentro do caixão e examinou o cadáver da cabeça aos pés, embora fosse impossível identificar seu rosto. Depois de alguns segundos, o sexagenário Groody declarou que aquele era o homem que cuidadosamente havia embalsamado dezoito anos antes, e então saiu. Não tinha ficado nem um minuto na sala.[2]

Era a hora de começar o trabalho sujo.

Primeiro, tiramos os anéis do dedo do morto e os entregamos a Marina, que acompanhava tudo de perto. A presença dela era atípica: em geral, viúvas não compareciam às exumações e necropsias dos maridos mortos, mas ela não se mostrava abalada pela natureza macabra do momento. Enquanto trabalhávamos, ela circulava entre os espectadores, falando baixinho, e em nenhum momento perdeu a compostura. Talvez as circunstâncias degradantes de sua criação na Rússia do pós-guerra a tivessem blindado contra as bizarrices da morte ou quem sabe ela tenha endurecido como resultado dos violentos reveses em sua vida pessoal após o assassinato. Não faço ideia. Sei que eu a enxergava como uma verdadeira sobrevivente.

Além de mim, outros três legistas circundavam o caixão. Abri com delicadeza a lapela do paletó, expondo a carne por baixo — ou o que sobrara dela. A pele se desfizera quase toda, substituída pela cera cadavérica. As costelas

---

[2] Alguns dias mais tarde, Paul Groody se recordaria de não ter visto nenhuma incisão de craniotomia na cabeça do cadáver, acrescentando um pitoresco capítulo à saga conspiratória de JFK. Como Groody sabia que o cérebro de Oswald fora removido, concluiu, de repente, que tinha embalsamado outra pessoa. Declarou a repórteres que figuras sinistras deviam ter desenterrado o corpo desconhecido do túmulo e trocado sua cabeça pela cabeça real de Oswald, de modo que os dentes coincidissem caso o corpo fosse exumado. Mas, como nossa necropsia mostrou, Groody estava errado. Nosso relatório observou que a coluna cervical do cadáver estava intacta, o que descartava a hipótese de decapitação, e que a calota craniana tinha sido claramente removida com uma serra cirúrgica, embora o corte tivesse sido camuflado por "tecido mole mumificado". No entanto, Groody continuou insistindo até sua morte, em 2010, que o homem que ele embalsamou não era Lee Harvey Oswald. [NA]

se tornaram tão frágeis que se esfarelavam ao menor toque. Era praticamente impossível identificar o ferimento fatal.

Quase toda a carne do abdome havia se desintegrado, evidenciando o enchimento usado no processo de embalsamento para criar a ilusão de um tronco saudável durante o funeral. A bolsa bege que antes abrigava os órgãos vitais agora continha apenas uma pasta coagulada e amarronzada no fundo.

O corpo e a roupa não mostravam sinais de deterioração, embora apresentassem manchas de mofo de cores variadas em certas partes. Não encontramos larvas de moscas ou insetos rastejantes, e o corpo em si se mantinha unido basicamente por uma fina camada de carne seca e decomposta.

De acordo com o laudo necroscópico de 1963, Lee Harvey Oswald media 1,75 m, embora dois diferentes registros da Marinha lhe atribuíssem 1,80 m de altura (discrepância que Eddowes também mencionou em apoio à sua tese conspiratória de que Oswald era, na verdade, dois homens diferentes). Assim, dobramos a calça do cadáver para cima e medimos a tíbia direita, um osso da parte inferior da perna que está intimamente ligado à altura de um ser humano durante a vida. O osso media mais ou menos 38 cm de comprimento, o que sugeria que aquele homem tinha aproximadamente 1,74 m de altura. Isso não provava que estávamos diante do homem certo, mas também não provava o contrário.

No fim, não tiramos o cadáver do caixão; tampouco chegamos a virá-lo. Estava deteriorado demais para suportar qualquer manuseio, e Marina nos pedira que não lhe causássemos nenhum dano que não fosse absolutamente necessário para identificá-lo. De qualquer forma, não seria o corpo que nos daria a resposta que estávamos procurando.

Só precisávamos da cabeça.

Nosso plano era radiografar, fotografar e criar moldes de gesso dos dentes do cadáver para comparar com os dois conjuntos de radiografias dentárias que Oswald tinha realizado na época em que serviu na Marinha. Consta que o primeiro conjunto teria sido realizado quando Oswald se apresentou ao posto de recrutamento do Corpo de Fuzileiros Navais em San Diego, no dia 25 de outubro de 1956; e o segundo durante uma bateria de exames militares de rotina, em 27 de março de 1958.

Esses dois conjuntos de exames batiam um com o outro. Então, se nossas radiografias se alinhassem com eles, saberíamos que aquele era o verdadeiro Lee Harvey Oswald, certo?

Não necessariamente. Primeiro, era preciso determinar se os registros dentários da Marinha eram autênticos e se diversas incoerências óbvias encontradas nos prontuários médicos de Oswald podiam ser explicadas. Por exemplo, os dentistas da Marinha registraram que Oswald tinha perdido um dos molares direitos — mas, na verdade, o dente nunca chegara a crescer e permanecia escondido na mandíbula, fora do campo de visão ordinário da radiografia. Em outro caso, as anotações do dentista apenas indicavam uma obturação no dente errado. Infelizmente, tais erros de registro eram comuns nas Forças Armadas, onde um soldado podia ser atendido por um grande número de médicos sem nunca chegar a ter um histórico com nenhum deles.

Nossa equipe — que incluía Irvin Sopher e James Cottone, peritos odontolegais de reconhecida competência — analisou os registros da Marinha e chegou à conclusão de que os lapsos relativamente secundários podiam ser explicados com facilidade, e que as radiografias eram autênticas.

Agora vinha a parte complicada.

Embora pudéssemos ver os dentes e a mandíbula, a dra. Linda Norton já tinha decidido que não seria possível realizar as radiografias sem remover a cabeça, que estava coberta tanto com porções de carne embalsamada como de cera cadavérica. Os sulcos na testa certamente pertenciam a um indivíduo do sexo masculino. A *calvária* — aquele osso cranial abobadado, às vezes chamado de calota craniana — estava quase inteiramente livre de qualquer tecido mole, exceto por uma porção de couro cabeludo de onde se elevava um topete de cabelos pretos acastanhados, com uns 10 cm de comprimento, que ainda se agarrava teimosamente à parte direita da linha frontal dos cabelos.

Com um bisturi, cortei vários músculos apodrecidos e tendões ressecados no pescoço enrugado e separei o crânio da coluna no segundo espaço intercervical, a parte superior do pescoço. Com um esforço mínimo, isolei a cabeça da espinha dorsal.

Cortamos o fio que o embalsamador instalou na boca do cadáver para mantê-la fechada durante o funeral, e a mandíbula se soltou em minha mão. Enquanto Sopher e Cottone removiam o tecido velho com água quente e um escovão, eu examinava o crânio mais detidamente.

Dava para ver com clareza onde o dr. Rose tinha aberto o crânio com a serra cirúrgica, mas o tecido embalsamado mantinha a calota craniana firmemente no lugar, feito cola. Decidimos que não cortaríamos ou abriríamos o crânio à força para olhar dentro, ainda mais com Marina ali perto. Não provaria nada. Estava vazio.

Porém, aquele crânio incorpóreo continha as chaves para outros mistérios.

• • •

Em fevereiro de 1946, quando Lee Harvey Oswald tinha 6 anos de idade, sua mãe o levou para o Harris Hospital, em Fort Worth, com uma dolorosa e persistente dor de ouvido. Diagnosticaram-no com "mastoidite aguda", uma severa infecção de ouvido que se espalhara para o processo mastoide, uma saliência óssea localizada bem atrás da orelha esquerda. A penicilina, o novo antibiótico dos tempos de guerra, ainda não era usada em larga escala nos hospitais civis. Assim, a única forma de resolver o problema era fazer uma incisão na pele atrás da orelha da criança e então abrir um buraco no osso do tamanho de uma borracha para remover o pus.

Os tratamentos para infecção de ouvido naquela época pareceriam sessões de tortura hoje em dia. Eu mesmo, quando criança, nos anos 1940, tive uma severa infecção no ouvido médio que foi acumulando pus de forma lenta e dolorosa. Meus pais não me levaram ao hospital. Em vez disso, meu tio se sentou em cima de mim para me imobilizar enquanto meu pai, médico, perfurava meu tímpano com uma agulha. Senti uma dor infernal por alguns segundos, mas nada comparado a um ouvido latejando cheio de pus.

A cirurgia de Oswald foi muito mais tranquila, e ele deixou o hospital quatro dias depois com uma cicatriz de 8 cm atrás da orelha esquerda. Na escola secundária, dizia que tinha um tímpano anormal, mas, quando entrou para o Corpo de Fuzileiros, em 1956, com 17 anos, seu exame físico não apontou nenhum outro defeito além da cicatriz. A cicatriz foi registrada novamente em 1959, quando Oswald deixou a Marinha.

Entretanto, não havia menção à cicatriz no laudo de necropsia de 1963. O dr. Earl Rose listou várias cicatrizes menores, porém nenhuma atrás de sua orelha. Anos depois, o jornalista britânico Michael Eddowes pegaria o que poderia ter sido uma omissão normal, e até compreensível, em uma necropsia sem nada de especial, e a transformaria em prova irrefutável no assassinato do milênio. No homicídio mais analisado da história, aquela pequena cicatriz se converteu em um grande ponto interrogação: se um legista veterano não havia notado uma cicatriz de 8 cm na necropsia de Lee Harvey Oswald, seria possível que um impostor — sem cicatriz — tivesse matado John Kennedy e sido liquidado por Jack Ruby em uma trama de proporções maquiavélicas?

Bem, teorias da conspiração sempre parecem mais verossímeis nos livros e nos filmes do que na vida real.

Enquanto examinávamos o crânio, o pequeno buraco no processo mastoide esquerdo saltou à nossa vista. As bordas, arredondadas e lisas, só poderiam ter sido feitas por mãos humanas. Era um velho ferimento, já totalmente cicatrizado, que não poderia ser imitado. Aquele homem morto e Lee Harvey Oswald tinham ambos sido submetidos a uma mastoidectomia em um passado distante.

Portanto, a cicatriz era outro forte traço distintivo, ainda que muitas crianças da era pós-Segunda Guerra Mundial também a tivessem. Mais uma vez, as evidências não excluíam a possibilidade de que a cabeça em nossas mãos pertencesse de fato a Lee Harvey Oswald.

E a prova derradeira viria da própria boca do morto.

• • •

Paul Revere foi o primeiro perito odontolegal dos EUA.

O homem que representava a quintessência do patriotismo norte-americano não era apenas um mestre em trabalhar artefatos de prata, mas também um dentista amador que forjava dentaduras incrivelmente funcionais a partir de dentes de animais, e, usando fios metálicos, prendia-os dentro das bocas desdentadas de cidadãos bostonianos. Quando a Guerra de Independência eclodiu, em 1776, um amigo de Revere, o dr. Joseph Warren, foi alvejado no rosto por uma bala de mosquete durante a Batalha de Bunker Hill e não pôde ser identificado. Meses depois de o doutor ser enterrado em uma vala comum com outros 114 rebeldes, seus irmãos ainda buscavam por ele. Mas qual daqueles cadáveres em decomposição era Warren?

Revere conseguiu identificar o corpo do amigo graças a uma dentadura de marfim que ele tinha fabricado exclusivamente para Warren um ano antes a partir das presas de um hipopótamo. Warren ganhou um funeral de herói e nascia assim a odontologia legal nos EUA.

A odontologia legal contribuiu decisivamente
para confirmar que os rumores de que
Adolf Hitler havia sobrevivido eram exagerados.

Duzentos anos mais tarde, a especialidade estava bem amadurecida e era um ramo indispensável das ciências forenses. Como são mais resistentes à destruição e à deterioração que os ossos ou a carne, e costumam apresentar características únicas, os dentes podem ajudar a identificar pessoas de forma confiável mesmo em circunstâncias difíceis. Em resumo, odontolegistas identificam os mortos por meio dos dentes e, no caso de marcas de mordida, às vezes conseguem dizer quem (ou o quê) infligiu a mordida.

A odontologia legal contribuiu decisivamente para confirmar que os rumores de que Adolf Hitler havia sobrevivido eram exagerados; para provar que o assassino em série Ted Bundy tinha mordido uma de suas vítimas; e para identificar vítimas de grandes desastres, como o atentado terrorista de 11 de Setembro de 2001, que derrubou o World Trade Center, o incêndio na sede do Ramo Davidiano, em Waco, e o acidente com o voo 66 da Eastern Airlines, que caiu no aeroporto JFK, em Nova York, causando a morte de 113 pessoas — a maior catástrofe que meu pai presenciou durante sua carreira como legista-chefe de NY.

Agora nós a usaríamos para determinar se o homem enterrado na sepultura do célebre assassino Lee Harvey Oswald era de fato ele mesmo.

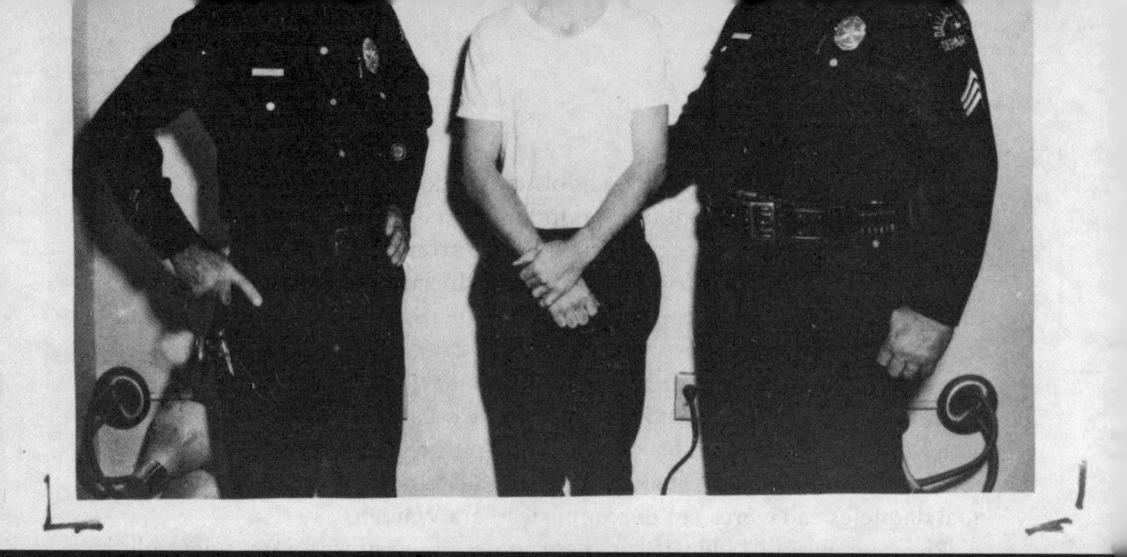

Lee Harvey Oswald no dia de sua prisão, em 23 de novembro de 1963.
(DALLAS POLICE DEPARTMENT/DALLAS MUNICIPAL ARCHIVES/MCT)

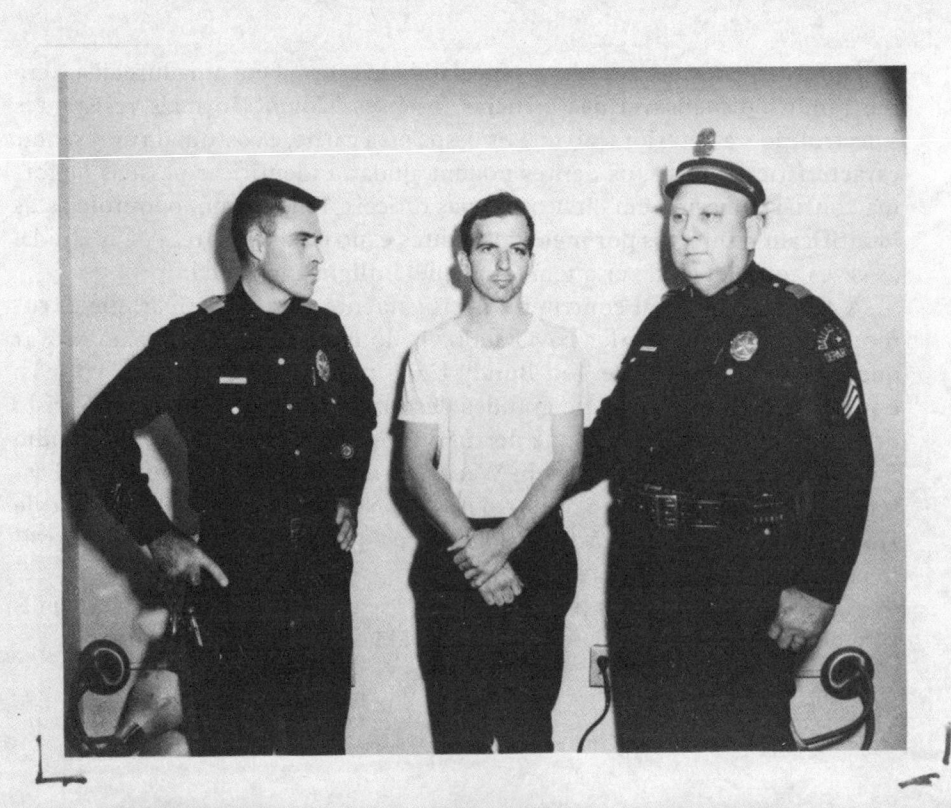

Porém, não seria a primeira vez que a disciplina ajudaria a identificar os restos do assassino de um presidente.

Depois de atirar no presidente Lincoln, em 14 de abril de 1865, John Wilkes Booth foi encontrado em uma fazenda da Virgínia, onde foi morto por soldados norte-americanos — embora, tal como ocorreria com Oswald, teóricos da conspiração do século XIX afirmaram que quem morreu naquela noite não foi Booth, mas um sósia. No entanto, o próprio dentista de Booth confirmou que o homem morto era seu paciente depois de abrir a boca do cadáver e reconhecer o formato característico da mandíbula e duas obturações de ouro feitas recentemente.

Em 1869, o corpo foi desenterrado de uma cova sem identificação em uma base militar de Washington e devolvido à família. Naquela época, o irmão de Booth fez um exame detalhado do corpo — sem deixar escapar "uma peculiar obturação no dente" — e declarou à impressa que aquele era sem dúvida John Wilkes Booth.

Booth foi sepultado no lote de sua família no cemitério de Baltimore, mas os teóricos da conspiração não se deram por satisfeitos. Até hoje, muitas pessoas acreditam que Booth escapou da justiça e, depois de morrer sem um tostão em um hotel de Oklahoma, teve o corpo embalsamado e se tornou uma famigerada múmia exibida por décadas como atração secundária de circos e parques de diversões. Fosse quem fosse o homem enterrado na sepultura de Lee Harvey Oswald, nós sabíamos que as teorias da conspiração nunca teriam fim. Apenas mudariam de forma.

Booth foi sepultado no lote de sua família no cemitério de Baltimore, mas os teóricos da conspiração não se deram por satisfeitos.

Por sorte, contávamos com dois excelentes "profissionais do dente" em nossa equipe. O dr. Irvin Sopher, meu ex-colega de Baltimore, agora legista-chefe de West Virginia, era, além de médico, dentista e autor de um conceituadíssimo livro sobre odontologia legal. Já o dr. James Cottone era dentista aposentado da Marinha e chefiava o departamento de odontologia legal do Centro de Ciências da Saúde da Universidade do Texas, em San Antonio (e, mais tarde, trabalharia por nove anos identificando restos de soldados mortos em laboratórios forenses no Havaí, como parte de uma força-tarefa do Departamento de Defesa encarregada de prestar contas sobre prisioneiros e desaparecidos de guerra).

A boca humana é cheia de traços únicos. Nossa dentição, normalmente composta de 32 dentes, possui cinco superfícies distintas, todas com características naturais bem definidas, como depressões, fendas, protuberâncias e faces exteriores. Os dentes podem crescer oblíquos ou rotacionar levemente dentro dos alvéolos. Ao longo da vida, somam-se outros danos, e os dentistas deixam vestígios claros sempre que arrancam, perfuram, preenchem e endireitam um dente. Os dentistas forenses podem ver semelhanças reveladoras entre fragmentos de dentes, bem como entre mandíbulas inteiras.

Equipamos o laboratório de Baylor com tudo de que precisávamos para fazer moldes das mandíbulas, fotografá-las, e depois produzir e revelar filmes de raios X que seriam comparados com as imagens fornecidas pela Marinha.

Sopher e Cottone mergulharam de cabeça no trabalho. Notaram imediatamente diversos traços incomuns e singulares na dentição do cadáver.

Em primeiro lugar, os dentes não se alinhavam. Estavam quase todos tortos. Ele tinha uma "mordida cruzada bilateral", um tipo relativamente raro de desalinhamento nos dentes anteriores e posteriores que costuma afetar menos de três em cada cem pessoas.

Em segundo lugar, os dois dentes frontais da arcada superior estavam ligeiramente afastados um do outro em relação ao eixo de rotação, em vez de posicionados propriamente lado a lado, como as tábuas de uma cerca.

Em terceiro lugar, a superfície frontal do canino superior direito apresentava uma cúspide saliente conhecida como "tubérculo de Carabelli", uma anomalia dentária pouco frequente na população em geral.

Os dois "detetives do dente" fizeram um registro cuidadoso de cada um dos 31 dentes do morto (um deles havia sido extraído). Quando compararam as imagens de raios X do cadáver com as chapas radiográficas das Forças Armadas, encontraram pelo menos três dentes e obturações idênticos, e outros quatro dentes muito semelhantes.

Aquele homem não era nenhum substituto soviético nem mesmo um irmão gêmeo maligno.

"Com base na compatibilidade entre o mapeamento dental, as chapas radiográficas e os registros odontológicos, e à falta de quaisquer elementos inexplicáveis ou inconsistentes", os odontolegistas concluíram com toda segurança que os restos mortais em questão pertenciam de maneira inegável a Lee Oswald.

• • •

A necropsia inteira tinha durado menos de cinco horas, mas demandou mais de seis anos de preparação. A dra. Linda Norton deu então uma breve e enfática declaração à imprensa. Dirigindo-se a uma mixórdia de repórteres reunidos no local, disse: "Eu e minha equipe concluímos, de forma independente, sem nenhuma margem para dúvidas, e digo *nenhuma* mesmo, que o indivíduo enterrado sob o nome de Lee Harvey Oswald no cemitério de Rose Hill é de fato Lee Harvey Oswald".

Nesse instante, os restos de Oswald eram rearranjados em um novo caixão de aço de 20 mm de bitola, cujo preço excedia em 800 dólares o custo total do funeral de 1963. Eddowes pagou a conta de 1.500 dólares pelo novo enterro, além de uma soma considerável para cobrir as despesas da exumação. Era justo.

Marina flutuava. Havia tirado um grande peso das costas. No dia seguinte, declarou ao repórter de um jornal que a confirmação dos restos do falecido marido serviria como um "remédio purificador".

"Estou andando por aí com um sorriso no rosto", disse. "É como se livrar de uma doença."

A confirmação também sinalizava o início de uma nova vida.

"Agora tenho minhas respostas", declarou a outro repórter, "e de agora em diante quero ser apenas a sra. Porter." (Marina, após a morte de Oswald, casou-se com um texano chamado Kenneth Porter.)

A princípio, Eddowes admitiu publicamente seu grande equívoco, mas não tardou a elaborar uma nova explicação, ampliando exponencialmente a teoria conspiratória: segundo ele, a KGB tinha ajudado o dentista de Oswald a trocar os registros odontológicos de Lee pelos de Alec. Porém, ninguém dava mais ouvidos a Eddowes. Era tido como um dos mais pirados dentre todos os lunáticos obcecados pela morte de JFK. Ele morreu em 1992, e, ao que parece, quaisquer outras coisas admiráveis que tenha feito em vida morreram junto com ele quando confirmamos que Lee Harvey Oswald estava exatamente onde havia sido plantado.

• • •

De volta à sala de necropsia, antes que o novo caixão de Oswald fosse fechado e devolvido para a terra úmida de Rose Hill, Marina dava à dra. Norton, como forma de gratidão, um estranho presente: o anel de rubi que tínhamos retirado poucas horas antes do dedo mindinho do cadáver. Era sua forma de agradecer pelo trabalho da equipe.

Linda Norton, contudo, estava visivelmente constrangida com aquela mórbida recompensa. Tão logo Marina saiu da sala, ela deslizou discretamente o anel para minha mão. Não o queria.

Nem eu. Por mais bem-intencionado que fosse o presente, era uma sórdida recordação de uma tarefa funesta e de uma história ainda mais funesta. Eu desejava que aquele anel... Oswald... Kennedy... as más lembranças... que toda aquela confusão infernal fosse enterrada de uma vez por todas.

Assim, pouco antes de selarem o caixão de Lee Harvey Oswald para sempre pela segunda vez, joguei o anel lá dentro e, na escuridão da noite, dirigi de volta para minha casa em San Antonio.

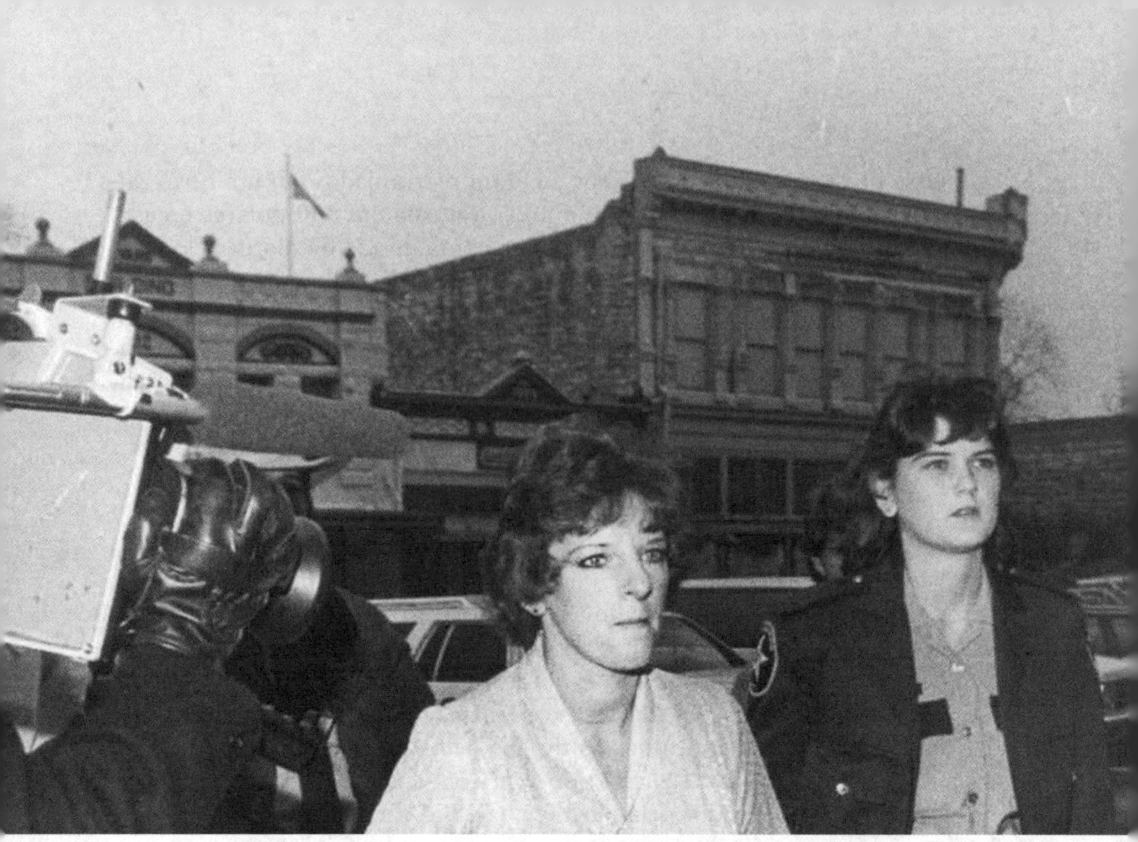

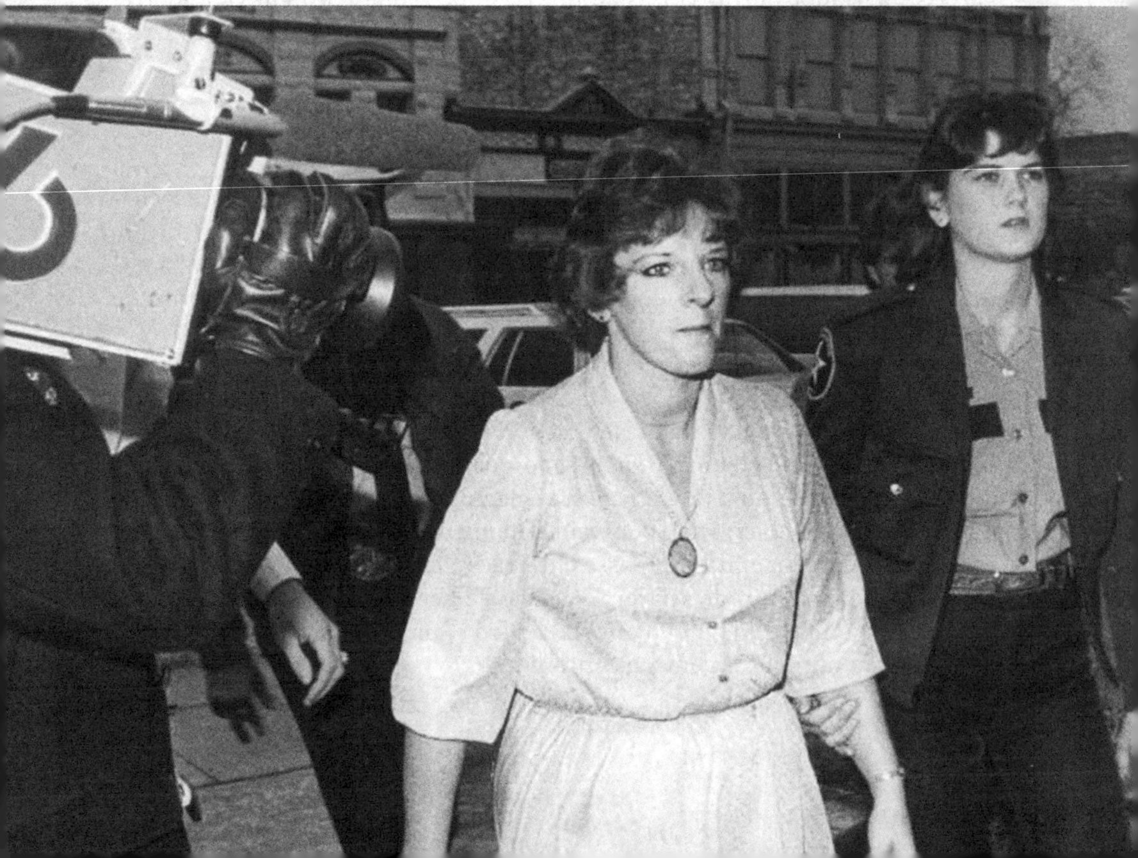

CAP. 6

O SEGREDO DOS CORPOS
DR. VINCENT DI MAIO E RON FRANSCELL

MONSTROS
OS **MONSTROS** ENTRE NÓS

Genene Jones chega à corte em
Georgetown, em 16 de janeiro de 1984.
(ALAMY/EXPRESS-NEWS FILE)

Em 5 mil anos, as pessoas não mudaram. Ainda são movidas por dinheiro, sexo e poder. Algumas são pura e inexplicavelmente más, outras são pura e inexplicavelmente boas. O resto vai flutuando como folhas em um rio, esbarrando no bem e no mal durante toda a travessia até o mar. Eu ainda fico chocado com pessoas que se recusam a acreditar em monstros. Não percebem que há gente aí fora capaz de cortar a garganta de alguém só para ver se a faca está afiada?

KERRVILLE, TEXAS
TERÇA-FEIRA, 24 DE AGOSTO DE 1982

Muitas mães em Kerrville ficaram empolgadas quando a nova clínica pediátrica abriu na Water Street, a apenas um quarteirão da Main Street e a uma curtíssima distância do rio Guadalupe. Melhor ainda, a médica responsável era uma mulher, a dra. Kathy Holland. A enfermeira dela, Genene Jones, era um achado, recrutada da UTI de um hospital pediátrico em San Antonio. Até agora, havia um único pediatra local com limitada disponibilidade para consultas, e qualquer problema mais sério de saúde requeria uma viagem de uma hora até a cidade grande.

Com toda certeza, para Petti McClellan, a nova clínica foi um presente de Deus. A mulher morava em um terreno rural na parte oeste da cidade, onde dividia um trailer com o marido e três filhos.

A caçula, Chelsea, de 14 meses, nascera prematura, com os pulmões subdesenvolvidos. Por isso, ainda recém-nascida, precisou batalhar pela vida: depois de enfrentar a dura viagem de Kerrville até o hospital de San Antonio, ficou internada na UTI pediátrica do estabelecimento por três semanas. Meses mais tarde, foi levada às pressas para o mesmo hospital depois que parou de respirar e apresentou sinais de cianose. Após cinco dias de exames, os médicos não detectaram sintomas claros de problemas respiratórios e a liberaram. De volta para a casa, teve alguns espasmos pulmonares leves, com episódios de respiração irregular, e o costumeiro nariz entupido que acomete os bebês. Não era nada que exigisse internação, mas, devido aos atemorizantes dias que sucederam o nascimento de Chelsea, bastava uma respiração incerta, um soluço ou uma noite silenciosa para que Petti ficasse nervosa.

Petti era secretária e seu marido trabalhava como guarda-fios na cooperativa de energia elétrica local, portanto não dispunham de tempo nem de recursos para levar a filha a consultas médicas periódicas em San Antonio, já que as viagens eram caras e tomavam a maior parte do dia. A nova clínica era uma bênção para eles.

Na manhã do segundo dia de funcionamento da clínica, Petti McClellan ligou a fim de marcar uma consulta para Chelsea, que estava resfriada. As duas chegaram por volta das 13h, e a dra. Holland conduziu-as direto para o consultório no intuito de pegar o histórico médico de Chelsea.

Enquanto conversavam, a menininha de cabelos loiros e olhos azuis se agitava no colo da mãe e agarrava qualquer coisa solta na mesa da médica. Então, a alegre e sorridente enfermeira Genene ofereceu-se para levar Chelsea para a sala de tratamento, onde ela poderia ficar brincando com uma bola. Tomou a criança no colo e saiu.

Minutos depois, a dra. Holland ouviu a voz de Genene no fundo do corredor: *Não durma, neném. Chelsea, acorde!*

Dentro de instantes, a enfermeira chamou do corredor: "Dra. Holland, pode dar um pulo aqui?".

Chelsea estava desfalecida sobre a mesa de exame, enquanto Genene se apressava a colocar uma máscara de oxigênio em seu pequenino rosto. As duas estavam brincando, disse a enfermeira, quando Chelsea simplesmente tombou inconsciente. Ela não estava respirando, e a pele em volta dos lábios começou a ficar azulada. Enquanto a dra. Holland inseria um tubo intravenoso no couro cabeludo do bebê, seu pequenino corpo começou a convulsionar de repente. A médica pediu um anticonvulsivante e depois saiu correndo do consultório para pedir a uns carpinteiros que trabalhavam no edifício que chamassem uma ambulância.

Ao voltar, contou a Petti que Chelsea teve uma convulsão. A mulher correu para a sala de tratamento e se deparou com o bebê estendido sobre a mesa, completamente imóvel. A ambulância chegou, e Genene acompanhou a criança até o pronto-socorro do hospital de Kerrville, que ficava a dois minutos dali. Quando chegaram, Chelsea já tinha voltado a respirar por conta própria.

> Chelsea estava desfalecida sobre a mesa de exame, enquanto Genene se apressava a colocar uma máscara de oxigênio em seu pequenino rosto.

Depois de dez dias de exames na UTI, os médicos não encontraram nada que explicasse os espasmos pulmonares e convulsões de Chelsea, porém a menina recobrou energia depressa enquanto estava no hospital. Muito agradecidos, os McClellan acreditaram que a médica e a enfermeira tinham salvado a vida de sua filhinha, e disseram a todos os pais que conheciam que levassem os filhos à nova clínica pediátrica.

Assim, quando o irmão de Chelsea, de 3 anos, pegou uma gripe algumas semanas depois, Petti teve prazer em levá-lo ao consultório da fabulosa dra. Holland, que insistiu que a mulher levasse também Chelsea para um exame de rotina. A menina andava bem mais alegrinha desde o episódio traumático pelo qual passara no mês anterior, mas não faria mal deixar que a pediatra desse uma olhada nela, pensou Petti.

Petti e seus dois filhos chegaram para a primeira consulta no dia 17 de setembro, por volta das 10h30. Enquanto Cameron, meio doentinho, permanecia sentado e quieto, Chelsea, toda feliz com seu vestidinho de algodão com detalhes em renda, dava risadinhas e corria animada de uma ponta a outra do corredor. Depois de um exame rápido na garotinha, ainda na sala de espera, a dra.

Holland recomendou ministrar duas vacinas de rotina, uma contra sarampo, caxumba e rubéola, e outra contra difteria e tétano — doenças comuns em crianças pequenas. A pediatra sugeriu à mãe que não acompanhasse o procedimento, para que não ficasse aflita com as injeções, mas Petti se tornara muito protetora. Fazia questão de segurar a filha; assim poderia consolá-la se sentisse dor ou medo.

Na sala de tratamento, a risonha enfermeira começou a encher as seringas.

Enquanto Petti segurava a filha no colo, Genene inseriu a primeira agulha na rechonchuda coxa esquerda da criança. Segundos depois, Chelsea amoleceu. Ela tentou dizer alguma coisa, mas as palavras não saíram.

"Pare!", gritou Petti. "Faça alguma coisa! Ela está tendo outra convulsão!"

A enfermeira tranquilizou a mulher. Chelsea estava apenas reagindo à picada da agulha, disse ela. Petti foi se acalmando conforme a garotinha relaxava.

Genene injetou a segunda agulha na coxa direita de Chelsea. Dessa vez, ela parou de respirar completamente, entrou em pânico e, de repente, desmaiou. Estava acontecendo de novo.

A ambulância chegou depressa. Genene carregou Chelsea nos braços e, antes que chegassem ao hospital de Kerrville, inseriu um tubo de respiração na garganta do bebê. Holland, porém, queria levar Chelsea para um hospital maior, onde pudessem fazer exames neurológicos, então a enfermeira voltou com a criança para a ambulância e partiram rumo a San Antonio, acompanhados pela dra. Holland no carro dela e os McClellan no deles.

> Na sala de tratamento, a risonha enfermeira começou a encher as seringas. Enquanto Petti segurava a filha no colo, Genene inseriu a primeira agulha na rechonchuda coxa esquerda da criança.

A 13 km de Kerrville, Chelsea teve uma parada cardíaca. A ambulância deu uma guinada abrupta e parou no acostamento. A enfermeira aplicou uma série de injeções em Chelsea ao mesmo tempo que a dra. Holland subia na ambulância e dava início às manobras de ressuscitação cardiopulmonar, tentando bravamente reanimar o coração da garotinha.

Chelsea, no entanto, nunca mais recobrou a consciência. Quando o motorista da ambulância enfim parou em uma pequena clínica na cidadezinha de Confort, Chelsea McClellan já estava morta.

Genene embrulhou o corpo do bebê em um lençol e o entregou a Petti, que estava perplexa, em profundo estado de negação. *Chelsea estava só dormindo*, disse ela, *e vai acordar logo. Já tinha acontecido antes.*

Mas a filha dela nunca acordou.

Todos retornaram ao hospital de Kerrville, onde Genene levou o corpo da criança até o necrotério no subsolo, e em seguida voltou para o trabalho enquanto a dra. Holland providenciava a necropsia.

A garotinha foi enterrada em uma tarde de segunda-feira, com um vestidinho rosa e um laço da mesma cor no cabelo. Um cobertor a mantinha aquecida, e estava acompanhada de sua boneca predileta. Usava um pequeno brinco em forma de estrela nas orelhas, e um pingente de coração pendia de uma corrente prateada em volta de seu pescocinho.

Petti estava péssima. Recusava-se a acreditar que Chelsea tinha morrido. Andava nervosamente de um lado para o outro, desolada. "Vocês estão matando meu bebê!", berrou ao ver pela primeira vez o pequenino caixão branco de fibra de vidro contendo o corpo da filha, enquanto caía em um choro incontrolável.

Chelsea foi enterrada sob uma lápide de bronze com a inscrição "Nosso Anjinho" no cemitério de Kerrville. No laudo de necropsia, divulgado semanas depois, constava que a garotinha morrera de síndrome da morte súbita infantil (SMSI), espécie de termo coringa que se emprega para explicar a morte de crianças pequenas em geral quando a verdadeira causa do óbito é desconhecida. Em suma, o legista não fazia a menor ideia do que a havia matado.

Os McClellan publicaram um anúncio pago no jornal de Kerrville alguns dias após o funeral, agradecendo a todos aqueles que ajudaram no enterro de Chelsea, e que mandaram flores, cartões ou levaram comida. Dedicaram um "especial agradecimento" à dra. Kathy Holland e à enfermeira Genene Jones — as duas únicas pessoas citadas nominalmente na mensagem inteira — por manter Chelsea viva o quanto puderam.

Uma semana depois, apesar da tristeza, Petti conseguiu reunir forças para ir ao cemitério Garden of Memories depositar flores no túmulo de Chelsea. Para sua surpresa, ao se aproximar, viu a enfermeira Genene ajoelhada sobre o túmulo, balançando para frente e para trás. Ela chorava e repetia um mesmo nome sem parar: *Chelsea. Chelsea. Chelsea.*

"O que está fazendo aqui?", perguntou Petti baixinho, observando a certa distância, mas a enfermeira pareceu não notá-la.

Sem responder, Jones se levantou e se afastou do túmulo em uma espécie de transe bizarro.

Depois que Genene entrou no carro e foi embora do cemitério, Petti viu que a mulher tinha deixado um pequeno ramalhete de flores sobre a lápide de Chelsea. Notou, também, que a enfermeira desconsolada tinha levado um dos bonitos lacinhos que enfeitavam o túmulo.

Que estranho, pensou Petti.

• • •

Apenas dezoito meses depois que Chelsea morreu, assumi o trabalho como legista-chefe do Condado de Bexar, no Texas. Nossa sede em San Antonio ficava a cerca de uma hora de carro da cidadezinha de Kerrville, uns dois condados a noroeste da cidade, embora naquela época eu nunca tivesse ouvido falar de Chelsea McClellan.

Nos últimos nove anos, eu chegara a chefe-adjunto do DML de Dallas sob as ordens do lendário dr. Charles, que, mesmo chegando à idade de se aposentar, não conseguia se desligar do trabalho. Pendurar as chuteiras era algo que não fazia parte de sua natureza.

Eu ainda estava na casa dos 30 anos, mas tinha aprendido com os melhores: dr. Russell Fisher em Baltimore, Petty e meu pai. Estava ansioso para andar com minhas próprias pernas; contudo, não teria essa chance em Dallas. Em março de 1981, assumi como legista-chefe em San Antonio, que 25 anos antes se tornara a primeira cidade do Texas a contar com um departamento médico-legal.

Antes do início da década de 1950, quando muitas cidades grandes e outros estados já migravam do velho sistema de *coroners* para o sistema médico-legal, o Texas ainda vacilava. Foi apenas em 1955 que a assembleia legislativa do estado aprovou uma lei que permitia a qualquer condado do Texas com uma população de mais de 250 mil pessoas a abandonar o sistema de *coroners* e a abrir um departamento médico-legal. A reação do público foi um imediato... bocejo. Nada aconteceu.

Contudo, os ventos mudaram quando a tragédia bateu à porta.

Em uma noite no início de dezembro de 1955, um motorista bateu o carro a apenas quatro quarteirões da casa de um juiz de paz, um dos diversos funcionários eleitos que desempenhavam as funções de *coroner* em suas respectivas jurisdições. A polícia levou o homem ao hospital, onde foi declarado morto ao chegar.

Os policiais ligaram para o juiz de paz que atendia na região do acidente, porém ele se recusou a conduzir um inquérito argumentando que os agentes não deviam ter removido o corpo do local. Então os policiais ligaram para o juiz de paz cuja jurisdição abarcava a área do hospital; ele se recusou a atendê-los porque não tinha sido contatado primeiro. Um terceiro juiz de paz finalmente concordou em abrir um inquérito e pediu uma necropsia, mas, a essa altura, o morto já se encontrava abandonado no hospital por um período indecente de tempo.

Os jornais locais cobriram a picuinha entre os egocêntricos juízes de paz, e os cidadãos finalmente acordaram. Em uma reunião oficial, as autoridades do condado instituíram o primeiro departamento médico-legal do Texas. Por um salário anual de 14 mil dólares, contrataram o dr. Robert Hausman, patologista forense nascido na Holanda, na época diretor do laboratório de patologia clínica de um hospital de Atlanta. Por coincidência, antes de começar no novo trabalho, Hausman passou um mês ao lado de meu pai, fazendo uma rápida reciclagem em medicina legal sob a supervisão do dr. Milton Helpern, legista-chefe de Nova York. Eu tinha apenas 14 anos nessa época e certamente não podia imaginar que um dia dirigiria o departamento que Hausman fundou em San Antonio.

A morte não perdia tempo. Duas horas depois de tomar posse no cargo como o primeiro médico-legista do Texas, em 2 de julho de 1956, Hausman estava diante de seu primeiro caso de suicídio. Embora contasse apenas com um assistente e uma secretária, ele inaugurou uma nova era na investigação de mortes suspeitas no Texas quando foi chamado para uma suíte no nono andar de um hotel no centro de San Antonio, onde um homem branco de 44 anos dera um tiro no próprio coração com uma pistola semiautomática calibre .32 de fabricação espanhola.

De uma perspectiva médico-legal, o caso número 1 (como foi oficialmente chamado) era bastante simples: o quarto fora trancado por dentro e o único tiro disparado foi ouvido por um mensageiro do hotel ao bater na porta às 11h. Porém, de uma perspectiva humana, era muito mais complexo: o homem morto era Joseph Cromwell, filho único de um empreendedor pioneiro do ramo do petróleo em Oklahoma e herdeiro da imensa fortuna do pai, já falecido. Descendente de nona geração do Lorde Protetor da Inglaterra Oliver Cromwell, ele morava no vasto rancho da família na cidade vizinha de San Marcos. Quando mais novo, concluiu os estudos secundários em um prestigiado colégio militar e o secretário de Guerra de Hoover, um amigo da família, nomeou-o pessoalmente como segundo-tenente. As festas no vasto rancho da família eram lendárias, e os últimos dez anos da vida hedonista de Joe foram gastos em banquetes e bebedeiras sem propósito. No final, o dinheiro tinha ido quase todo embora.

Joe Cromwell deu entrada no hotel uma semana antes com apenas algumas mudas de roupa e nenhum objeto de valor. A polícia o encontrou deitado na cama do quarto, de camiseta, cuecas e meias azuis-cinzentas. O rosto estava com a barba de alguns dias. Deixou instruções detalhadas para o gerente do hotel, a polícia e o filho em uma série de bilhetes sobre o criado-mudo.

Seria apenas uma coincidência que o primeiro óbito no primeiro dia de Hausman não fosse uma morte comum? Bem, nenhuma morte é comum se é você quem está morrendo. Pude constatar que a maioria das pessoas ditas "normais" têm algumas histórias extraordinárias registradas em alguma parte do livro de suas vidas.

O trabalho do legista é determinar a causa e o modo da morte (nesse caso, uma única bala que atravessou o coração em um ato de suicídio), mas as pessoas mais sensíveis querem saber o que muitas vezes não há como saber, as razões mais profundas. O verdadeiro motivo que levou Joseph Cromwell a tirar a própria vida nunca foi discutido pela família e hoje está esquecido, se é que chegou a ser conhecido um dia, mas eu sei que o dr. Hausman manteve os bilhetes de suicídio em sua mesa por alguns dias. No entanto, com a sucessão interminável de mortes suspeitas ou sem testemunhas que teria início naquele histórico primeiro dia, o legista teve de relegar a casca de Joe Cromwell ao esquecimento.

Todos nós temos de fazê-lo.

Quando cheguei a San Antonio, ninguém do DML ia aos locais de crime. Mudei isso quando comecei a mandar meus próprios investigadores — que até então recebiam todos os relatórios por telefone — até os locais onde as pessoas tinham de fato morrido. A princípio, temi que os policiais pudessem se aborrecer e pensar que eu não os achava capazes de fazer o próprio trabalho. Não era o caso: a perícia médico-legal não busca o mesmo tipo de pistas que a polícia. Por sorte, a maioria dos meus investigadores tinha experiência na polícia e meu investigador-chefe era um detetive aposentado de San Antonio, conhecido pelos repórteres como "Sr. Homicídio". No momento em que escrevo, o sobrinho dele, também ex-detetive da divisão de homicídios, é o atual investigador-chefe do DPLA do Condado de Bexar.

Estar no local do crime é importante. Quanto mais informações coletamos nos primeiros momentos após uma morte inexplicada, maior a chance de conseguirmos explicá-la. Eu queria que meus investigadores e patologistas forenses examinassem o maior número possível de mortes, mesmo quando a causa parecia evidente. Por quê? Porque a verdade pode contrariar as aparências.

> Quando cheguei a San Antonio, ninguém do DML
> ia aos locais de crime. Mudei isso quando comecei
> a mandar meus próprios investigadores.

Naquela época, como hoje, era praxe da polícia local notificar a ocorrência de mortes suspeitas, mas os hospitais nem sempre estavam prontos ou dispostos a acionar o médico-legista. Os hospitais não estavam obrigados por lei a informar a morte de pacientes sob os cuidados diretos de um médico que pudesse atestar com segurança a causa da morte. Contudo, um vasto espectro de mortes questionáveis ainda permanecia em uma área cinzenta da lei. Como é de se esperar, os hospitais querem manter uma boa reputação e fazem de tudo para evitar ações judiciais e até perguntas incômodas. Assim, muitas instituições fingem que qualquer morte ocorrida em um de seus leitos é completamente natural. Os médicos responsáveis, não querendo ser contrariados, em muitos casos assinam atestados de óbitos sem a certeza que a lei exige.

E não é assim que deveríamos tratar a morte.

Ao longo de meu primeiro ano como legista-chefe em San Antonio, minha frustração só fazia aumentar por conta de certos hospitais que teimavam em não notificar todas as mortes suspeitas — o que era particularmente o caso do Hospital do Condado de Bexar, um estabelecimento usado como local principal de ensino pelo Centro de Ciências da Saúde da Universidade do Texas em San Antonio. Lá pelo outono de 1982, minha indignação já não era tão silenciosa. Eu sabia que mortes inexplicadas não estavam sendo reportadas ao DML, então fiz tudo ao meu alcance para forçar os hospitais a adotarem uma postura mais responsável. Cheguei a renunciar ao cargo de professor do Centro de Ciências da Saúde em protesto, mas ninguém me deu ouvidos. Acabei me indispondo seriamente com os gestores da Universidade do Texas, que não moveram um dedo. Era uma missão impossível quebrar o paradigma consolidado de uma cultura arrogante, gananciosa e obtusa.

Providência ou acaso, foi quando o trágico caso de Chelsea chegou aos meus ouvidos, literalmente em um cochicho.

Em janeiro de 1983, depois de dar uma palestra a patologistas de San Antonio, minha legista assistente, Corrie May, puxou conversa com um velho amigo que frequentara com ela a escola de medicina local. O médico, um neuropatologista, mencionou que o promotor de justiça de Kerrville estava investigando a morte inexplicável de uma garotinha. O promotor, confidenciou ela, suspeitava de uma médica e de uma enfermeira que tinham trabalhado recentemente no Hospital do Condado de Bexar.

Além disso, cochichou, também havia registros de mortes suspeitas de bebês no centro médico. O hospital vinha conduzindo discretamente uma investigação por conta própria havia alguns anos, disse ela.

Quando Corrie May me contou tudo isso, fiquei chocado e revoltado. Por meses eu vinha botando a boca no trombone sobre as mortes não notificadas no hospital e agora ali estavam indícios claros de que minhas suspeitas eram válidas. No entanto, eu não fazia ideia de que a realidade podia ser ainda pior do que eu imaginava.

Na manhã seguinte, fui à Promotoria de Justiça para comunicar o terrível boato: era possível que alguém estivesse matando bebês no hospital do condado.

• • •

De fato, os administradores do Hospital do Condado de Bexar estavam preocupados. Pelo menos uma enfermeira já tinha procurado a direção com suspeitas, e um médico se mostrou apreensivo com a morte inexplicável de um bebê. A taxa de mortalidade na UTI pediátrica estava mais alta que o normal. Qualquer que fosse o resultado de uma anomalia ou de atos deliberados, causaria um enorme constrangimento se vazasse.

Duas sindicâncias internas não produziram conclusões definitivas, porém revelaram uma estranha coincidência: o nome da enfermeira Genene Jones era sempre citado. Um quadro sinistro começava a se formar.

Genene Jones nasceu em San Antonio em 13 de julho de 1950, e foi imediatamente encaminhada para adoção. Quando criança, era baixinha e gordinha, sentia-se feia, e tinha poucos amigos porque vivia armando barracos, estava sempre aos gritos e mentia compulsivamente — o tipo de pessoa que ninguém quer ter por perto. Em diferentes momentos ao longo de sua vida, Genene contava histórias de abuso sexual e físico que teria sofrido quando criança. Entretanto, os relatos eram sempre um tanto nebulosos, e depois de uma série interminável de mentiras, ninguém mais a levava a sério. Ela também começou a fingir que estava doente para chamar atenção.

Aos 16 anos, seu irmão caçula morreu quando uma bomba de cano caseira explodiu em seu rosto. Um ano depois, o pai dela — um homem pouco confiável — morreu de câncer. Segundo alguns conhecidos, Genene ficou arrasada, embora sempre fizesse questão de dizer que nunca recebeu amor em casa. A mãe adotiva tornou-se seu único arrimo.

Depois de concluir os estudos secundários, Genene teria fingido uma gravidez para forçar seu namorado vagabundo a se casar com ela. Porém, dentro de alguns meses, ele entrou para a Marinha, e em meio a uma série de casos amorosos com homens casados, Genene fazia aulas em uma escola de estética.

O marido retornou da Marinha e os dois tiveram um filho, mas acabaram se divorciando depois de apenas quatro anos de casamento. Em pouco tempo, Genene já estava grávida de novo, então começou a procurar um trabalho que pagasse melhor que o de esteticista (o que, por tabela, também aplacaria seus temores exagerados de desenvolver um câncer por causa de produtos químicos para cabelo).

Ela já tinha trabalhado em um salão de beleza dentro de um hospital, e cultivara uma atração especial por médicos. Uma luzinha se acendeu em sua cabeça. Largou o filho com a avó e se matriculou em um curso de enfermagem. Pouco depois de se formar, em 1977, teve outro filho que, mais uma vez, largou aos cuidados da avó para se dedicar à nova carreira.

Surpreendentemente, Genene provou ser uma boa enfermeira, embora odiasse estar apenas um degrau acima das voluntárias. No fundo, achava que devia estar no comando. Ficou obcecada em diagnosticar pacientes, embora este não fosse seu trabalho.

Aos 27 anos, acabou despedida de seu primeiro emprego no Hospital Metodista de San Antonio, com apenas oito meses de trabalho, por ser muito mandona e ríspida, e pela mania de querer tomar decisões que estavam bem acima de sua esfera de competência. Seu emprego seguinte, no pequeno e privado Hospital Comunitário em San Antonio, também não durou muito.

Em 1978, foi contratada para trabalhar na unidade de terapia intensiva pediátrica no Hospital do Condado de Bexar, um estabelecimento de saúde relativamente novo que atendia sobretudo os cidadãos mais desfavorecidos da sétima maior cidade dos EUA. Contudo, as coisas não começaram bem. A tendência de Genene de ficar dando ordens a torto e a direito — embora estivesse no degrau mais baixo da hierarquia tanto em posto como em experiência — irritava a todos. Não bastasse seu jeito áspero de ser, tinha o hábito de questionar e passar por cima das ordens dos médicos. Também gostava de se gabar de suas conquistas sexuais, que muitas vezes descrevia em sórdidos detalhes. Para piorar, portava-se de maneira atrevida e abertamente libidinosa perto de médicos homens.

Ainda nova no emprego, fez um escarcéu quando uma criança morreu aos seus cuidados, deixando as colegas perplexas com suas demonstrações exageradas e bizarras de luto. Ela chegou a arrastar um banquinho para perto de um bebê morto, e lá ficou por um longo tempo, sem tirar os olhos do pequeno cadáver. Outras vezes, insistia em acompanhar os corpos dos bebês até o necrotério do hospital, cantando para eles no caminho. Ao mesmo tempo, participava de uma espécie de "bolão da morte", em que apostava qual seria a próxima criança a falecer.

Embora a maior parte de seu trabalho consistisse em prestar cuidados básicos a pacientes acamados, Genene tinha uma aptidão especial para aplicar injeções. Também demonstrava grande interesse nas mais variadas drogas e em seus efeitos. Parecia muito normal, até mesmo louvável, que uma profissional de saúde quisesse saber essas coisas.

Logo após o natal de 1981, Rolando Santos, de 4 semanas de idade, chegou à UTI com um quadro de pneumonia e foi imediatamente colocado em um respirador. Três dias depois, começou a ter convulsões sem nenhum motivo aparente. Dali a dois dias, o menino, que sangrava de várias picadas de agulha pelo corpo, teve uma parada cardíaca. Quando voltou a apresentar sangramentos dias depois, um teste revelou a presença de heparina em seu sangue, uma droga anticoagulante para pacientes cardíacos.

Em uma terceira vez, o sangramento foi estancado com uma droga capaz de reverter os efeitos da heparina. Desconfiado, o médico de Rolando tirou-o imediatamente da UTI, embora o menino ainda estivesse muito doente. Pelo jeito, a UTI era um lugar perigoso demais para a criança.

Dentro de quatro dias, Rolando Santos já tinha se recuperado o suficiente para ir para casa.

Munido de sólidas evidências de que alguém tinha ministrado uma dose excessiva de heparina a uma criança que sequer precisava da droga, um funcionário do hospital descreveu o "infortúnio de enfermagem" em um memorando dirigido ao decano da escola de medicina. Prometeu ficar de olho no estranho e alarmante aumento de mortes inexplicáveis ou episódios de quase óbito na UTI.

Embora fosse motivo de preocupação para algumas pessoas na UTI, Genene Jones não estava sob suspeita no caso de Rolando nem em nenhum dos outros casos estranhos que vinham acontecendo. Durante os quatro anos que trabalhou no local, provou ser uma figura desagregadora, mas nunca foi demitida, embora alguns colegas não escondessem a inquietação com o alto número de tragédias misteriosas.

De fato, aqueles números não pareciam nada bons. Durante o período em que Jones trabalhou na ala pediátrica do hospital, 42 bebês morreram. Trinta e quatro deles — quatro de cada cinco bebês mortos no hospital — morreram enquanto Jones estava em serviço. Outras enfermeiras começaram a chamar o turno dela, das 3h às 11h, de "turno da morte". A própria Jones expressava verbalmente seu receio de acabar conhecida como a "enfermeira da morte". Era um receio justificado: no todo, a taxa de mortalidade infantil do hospital quase triplicou durante o período em que Genene trabalhou lá.

No entanto, apesar da crescente preocupação do hospital com tantas mortes suspeitas, ninguém jamais as comunicou a mim, o legista-chefe do condado, alguém cujo trabalho é justamente descobrir como e por que as pessoas morrem.

Já em 1982, sem conseguir provar nada e com medo de provocar um escândalo, o hospital preferiu reduzir as perdas valendo-se de um brilhante golpe de relações públicas: anunciou um plano para "aprimorar" o quadro de pessoal da UTI pediátrica com a contratação de enfermeiras mais qualificadas e experientes, ao mesmo tempo que, discretamente, dispensava duas delas: Genene Jones e a colega que levantou suspeitas de que Jones estava matando bebês.

Munida de recomendações elogiosas de seus chefes, Genene foi rapidamente recrutada pela dra. Kathy Holland, que acabara de concluir sua residência médica no Hospital do Condado de Bexar, para trabalhar com ela em uma nova clínica pediátrica em Kerrville, Texas.

Foi assim que, meses depois, uma das antigas enfermeiras do hospital de San Antonio (e, na época, uma das médicas lá formadas) acabou envolvida na investigação de uma morte em Kerrville. Ao mesmo tempo, o promotor de justiça de San Antonio buscava informações sobre outras mortes, e eu pressionava a administração do hospital para que fosse mais transparente. Era como se estivéssemos diante de uma bomba prestes a explodir.

Porém, mesmo após a morte de Chelsea McClellan, outras crianças continuaram a ter episódios assustadores e inexplicáveis de convulsões, insuficiência respiratória e desmaios na clínica da dra. Holland. Por incrível que pareça, na tarde do mesmo dia em que Chelsea morreu, outra criança teve um espasmo similar depois de receber uma injeção de Jones, que cuidava sozinha da clínica enquanto a dra. Holland tomava providências relacionadas à necropsia de Chelsea.

Desfalecida, a criança foi levada às pressas para o hospital de Kerrville, onde um anestesista reconheceu os sintomas típicos da absorção de succinilcolina pelo organismo, um fármaco de ação rápida que paralisa os músculos do corpo. Ele levou suas suspeitas ao administrador do pequeno hospital, que logo as compartilhou com o promotor de justiça de Kerrville, Ron Sutton.

De repente, as suspeitas recaíam sobre a dra. Kathy Holland, sua enfermeira Genene Jones e uma substância chamada succinilcolina.

• • •

Empregada de forma terapêutica desde os anos 1950, a succinilcolina — comumente chamada de "sux" no meio médico — é uma droga sintética paralisante muito utilizada para relaxar a musculatura da garganta durante intubações de emergência. Age dentro de poucos segundos e seu efeito dura apenas alguns minutos, tempo suficiente para entubar um paciente agitado.

O corpo humano logo a decompõe em subprodutos naturais normalmente encontrados no interior de nosso organismo, mesmo que a pessoa não tenha sido injetada com a droga. Escaparia sem dificuldade de uma necropsia de rotina. Até o início dos anos 1980, uma alteração leve na composição química no sangue era facilmente negligenciada. Mesmo quando levantava suspeitas, uma substância como a succinilcolina não deixava vestígios claros nos quais se pudesse fundamentar uma acusação de homicídio. Não foi à toa que o famoso advogado de defesa F. Lee Bailey chamou a sux de "a arma homicida perfeita", já que desaparece sem deixar quase nenhum vestígio.

A overdose de succinilcolina é uma péssima forma de se morrer. A infeliz vítima permanece completamente consciente enquanto todos os músculos de seu corpo — incluindo o coração e o diafragma — ficam paralisados. Então a respiração para e ela sufoca.

Esse veneno perfeito pode ser encontrado em salas de operação e de emergência, e é utilizado quase que exclusivamente por anestesiologistas e médicos de prontos-socorros, pelo menos quando não faz parte de um coquetel de três drogas usado em injeções letais para executar assassinos condenados à morte. Pessoas comuns não têm acesso a essa substância. Era difícil justificar sua presença na prateleira de uma clínica pediátrica de pequeno porte, a menos que uma criança entrasse em colapso de repente e precisasse ser entubada, o que era bastante improvável.

Com a ajuda da dra. Holland, os promotores foram ligando os pontos da história, e, ainda no início das investigações, todas as suspeitas se concentraram em Genene Jones.

Havia, na clínica, dois frascos de succinilcolina, e a enfermeira era a principal responsável pelas encomendas de produtos farmacêuticos. Um dos frascos desapareceu por certo tempo após a morte de Chelsea. Quando Genene Jones informou tê-lo encontrado, estava violado e com dois furos de agulha no lacre de borracha. No entanto, ambos os frascos pareciam cheios.

A dra. Holland demitiu Jones pouco depois do incidente com a succinilcolina. Ficou chocada ao ver marcas de agulha em um dos frascos, embora nunca tivesse receitado aquela droga para nenhum de seus pacientes. Mais tarde, uma análise química revelou que o conteúdo do frasco violado tinha sido diluído com soro fisiológico.

Ao mesmo tempo, o Hospital do Condado de Bexar reforçava sua terceira investigação sobre os índices excepcionalmente altos de mortalidade registrados na UTI pediátrica durante a permanência da enfermeira. E um júri de acusação de San Antonio analisava individualmente os registros de mais de 120 mortes de crianças ocorridas na UTI entre 1978 e o início de 1982 — período em que Genene Jones trabalhou no hospital.

> Com a ajuda da dra. Holland, os promotores foram ligando os pontos da história, e, ainda no início das investigações, todas as suspeitas se concentraram em Genene Jones.

Por fim, o corpo de jurados — a quem cabia deliberar se havia indícios suficientes de crime para abrir uma ação penal — decidiu se concentrar em cerca de uma dúzia dessas mortes suspeitas, todas de pacientes de Genene Jones e apenas uma delas devidamente comunicada ao DML. As necropsias eram realizadas por estudantes de medicina e todas as mortes foram atestadas por um médico. É ocioso dizer que não foi encontrado nada de suspeito em nenhum dos corpos, muito menos vestígios de succinilcolina.

Porém, em 1983, dispúnhamos de uma nova ferramenta. O dr. Bo Holmstedt, renomado toxicologista sueco que ajudou a Real Academia de Ciências a selecionar vencedores do Prêmio Nobel, tinha desenvolvido um novo método para detectar a succinilcolina em pessoas mortas. O problema era que seu método ainda não tinha sido posto à prova em nenhum tribunal.

Diante da suspeita de que Genene Jones era uma enfermeira homicida que provavelmente estava usando succinilcolina para matar crianças inocentes, entramos em contato com o dr. Holmstedt, que se prontificou a ajudar. Porém, ele tinha uma condição: só testemunharia em juízo se a pena de morte estivesse fora de questão.

Entre deixar uma possível assassina livre e pedir uma pena mais leve, o promotor Sutton ficou com a segunda opção. Trato feito: a promotoria se comprometia a não pedir pena de morte para Genene Jones caso o júri de acusação oferecesse denúncia contra ela.

No entanto, antes de qualquer coisa, ainda havia uma grande pergunta a ser respondida: poderia uma garotinha morta falar de dentro do túmulo?

• • •

Em uma límpida e calma manhã de sábado, 7 de maio de 1983, nós exumamos o corpo de Chelsea McClellan.

Antes de o coveiro desenterrar o pequenino caixão, sepultado a menos de um metro da superfície, instalamos nosso necrotério improvisado — uma tenda de lona — em volta do próprio túmulo para bloquear a visão dos curiosos e dos repórteres que se aglomeravam bem em frente aos portões do cemitério. Os pais autorizaram a exumação, mas queriam ser poupados dos detalhes. Só de pensar naquilo, ficavam com os estômagos revirados, embora soubessem que aquela poderia ser nossa única chance de fazer justiça a Chelsea.

Nem mesmo precisaríamos estar ali. A primeira necropsia, conduzida nos fundos de uma casa funerária em Kerrville, não fora realizada por um patologista forense, mas por um laboratório particular de patologia e um médico da escola de medicina da Universidade do Texas, em San Antonio — o mesmo neuropatologista que primeiro contara a Corrie May sobre este caso e que conhecia Genene Jones pessoalmente. Estavam todos perplexos. Não encontraram nada e as amostras de tecido que coletaram não tinham sido conservadas bem o suficiente para evitar a exumação. Entretanto, lá estávamos nós desenterrando uma criança.

De uma coisa eu sabia: Chelsea McClellan não tinha morrido devido à síndrome da morte súbita infantil (SMSI). Ela era muito velha e as circunstâncias não batiam. Tipicamente, a SMSI é caracterizada pela morte súbita e sem causa aparente — e, em geral, durante o sono — de crianças de menos de um ano de vida. Com 15 meses de vida, Chelsea morreu em um consultório médico durante um período de atividade intensa. Depois de uma injeção. Aplicada por uma enfermeira.

Agora seu cadáver repousava gracioso dentro de seu caixão, exatamente como o mundo a vira oito meses antes: de vestidinho rosa e laço da mesma cor nos cabelos loiros, com seu cobertor de malha e brinquedo juntos do corpo. Estava bem conservada, como uma bonequinha delicada de porcelana, e parecia uma pena perturbá-la com nosso funesto trabalho.

É só uma casca, eu lembrava a mim mesmo.

Depois que o encarregado da funerária confirmou a identidade de Chelsea, eu a despi e examinei de perto suas pernas em busca de marcas de agulha. Como já esperava, nada encontrei. Cortei uma pequena amostra de músculo das duas coxas, na região onde ela teria recebido a injeção de succinilcolina. Também extraí os dois rins e porções do fígado, da bexiga e da vesícula biliar. Em seguida, suturei os cortes. O encarregado da funerária vestiu o corpo da garotinha e o depositou delicadamente no caixão, onde foi novamente embrulhada em seu cobertor e reunida com sua boneca enquanto eu fazia uma breve oração por sua alma.

É só uma casca.

Tudo levou menos de uma hora.

Congelei as amostras e, para manter a cadeia de custódia das provas, elas foram escoltadas por um toxicologista até a Estocolmo, a mais de 8 mil km, onde seriam entregues ao dr. Holmstedt. Onze dias após a exumação, recebemos o laudo dele: seus novos testes encontraram vestígios de succinilcolina nos tecidos de Chelsea.

Era a peça-chave da acusação contra Genene Jones. No dia 25 de maio, um júri de acusação em Kerrville apresentou uma denúncia contra a enfermeira com uma imputação de assassinato e sete de lesões corporais a crianças, incluindo Chelsea, em vários incidentes quase fatais na clínica. De acordo com as acusações, Genene Jones injetou succinilcolina ou outra droga similar nas crianças — embora fossem obscuras as razões que a levaram a fazer isso.

Jones foi presa em Odessa, Texas, enquanto visitava parentes com um novo marido. Ela negou as acusações, e um juiz fixou sua fiança em 225 mil dólares antes de designar um defensor público para representá-la. Semanas depois, Genene pagou a fiança e garantiu sua liberdade até o início do julgamento.

Se condenada, poderia pegar de cinco anos a prisão perpétua por cada uma das oito acusações.

Agora começava a parte difícil.

• • •

Em 19 de janeiro de 1984, quase um ano e meio após a morte de Chelsea McClellan, sete mulheres e cinco homens tomaram seus lugares no espaço reservado aos jurados em uma sala de tribunal de Georgetown, Texas. Eles decidiriam se a enfermeira Genene Jones era uma fria assassina de bebês ou um bode expiatório para proteger médicos ineptos. Será que Chelsea McClellan tinha sido assassinada? Ou teria morrido tragicamente de causas naturais?

Repórteres de todo o país, inclusive do *New York Times*, acorreram em massa àquele histórico subúrbio de Austin para acompanhar um julgamento que prometia render matérias reveladoras. Ao longo de quase um ano, o público norte-americano tivera acesso, pela mídia, a apenas breves vislumbres daquela escandalosa história à medida que se aproximava o julgamento, e estava aflito por mais informações. As pessoas não queriam saber apenas os sórdidos detalhes dos infanticídios. Não entendiam o que poderia levar um ser humano a matar um bebê, que dirá dezenas deles.

As alegações da promotoria baseavam-se sobretudo em provas circunstanciais. Nas palavras do promotor de justiça Ron Sutton, ao se dirigir aos jurados em sua excepcionalmente curta exposição inicial, "estamos diante de uma quantidade espantosa de circunstâncias". Sem fazer o habitual resumo das testemunhas que seriam ouvidas, ele prometeu apenas apresentar todas as peças de um "estranho e complexo" quebra-cabeça.

As testemunhas da primeira semana consolidaram a triste narrativa da promotoria: a enfermeira do pronto-socorro do hospital de Kerrville que vira Chelsea após suas duas visitas ao consultório da dra. Holland; o anestesista que percebeu, nos movimentos desajeitados de um bebê, sinais da presença de succinilcolina em seu organismo; o motorista da ambulância que alegou que tudo parecia estar indo bem até que Genene Jones aplicou uma injeção na garotinha; e a patologista que realizou a primeira necropsia de Chelsea e admitiu publicamente que o caso dela não condizia com uma morte típica por SMSI, e que, até ouvir falar da succinilcolina, não fazia ideia do que poderia tê-la levado a óbito.

As pessoas não queriam saber apenas os sórdidos detalhes dos infanticídios. Não entendiam o que poderia levar um ser humano a matar um bebê, que dirá dezenas deles.

Conforme subia ao banco de testemunhas naquele primeiro dia, lembrei-me de Martha Woods. Já haviam se passado doze anos, e, no entanto, estávamos novamente discutindo sobre a SMSI e a morte de outro bebê aos cuidados de uma mulher que, como Martha, presenciara a morte de um número espantoso de crianças. De certo modo, era a história se repetindo.

"A criança era velha demais (para ser acometida pela SMSI)", afirmei ao júri, acrescentando que "dizer que uma criança morreu de SMSI é um jeito pomposo de dizer que desconhecemos a razão de sua morte."

Os jurados ouviam impassíveis enquanto eu descrevia, em termos palatáveis, a exumação de Chelsea. Acreditei que viam aquele ato da mesma forma que eu: uma terrível mas necessária indignidade.

A testemunha seguinte foi Petti McClellan, mãe da vítima. Transparecendo nervosismo e com os olhos marejados, a mulher de 28 anos descreveu

ME blasts on death

By MARJORIE CLAPP
MEDICAL WRITER

Bexar County Medical Examiner Dr. Vincent DiMaio charged that The University of Texas Health Science Center and the Bexar County Hospital District are "putting themselves above the law" by failing to report suspicious deaths.

The medical examiner's comments to *The News* came in the wake of reports about his resignation from the faculty of The University of Texas Health Science Center.

DiMaio has been a key figure in a Bexar County Grand Jury investigation of suspicious infant deaths in the pediatric intensive care unit at Medical Center Hospital from 1978 to 1982.

The medical examiner said Monday night he resigned his post as professor of pathology at the school because of repeated failures on the part of the school and hospital to report suspicious deaths, as well as accidents and suicides, to his office.

DiMaio: Sus

hospital reporting

...cious cases not reported

...DiMaio said "all the other hospi-... in town have been cooperative ... reporting medical examiner ...es."

...he only hospital that has consis-...ly not reported deaths to the ...dical examiner has been the ...nty hospital, he said.

...One almost feels that they con-...r themselves above the law. The ...mate manifestation of this policy ...y be the alleged coverup of the ...ths of the children," DiMaio ...ed.

"Does not the medical school owe a duty to citizens of Bexar County to report suspicious deaths rather than sticking its head in the sand hoping the problem will go away and possibly inflicting injury and death on other individuals in other communities?" he asked.

DiMaio's resignation at the school has no effect on his job as medical examiner.

The medical examiner said he re-

See DIMAIO, Page 4-A

Minha raiva em relação a mortes não reportadas no Hospital do Condado de Bexar, de San Antonio, chegou às manchetes e eclipsou o chocante caso de assassinato da enfermeira Genene Jones. "Legista detona hospital sobre notificações de morte. Di Maio: Casos suspeitos não são relatados", diz a manchete. (SAN ANTONIO EXPRESS-NEWS/ZUMAPRESS.COM) toda a vida de Chelsea, do momento em que nasceu até sua morte, com apenas 15 meses de vida. Falava tão baixinho que o juiz teve que lhe pedir várias vezes para que falasse mais alto.

O silêncio reinava absoluto na sala de tribunal quando ela descreveu o primeiro espasmo pulmonar sofrido pela filha durante uma visita ao consultório da dra. Holland. Contou como Chelsea choramingava baixinho, com os olhos amedrontados, enquanto Genene Jones dizia que a menina estava "brava" por ter que tomar injeção.

"E o que Genene fez depois de dizer isso?", perguntou o promotor Sutton a Petti.

"Deu outra injeção."

"E depois?"

"Ela ficou molenga que nem uma boneca de pano", disse a mãe, com lágrimas rolando pelo rosto. "Ela ficou que nem uma boneca de pano."

Guiada por Sutton, a mulher relatou sua última e fatal visita à clínica e a desesperada viagem de ambulância que terminou inesperadamente no estacionamento de uma clínica provinciana, com o marido falando com o motorista e tentando prepará-la para receber a pior notícia de sua vida.

"Eu falei para ele que não tinha como Chelsea estar morta", contou ela, angustiada. "Não tinha como. Ela não estava doente. Ela não estava doente!"

Ainda que com certo tato, a defesa não deixou de frisar que Chelsea nasceu prematura e teve outros problemas de saúde. Petti, porém, se manteve firme. Sim, disse ela, Chelsea começou a vida mais fraquinha, mas gozava de perfeita saúde na manhã em que morreu. Nem era para ela ter ido ao consultório naquele dia.

Petti era o núcleo emocional da acusação, mas tudo dependia da ciência do dr. Holmstedt. O único problema era que seu novo teste para detectar, em tecidos humanos, a presença de uma substância virtualmente indetectável nunca tinha sido divulgado, muito menos utilizado em um processo penal tão importante. Com a mediação do juiz e na ausência dos jurados, as duas partes travaram um encarniçado debate sobre a admissibilidade do teste no processo.

Após uma longa sessão, o juiz finalmente autorizou que as conclusões de Holmstedt poderiam ser usadas como prova. Assim, o sexagenário cientista apresentou, com seu forte sotaque sueco, a prova mais contundente contra Genene Jones quando afirmou que havia encontrado traços de succinilcolina nos tecidos de Chelsea.

Durante toda a exposição da promotoria, a enfermeira acusada permaneceu sentada na bancada da defesa com uma atitude impassível, beirando o tédio. Ela escrevia cartas, rabiscava, mascava chicletes e parecia quase sempre desligada. Estava convencida de que seria absolvida, embora seus advogados não estivessem tão certos disso. Em dado momento, considerou levar à sala de tribunal um exemplar do romance de terror *O Cemitério* (*Pet Sematary*, 1983), de Stephen King, para ler durante as sessões, mas os advogados a dissuadiram da ideia, argumentando que o gesto refletiria mal no júri, que lhe lançava olhares frequentes conforme os dias passavam.

Uma das últimas testemunhas a depor contra Genene Jones foi sua ex-chefe e ex-amiga, a dra. Kathy Holland. A pediatra, que de suspeita se transformara em uma das testemunhas mais fortes da promotoria, era também o pior pesadelo da enfermeira.

Ao longo de alguns dias, Holland contou como tinha contratado Genene e falou sobre a rotina de trabalho das duas. Descreveu os súbitos problemas respiratórios manifestados por Chelsea e outras crianças. Relatou aos jurados como encontrou marcas de agulha em um dos frascos de succinilcolina, que aparentava estar cheio, mas que, na verdade, como se comprovaria mais tarde, estava diluído. Por fim, para o espanto de todos, citou um bilhete que Genene Jones tinha deixado durante uma tímida tentativa de suicídio, em que pedia desculpas a ela "e às sete pessoas cuja vida eu alterei". Parecia uma clara confissão.

> Em dado momento, considerou levar à sala de tribunal um exemplar do romance de terror *O Cemitério* (*Pet Sematary*, 1983), de Stephen King, para ler durante as sessões, mas os advogados a dissuadiram da ideia.

O comportamento de Genene mudou. Ficou zangada e, com a voz alterada, declarou que Holland a estava traindo e dizendo mentiras. Inquirida pela defesa, Holland admitiu que tinha mudado de opinião sobre a morte de Chelsea, mas seria o bastante?

Tal como no caso de Martha Woods, cabia ao juiz decidir se os "maus atos" prévios do réu eram relevantes para o processo na medida em que, em conjunto, compunham uma espécie de "marca registrada" de sua conduta criminosa. Por fim, permitiu que diversas testemunhas falassem sobre a experiência amedrontadora de crianças que cruzaram o caminho da enfermeira. Conforme Sutton havia prometido, todas as peças do quebra-cabeça estavam se encaixando.

No final, todas as 44 testemunhas e 64 provas apresentadas pela promotoria apontavam claramente Genene Jones como autora dos crimes.

A defesa buscou refutar de forma veemente as provas da acusação, com base sobretudo nos depoimentos de uma torrente de peritos médicos. Genene também foi aconselhada a não testemunhar, pois ficaria rapidamente exposta como mentirosa e arrogante. Houve alguns momentos tensos, em que a enfermeira parecia pronta a ignorar os conselhos dos advogados — assim como ignorara tantas vezes as ordens dos médicos na UTI — e disposta a testemunhar de qualquer jeito, mas ela sempre recuava.

A um mês da data de início, o julgamento chegava perto do fim. Só faltavam as alegações finais.

Coube a Nick Rothe, assistente de promotoria de San Antonio — que ajudava Sutton devido a um segundo processo em aberto contra Jones por atentar contra a vida do pequeno Rolando Santos — resumir a tese da acusação em uma emotiva apresentação de duas horas.

"Não podemos perder de vista a razão de estarmos aqui", começou Rothe. "Estamos aqui por causa de uma garotinha morta. Aqui está ela", disse o promotor, segurando uma foto de Chelsea McClellan.

Dirigindo-se aos jurados, repassou os depoimentos sobre visitas corriqueiras ao médico que se transformavam em assustadoras situações de emergência. Havia um padrão nas ações de Genene, insistiu, indicando um grande calendário sobre um cavalete. Uma bonequinha de pano marcava a data de cada episódio relatado de espasmos repentinos sofridos por uma criança no consultório da dra. Holland.

> "Não podemos perder de vista a razão de estarmos aqui", começou Rothe. "Estamos aqui por causa de uma garotinha morta. Aqui está ela", disse o promotor, segurando uma foto de Chelsea McClellan.

"O calendário está cheio de bonecas de pano", disse Rothe, e então apontou para uma semana no calendário durante a qual não foram relatados espasmos. Os dias estavam em branco. Por quê?

"Essa é a semana em que Genene Jones não estava no hospital", explicou. "Não temos bonecas de pano nessa semana porque a enfermeira não estava lá."

Silêncio.

Por sua vez, o advogado de Genene resumiu a tese da defesa da seguinte forma: Chelsea morreu de causas naturais. Jones era inocente e estava sendo usada como bode expiatório. E a dra. Holland era suspeita demais para ser ignorada.

"Eles fizeram de tudo que puderam para desviar nossa atenção dos fatos do processo", disse o defensor aos jurados, "na tentativa de esconder a verdade, gerar confusão, pânico e coagi-los a proferir um veredicto condenatório."

Após uma sucinta contradita da promotoria, o juiz submeteu a causa à decisão do júri. Era pouco depois das 14h do dia 15 de fevereiro de 1984.

"Por que você não relaxa e pega um bom livro para ler?", disse o magistrado ao estenógrafo do tribunal, prevendo uma deliberação árdua e demorada.

Ele estava errado. O júri levou menos de três horas para chegar a um veredicto. Fiquei surpreso quando uma emissora de TV local interrompeu a programação para anunciar que os jurados estavam de volta com uma conclusão.

Culpada.

Do lado de fora, um pequeno grupo de manifestantes com cartazes comemoravam ruidosamente a decisão. Dentro da sala do tribunal, parentes das vítimas de Jones se abraçavam e choravam. Para os McClellan, o veredicto era agridoce; não traria a filha deles de volta, porém garantia que a mulher que a assassinou passaria o resto da vida atrás das grades.

"Agora podemos finalmente enterrá-la", disse a avó de Chelsea a um repórter, "e ninguém mais vai poder desenterrá-la."

Abalada, Jones, que tinha estado tão convencida de que seria absolvida, agora chorava enquanto oficiais de justiça a escoltavam até a viatura policial que a levaria à prisão.

Alguns dias depois, foi condenada a 99 anos de prisão pelo assassinato de Chelsea McClellan. Passados alguns meses, também foi condenada por ferir deliberadamente Rolando Santos, e pegou outros sessenta anos de prisão, a ser cumpridos de modo concomitante à primeira pena. A justiça estava feita. (Na época, o promotor de San Antonio declarou a um repórter do *Washington Post*: "Não apresentaremos novas denúncias contra Genene Jones. Não serviriam a nenhum propósito útil. Eu acho que [ela] vai passar o resto da vida na prisão".)

Contudo, no calor do momento, ninguém anteviu que a penalidade escondia uma armadilha que só viria a constituir uma ameaça décadas mais tarde.

E quando isso aconteceu, era como se estivessem desenterrando aquela garotinha de novo.

• • •

Por que ela fez isso?

Ninguém sabe ao certo. É provável que, como Martha Woods, ela manifestasse alguma forma da "síndrome de Münchausen por procuração". Promotores dizem que Genene Jones tinha um "complexo de heroína", uma necessidade patológica da atenção que recebia ao salvar uma criança (cuja morte iminente ela mesma provocava). É possível, segundo eles, que ela nunca tivesse pretendido matá-las, mas apenas colocá-las à beira da morte para que então pudesse salvá-las. Outros dizem que ela gostava do poder que sentia ao desempenhar o papel central em uma situação de vida ou morte. Ou talvez se excitasse com a possibilidade de ganhar a atenção dos médicos que tanto cobiçava e venerava como semideuses. Ou quem sabe estava extravasando os supostos abusos sofridos durante a infância.

Nós simplesmente não sabemos, e ela não vai dizer.

Acredito que as motivações de Genene Jones, como as de Martha Woods, eram complicadas e fugiam à compreensão racional. Seja lá quais fossem, não compete a nós entendê-las. Deus é quem sabe. Meu primeiro compromisso não é com ela, mas com Chelsea McClellan e outras crianças cujas vidas possam ter terminado nos braços de Genene Jones.

Duas vilãs emergiram nessa tragédia. Uma delas era Genene Jones, uma psicopata e assassina em série cujo real número de vítimas podemos nunca chegar a saber. A outra era uma cultura hospitalar que preferia se abster a encarar a verdade.

Genene Jones pode ter assassinado até 46 bebês e crianças que foram entregues aos seus cuidados, mas jamais saberemos o número exato, porque após sua primeira condenação, o Hospital do Condado de Bexar (hoje Centro Médico Universitário) triturou quase 30 toneladas de registros que cobriam o período em que Jones trabalhou lá como enfermeira, destruindo quaisquer provas documentais que pudessem existir contra ela. O hospital afirmou que a fragmentação de documentos era rotina; os promotores suspeitavam que isso tinha sido feito no intuito de eximir o hospital de qualquer responsabilidade legal e evitar má publicidade.

Bons pais perderam seus filhos. Boa gente perdeu o emprego. Mas políticos, advogados e médicos saíram ilesos, como sempre.

Não aprendemos nada com a matança de inocentes pelas mãos de Genene Jones. Nada.

• • •

Em 2014, a comissão encarregada de julgar pedidos de livramento condicional no Texas negou liberdade a Genene Jones pela nona vez. Nos primeiros tempos, sempre apareciam manifestantes para se opor à liberação de Jones; com o passar dos anos, os protestos foram minguando e silenciando, até há pouco tempo. Na ocasião, aos 64 anos, ela implorou piedade, alegando sofrer de doença renal em estágio 4, isto é, está morrendo. Três décadas se passaram desde que ela foi presa pelo assassinato de Chelsea McClellan. A foto em sua ficha policial já não mostrava uma mulher de olhar frio na casa dos 30 anos, mas uma matrona de aspecto murcho e desleixado, que estava mais para merendeira escolar que assassina em série.

Ah, mas Genene Jones ainda é perigosa.

Quando ela foi condenada a 99 anos de prisão nos anos 1980, o Texas tinha leis de liberação compulsória criadas para aliviar o problema da superlotação carcerária. Por mais perverso ou violento que fosse, cada detento tinha três dias descontados da pena para cada dia de bom comportamento atrás das grades. Mais de mil criminosos que foram presos no Texas entre 1977 e 1987 hoje têm direito à liberação compulsória, e centenas deles são assassinos. A lei foi alterada depois, porém ainda se aplica no caso de Jones.

Por mais de trinta anos, Genene Jones não se meteu em encrencas. Por isso, em vez de morrer na prisão, como deveria, ela poderá ser libertada em 1º de março de 2018. Totalmente livre.

Bons pais perderam seus filhos. Boa gente perdeu o emprego. Mas políticos, advogados e médicos saíram ilesos, como sempre. Não aprendemos nada com a matança de inocentes pelas mãos de Genene Jones.

A Promotoria de Justiça em San Antonio — onde Jones pode ter matado, em um só hospital local, dezenas de crianças — tem se empenhado em obter novos indícios incriminadores contra a ex-enfermeira no rastro de bebês mortos que ela deixou pelo caminho.

Cogitamos exumar os corpos das possíveis vítimas, mas a probabilidade de encontrar qualquer prova sólida a essa altura é escassa. Sim, Jones podia ter injetado succinilcolina — substância dificílima de se detectar — em suas vítimas. Mas também podia simplesmente tê-las sufocado. De qualquer forma, os restos mortais das crianças dificilmente forneceriam pistas decisivas.

Mais recentemente, os velhos autos do processo de 1983 vieram à tona. Talvez contivessem cópias suficientes de antigos documentos do hospital para embasar novas denúncias contra Genene Jones, em um último e desesperado esforço de mantê-la na prisão, onde é o lugar dela. O tempo dirá.

Caso nada aconteça e ela consiga sobreviver o bastante, deixará a prisão em 2018 e se tornará uma mulher livre. E, pela primeira vez na história da justiça norte-americana, de maneira consciente e deliberada, teremos tirado uma assassina em série da cadeia para devolvê-la à sociedade.

Os mortos já não podem ser ajudados. Os vivos, porém, merecem muito mais que isso.

SHERIFFS OFFICE
WHEATLAND WYO
7 10 84

CAP. 7

O SEGREDO DOS CORPOS
DR. VINCENT DI MAIO E RON FRANSCELL

ENIGMAS
SEGREDOS E **ENIGMAS**

O imigrante ilegal Martin Frias foi preso por atirar nas costas de sua namorada (que vivia com ele) Ernestine Perea em Wheatland, Wyoming, em 1984.

Estamos todos enredados nos enigmas da vida. Aceitamos que há mistérios que não podemos resolver, mas buscamos respostas mesmo assim. Viver é como montar e desmontar incessantemente um quebra-cabeça. Sempre foi assim, e sempre será. A morte também nos apresenta muitos enigmas, mas penso que o mistério da morte está naquilo que podemos ver, e não no que está oculto. As pistas estão todas lá, e podemos sempre encontrar as respostas que procuramos. Não há nada de anormal em olhar e se perguntar... o que não é normal é a indiferença.

WHEATLAND, WYOMING
QUINTA-FEIRA, 5 DE JULHO, 1984

Martin Frias passou o dia após o 4 de Julho, Dia da Independência nos EUA, sentindo-se mal física e emocionalmente.

Ele e a namorada vinham brigando havia alguns dias, e a poeira ainda não tinha assentado. Ela queria distância, não tinha estômago para aturar aquela merda. Por isso, naquela tarde, simplesmente pegou o carro e levou as crianças até o parque. Martin ficou em um estado depressivo — meio triste, meio puto.

Martin viera clandestinamente do México para os EUA em 1979, em busca de trabalho. Conseguiu chegar no Wyoming, onde havia trabalho de sobra e ninguém fazia muitas perguntas. Em 1981, conheceu Ernestine Jean Perea, recém-divorciada que cuidava sozinha da filha de 4 anos. Ambos estavam na casa dos 20 anos e buscavam desesperadamente um porto seguro.

Alugaram um modesto trailer verde e branco em uma estradinha de terra à margem da via férrea, no sudoeste de Wheatland — cidade rural situada em uma árida planície do Wyoming. Martin conseguiu emprego em uma pedreira local. Era um sujeito esforçado, sério e delicado no trato com as pessoas. Embora tivesse apenas 1,75 m de altura, era rijo e forte. Chegou a ser um promissor arremessador de beisebol quando garoto, no México.

O chefe de Martin gostava dele, e pelo menos enquanto estava trabalhando — enquanto havia dinheiro entrando — a vida era boa.

No entanto, já havia alguns meses, desde que o braço direito de Martin quase fora arrancado por uma britadeira, as coisas não andavam bem. A primeira cirurgia no braço não dera certo, e ele passou a receber apenas um auxílio-acidente enquanto se recuperava da cirurgia corretiva.

Com o braço inutilizado em uma tipoia, o dinheiro era curto, e ele se limitava a ficar à toa no trailer, bebendo cerveja barata e vendo TV o dia todo, enquanto Ernestine tomava conta dos três filhos indisciplinados, ainda em idade pré-escolar. Ele reclamava que ela bebia demais. Reclamava da comida que ela fazia. Reclamava dos amigos dela. Reclamava de tudo. Isso a deixava maluca, e Ernestine revidava com a mesma hostilidade. Às vezes, não conseguia conter o temperamento explosivo, como na vez em que, muito antes de conhecer Martin, apunhalou o ex-marido com uma chave de fenda. Desta vez, Ernestine disse à mãe, Cheyenne, que estava pensando em ir embora e levar as crianças com ela. Na verdade, já tinha guardado algumas de suas coisas na garagem da mãe.

Então, depois do 4 de Julho, ainda com a cabeça quente, Ernestine arrastou as crianças para o parque municipal, onde alguns amigos se reuniam para um piquenique. Alguém levou um bocado de cerveja. A bebedeira abrandou a raiva de Ernestine, e logo todas as dores sumiram. Ela enfim se sentia livre enquanto farreava e rolava alegremente na grama com alguns jovens do grupo, e esquecia Martin por algumas horas. Era bom, mas ela brincava com os amigos dizendo que haveria briga quando chegasse em casa.

Ernestine não sabia que Martin a seguira e a espiava de dentro da caminhonete. Ficou enfurecido de vê-la com aqueles homens, aos agarrões e aos risos. Foi embora e tomou um porre.

Naquela noite, por volta das 21h30, com as ruas da cidadezinha já adormecidas, Martin retornou ao trailer. Tudo escuro. Mais tarde, quando Ernestine e as crianças chegaram, ele ajudou a colocá-las para dormir em um cômodo separado. Sem dizer uma palavra, Ernestine se dirigiu ao quarto do casal, onde estava dormindo sozinha havia algumas noites, e fechou a porta.

A noite longa e triste de Martin terminou em silêncio. Apagou a luz e se enroscou no sofá-cama onde estava dormindo desde que Ernestine o expulsara do quarto. Inquieto depois de um dia turbulento que terminou sem solução, custou a dormir.

Mal tinha pegado no sono e foi acordado com o som de uma pancada, como se alguém do lado de fora tivesse chutado a lateral do trailer. Vai ver uma rajada de vento arrastara algo que se chocou contra a lataria. Também podia ser um vira-lata fuçando o lixo. Ele se levantou, espiou os quartos das crianças e sondou a escuridão lá fora. Nada. Ficou acordado no sofá por algum tempo, com os ouvidos atentos. Como não ouviu mais nada, voltou a dormir.

Duas ou três horas mais tarde, por volta da 1h, acordou de novo com um bebê chorando.

Grogue e ainda um pouco bêbado, cambaleou pelo escuro, seguindo o som do choro, que parecia vir do quarto de Ernestine.

Abriu a porta e acendeu a luz, mas demorou um pouco a compreender o que via: Ernestine estava estirada de costas no chão, sangrando muito por conta de um ferimento abdominal. A filha chorava descontrolada e tentava inutilmente erguer a cabeça da mãe. A parede ao lado da porta estava suja de sangue e restos mortais, e, caído entre as pernas de Ernestine, estava seu rifle de caça Weatherby Magnum 300.

Ela não se movia. Nem respirava.

A apenas três semanas do seu 28º aniversário, Ernestine Perea estava morta.

Horrorizado, Martin apanhou a criança do chão, correu para a cozinha e ligou para o 911. O inglês dele era sofrível. Não soube dar a localização exata do trailer, então combinou de encontrar os policiais em um café da cidade e levá-los até lá.

...

Os primeiros a atender ao chamado — um policial, um investigador e o agente funerário local, que também atuava como *coroner* do condado — não encontraram sinais de luta ou da presença de um intruso no diminuto quarto. A julgar pela posição do corpo; pela localização do rifle (que o investigador prontamente verificou se estava carregado), ao lado da perna esquerda da mulher; pelo enorme ferimento no abdome, de formato irregular; pelos respingos de sangue, vísceras e fragmentos de ossos na parede; e pela porta fechada, eles logo concluíram que se tratava de um sangrento suicídio.

Porém, ao examinar o corpo mais de perto, começaram a desconfiar das aparências. A calça jeans que Ernestine vestia tinha um rasgo ao longo do zíper, como se alguém tivesse tentado arrancá-la à força. E, quando viraram o corpo dela, encontraram um pequeno buraco de bala em suas costas, com o diâmetro aproximado de um dedo mindinho.

A teoria deles rapidamente mudou. Eles sabiam que, em lesões por projéteis de arma de fogo, o orifício de entrada é normalmente menor que o de saída. Portanto, como o ferimento nas costas de Ernestine era menor que o do abdome, calcularam que ela fora alvejada por trás, e que a bala saíra pela barriga acompanhada de um espetacular (e fatal) esguicho de sangue que salpicou a parede a menos de um metro de distância.

> A teoria deles rapidamente mudou. Eles sabiam que, em lesões por projéteis de arma de fogo, o orifício de entrada é normalmente menor que o de saída.

Era o primeiro assassinato no Condado de Platte em cinco anos, mas até o Barney Fife — personagem interpretado por Don Knotts no programa *The Andy Griffith Show* — teria solucionado aquele crime. Ernestine não poderia ter dado um tiro nas próprias costas com um poderoso rifle de caça. Aliás, nem com qualquer outra arma de fogo. Isso parecia claro.

Menos de doze horas depois, um patologista clínico da Universidade do Wyoming examinava o corpo atarracado de Ernestine, que estava descalça e vestia a mesma camiseta listrada azul e calça jeans com que fora encontrada. Ela media 1,55 m, pesava 63 kg, e tinha cabelos negros e compridos. O patologista reparou em um nome tatuado na mão esquerda do cadáver — ARCENIO — com um "x" rodeado de estrelas, quem sabe um ex-namorado ou ex-marido. Também encontrou inexplicáveis hematomas em seu peito e uma espantosa concentração de álcool em seu sangue: 0,25 mg/l, mais de duas vezes o limite legal permitido no Wyoming naquela época.

Embora as entranhas de Ernestine tivessem sido reduzidas a uma maçaroca sangrenta, foi possível confirmar facilmente o que a polícia relatou ao patologista: havia um orifício oval de 2,5 cm no meio das costas da mulher, criado pela entrada do projétil, que também partiu sua medula espinhal; e um orifício de saída irregular em seu abdome — medindo mais de 10 cm no ponto mais largo —, de onde se projetavam parte de suas vísceras. A bala tinha entrado pelas costas e saído pela frente do corpo, dizia o relatório de necropsia.

Assim, o patologista que realizou a necropsia e os peritos do laboratório de criminalística do estado rapidamente concluíram que a bala penetrou nas costas de Ernestine e se partiu em duas ao se chocar contra sua espinha. Então, os fragmentos atravessaram em perfeita horizontal a cavidade abdominal, perfurando aorta, fígado, rins, diafragma, intestino e baço antes de saírem pela barriga. Dois grandes pedaços do núcleo da bala e da cápsula se alojaram na parede do quarto. A trajetória da bala foi paralela ao chão, sugerindo que o rifle tinha estado a não mais que 50 cm acima do chão quando foi disparado.

Dada a trajetória da bala e a distância da parede, os peritos deduziram que Ernestine estava ajoelhada ou agachada quando foi baleada, e o atirador também estava bem junto ao chão.

Assim, o *coroner* do Condado de Platte — um excêntrico e loquaz diretor funerário que fez campanha para o cargo alegando que era o único homem na cidade com um carro grande o suficiente para transportar um cadáver — concluiu que Ernestine foi vítima de homicídio.

As impressões digitais de Martin foram encontradas na coronha do rifle e na caixa de munição, e as digitais de Ernestine na mira e no cano, mas nenhuma impressão foi encontrada no gatilho, no ferrolho ou em qualquer outra parte da grande arma. Óleo vegetal e partículas de grafite foram encontrados na mão esquerda de Ernestine e no cano do rifle.

Porém, não havia vestígios de sangue ou tecido humano na boca da arma, e os técnicos da perícia tampouco encontraram resíduos de pólvora na camiseta de Ernestine, o que sugeria que o disparo fora realizado pelo menos a um metro de distância.

Martin jurou que não ouviu nenhum tiro, embora estivesse dormindo na sala do trailer, separada do quarto apenas por um pequeno corredor. Impossível, dizia a polícia. Ele só podia estar mentindo. Aquela arma — um rifle de caça usado para matar elefantes — acordaria até um defunto.

Amigos disseram à polícia que Martin e Ernestine tinham uma relação tempestuosa e viviam embriagados. A mãe de Ernestine contou que a filha ameaçava deixá-lo. Entretanto, para cada circunstância que apontava para a culpa de Martin, outra a contradizia.

Sim, Ernestine flertara com o suicídio antes, provavelmente umas dez vezes — e as diversas cicatrizes não naturais em seus pulsos, observadas por acaso durante a necropsia, eram prova disso. Por outro lado, poucas horas antes de morrer, estava de bom humor e se divertia com os amigos. Afinal de contas, Martin a vira brincando e se agarrando com um deles no parque horas antes do disparo mortal. Para quem a viu naquele dia, ela não parecia prestes a se suicidar.

Sim, Martin e a mulher tinham brigado alguns dias antes, e desde então ele estivera dormindo no sofá. Entretanto, com o braço recém-fraturado e imobilizado em uma tipoia, era improvável que tivesse conseguido carregar, engatilhar, e disparar um rifle de alta potência.

Sim, a polícia já tinha sido chamada uma dezena de vezes ao trailer por causa de brigas domésticas, e Ernestine chegou a implorar aos policiais que confiscassem o rifle de Martin. Ainda assim, em cada um dos brutais interrogatórios a que foi submetido, Martin negou com firmeza que tivesse matado a mulher. Durante toda a investigação, foi tão prestativo quanto pôde, sem as lorotas típicas de um mentiroso.

> Com o braço recém-fraturado e imobilizado em uma tipoia, era improvável que tivesse conseguido carregar, engatilhar, e disparar um rifle de alta potência.

Embora nem tudo batesse perfeitamente, investigadores e promotores acreditavam que tinham indícios suficientes para provar que Ernestine tinha sido assassinada, e não cometido suicídio.

A teoria deles, inteiramente circunstancial, era a seguinte: os dois tiveram um bate-boca no quarto. Ele estava enciumado, e ela, bêbada. Martin a agarrou — e o fez com tanta violência que rasgou o zíper e arrebentou o botão da calça jeans que ela usava — e então a jogou no chão. Enquanto ela se erguia, de costas para ele, o homem apanhou o rifle de debaixo da cama e, ajoelhado, atirou nas costas da mulher, cobrindo a parede próxima de sangue e vísceras. Ernestine então se retorceu e caiu de costas no chão, eles sustentaram. Por fim, Martin posicionou o rifle entre as pernas da mulher para simular um suicídio e ligou para a polícia.

Cinco dias após o disparo mortal daquela única bala no quartinho escuro de um trailer, Martin Frias foi detido pelo assassinato da companheira Ernestine Perea, e seus filhos foram levados sob a custódia do Estado.

Sem condições de pagar uma fiança de meio milhão de dólares, foi direto para a cadeia.

...

As pautas de julgamentos no Wyoming não são longas. Martin Frias foi levado a julgamento cinco meses depois, mal compreendendo o que todo mundo estava dizendo sobre ele.

Seu defensor, designado pelo juiz, chamava-se Robert Moxley. Aprovado poucos anos antes no exame da ordem, estava desde então lotado no pequeno e pacato gabinete da Defensoria Pública em Wheatland, onde casos de assassinato eram raros. Quando seu próprio investigador comprou a tese da acusação de que Martin tinha dado um tiro nas costas de Ernestine, Moxley viu que as coisas estavam feias, e resolveu concentrar todos os seus esforços em montar uma defesa baseada no critério da verdade real: sem testemunhas ou provas periciais sólidas de que Martin tinha premeditado o assassinato de Ernestine e apertado o gatilho, ainda havia uma mínima margem para dúvidas. O advogado cruzou os dedos então, torcendo para que o júri decidisse pela absolvição.

Era uma esperança vã.

A acusação apresentou argumentos convincentes, embora fossem inteiramente baseados em provas circunstanciais. Com uma testemunha após a outra, pincelada por pincelada, os promotores pintaram o retrato de Martin Frias como um homem ciumento e raivoso capaz de matar a companheira em um acesso de fúria. Naquela noite, além do casal, só estavam presentes no trailer três crianças em idade pré-escolar. E, na condição de imigrante sem documentos, Frias só parecia ainda mais culpado.

Testemunhas da acusação também descreveram um teste de disparo do rifle dentro do trailer no qual a arma produziu um som semelhante à buzina de um carro ou a uma britadeira, o que levantou sérias dúvidas sobre a afirmação de Frias de que não ouviu nenhum tiro.

A Moxley só restava se esquivar. Como não tinha razões para questionar o relatório oficial de necropsia, nem dispunha de verba para contratar médicos-legistas que pudessem refutá-lo, o melhor que podia fazer era tentar, ainda que inutilmente, colocar a culpa em fatores externos.

Uma terapeuta que acompanhou a filha de 4 anos de Ernestine revelou que, inicialmente, a criança afirmou ter atirado na mãe.

"Eu atirei nas costas dela. Eu atirei nas costas dela. Eu atirei nas costas dela", a criança teria contado à terapeuta.

"Você falou com sua avó sobre o que a gente conversou?", perguntou depois a terapeuta.

"Sim."

"E o que a vovó disse?"

A garotinha fez "Xiiiu!" e saiu do consultório para comprar refrigerante de uma máquina do corredor, enquanto cantarolava sem parar: "Não pos-so dize-er, não pos-so dize-er, não pos-so dize-er...".

Assustadoramente, um psiquiatra que também examinou a menina considerou-a muito agressiva e identificou sintomas de privação e dupla personalidade. Em dado momento, a criança pegou um bloco de notas e ficou passando como uma faca pelo pescoço da psiquiatra. "Vou cortar o seu pescoço!", dizia cada vez que repetia o gesto.

Um perito criminal testemunhou que Martin se submeteu a exames residuográficos nas mãos, quando foram colhidas amostras que, analisadas em laboratório, poderiam detectar a presença de resíduos de disparo. Entretanto, inexplicavelmente, tais amostras — que poderiam ajudar a provar sua culpa ou inocência — nunca chegaram a ser analisadas.

Testemunhas de defesa afirmaram ainda que, com o braço naquele estado — imobilizado e praticamente imprestável —, disparar um rifle de grande porte, ainda mais ajoelhado, seria uma tarefa quase impossível para Martin. Outro perito admitiu que tentou engatilhar o rifle e atirar usando apenas um braço, mas não conseguiu. A promotoria rebateu com o depoimento de um médico que afirmou que Martin poderia, sim, ter feito o disparo.

Por fim, o ex-diretor do laboratório estadual de criminalística declarou que, depois de avaliar os laudos periciais, não encontrou elementos sólidos de prova, fossem incriminatórios ou não. Não descobriu nada que pudesse confirmar (ou desmentir) o que aconteceu naquela terrível noite.

No fim, nenhum dos argumentos da defesa colou.

Depois de sete dias de depoimentos, os sete jurados e as cinco juradas levaram menos de cinco horas para condenar o réu pelo crime de homicídio simples. Pouco antes do Natal de 1985, o juiz sentenciou Martin Frias a uma pena de 25 a 35 anos de reclusão na Penitenciária Estadual do Wyoming.

Levaram embora seus filhos e sua liberdade, sua namorada estava morta, e ele sairia já velho da cadeia. Martin Frias mal conseguia entender o que estava acontecendo.

A América não era nada daquilo que ele esperava.

• • •

No auge do inverno do Wyoming, enquanto Moxley se preparava para recorrer da sentença, o caso teve um desdobramento inesperado. Durante um café com um dos investigadores da defesa, um técnico do laboratório de criminalística comentou casualmente que fotos infravermelhas da camiseta

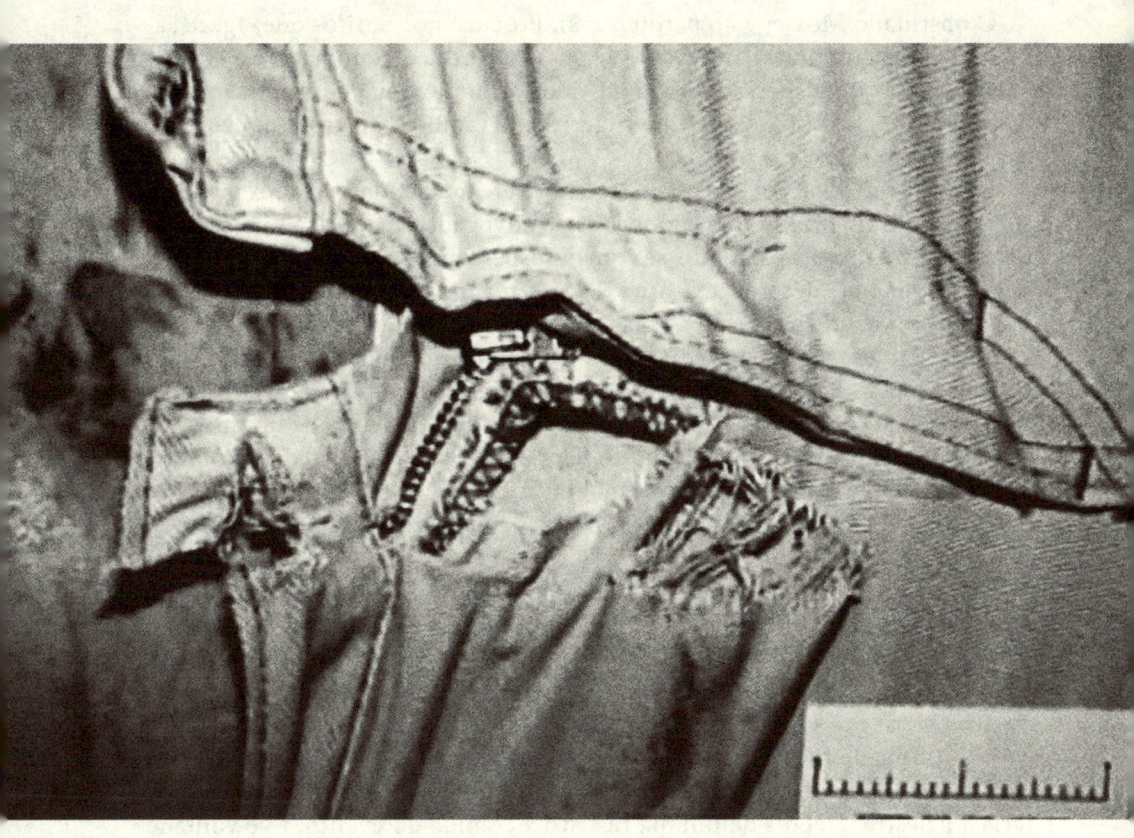

O zíper e o botão retorcido no jeans da vítima
de tiro Ernestine Perea sugeriam uma luta,
talvez até uma tentativo de estupro.
(ESCRITÓRIO DO XERIFE DO CONDADO DE PLATTE, WYOMING)

sangrenta de Ernestine poderiam mostrar algo que eles não tinham percebido. Para a surpresa de toda a equipe de defesa, as imagens subsequentes revelaram o que ninguém vira a olho nu: uma enorme marca residual de pólvora proveniente do disparo encostado... na parte frontal da blusa.

De repente, novos indícios sugeriam que Martin Frias poderia estar dizendo a verdade.

O obstinado Moxley não parou por aí. Procurou os peritos que, agora sabia, devia ter contatado antes do julgamento. Pediu à renomada especialista em padrões de dispersão de sangue, Judith Bunker, que desse uma olhada nas provas, e ela, por sua vez, lhe sugeriu que também entrasse em contato comigo. Foi o que ele fez.

Era o tipo de ligação que, como legista-chefe no Condado de Bexar, eu recebia rotineiramente: um jovem mas sério advogado de defesa às voltas com um caso infrutífero, agarrando-se com desespero a indícios imaginários. Pela maneira como ele descreveu a situação, parecia um caso perdido.

Fui pessimista em relação às suas chances de conseguir absolver o cliente com base em uma perícia médica, mas mencionei que, por coincidência, daria uma palestra em uma convenção sobre segurança pública em Cheyenne, Wyoming, dali a algumas semanas. Eu podia até dar uma olhada no caso, porém estava ocupado e não tinha muito tempo a perder... À moda do Wyoming, Moxley deixou o assunto no ar, e, sem entrar em mais detalhes, desligou.

Nunca pensei que voltaria a ter notícias daquele pobre homem.

• • •

O mês de janeiro no Wyoming é brutal. Peguei um avião de San Antonio para Denver, aluguei um carro e, sob forte ventania, enfrentei uma gélida viagem de duas horas até Cheyenne, onde falaria a um bando de policiais sobre lesões por arma de fogo. Senti frio o trajeto inteiro.

Os organizadores do seminário me hospedaram no mesmo hotel onde eu faria a palestra. Depois de um dia restrito à comida do evento, tive vontade de fazer uma refeição mais substancial, então desci para o restaurante do hotel com visual inspirado no Velho Oeste, onde esperava que me preparassem um belo bifão. Sentei-me sozinho em uma dessas mesas com sofá e a garçonete anotou meu pedido. Comi minha salada e, minutos depois, ela trouxe um bifão grosso, chiando de quente. Estava prestes a cortar o primeiro pedaço, quando percebi alguém parado junto à mesa, e não era a garçonete.

"Dr. Di Maio?"

Ao levantar os olhos, vi um sujeito jovem, prematuramente calvo, com óculos de aro fino e mais rugas do que deveria ter a julgar pela pouca idade. Segurava uma pasta de papel manilha.

"Sim", respondi, talvez mais em tom de pergunta que de resposta.

"Sou Robert Moxley. O advogado de Martin Frias. Falamos ao telefone..."

Levei um instante, mas me lembrei dele. O advogado desesperado que tinha perdido a causa. Ele me encontrou, afinal. Admirei sua persistência, porém estava mais focado em meu bife naquele momento.

Ainda assim, ele jogou a pasta sobre a mesa.

"São fotos da cena do crime. Só quero que o senhor dê uma olhada nelas e me diga se vê alguma coisa. Qualquer coisa."

Durante o jantar?

"Não sei se vou poder ajudar", falei. Pela segunda vez.

"Se o senhor puder dar só uma olhadinha, doutor, vou ficar muito agradecido."

Peguei a pasta e comecei a folhear as fotografias coloridas. Ao longo de minha carreira, eu já tinha visto milhares, talvez milhões de imagens exatamente como aquelas. Um cadáver ensanguentado no chão. Uma arma próxima. Fotos tiradas de perto — intimamente perto — de ferimentos, roupas rasgadas, dedos mortos. Todas as violentas cores da morte.

Eu me detive um pouco mais na imagem do abdome de uma jovem mulher, dilacerado por um grande ferimento.

"Ela foi baleada com um rifle de caça. Esse é o ferimento de saída", informou-me Moxley.

Olhei mais de perto por alguns segundos. Já tinha visto mais buracos de bala que um batalhão de cirurgiões do MASH (Hospital Cirúrgico Móvel do Exército). Tinha escrito o livro mais importante sobre lesões por arma de fogo. Sabia exatamente para o que estava olhando.

"Não", disse-lhe. "Isso não é um ferimento de saída."

Ele me olhou de forma estranha, como se eu tivesse acabado de dizer que ele era adotado.

"Desculpe, mas esse não é um ferimento de saída", repeti. *"É um ferimento de entrada."*

• • •

Um dos maiores mitos da criminalística é que projéteis sempre fazem buracos menores ao entrar e maiores ao sair, mito que é perpetuado por nossa mídia, que raramente retrata lesões por armas de fogo de forma autêntica.

Por exemplo, quando uma pessoa é baleada em Hollywood, ela quase sempre é arremessada para trás de maneira espetacular, às vezes a mais de um metro de distância, contra uma parede ou através de uma janela de vidro laminado. Na vida real, porém, uma bala eficiente concentra sua tremenda energia cinética em uma ínfima área em sua ponta, e, portanto, não tem o poder de impelir um corpo humano para trás. Ela não empurra — ela penetra. A bala se desloca com tanta rapidez que, ao atingir uma massa razoavelmente inerte de carne, simplesmente a transpassa, e o corpo da vítima desaba ali mesmo, no mesmíssimo lugar onde estava ao receber o impacto.

Há também o mito dos pequenos ferimentos de entrada e grandes ferimentos de saída. O fato é que, em geral, uma bala de fato tende a abrir um pequeno buraco ao penetrar um corpo, se despedaçar em seu interior, e deixar um buraco maior ao sair em um jorro de metal, sangue e tecidos. Mas não é o que acontece em todos os casos, e aquilo certamente não se aplicava ao caso de Ernestine Perea. As pistas, contudo, estavam escondidas bem ali, nas fotografias de Moxley, à vista de todos.

Quando alguém dispara uma arma, não é apenas a bala que sai do cano. O disparo produz uma labareda que pode atingir 1.500ºC, seguida de gases quentes, fuligem, pólvora em combustão e da bala, é claro.

Se o atirador pressiona a boca da arma contra a pele da vítima, então a chama queima a pele, a fuligem é depositada em volta da orla da ferida, e os gases produzem efeitos próprios.

> O fato é que, em geral, uma bala de fato tende a abrir um pequeno buraco ao penetrar um corpo, se despedaçar em seu interior, e deixar um buraco maior ao sair.

Estava tudo ali, nas fotos do que Moxley pensava se tratar de um ferimento de *saída*: queimaduras e fuligem nas bordas da lesão abdominal. Aquilo queria dizer que o cano estava pressionado contra a pele da mulher no momento do disparo. Aqueles pequenos mas inequívocos sinais me diziam que aquele era um ferimento de entrada, não de saída.

Pelo mesmo raciocínio, era possível notar que a pequena lesão nas costas da vítima não apresentava os mesmos sinais de queimadura ou fuligem. Tratava-se claramente do orifício de saída de uma bala (ou de um fragmento dela).

E não era só isso. Os investigadores presumiram que o zíper rasgado e o botão estourado da calça jeans de Ernestine eram sinais de luta. Mas não eram.

Lembram-se dos gases quentes expelidos pela boca da arma? Com o cano do rifle encostado contra a pele, explodiram todos dentro dela, inflando temporariamente seu abdome com força o bastante para rasgar a calça e abrir a ferida de entrada. Por um curto espaço de tempo, os gases dilataram sua cavidade abdominal com uma força de 210 kgf/cm², tão poderosamente que o cós da calça se imprimiu sobre a pele.

Um fraco trabalho da polícia e uma primeira necropsia ruim — feita por um médico com pouco ou nenhum treinamento na área — tinham levado a um veredicto equivocado. Ao concluírem precipitadamente que o ferimento de entrada é sempre menor que o de saída, respaldaram uma tese falha da promotoria que mandou um homem para a prisão.

Isso queria dizer que Martin Frias não tinha pressionado a arma contra a barriga de Ernestine e apertado o gatilho? Por si só, não. Além disso, peritos procurados por Moxley estavam examinando outras provas e chegavam rapidamente à conclusão de que Ernestine tinha cometido suicídio — tal como os investigadores pensaram inicialmente, e em consonância com o relato de Martin.

A promotoria alegou que Ernestine foi alvejada por trás, girou o corpo e caiu de costas no chão. Mas para a especialista em padrões de dispersão de sangue, Judy Bunker, Ernestine não teria conseguido torcer o corpo com a espinha destruída. E, mesmo que tivesse, o sangue teria se dispersado em um semicírculo quando ela caiu. Não havia nenhum sinal disso.

Usando um microscópio eletrônico de varredura, o perito químico-legista Robert Lantz concluiu que os resíduos do disparo atravessaram a cavidade abdominal da vítima deslocando-se da região ventral para a região dorsal do corpo... e não o contrário. Convencidos de que o tiro veio de trás, os promotores sustentaram que os resíduos se depositaram na parte da frente da camiseta de Ernestine quando a bala deixou o corpo.

Para eles, a hipótese de suicídio era absurda. Afinal, se a mulher tinha atirado em si mesma, como era possível que Martin não tivesse ouvido o disparo? Contudo, o dr. Harry Hollein, especialista em acústica, demonstrou que, em certas circunstâncias, não seria tão difícil ignorar o estrondo produzido pela detonação da Weatherby. Um rifle similar, disparado contra a carcaça de um cavalo a pouco mais de um metro de distância, emitia até 120 decibéis. Era o equivalente a estar em um show de rock ou a poucos passos de uma serra elétrica. No entanto, quando o disparo era feito com a boca da arma encostada contra a pele, ouvia-se apenas um baque surdo, *como se alguém chutasse a lateral de um trailer*. Todo o som era absorvido pelo corpo, que funcionava como um silenciador.

Um baque.

Exatamente o que Martin Frias afirmou ter escutado naquela noite.

Tudo fazia mais sentido agora, pelo menos para Moxley. As provas periciais eram compatíveis com a história de Martin e a tese de suicídio. O mais provável era que Ernestine estivesse sentada ou ajoelhada no chão do quarto quando, com o rifle pressionado de ponta-cabeça contra a barriga, apertou o gatilho com o polegar.

Quatro meses depois de interromper meu jantar em Cheyenne, Robert Moxley estava convencido de que tinha encontrado a verdade que libertaria Martin Frias. Assim, com base na descoberta de novas provas, respaldadas pelo parecer de numerosos peritos criminais, ele pediu um novo julgamento. A solicitação, no entanto, foi negada pelo juiz.

Como último recurso, o advogado levou o caso à Suprema Corte do Wyoming usando um argumento original e ousado. Para ele, Martin Frias devia ser submetido a um novo julgamento porque novos dados provavam que Ernestine não tinha morrido da forma descrita pela promotoria, e porque ele tinha um advogado claramente ruim.

A Suprema Corte do estado rejeitou o pedido de Moxley para juntar novas provas ao processo. Por quê? Porque ele teve todas as chances de coletá-las antes do julgamento, e não o fez. Não eram "novas" provas se ele simplesmente não soube procurá-las direito.

Porém, ironicamente, era o fracasso em procurar tais provas, em primeiro lugar, que provava a incompetência de Robert Moxley como advogado do réu. Por causa disso, eles decidiram, Frias devia ser novamente julgado.

...

Admitido o novo julgamento, Moxley tinha uma última chance de salvar seu cliente, e não queria estragar tudo de novo. Dessa vez, coletou todas as provas periciais que deixou passar na primeira vez.

E exumar Ernestine era uma prioridade absoluta. Eu queria acompanhar essa segunda necropsia, mas, como minha agenda estava cheia, a defesa contratou meu amigo, o dr. William Eckert, renomado patologista forense, para observar a necropsia no meu lugar. Eckert já tinha concordado comigo que as lesões de Ernestine foram mal interpretadas.

O dr. Eckert era natural de New Jersey e fez carreira como *coroner*-adjunto em New Orleans e no Kansas antes de se tornar um disputado consultor aposentado. Quando Bobby Kennedy foi assassinado, em 1968, o *coroner* do Condado de Los Angeles, Thomas Noguchi, foi pedir conselho a Eckert, que sabia dos problemas jurisdicionais que tinham assolado a investigação sobre a morte de JFK cinco anos antes. Eckert lhe disse que não deixasse Washington roubar o caso, e ele não deixou.

Na época em que o caso de Frias foi revivido, em 1985, Eckert tinha acabado de voltar de uma expedição para identificar os restos mortais de Josef Mengele, médico-chefe dos campos de concentração nazistas de Auschwitz que desapareceu após a guerra e continuou conduzindo experiências com gêmeos na América do Sul. A equipe encarregada do serviço concluiu que o homem enterrado como Wolfgang Gerhard em uma cidadezinha costeira era, de fato, Mengele (conclusão corroborada em 1992 por exames de DNA).

Mais tarde, integrou uma equipe de oito patologistas — todos fascinados pela nova técnica de elaboração de perfis criminais — que investigou um dos mistérios mais antigos da história moderna: os violentos assassinatos de sete prostitutas ocorridos no East End de Londres no final do século XIX, atribuídos a Jack, o Estripador. Concluíram que o assassino sem identidade era provavelmente um açougueiro por profissão.

Embora ninguém tivesse nunca ouvido falar de Martin Frias, esse trabalhador imigrante invisível que vivia na periferia de uma cidadezinha em um lugar estranho chamado Wyoming, o caso dele era mais importante que encontrar Jack, o Estripador, ou Josef Mengele. Eles estavam mortos, e não havia ciência ou técnica capaz de levar justiça a eles ou às suas vítimas. Porém, tínhamos uma chance de corrigir esse erro e deixar um homem inocente viver o resto da vida em liberdade.

Eckert não se preocupava apenas com o erro grosseiro envolvendo o ferimento letal da vítima. As cicatrizes em seus punhos — vestígios de tentativas anteriores de suicídio — foram ignoradas, e o primeiro patologista tinha exagerado sobre suas qualificações para executar perícias médico-legais. Na audiência preliminar ao novo julgamento, Eckert falara com eloquência sobre como bons patologistas forenses trabalham incansavelmente para encontrar a resposta certa.

> Eles estavam mortos, e não havia ciência ou técnica capaz de levar justiça a eles ou às suas vítimas.

Agora, acompanhado de peritos médicos da promotoria, estava diante do túmulo de uma jovem perturbada cuja morte violenta levara um homem para a cadeia. Um ano depois de ser enterrada em uma sepultura de Cheyenne, será que ela poderia nos dizer algo novo?

Em uma fria manhã outonal de 1986, um pequeno exército de médicos e advogados — os advogados de defesa, o patologista do hospital que realizou a primeira necropsia, peritos da acusação, e meus velhos colegas Charles Petty e Irving Stone, do Departamento de Medicina Legal de Dallas, o dr. Eckert, e alguns investigadores da promotoria — reuniu-se ao redor do túmulo de Ernestine no cemitério de Olivet, em Cheyenne, onde o pai dela a tinha enterrado quatro dias após sua morte. Seu obituário pedia que, em vez de levar flores, os enlutados contribuíssem com programas de prevenção ao crime, uma sutil mas deliberada acusação de assassinato.

O sol ainda despontava quando, mais de dois anos após o funeral, o caixão de Ernestine foi erguido da cova, escavada nas altas planícies de Cheyenne, e transportado em um carro fúnebre até um necrotério no subsolo da universidade em Laramie, a cerca de uma hora a oeste. Devido ao fétido odor que emanava do caixão, os patologistas decidiram abri-lo ainda na garagem de ambulâncias.

Dentro dele jazia o corpo de Ernestine, usando os mesmos óculos de sempre. Embora tivesse sido embalsamada, seus restos tinham naturalmente se achatado um pouco. Parecia que o corpo fora deixado na chuva; estava salpicado de grossas gotas de água condensada, formadas pela diferença de temperatura entre a fria sepultura e o interior quente do carro.

No morgue, os restos mortais foram submetidos a novas radiografias de todos os ângulos. Eckert notou que o fígado da mulher estava estraçalhado. Os patologistas contratados pela promotoria usaram uma serra sabre para remover a parte da coluna vertebral que tinha sido atingida pela bala, depois a enviaram para o moderníssimo laboratório de criminalística do dr. Petty, em Dallas, onde seria analisada.

Quando a ciência finalmente terminou com Ernestine, o que sobrou dela foi devolvido à frígida terra do cemitério de Cheyenne, onde ela poderia descansar em paz pelo resto da eternidade.

Depois da segunda necropsia, os peritos médicos da promotoria não mudaram de opinião, mas Moxley estava ainda mais firmemente convencido de que a mulher tinha morrido em um trágico suicídio, e não sido assassinada.

Ambos os lados estavam absolutamente convencidos de que suas teorias estavam corretas.

E a liberdade de Martin Frias estava por um fio.

• • •

Em dezembro de 1986, quase exatos dois anos após ser condenado pelo assassinato de Ernestine Perea, Frias comparecia em juízo para seu segundo julgamento. Contudo, dessa vez, a defesa estava pronta para a guerra.

Por sete dias, a acusação insistiu na antiga teoria: Ernestine tinha sido baleada por trás enquanto brigava com alguém no quarto e caiu de costas no chão, mortalmente ferida. Seu agressor, então, teria preparado a cena para dar a impressão de que a mulher tinha se matado. Dada a ausência de resíduos de pólvora na camiseta de algodão com listras azuis que Ernestine usava quando foi alvejada, os peritos criminais da promotoria calcularam que a arma foi acionada a no mínimo um metro de distância e que o atirador estava deitado ou agachado no momento do disparo. Para eles, Martin Frias assassinara a mulher em um ataque de raiva e ciúmes.

Puseram, então, os ilustres drs. Petty e Stone no banco das testemunhas para dizer que as provas físicas apontavam para homicídio.

Em seguida, todos os peritos arrolados pela defesa prestaram depoimento: a especialista em padrões de dispersão de sangue Judy Bunker, o patologista forense Bill Eckert, o especialista em acústica Harry Hollein, o especialista em microscopia eletrônica Robert Lantz, entre outros. Moxley buscava, assim, juntar as peças que permitiriam reconstituir o suicídio de Ernestine.

De acordo com a defesa, o padrão de manchas de sangue na cena do crime era compatível com uma lesão resultante de um tiro disparado pela vítima enquanto sentada no chão, com a arma encostada contra a barriga. Já o resíduo de pólvora estava presente, mas era praticamente indetectável pela tecnologia ultrapassada da promotoria. Todos os registros visuais e sonoros da cena do crime condiziam com o relato de Martin. E, de repente, os flertes passados de Ernestine com o suicídio ganhavam um peso maior.

Voltei a declarar que as pistas reveladoras em volta do ferimento na barriga da jovem mãe nos diziam tudo que precisávamos saber sobre o tiro que a matou, das bordas cauterizadas à calça jeans rasgada.

E, dessa vez, os erros dos investigadores ficaram mais evidentes. Não fizeram diagramas da cena do crime, não realizaram nenhuma medição. Alguns testes cruciais nunca foram executados. Os jurados contavam apenas com reconstituições predominantemente baseadas nas fotos da cena do crime.

Moral da história: os peritos da defesa — que trabalharam todos de graça — concordavam que Ernestine tinha dado um tiro em si mesma. E no final, até o *coroner* da cidadezinha admitiu que também acreditava na nossa teoria do suicídio.

Os jurados, agora, deliberaram por menos de três horas. Em dado momento, recolhidos na sala secreta, chegaram a requisitar o rifle de Martin para simular como Ernestine, sentada no chão, teria se dado o tiro mortal. Era possível, e agora tudo fazia sentido para eles.

Quando o júri anunciou o veredicto absolutório, Martin Frias chorou e abraçou Moxley. Os dois anos e dez dias que passou na prisão tinham sido duros, mas agora estava livre.

Nas semanas que se seguiram, ele obteve a cidadania norte-americana graças a uma nova legislação federal de anistia, e entrou com um pedido de guarda dos filhos. No final de tudo, mudou-se para outro estado, casou-se de novo e teve outro filho. Tragicamente, porém, nunca conseguiu recuperar a guarda dos filhos que teve com Ernestine. E até hoje promotores e investigadores que trabalharam no caso, além de vários moradores locais de Wheatland, ainda acreditam que Frias é um assassino.

No entanto, ele está livre.

O caso de Martin Frias teve de ser reconhecido como um enigma antes que pudesse ser resolvido. Não raro, tais mistérios são ignorados e a justiça não é feita. Assassinatos podem se apresentar como suicídios, acidentes podem ser confundidos com assassinatos, e suicídios podem parecer acidentes. Não é só o que vemos nos dramas hollywoodianos. As pessoas são imperfeitas e muitas vezes enxergam apenas aquilo que o subconsciente sussurra secretamente em seus ouvidos. Os mistérios da vida real costumam se desdobrar em conclusões inesperadas.

Ao longo de minha carreira, vi muitos casos em que a *primeira* conclusão nem sempre é a *melhor* conclusão. Desvendar esses mistérios é uma das poucas recompensas reais do funesto trabalho que escolhi.

Quarenta e dois por cento dos norte-americanos morrem de causas naturais, e 38% em acidentes. Nove por cento das mortes são suicídios, e 6% são homicídios (nem sempre dolosos, mas, em todo caso, mortes causadas por outros seres humanos). Sobram, assim, 5% que simplesmente não podemos explicar.

> Ao longo de minha carreira, vi muitos casos em que a primeira conclusão nem sempre é a melhor conclusão.

Portanto, hoje, nos EUA, praticamente uma em cada cinco pessoas morre em circunstâncias suspeitas. Há algo errado, e precisamos cavar mais fundo para encontrar respostas.

O intrigante caso de Frias não era o primeiro nem seria último a ser marcado por um trabalho medíocre da polícia, perícias malfeitas e conclusões precipitadas que dificultavam descobrir a verdade sobre como e por que determinada pessoa tinha morrido. É uma maldição que persegue os médicos-legistas em toda parte. O primeiro instinto nem sempre é o melhor. Às vezes, como se provou no caso de Martin Frias, os indícios mais importantes nem sempre são óbvios, mas estão lá. Precisamos, porém, estar dispostos a enxergá-los, e com a mente aberta para interpretá-los honestamente — e, ainda assim, como vimos ocorrer com tantas vezes nas mortes relativamente recentes de Trayvon Martin e Michael Brown, o mundo pode preferir tirar suas próprias conclusões a despeito dos fatos.

Como falei antes: a única missão do patologista forense é descobrir a verdade. Não deve fazê-lo em prol de ou contra a polícia, nem em prol de ou contra uma família. É meu dever ser imparcial e dizer a verdade. Em algumas ocasiões, não quiseram ouvir o que eu tinha a dizer; em outras, sim. Mas eu não me importava, porque estava dizendo a verdade.

Agora, a verdade pode não ser suficiente.

SAN ANTONIO, TEXAS
QUARTA-FEIRA, 11 DE JANEIRO DE 1984

Havia algo errado.

Um vento frio soprava do norte, mergulhando o sul do Texas em temperaturas bem abaixo de zero. O céu baixo, sepulcral, dava um ar de morte àquela manhã.

Ann Ownby não tinha dormido bem na noite anterior. Seu marido, Bob, não voltara para casa. Nem sequer tinha ligado para dizer que chegaria tarde. Então, antes de o sol nascer, dirigiu até Fort Sam Houston, base militar onde Bob trabalhava, para ver se ele ainda estava lá.

Entrou no edifício de dois andares onde ficava o escritório dele. Estava trancado. Deu umas voltas de carro e passou lá de novo mais tarde. Como não viu nenhum sinal do marido, foi embora.

Logo depois, houve uma súbita comoção no prédio. Às 6h40, o expediente ainda não tinha nem começado quando um funcionário da base, chegando mais cedo ao trabalho, usou uma escada em caracol voltada para os fundos do prédio e encontrou Bob.

Estava enforcado, pendurado em uma corda no espaço aberto e frio entre os andares. O laço em volta do pescoço estava amarrado ao corrimão da escada no andar de cima. Havia um pouco de sangue em seu rosto e as mãos estavam atadas atrás das costas com um cinto de lona de estilo militar.

Preso ao suéter de Ownby havia uma arrepiante mensagem datilografada em letras maiúsculas:

CAPTURADO. JULGADO.
CONDENADO PELO EXÉRCITO
DOS ESTADOS UNIDOS
POR CRIMES CONTRA A HUMANIDADE.
SENTENCIADO. EXECUTADO.

Uma hora depois, investigadores da polícia encontraram outro bilhete sinistro na mesa do escritório de Ownby, rabiscado às pressas com a letra do próprio general:

10 jan. 84. Quando estava saindo, vi de relance umas pessoas dentro do prédio. Elas correram para os fundos. Não sei quem são ou o que estão fazendo. Parece que foram pegas de surpresa. Voltei aqui para ligar para a Polícia Militar, mas todos os telefones estão mudos. Como precaução, estou deixando as chaves do escritório dentro de meu sapato. Vou ligar para a polícia assim que conseguir um telefone bom.

O major-general da reserva Robert G. Ownby — general de duas estrelas encarregado do 90º Comando de Reserva do Exército, e, aos 48 anos, o general mais jovem da história da reserva — tinha sido assassinado.

E era possível que seus assassinos fossem terroristas que invadiram uma base do Exército em solo norte-americano.

O terrorismo antiamericano não começou em 11 de setembro de 2001. Nem de longe. Estamos na mira de revolucionários e anarquistas há pelo menos um século, e nossas Forças Armadas são o alvo mais fácil. Um fluxo constante de ataques ameaçadores estampava as manchetes no início dos anos 1980.

Em 1981, o general de brigada James Dozier foi sequestrado na Itália pelo grupo marxista radical conhecido como Brigadas Vermelhas, que o ameaçavam de morte. Após 42 dias em cativeiro, foi resgatado por uma equipe italiana de contraterrorismo. O terror, porém, estava apenas começando.

Nove meses antes de o corpo do general Ownby ser encontrado, uma van roubada carregada de explosivos chocou-se contra o prédio da embaixada dos EUA em Beirute, no Líbano, causando a morte de 63 pessoas. Dezoito eram norte-americanas.

Menos de três meses antes de sua morte, outro carro-bomba atravessou os portões do quartel da Marinha dos EUA em Beirute, matando 241 soldados e ferindo outros 81. Os dois ataques foram perpetrados por terroristas suicidas. E apenas dois meses antes, uma bomba-relógio foi detonada no Senado norte-americano em um protesto contra a invasão de Granada. Ninguém saiu ferido, mas o ataque provocou um forte abalo no governo, especialmente no Pentágono.

Não era tão absurdo imaginar que malfeitores tivessem se infiltrado pela porosa fronteira com o México. Em apenas duas horas, teriam facilmente chegado ao coração de uma das maiores cidades militares dos EUA.

Assim, naquele dia atipicamente frio de janeiro, ao encontrarem um general do Exército morto, com um sinistro bilhete pregado no peito, a tese de um ataque terrorista contra as Forças Armadas começou a ganhar corpo. Na verdade, esse pode ter sido o primeiro receio de alguns investigadores.

O general Ownby comandava 63 unidades de reserva no Texas e na Louisiana. Eram mais de 4 mil reservistas prontos para ser mobilizados em qualquer área de conflito do mundo. Embora não fosse o presidente do Estado-Maior Conjunto das Forças Armadas, era um alvo mais fácil em Fort Sam Houston, uma base militar livre de muros e portões no meio das vastas planícies de San Antonio. Que terrorista que se preze não aproveitaria a chance de matar um general de duas estrelas ao encontrar a porta da frente aberta, fosse no sentido literal ou no figurado?

O Exército emitiu um alerta imediato no qual solicitava às autoridades de fronteira que ficassem atentas para possíveis terroristas fugindo para o México. Além disso, providenciou coletes à prova de bala para outros dois generais lotados em Fort Sam Houston, e recomendou cautela a outros reservistas de alta patente.

Agentes federais e investigadores do Exército, entretanto, não estavam prontos para classificar o incidente como ataque terrorista. Apesar da sinistra mensagem deixada no corpo de Ownby e o bilhete rabiscado às pressas em que o general mencionava misteriosos invasores, os vestígios no local do crime não apontavam para a violenta invasão de um posto militar.

Em primeiro lugar, fora uma pequena mancha de sangue no rosto de Ownby, não foram encontrados hematomas ou outras marcas no corpo que sugerissem espancamento ou embate físico. Não havia sinal de arrombamento. Muito pelo contrário. Seu casaco foi encontrado sobre o patamar da escada, impecavelmente dobrado. Por cima, em uma pilha bem organizada, estavam a carteira e, ao lado dela, os óculos dobrados.

Além disso, nenhum grupo reivindicou a autoria do assassinato, como normalmente ocorre em crimes desse tipo.

E o sistema de telefonia do prédio não apresentou mau funcionamento em nenhum momento daquele dia ou da noite anterior, a despeito do que Ownby dizia no bilhete.

O único indício que sugeria um assassinato terrorista era a mensagem no suéter de Owby.

Bons investigadores mantêm a mente aberta. Por vários dias, buscaram outras pistas, examinaram os fatos de todos os ângulos e cogitaram explicações alternativas. Não descartaram a hipótese de execução terrorista, mas também pensaram na possibilidade de ser tudo uma encenação para desviar a atenção do verdadeiro assassino, ou quem sabe uma artimanha para camuflar um suicídio.

Começamos então a nos perguntar: quem era o general Ownby? A quem interessaria sua morte? Será que encontraríamos pistas sobre o assassino em sua história de vida e em seus últimos dias?

Robert Ownby nasceu no dia 9 de setembro de 1935, em Durant, Oklahoma. Em casa, foi impregnado da cultura do serviço público. Seu pai, então chefe do correio local, prosperou na hierarquia militar, passando de soldado raso na Primeira Guerra Mundial a coronel na Segunda Guerra Mundial. Sua mãe era professora em uma escola pública.

Cresceu na Main Street, e era um garoto calmo e estudioso, querido pelos vizinhos e colegas de escola. Entregava jornal e entrou para o escotismo. Nos anos 1950, foi membro da sociedade de honra ao mérito do segundo grau, do conselho estudantil, do clube de oratória e dos Futuros Fazendeiros da América (Future Farmers of America, FFA). Era um exemplo para a pequena comunidade, um menino de ouro com um futuro promissor.

Em 1957, depois de se formar em zootecnia e ser comissionado pelo Corpo de Treinamento de Oficiais de Reserva na Universidade Estadual de Oklahoma, em Stillwater, Ownby foi cumprir dois anos de serviço militar na infantaria. Frequentou escolas básicas de infantaria e paraquedismo em Fort Benning, Georgia, antes de se tornar líder de pelotão na prestigiosa Old Guard ("Antigo Pelotão"), apelido do 3o Regimento de Infantaria dos EUA, ao qual corresponde, entre outras atribuições solenes, escoltar os corpos de soldados mortos aos seus locais de descanso final no Cemitério Nacional de Arlington e em outras localidades.

Depois de três anos na reserva inativa, Ownby ingressou na Guarda Nacional do Texas e passou para a Reserva do Exército em 1972. No 90º Comando de Reserva do Exército em Fort Sam Houston, subiu depressa na hierarquia. Em 1981, tornou-se o mais jovem general da Reserva do Exército a assumir o comando de toda a unidade.

Ownby parecia igualmente bem-sucedido na vida civil. Ele e a esposa Anne tinham três filhos, e moravam em uma grande casa de um bairro nobre. Não tinha dificuldades em bancar o alto padrão de vida: era presidente e diretor-executivo da Bristow Company, que fabricava portas e molduras de aço para edifícios comerciais, e também diretor do Liberty Frost Bank.

> Começamos então a nos perguntar: quem era o general Ownby? A quem interessaria sua morte? Será que encontraríamos pistas sobre o assassino em sua história de vida e em seus últimos dias?

Sua vida fora marcada por movimentos estratégicos, alguns melhores que outros. Em 1982, deixou um cargo executivo em uma fabricante de refrigerantes para se tornar vice-presidente executivo de uma companhia petrolífera independente em San Antonio, mas saiu depois de alguns meses, quando o negócio de perfuração começou a quebrar.

Então por que esse líder comunitário profundamente religioso e pai exemplar de três filhos morreu? A necropsia logo revelou a *causa* da morte: asfixia por enforcamento. Porém *como* tinha morrido? Homicídio ou suicídio?

Devido a entraves burocráticos e conflitos de jurisdição, o corpo só foi encaminhado para necropsia ao DML do Condado de Bexar nove horas após ser encontrado. Eu não tinha como definir o momento exato da morte.

Este é outro mito de Hollywood: o de que a hora da morte é um cálculo simples, rápido, infalível.

Quando eu era novo, a televisão e o cinema sempre retratavam o médico-legista (ou o *coroner*) como um sujeito de aspecto cadavérico que aparecia na cena do crime carregando uma pequena maleta médica — vamos chamá-lo simplesmente de "Doutor". Já que um verdadeiro patologista forense não deve manipular o corpo na cena do crime, só posso supor que nosso Doutor levava uma marmita na pequena valise.

Um policial sempre perguntava ao Doutor a hora da morte, e o Doutor sempre tinha uma resposta. "Ah", diria ele em tom grave, "entre 1h e 1h30."

Na vida real, os investigadores o prenderiam no mesmo instante, pois a única pessoa que pode determinar a hora da morte com tamanha precisão é o próprio assassino. Em geral, a estimativa da hora da morte não passa de uma hipótese razoável. Diversos fatores afetam um cadáver após a morte, retardando ou acelerando os processos naturais, e eles podem ocorrer em uma miríade de combinações. A "hora da morte" pode até ser uma boa ferramenta investigativa, mas não é uma ciência exata.

Durante meu treinamento, fui instruído a apurar quando o indivíduo foi visto vivo pela última vez e quando foi encontrado morto, e então dizer que morreu em algum momento intermediário. Perante um tribunal, costumo responder algo como: "Ele morreu por volta das doze horas, com uma margem de erro de seis horas para mais ou para menos".

Portanto, não podíamos fixar o momento exato da morte, mas podíamos dizer com segurança o que causou a morte do general Ownby: asfixia por enforcamento.

Seu pescoço não estava quebrado; ele morreu estrangulado. Outro mito de Hollywood é que todo enforcamento resulta na quebra do pescoço. Sim, pode acontecer, porém é mais comum em execuções capitais. Nas únicas ocasiões em que vi pescoços quebrados em suicídios por enforcamento, a vítima era idosa e sofria de um quadro grave de osteoporose que fragilizava os ossos do pescoço.

A morte nesses enforcamentos "extrajudiciais" é causada não pela compressão da traqueia, mas pelo estrangulamento das artérias no pescoço que levam o sangue à cabeça e ao cérebro. Em dez ou doze segundos, a pessoa enforcada perde a consciência, tem uma rápida convulsão, desmaia e, dois ou três minutos depois, sofre morte cerebral.

Como sabemos? Tristemente, sabemos muito mais sobre mortes desse tipo hoje porque, em plena era digital, muitas pessoas gravam seus suicídios com smartphones, webcams e câmeras de alta resolução. Agora, patologistas forenses podem ver todos os detalhes escabrosos de um enforcamento, capturados para sempre em alta definição.

Não detectamos a presença de álcool ou drogas no organismo do general; nenhuma lesão resultante de agressão física; nenhuma impressão digital, cabelos ou fibras inexplicadas no local. A letra no bilhete manuscrito deixado no escritório sem dúvida pertencia a Ownby, embora a mensagem pendurada no suéter não tivesse sido datilografada em nenhuma máquina de escrever do escritório ou da casa dele. O sangue no rosto não era indício conclusivo de confronto físico; uma pequena quantidade de sangue do nariz e na boca é comum em enforcamentos.

Ownby contorceu-se violentamente tentando salvar sua vida. Próximo ao corpo, na parede do poço da escada e no corrimão metálico, foram encontrados múltiplos sulcos e arranhões produzidos por sapatos militares de sola preta. Era provável que tivesse se debatido freneticamente por vários segundos, buscando desesperadamente um parco ponto de apoio no corrimão muito inclinado da escada, tentando se empoleirar para aliviar o peso que pressionava o laço da corda contra seu pescoço. Contudo, seus pés continuavam deslizando. Ou quem sabe teve uma convulsão violenta após desmaiar. De qualquer forma, o estrago foi tão grande que, depois que a cena do crime foi liberada, a parede precisou de duas demãos de tinta para cobrir as marcas.

Questões maiores nos preocupavam. Como ele poderia ter amarrado os próprios pulsos atrás das costas? Se não foi enforcado por agressores desconhecidos, como poderia ter enforcado a si mesmo estando tão incomodamente amarrado? Onde a suposta mensagem terrorista tinha sido datilografada?

Em busca de respostas, reproduzimos vários cenários possíveis no local da morte. Aos poucos, as peças foram se encaixando.

Três dias depois da morte do general, cerca de 3 mil pessoas comparecerem ao funeral na Igreja Batista Trinity, a poucos metros do edifício militar onde ele morreu.

O reverendo Buckner Fanning, renomado evangelista do Texas e amigo da família, proferiu um comovente discurso fúnebre, em parte destinado a aplacar especulações midiáticas que ocupavam a primeira página dos jornais de todo o país.

"Não estamos aqui hoje porque Bob Ownby morreu, mas porque ele viveu", disse Fanning à triste multidão que superlotava o templo. "Hoje, enquanto o mundo se debate com perguntas sobre sua morte, queremos nos posicionar com firmeza em relação aos fatos inquestionáveis de sua vida, sua fé e seu amor pela família...

"É sempre importante fazer a pergunta certa. [Mas] a humanidade tem uma propensão a fazer perguntas que não importam."

Sob o céu frio e cinzento, o caixão de Ownby, coberto com a bandeira dos EUA, foi carregado até o túmulo, no Cemitério Nacional de Fort Sam Houston, em uma ala reservada a heróis e generais. Um morteiro disparou uma salva de treze tiros, com um intervalo preciso de oito segundos entre um estrondo e outro — um protocolo militar apropriado para um major-general.

Durante todo o tempo, a família e os amigos de Ownby acreditaram piamente que ele tinha sido assassinado e irritavam-se à simples menção de suicídio. Ele não estava deprimido nem à beira da ruína financeira, diziam. Quem o viu em seus últimos dias não notou qualquer mudança em seu estado habitual de ânimo. Sua vida parecia perfeita. Cético, o irmão do general, ele próprio um médico, disse à imprensa que planejava contratar uma defensoria jurídica independente para reexaminar tudo que o médico-legista, o FBI e o Departamento de Investigação Criminal do Exército (Criminal Investigation Command, CID) tinham apurado. Para eles, nossas questões eram invasivas, insultantes e irrelevantes.

Contudo, nossas questões eram *sim* importantes. Enquanto minha equipe de detetives forenses trabalhava febrilmente no caso, que chamou atenção da mídia internacional, o FBI e os agentes do CID investigavam mais a fundo a vida do general. Poucos dias depois de ser encontrado pendurado no poço da escada, já apareciam sinais de que a vida de Ownby talvez não fosse tão idílica quanto parecia.

No momento de sua morte, sua confortável casa estava comprometida com uma hipoteca, e vários empréstimos bancários estavam para vencer. Para piorar, seu antigo patrão da companhia petrolífera estava sendo processado por vários credores — incluindo a matriz do Liberty Frost Bank — por causa de empréstimos não pagos. No total, Ownby devia cerca de 2 milhões de dólares, mais dinheiro do que a maioria de nós consegue ganhar em uma vida inteira.

Sua rede de segurança eram duas apólices de seguro de vida que totalizavam 750 mil dólares. Ambas continham "cláusulas de suicídio" que proibiam o resgate caso o titular se matasse, mas não se fosse assassinado. Na verdade, se o general tivesse morrido de qualquer outra forma, sua família teria recebido todo o dinheiro e evitado a iminente catástrofe financeira.

As coisas estavam ficando mais claras, mas ainda não tínhamos ligado todos os pontos naquele caso grotesco. Suspeitávamos, ainda que não pudéssemos afirmar com certeza, que não houvera terroristas ou assassinos conspiradores.

Nas reconstituições que fizemos com o FBI, descobrimos que Ownby poderia facilmente ter amarrado as mãos atrás das costas com um cinto de lona, como demonstraram alguns de seus próprios colegas militares.

Primeiro, fez um nó de forca, amarrou a corda no corrimão mais alto do poço de escada e pôs o laço em volta do pescoço. Em seguida, provavelmente passou as mãos por dentro do cinto frouxamente amarrado atrás das costas e o apertou prendendo a ponta solta no corrimão e dando alguns puxões.

Por fim, simplesmente trepou no corrimão do segundo andar e se jogou lá de cima, de uma altura de quase 2 m. A queda não foi o suficiente para quebrar seu pescoço, o que resultaria em uma morte rápida e indolor... Apenas serviu para estrangulá-lo enquanto ele se debatia violentamente no ar. Apavorado, pode ter mudado de ideia. Mas era tarde demais.

Portanto, podíamos provar que era *possível* que o general tivesse amarrado as próprias mãos e se enforcado, mas ainda não era o bastante.

Foi quando encontramos a máquina de escrever que deu origem à famosa mensagem supostamente deixada por seus "executores": estava em seu escritório particular, em Bristow. Não na casa dele ou no escritório do trabalho, mas em um lugar ao qual poucas pessoas além dele tinham acesso.

Era uma IBM Selectric, um popular modelo elétrico que empregava uma "esfera de tipos" e uma fita plástica de tinta dentro de um cartucho descartável. Quando o operador pressionava uma tecla, a máquina instantaneamente girava a esfera e a golpeava de encontro à fita de filme de carbono, transferindo para o papel a letra, o numeral ou o símbolo correspondente. Mais rápido que em um piscar de olhos, a fita se movia uma fração de uma polegada, expondo a "tinta" fresca de carbono que seria usada na próxima teclada.

O que o general Ownby talvez não soubesse é que a fita plástica carbonada basicamente registrava tudo que ele escrevia. Ao reconstituir as letras deixadas sobre a fita, os investigadores conseguiram de fato ler a mensagem terrorista datilografada no escritório privado do militar.

Como não havia impressões digitais não identificadas sobre as teclas, e dada a improbabilidade de que os assassinos tivessem datilografado a mensagem ali e matado o general em outro lugar, era a última prova de que precisávamos.

Nove dias após a morte do general, eu a atribuí oficialmente a suicídio. Anunciei minha decisão e expus todas as nossas constatações a um enxame de repórteres que andavam impacientes à espera de um desfecho para aquela história tão esquisita. Os familiares de Ownby não arredaram o pé da tese de assassinato, mas investigadores federais e do Exército concordaram conosco. Simplesmente não havia indícios concretos de que o general tivesse sido morto por alguém, fosse um terrorista, um assassino em série, uma amante ciumenta ou um assassino de aluguel.

O major-general da reserva Robert G. Ownby se matou.

Se seus familiares tivessem a chance de escolher entre a vida de Ownby e um cheque de 750 mil dólares, é seguro assumir que escolheriam a vida dele, sem hesitar. No entanto, Ownby não lhes deu essa escolha; no final, não ficaram com nenhuma das duas coisas.

Assassinatos podem ser forjados. As pessoas fazem isso por várias razões. No caso do general Owby, talvez pelo simples fato de que sua vultosa apólice de seguro de vida não cobriria morte por suicídio. Mas também pode ser que considerasse o ato de suicídio uma desgraça, uma derradeira confissão de fracasso. Talvez tivesse motivos religiosos para usar esse artifício. Ou quem sabe sentia que era sua única chance de parecer um herói.

Eu já tinha observado esse tipo de subterfúgio fatal antes, e ainda observaria outras vezes. Não seria nem sequer a última vez que me veria diante do falso assassinato de um oficial militar em San Antonio. O suicídio do general Ownby apresentava uma estranha semelhança com a morte do coronel e psiquiatra da Força Aérea Philip Michael Shue. Em uma manhã de abril, Shue bateu com o carro contra uma árvore nas imediações de San Antonio.

Quando a equipe de resgate chegou ao local do acidente, constatou que sua camiseta tinha sido rasgada do peito ao umbigo, e que havia um corte vertical de 15 cm no peito. O mais bizarro, porém, era que os dois mamilos do coronel tinham sido removidos (e nunca foram encontrados). Além disso, o lóbulo da orelha e parte de um dedo tinham sido decepados. Ambos os pulsos e tornozelos tinham sido atados com fita isolante, que agora pendia rasgada.

Quem se encarregou da necropsia do coronel Shue foi a dra. Jan Garavaglia, que na época integrava minha equipe de legistas no DML do Condado de Bexar e logo se tornaria um dos rostos mais conhecidos da medicina legal ao estrelar um programa de TV como a "dra. G". Enquanto isso, um grupo de investigadores se aprofundava no caso. Descobriram que o homem de 54 anos tinha um histórico de problemas psiquiátricos, e que vinha se consultando com colegas devido a um quadro de depressão e ataques de pânico.

O mais bizarro, porém, era que os dois mamilos do coronel tinham sido removidos (e nunca foram encontrados).

A doutora também identificou lesões de hesitação em volta de cortes mais profundos — típicas incisões ou escoriações mais superficiais provocadas pelo suicida enquanto cria coragem para se ferir de maneira definitiva e fatal.

Segundo notou, não havia álcool em seu organismo, mas o sangue ainda continha traços do anestésico lidocaína, que ele prescrevera para si mesmo dez dias antes. Shue devia ter espalhado ou injetado a substância em volta dos mamilos e no meio do peito. Se, com mutilações tão cruéis, seus torturadores tinham pretendido causar dor, por que lhe dariam uma droga para aliviá-la?

No fim, não havia nenhuma evidência de que outra pessoa que não o próprio coronel Shue tenha provocado aqueles estranhos ferimentos. Ele morreu de traumatismo craniano grave em decorrência da batida. Tanto minha equipe como um júri popular concluíram que foi suicídio.

A viúva do coronel acredita até hoje que ele foi raptado e torturado de maneira sádica antes de escapar dos sequestradores e acabar morrendo em um acidente de carro enquanto fugia, desesperado. Argumenta que jamais foram encontrados instrumentos de corte, partes do corpo ou locais de injeção. Segundo ela, o marido usava lidocaína para aliviar a coceira no peito depilado antes de um procedimento médico de rotina. Aponta também para o fato de que não havia digitais do coronel na fita isolante, e nenhuma luva de borracha foi encontrada.

E para a viúva do coronel, qual seria a motivação do crime? Uma apólice de seguro de vida que pagaria 500 mil dólares à ex-esposa dele. A mulher mencionou também misteriosas ameaças de morte nas semanas que antecederam o falecimento do marido. Nenhuma queixa foi apresentada. Apesar disso, em 2008, ao julgar uma ação civil relativa a prestações de seguro, um tribunal do Texas declarou que a morte do coronel Shue foi homicídio, embora nenhum suspeito tenha sido apontado.

As provas materiais simplesmente não corroboravam a versão da viúva naquela época, e nenhum fato novo veio à tona desde então. Pergunte-se: se você estivesse em cativeiro, sofrendo torturas cruéis, e conseguisse escapar, para onde iria? Provavelmente a uma delegacia ou um hospital, ou talvez a um local público onde pudesse pedir ajuda. Entretanto, o coronel Shue conduzia o carro para longe da cidade e seus muitos hospitais. Passou por três saídas, em uma região que devia conhecer bem. Havia até um celular funcional dentro do carro. Esse comportamento condiz com alguém que está fugindo de um cruel e impiedoso assassino?

A reação da viúva do coronel é normal, compreensível até, mas sua visão dos fatos é distorcida por seus sentimentos. Eu sinceramente sinto pena dela e de outros milhares de familiares com quem falei e que se recusaram a aceitar que seus entes queridos tenham cometido suicídio. Mesmo em uma sociedade moderna, em que sabemos mais a respeito de transtornos mentais, o suicídio de um familiar ainda gera muita vergonha ou culpa, então é comum que parentes ponham em dúvida ou rejeitem uma conclusão dessas.

Mas minha prioridade número um é determinar a causa e as circunstâncias de uma morte com a maior precisão possível, usando todas as ferramentas à minha disposição. Nesse caso, simplesmente não encontramos nenhuma prova concreta de homicídio, embora houvesse uma profusão delas sugerindo suicídio.

Por volta dessa mesma época, em 2003, também perdi um ente querido.

Minha mãe morreu em uma segunda-feira, durante um período de calmaria entre feriados. Tinha 91 anos. Meus pais foram casados por 63 anos, levaram uma boa vida juntos, e já nem deviam se lembrar de um tempo em que não estavam juntos.

Violet Di Maio morreu das causas naturais que seriam de se esperar em uma idade tão avançada. Entretanto, foi a única morte da qual meu pai não pôde se distanciar. Seis dias depois, em um domingo, ele também morreu. Vai ver morreu de pura tristeza, porque amava minha mãe de todo o coração, mas eu também não podia enxergar dentro do coração dele.

O funeral trouxe a mim e às minhas irmãs de volta para casa, no Brooklyn, onde nos reunimos para dizer adeus e sepultá-los juntos no cemitério de Greenwood, também no Brooklyn, entre muitas das pessoas — mafiosos e mecânicos, mães e professores, umas poucas famosas e a maioria desconhecidas — que meu pai examinara durante sua longa carreira.

Eu não chorei. Não porque não sentisse a morte deles. Eu sentia. É que minha mãe teria ficado horrorizada com a humilhante demonstração de pranto público, e eu a amava demais para quebrar suas regras.

Não tenho como saber o verdadeiro motivo dessas mortes. Está além da minha compreensão. Temos ferramentas fantásticas que nos permitem analisar vestígios microscópicos de fatos consumados, mas não há ciência capaz de detectar resquícios de medos, pesadelos, e demônios internos que os causaram. O coração humano não é um disco rígido que podemos dissecar para perscrutar os segredos que encerram cada tecla pressionada ao longo de uma vida. Tenho certeza de que as famílias do general Ownby e do coronel Shue gostariam de saber ainda mais do que eu.

Corações se partem, ainda que não deixem vestígios.

Morrer é, às vezes, mais fácil do que viver com a morte.

SPARKS, NEVADA
SEXTA-FEIRA, 5 DE FEVEREIRO DE 2010

Malakai Dean era uma criança de 2 anos comum, com o dom da curiosidade sem limites e a energia de um furacão. Seu coração era tão grande quanto seu sorriso, e ele exibia os dois quando colhia todas as lindas flores dos vizinhos e depositava minúsculos buquês em suas varandas. De certa maneira, ele pertencia à vizinhança inteira. Um filho do bairro.

Todos conheciam sua história. Sua jovem mãe, Kanesia, apenas 16 anos quando engravidara dele, ainda morava em casa com a mãe, e o pai de seu bebê estava na prisão. O sobrado suburbano movimentado da avó era abarrotado de seus outros filhos, alguns deles poucos anos mais velhos do que seu primeiro neto, o pequeno Malakai. Kanesia e o filho moravam na garagem da casinha lotada. As contas eram pagas, mas a vida estava em constante movimento e agitação.

Portanto a criança não tivera dos melhores começos na vida, mas as coisas estavam melhorando. Agora com 19 anos, Kanesia tinha conhecido uma pessoa. Kevin Hunt era um rapaz responsável com um futuro pela frente. Um belo fuzileiro naval em ativa que chegara a frequentar a faculdade para se tornar policial. Um amigo os tinha apresentado em um fim de semana enquanto Kevin estava de licença de sua base na Califórnia. Agora, Kevin passava todo o seu tempo livre nos arredores de Reno, com Kanesia e Malakai.

Ele e Kanesia já tinham conversado seriamente sobre se casarem. Kevin tratava Malakai como um filho e planejava adotá-lo depois do casamento. Trocava as fraldas, lia histórias para ele na hora de dormir e o levava ao cinema. Malakai tinha começado a chamá-lo de "pai". Kevin já tinha comprado para Malakai sua primeira bicicleta e passava quase tanto tempo com a criança quanto com Kanesia. Bem, havia alguns desentendimentos com a avó, mas Kanesia acreditava que era apenas a veia protetora da mãe dando as caras. A avó era coruja e queria apenas o melhor para todos os filhos. Sim, Kanesia tinha feito escolhas ruins antes, mas dessa vez, para ela, aquilo parecia muito certo.

E agora Kanesia estava grávida de novo. De cinco meses. As coisas estavam ficando sérias.

Porém, hoje o mundo deles estava ainda mais agitado do que o normal. A grávida Kanesia (e outros na casa) estava com algum tipo de virose. Devido ao fato de Malakai ter nascido prematuro de seis semanas e ter precisado de três semanas de constantes cuidados médicos dispendiosos, ela ficou preocupada que alguma coisa pudesse interromper aquela gravidez. Quando as cólicas estomacais começaram, sem querer prejudicar o filho vindouro, Kanesia precisou de alguma garantia médica. Então Kevin a levou ao hospital — onde administraram uma solução intravenosa apenas por precaução —, e a avó levou Malakai ao seu salão de beleza em Sparks, onde todos estavam se preparando para um grande retrato em família naquele fim de semana.

Ele e Kanesia já tinham conversado seriamente sobre
se casarem. Kevin tratava Malakai como um filho
e planejava adotá-lo depois do casamento.

Contudo, Malakai sendo Malakai, ele logo estava saltando contra as paredes do salão como uma turbina em uma garrafa. Ele rabiscou as revistas, brincou com as cabeleireiras, pulou nas cadeiras e causou um alvoroço. Quando a avó não conseguiu mais controlá-lo, ela ligou para Kevin ir buscar a criança.

Kevin chegou ao salão em poucos minutos e foi embora com Malakai às 16h21. Ele não queria que Malakai visse a mãe em uma cama de hospital, conectada a estranhos fios e tubos, e era um dia de inverno atipicamente quente aos pés das colinas Sierra. Assim, o homem decidiu dirigir até um pequeno parque nas redondezas, onde Malakai poderia gastar um pouco daquela energia enquanto esperava pela ligação de Kanesia dizendo que estava tudo bem.

Solto em um parquinho vazio, o descomedido Malakai estava no paraíso. Ele escalou uma enorme estrutura de brinquedo, explorando túneis, subindo escadas, se balançando nos balanços, deslizando pelas pontes elevadas, pulando nos escorregadores.

Então Malakai caiu.

Enquanto trepava em um escorredor, o menininho escorregou e tombou por cima da beirada, caindo 1,20 m ou 1,50 m na areia abaixo. Ele começou a gritar, mas Kevin espanou a areia do rosto dele e o acalmou. Havia alguns arranhões superficiais no lado direito do rosto, mas nada pior do que milhares de crianças em milhares de parquinhos sofriam milhares de vezes por dia. Não demorou muito até Malakai voltar ao seu "antigo eu", feliz e pronto para brincar.

Mas aqueles dez minutos de diversão tinham chegado ao fim. Por volta das 16h30, Kanesia ligou para pedir que Kevin fosse buscá-la.

Na calçada do lado de fora do hospital, alguns minutos depois, uma câmera de segurança capturou Malakai esticando o braço para segurar a mão de Kevin, sorrindo e quase correndo ao lado dele conforme entravam.

Kevin Anthony Hunt fizera parte da vida de Malakai por mais de seis meses. Em uma casa cheia de mulheres e crianças, ele fora escalado instantaneamente como figura paterna na vida do garoto. Mas quem era ele, na verdade?

Kevin, na época com 24 anos, era o mais velho de sete filhos. Seu pai era um servidor público e sua mãe trabalhava com serviços de proteção infantil. Seus pais administravam tudo com rédea curta, mas confiavam cegamente em Kevin, com frequência deixando-o responsável pelas outras crianças. Nunca houvera problema nenhum.

Ele passara grande parte da infância e adolescência em um subúrbio de Boston. Foi um astro de corrida e futebol no ensino médio e mantinha as notas em uma média de 3,4 [a nota máxima era 5]. Ele aprendeu a tocar piano no acampamento de música e também se tornou fluente em espanhol e português. Costumava frequentar a igreja com a família regularmente. Depois de se formar, matriculou-se na John Jay College of Criminal Justice, na cidade de Nova York, com o sonho de se tornar um U.S. Marshal[1] ou um investigador.

---

1 Os U.S. Marshals fazem parte do sistema judiciário do governo, fiscalizando os tribunais federais e sendo responsáveis pela proteção dos funcionários dos edifícios judiciais, além de garantirem o funcionamento eficaz do sistema judicial. [NE]

Lá ele conheceu uma jovem, que logo engravidou. Para sustentar a nova família, largou a faculdade em 2006 e trabalhou por um ano como agente penitenciário antes de se separar da esposa e dos dois filhos jovens. Ele se alistou no Corpo de Fuzileiros Navais em 2007, ainda com a esperança de se tornar um policial.

Após o treinamento e aprendizagem básicos, ele foi lotado no Centro de Treinamento do Corpo de Fuzileiros Navais de Mountain Warfare, em Bridgeport, Califórnia, uma cidadezinha duas horas e meia ao sul de Reno. Quando estava de licença, sempre dirigia na direção das luzes brilhantes de Reno, onde um amigo o apresentou a Kanesia Dean, de 19 anos. Essa mãe jovem e solteira o cativou, mas ele de imediato também se apaixonou por seu filho de 2 anos chamado Malakai.

E pouquíssimo tempo depois de começarem a namorar, Kanesia engravidou de novo. Kevin não queria apenas fazer a coisa certa. Ele realmente amava Kanesia e seu garotinho, e queria uma família também. Ele a pediu em casamento não por obrigação, mas por uma esperança genuína de um futuro promissor.

Kanesia recebeu alta do hospital, e eles dirigiram até sua lanchonete mexicana favorita para jantar. Mas mal tinham se acomodado nas cadeiras quando Malakai ficou letárgico e quieto. Em seguida, vomitou. E vomitou outra vez. Kevin e Kanesia pegaram a criança doente no colo e correram para casa.

Em casa, a situação apenas piorou. Kanesia tinha certeza de que Malakai contraíra a virose que causara tantos estragos na casa naquela semana. Ela então o colocou na cama, esperando que seu corpinho conseguisse enfrentar a doença. Mas o menino continuou a vomitar ao longo do anoitecer. Foi tão grave que Kevin trocou a roupa de cama e o pijama de Malakai mais de uma vez.

Na hora de dormir, Kevin e Kanesia se aconchegaram na cama ao lado do menino.

Por volta das 23h20, Kanesia instintivamente esticou a mão e tocou Malakai. Ele não estava respirando.

Ela gritou no escuro. Kevin deu um pulo da cama. Ao ver o estado de Malakai, começou a administrar uma reanimação cardiopulmonar (RCP) no menininho, em cima da cama mesmo, enquanto Kanesia discava freneticamente o número da emergência.

Logo, a avó irrompeu do outro quarto e tomou a frente. Ela empurrou Kevin para fora do caminho com violência. Debruçou-se, escarranchada, sobre o corpo do menino, que não estava respirando, e deu início a uma tentativa forçada e desesperada para salvar o amado neto, sobre a cama, empurrando, batendo e soprando com toda a fibra de seu ser, esperando reavivá-lo.

Os paramédicos chegaram em poucos minutos, mas já era tarde.

Malakai estava morto.

• • •

No dia seguinte, o corpinho de Malakai, ainda vestindo o pijama sujo, foi necropsiado enquanto os investigadores do Departamento Médico Legal tentavam juntar as peças sobre o que tinha acontecido.

A avó apontou o dedo diretamente para Kevin Hunt. Ela disse que Malakai sempre ficava reprimido perto de Kevin, que achava que a criança era mimada pelas mulheres da casa. No dia anterior, disse ela, o garoto em geral agitado não quis ir embora do salão com Kevin. E ela agora suspeitava que os ferimentos da criança não tinham sido causados por uma queda acidental, mas por uma surra do futuro padrasto.

No morgue, o dr. Piotr Kubiczek conduziu a necropsia da criança sob os olhares atentos de dois detetives de Sparks e um assistente de promotoria, que temiam que aquilo pudesse ser assassinato.

O dr. Kubiczek viu contusões e arranhões na têmpora e bochecha direitas de Malakai. Ele notou uma equimose padronizada — incluindo duas marcas paralelas com a largura aproximada de dedos que surgiram *post mortem* — que dava a impressão de ter sido causada por um tapa dado por um adulto. A fralda da criança estava manchada de urina rosada, sugerindo a presença de sangue na bexiga. Ele encontrou outras contusões no peito e nas costas do menino.

Dentro do corpo, o dr. Kubiczek encontrou mais danos. O pâncreas, o baço e o tecido da parede abdominal de Malakai tinham escoado quase meio litro de sangue para dentro da barriga da criança. Os rins, a bexiga e os intestinos estavam lesionados. Ele também encontrou uma embolia cinza-arroxeada — nesse caso, um grande coágulo sanguíneo mais espesso do que a rolha de uma garrafa de vinho — se projetando nas artérias que levavam aos pulmões de Malakai, mas não acreditava que estivesse envolvida na morte da criança. Nenhum esforço foi feito para determinar sua origem.

O dr. Kubiczek descreveria mais tarde que as lesões internas de Malakai eram parecidas com os ferimentos causados por uma queda de diversos andares ou um acidente automobilístico em alta velocidade. Eles aconteceram em um intervalo de poucos minutos ou poucas horas antes da morte, disse ele, e teriam causado dores imediatas, quase incapacitantes.

Sem encontrar nenhuma outra evidência preocupante — todos os outros órgãos estavam normais, segundo ele —, o dr. Kubiczek declarou que Malakai Dean morreu porque seus órgãos vitais tinham sido violentamente rompidos, escoando sangue até a morte da criança.

"Sou da opinião", escreveu o dr. Kubiczek no relatório da necropsia, "que a morte de Malakai Dean se deu devido a múltiplos ferimentos contundentes no abdome. A causa da morte é homicídio."

• • •

Três semanas depois, Kevin Anthony Hunt foi preso por abuso infantil resultando em assassinato. Caso fosse condenado, ele poderia ser sentenciado à prisão perpétua.

Em dois longos interrogatórios conduzidos pela polícia, Kevin — que nunca tinha se envolvido em problemas antes — contou a mesma história: ele passara menos de 45 minutos sozinho com Malakai, que caíra do escorregador do parquinho, mas não pareceu ter se machucado com gravidade. O advogado de defesa David Houston, que conhecera alguns mentirosos em seu tempo, sentiu que Kevin ou era um dos melhores mentirosos que ele já vira, ou estava dizendo a verdade.

Contudo, os policiais e os promotores tinham uma teoria diferente: durante aqueles 45 minutos com Malakai, Kevin o teria espancado, lesionando fatalmente os órgãos internos e causando algumas contusões superficiais no rosto. Ele estava mentindo sobre a queda no parquinho, disseram eles. E era provável que o abuso acontecesse havia algum tempo, acreditavam.

Quando uma criança morre, a família suporta o peso inimaginável do sofrimento emocional, mas ninguém sai ileso. Nem o acusado, nem os primeiros socorristas, nem os policiais, nem os legistas, nem os promotores, nem os advogados de defesa, nem os juízes. Nem a comunidade.

Quando a etnia é revelada, a raiva costuma ser intensificada. Etnias podem suspeitar umas das outras em lugares onde há pouca miscigenação.

E Kevin Hunt era um negro na Reno predominantemente branca.

A reação local à morte de Malakai foi rápida. Alguns choraram, outros clamaram por vingança. A maior parte dos comentários postados em artigos da mídia local e em blogs dispararam inúmeras críticas variando de uma fúria assombrosa ao mais puro racismo. Alguns trolls na internet exigiram um linchamento.

Houston, que crescera em Washington, D.C., e era um dos litigantes das celebridades de Reno, se prontificou a ajudar. Alguma coisa não se encaixava, e ele achava que Kevin estava sendo acusado injustamente. Ele representava alguns clientes importantes de Hollywood para que pudesse se dar o luxo de assumir casos como esse.

Depois de um patologista forense local encontrar inúmeros erros na necropsia do dr. Kubiczek, Houston me ligou. Ele logo me enviou um pacote robusto contendo a necropsia completa, fotos, relatórios investigativos e slides contendo amostras de tecido coletados de Malakai Dean — tudo que eu precisaria para avaliar o caso.

Os Estados Unidos são um lugar estranho às vezes. Nosso mantra é: "Inocente até que se prove o contrário". Porém, quando se trata de mortes de crianças, nós costumamos atravessar para o outro lado do espelho: o acusado é secretamente considerado culpado e a defesa deve provar que ele é inocente. Em casos assim, os membros do júri pensam com o coração, não com o cérebro. Todos nós queremos justiça para os inocentes, claro, mas devemos evitar sermos cegados por nosso zelo em consegui-la.

Muitos de meus casos mais importantes foram mortes de crianças, mas, como um consultor particular, eu raramente os assumo. De vez em quando, porém, vejo uma injustiça flagrante e não consigo dar as costas. Algumas coisas apenas se destacam. Eu logo vi pistas que tinham passado despercebidas.

Por essa razão, assumi o caso de Kevin Hunt.

Quando o julgamento começou, dois anos depois, o cenário tinha sido preparado para um confronto forense. De um lado estava o legista original, que corrigira muitos de seus erros; do outro estavam dois patologistas forenses, incluindo eu, que viam alguma coisa que ele não via. Mas a acusação ainda queria punir um assassino de bebês, e perseguiu Kevin com uma animosidade singular, apesar do caso amplamente circunstancial.

Nesse momento, enquanto Kevin estava sentado na prisão do Condado de Washoe, Kanesia dava à luz o filho deles, Jaiden.

Todos nós queremos justiça para os inocentes,
claro, mas devemos evitar sermos cegados
por nosso zelo em consegui-la.

O julgamento começou no início de maio de 2012. Os parentes de Malakai, incluindo Kanesia, se mantiveram firmes em sua convicção de que ele fora espancado até a morte por Kevin. Eles recontaram a lamentável série de eventos que levaram à morte do menino. O pai de Kevin sentou-se no tribunal todos os dias, e em certos dias, alguns dos camaradas fuzileiros de Kevin assistiram aos procedimentos.

O dr. Kubiczek tomou a palavra para explicar suas conclusões de que Kevin Hunt tinha assassinado Malakai. As contusões e os arranhões no rosto e na cabeça do menino. Os órgãos rompidos. O sangue acumulado no abdome. Tudo isso deve ter soado sombriamente lógico para os membros do júri.

Mas havia uma história diferente a ser contada quando eu tomei a palavra.

Para começar, os arranhões e as contusões no rosto e na cabeça de Malakai eram ferimentos corriqueiros em parquinhos, comuns em quedas. O Departamento Médico Legal de uma cidade grande vê ferimentos assim com regularidade. O ponto mais específico a se dizer sobre tais lesões é que são causadas por impactos (quedas, pancadas etc.). Mas, onde alguns investigadores viram a evidência de um tapa, eu vi apenas as marcas deixadas pela fita do paramédico que pode ter prendido uma máscara ou um tubo no rosto do menino.

Resumindo, não vi nada que eu pudesse afirmar com certeza ter sido causado por um espancamento.

As lesões nos órgãos internos de Malakai eram graves, mas não tinham feito com que ele sangrasse até a morte. No máximo, Malakai perdeu apenas 28% ou 29% de seu volume sanguíneo total, e poderia ter suportado quase o dobro disso.

O mais importante, no entanto, era que elas não tinham sido infligidas durante o curto período que a criança ficou sozinha com Kevin Hunt sete horas antes.

Como sei disso? Tais lesões teriam sido extremamente dolorosas e causariam um choque quase imediato. Nas horas que se seguiram à visita ao parque, no entanto, Malakai não exibiu nenhum dos sintomas de choque (transpiração em profusão, tontura, fraqueza, sede, respiração irregular, lábios ou unhas azulados, pele pegajosa, entre outros). Mesmo se o choque tivesse sido retardado, ele teria exibido sintomas inconfundíveis antes das 20h daquela noite. Isso não aconteceu.

Vejamos outro ponto: a necropsia do dr. Kubiczek não constatou nada incomum sobre o coração de Malakai, que tinha 2 anos de idade, pesar 115 gramas. Na verdade, seu coração estava muito grande, quase do tamanho do coração de uma criança normal de 9 anos. O coração de Malakai deveria ter metade do tamanho.

Nas horas que se seguiram à visita ao parque, no entanto, Malakai não exibiu nenhum dos sintomas de choque.

E daí? Se tivesse sobrevivido, Malakai teria sofrido diversos problemas médicos no futuro. Mesmo tão jovem, é provável que seu coração aumentado não fosse capaz de bombear sangue da maneira adequada através de seu corpo, principalmente para as pernas. Isso, por sua vez, provavelmente levou à formação de coágulos sanguíneos nas extremidades inferiores.

Acredito que um desses coágulos — tão grande que deve ter se formado ao longo de um intervalo de dias ou semanas, não de horas — se desprendeu de uma veia e viajou até o coração de Malakai. Assim, obstruiu a artéria pulmonar, que leva sangue para o coração e para os pulmões, e ele morreu quando os pulmões, privados de sangue, pararam de trabalhar.

O coágulo não pode ter sido causado por nenhum suposto espancamento sete horas antes. Era grande demais e não teria sido formado com tal rapidez.

Também não pode ter se originado no abdome de Malakai, onde apenas um vaso sanguíneo é grande o bastante para transportá-lo, e nenhuma evidência disso foi encontrada.

Porém, o que se segue foi o fator decisivo para mim: os órgãos lacerados não exibiam inflamação.

A inflamação é a tentativa de o corpo se defender de um trauma, seja mecânico, químico ou infeccioso. Quando um tecido é lesionado de alguma maneira, as células liberam dois grupos de compostos químicos. Um deles faz com que os vasos sanguíneos do local se dilatem, permitindo que o fluído prejudicial escape. O outro atrai leucócitos para a área da lesão para se dispersarem e consumirem as células lesionadas e começar o processo de recuperação.

No abdome, isso acontece quase de imediato. Dentro de duas ou três horas, as lesões abdominais ficam inflamadas à medida que o corpo se apressa para "tratar" os problemas.

No caso de Malakai Dean, não havia nenhuma inflamação. Mesmo sete horas após o suposto trauma fatal aos seus órgãos internos, não havia inflamação.

Como isso é possível? Essa característica significa apenas uma coisa: o trauma que causou aquelas lesões foi feito por volta da hora da morte, provavelmente depois de a criança ter morrido.

Os danos aos órgãos de Malakai não foram causados por uma surra dada por Kevin Hunt ou por qualquer outra pessoa. Não foram causados por nenhum tipo de crime.

Na minha opinião, o menino de 2 anos de idade, Malakai Dean, morreu de causas naturais quando um coágulo sanguíneo causado pela má circulação de seu coração aumentado fez com que os pulmões parassem de respirar.

Os danos aos órgãos que os policiais e promotores atribuíram ao espancamento por um namorado abusivo foram, na verdade, causados pelas tentativas desesperadas mas ineptas da avó para reanimar o neto usando RPC sobre uma cama macia (em vez de no chão firme, onde os profissionais são orientados a posicionar os pacientes). Malakai já estava morto quando Kanesia descobriu que ele não estava respirando. Felizmente, nunca sentiu a dor intensa que sua ansiosa salvadora teria afligido. Ele já tinha falecido.

• • •

Mas casos como este nunca são assim tão fáceis.

O júri por fim chegou a um impasse de seis contra seis, incapaz de alcançar um veredicto. Dada à natureza emocional do caso e do preconceito natural contra agressores infantis acusados, isso foi uma vitória para Kevin Hunt.

Agora, a promotoria se encontrava em uma sinuca de bico. Assim, sabendo das provas médicas conflitantes — incluindo dezenas de erros confessados pelo médico-legista —, a promotoria realizou um segundo julgamento, tão ou mais traiçoeiro, para que o Estado oferecesse um acordo para Kevin: declarar-se culpado de homicídio culposo voluntário em troca de quatro a dez anos de prisão, com crédito dos quase quatro anos que ele já passara na penitenciária do condado.

Contudo, a sinuca de bico da defesa não foi menos traiçoeira. A opinião pública, a raiva persistente e o racismo pouco velado faziam com que uma absolvição fosse perigosa. Se a escolha ficasse entre uma criança negra com uma história imperfeita e um sistema investigativo, forense e legal de uma cidade grande, o júri poderia se romper. Obter uma vitória definitiva parecia improvável; perder mandaria Kevin Anthony Hunt para a prisão perpétua.

A escolha dele era excruciante: continuar insistindo em sua inocência, como tinha feito desde que policiais desconfiados conversaram com ele pela primeira vez, ou... "confessar" ter matado a criança que uma vez o chamara de "pai", evitar o risco de ser condenado à prisão perpétua, colocar um fim a quatro anos de litígio furioso e recriminação nos jornais, e talvez até sair livre em poucos meses para começar uma vida nova.

Kevin aceitou a acordo. No dia 4 de novembro de 2013, ele foi mandado para o Warm Springs Correctional Center em Nevada, uma penitenciária de segurança média em Carson City.

Durante a escrita deste livro, ele ainda estava lá.

Seu sonho de se tornar um policial se foi. Nenhum outro sonho o substituiu ainda.

Kevin nunca teve a chance de ver seu filho Jaiden, menos ainda de o segurar nos braços. E, do jeito que as coisas estão agora, é provável que nunca o veja até o garoto ser um homem que possa tomar as próprias decisões. Se algum dia houver um relacionamento entre os dois, ele terá começado tarde demais.

"Meu plano é ser o melhor pai que eu possa ser para meus filhos", escreveu Kevin da prisão, em 2015. "Eu venho ansiando por esse dia há muito tempo."

Nos momentos em que penso que a ciência forense pode ainda não ser perfeita, sempre sou lembrado de que a justiça também não é.

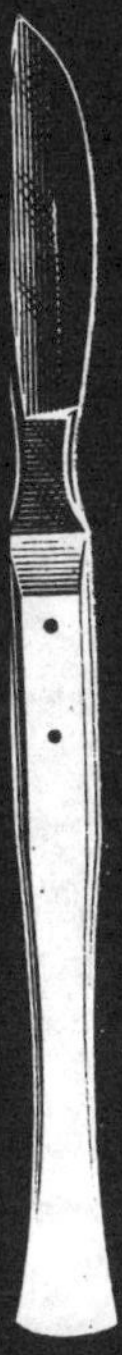

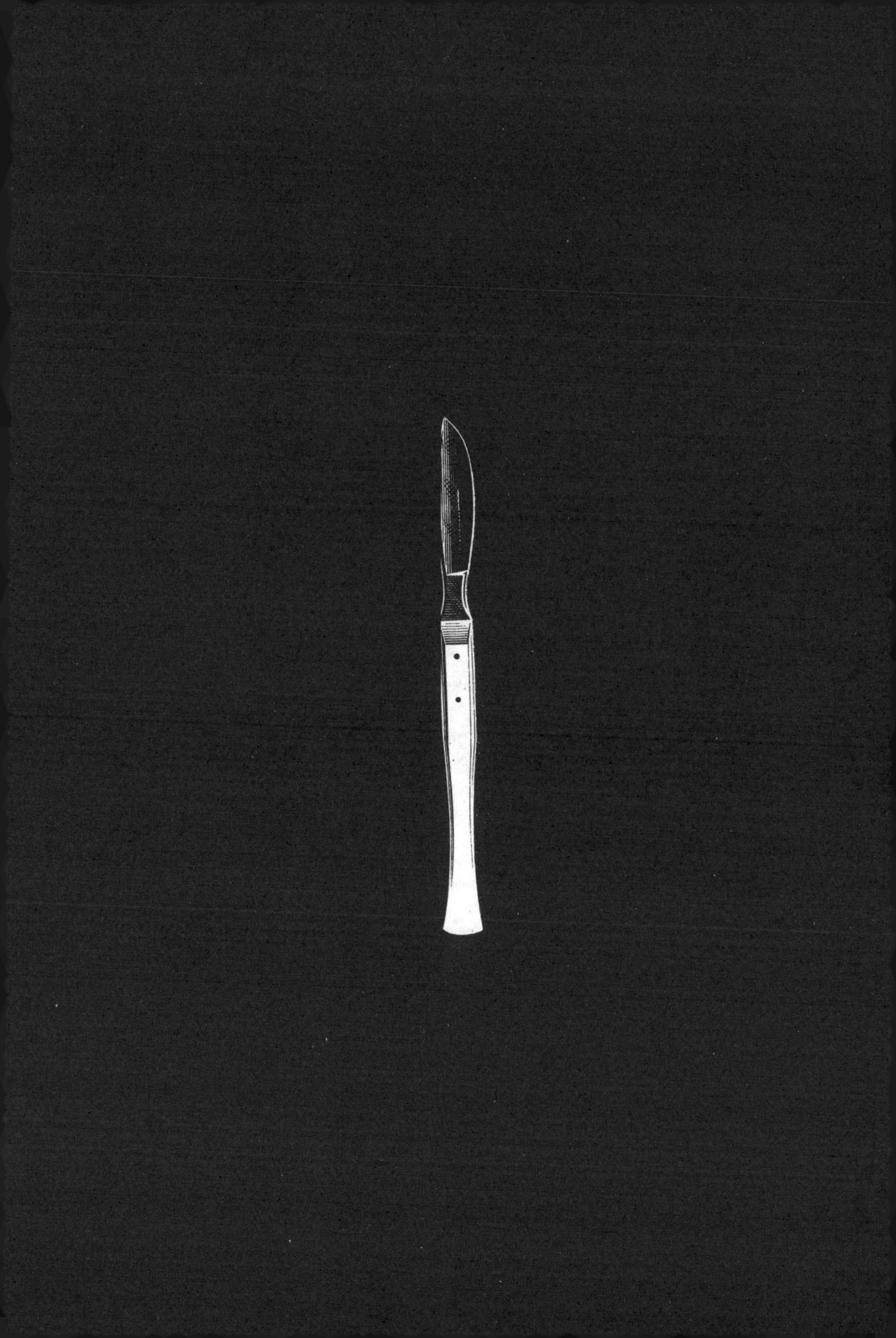

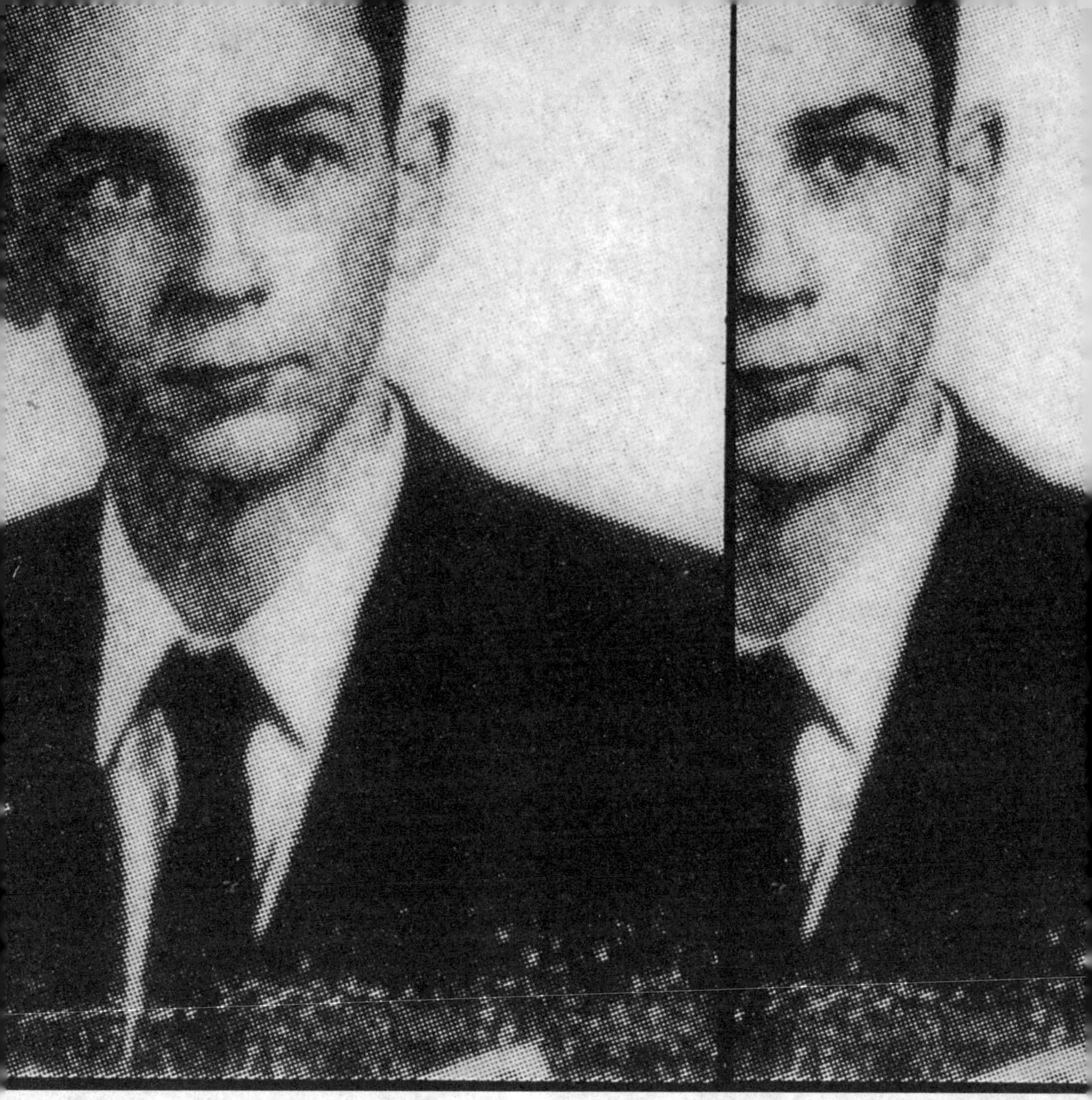

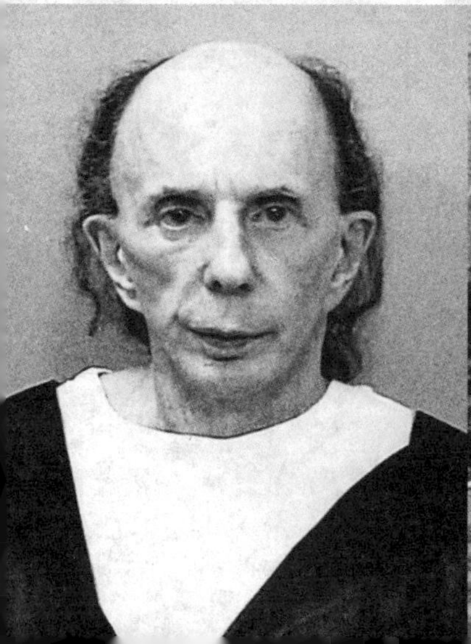

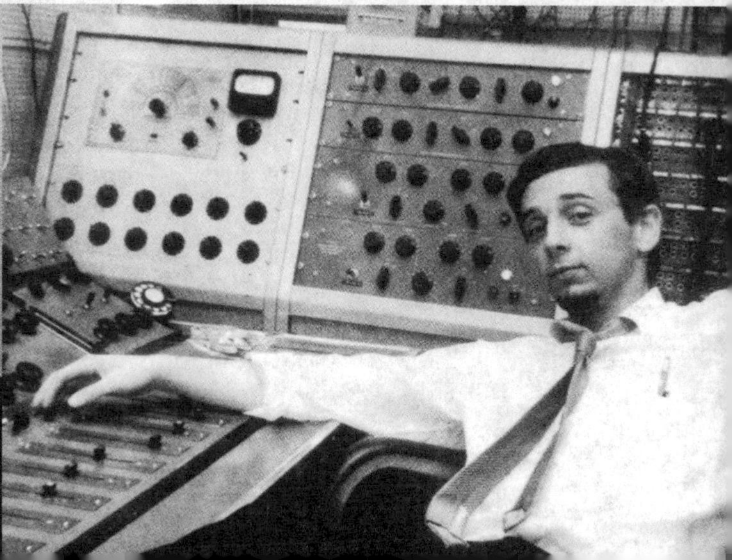

CAP. 8

O SEGREDO DOS CORPOS
DR. VINCENT DI MAIO E RON FRANSCELL

JUSTIÇA
FAMA, MORTE E **JUSTIÇA**

O legendário produtor musical Phil Spector
foi preso pelo assassino da atriz
Lana Clarkson em fevereiro de 2003.

Em uma sociedade civilizada, tendemos a idealizar ou construir mitos sobre as pessoas e seus comportamentos... e sobre o que constitui a civilização. Gostamos de pensar nos famosos como pessoas importantes, seres extraordinários que atingiram um patamar superior de civilização e estão de alguma forma nos empurrando para a frente. Mas a civilização não passa de um verniz extremamente fino. Não há diferença entre nós e as pessoas que viviam há 3 ou 4 mil anos atrás. Apenas fazemos mais leis, dispomos de ferramentas mais apuradas e ocultamos nossa violência com mais classe e sutileza.

ALHAMBRA, CALIFÓRNIA
SEGUNDA-FEIRA, 3 DE FEVEREIRO DE 2003

Pouco antes do pôr do sol, Phil Spector — o magnata da música, o pequeno gênio, o antigo prodígio que agora usava perucas para esconder a calvície e sapatos de salto para ocultar sua pequenez — saiu de sua solitária mansão da Era do Jazz para encontrar uma pessoa, qualquer pessoa, na luz oca de outra noite indiferente de domingo em Los Angeles.

Spector odiava ficar sozinho, não só em seu castelo vazio na colina, mas em sua vida também. Às vezes, ficava furioso quando o deixavam sozinho, e chegava a extremos para manter as pessoas à sua volta. Ao longo de seus 65 anos, acumulara uma fortuna produzindo a trilha sonora de duas gerações, de Righteous Brothers e Beatles a Ramones. Sua Wall of Sound ("muralha de som"), técnica de gravação que revolucionou o rock nos anos 1960, tornou-o famoso e o manteve cercado de gente. Phil Spector conquistou um lugar no hall da fama do rock 'n' roll. Farreava com Jagger, Dylan, Springsteen, Lennon, Cher e toda a turma. Seu poder e seu dinheiro atraíam muita gente, porém não tinha amigos ou confidentes. Bem, teve duas ou três esposas, e muitas amantes, até alguns filhos. Mas nenhuma dessas pessoas permaneceu ao seu lado.

Ao pé do esplêndido terraço nos fundos da mansão, na pracinha junto à fonte, seu chofer o aguardava. O carro era um Mercedes preto, de cujo espelho retrovisor pendia um purificador de ar no formato de um diabinho vermelho. Nas placas personalizadas lia-se "EU ♥ PHIL". Adriano, que era formado em ciência da computação no Brasil, sua terra natal, mas trabalhava como motorista de limusine em Los Angeles, abriu a porta traseira para o patrão, que usava uma cabeleira descolada estilo rei do rock e vestia um jaquetão feminino branco com calça e camisa também brancas, meio Gatsby, meio Gollum.

Adriano levou Spector ao distrito de Studio City para buscar uma velha amiga com quem teria um longo jantar, nada romântico, no The Grill on The Alley, uma famosa *steakhouse* em Beverly Hills. A amiga ficou preocupada quando seu acompanhante pediu dois daiquiris antes do jantar, em parte porque ele já não bebia havia uns dez anos, em parte porque sabia que ele estava tomando um complexo coquetel de medicamentos psicotrópicos para controlar a psicose maníaco-depressiva, os acessos convulsivos e a insônia. Apesar disso, não falou nada. Também não disse nada quando ele começou a flertar com a garçonete. Esse era Phil, sempre procurando atrair novos satélites para sua órbita.

Algumas horas depois, Adriano e Spector foram deixar a mulher em casa. Depois, por volta das 23h, voltaram correndo ao The Grill, a tempo de pegar a garçonete para dar um rolê pela cidade. Foram a uma casa noturna chamada Trader Vic's, onde Spector bebeu doses de tequila com teor alcoólico de 75% e mais

A atriz Lana Clarkson levou um tiro na boca e morreu nesta cadeira na mansão do produtor musical Phil Spector. A cabeça dela repousava em seu ombro direito coberto de sangue, mas foi virada para a esquerda por investigadores.
(DEPARTAMENTO DE POLÍCIA DE ALHAMBRA, CALIFÓRNIA)

daiquiris, depois partiram para o Dan Tana e, sentados em sua mesa cativa, perto dos fundos, pediram mais algumas rodadas de bebida. Por volta de 1h30, Spector deixou uma gorjeta de 100 dólares para uma conta de 50, e eles se mandaram de limusine para outra boate próxima, a House of Blues, no Sunset Boulevard.

A deslumbrada garçonete e seu par embriagado foram direto para a Foundation Room, espécie de área VIP onde as celebridades de Hollywood costumavam se divertir, longe da ralé. Foram barrados na porta pela anfitriã Lana Clarkson, uma mulher alta e loira, de beleza marcante, que trabalhava havia apenas um mês no estabelecimento.

"Desculpe, a senhora não pode entrar aqui", disse ela, mas na mesma hora foi puxada de lado pelo supervisor, que sussurrou que não era uma mulher, e sim o multimilionário e premiadíssimo produtor musical Phil Spector, que sempre dava gorjetas generosas. *Trate-o como ouro,* disse o leão de chácara, *como se ele fosse a porra do Dan Aykroyd.*

Corada de vergonha, Clarkson imediatamente conduziu Spector e sua acompanhante até a melhor mesa disponível.

Apesar do momento constrangedor na porta, Spector já estava radiante outra vez. Na hora de fechar, por volta das 2h da manhã, quando viu que a garçonete pedia apenas água, Phil chamou o motorista para levá-la para casa. Pediu um Bacardi 151, sem gelo, enquanto flertava com outra garçonete que servia coquetéis, e mantinha um olho em Clarkson, que andava de um lado para o outro, arrumando coisas, puxando cadeiras para os clientes, recolhendo copos vazios das mesas, jogando conversa fora.

"Ela não para quieta", comentou com a nova garçonete, referindo-se a Clarkson. "Parece a porra do Charlie Chaplin."

Talvez porque precisasse daquele trabalho. Aos 40 anos, Lana Clarkson era uma atriz que há muito tempo não recebia bons papéis. Com 1,82 m de altura e ainda bem bonita, chamava atenção em meio àquele povo de Hollywood, ainda mais após a saideira. Já tinha sido famosa, pelo menos no circuito de filmes B, por seu papel de protagonista em *Rainha Guerreira* (*Barbarian Queen*, 1986), produzido por Roger Corman, mas isso já fazia quase vinte anos. Tinha fraturado os dois pulsos alguns anos antes em um acidente, a oferta de papéis minguou e ela foi caindo em depressão. Contentava-se com comerciais esporádicos e com os fãs que a bajulavam em pequenas convenções. No momento, trabalhava por 9 dólares a hora só para pagar o aluguel de 1.200 dólares de seu bangalô de 42 m^2 em Venice Beach e bancar caros hábitos pessoais, como se vestir com roupas da moda e tomar analgésicos opioides. Ela vivia no limite, e era um limite extremo.

Spector convidou a garçonete para ir para casa com ele, mas ela deu logo uma desculpa, dizendo que tinha um compromisso de manhã cedo. Não queria voltar sozinho para sua mansão vazia, então convidou Clarkson para se sentar e beber com ele. Foi checar primeiro com o chefe se podia — era permitido conversar com clientes, mas não beber. Então, após o expediente, sentou-se com o estranho homenzinho.

Spector perguntou à anfitriã se queria conhecer seu castelo. Ela queria, claro, mas não podia arriscar perder o emprego por ficar se engraçando com um cliente. Em vez disso, pediu uma carona até o estacionamento dos funcionários, onde tinha deixado o carro. O homenzinho deixou outra gorjeta extravagante — de 450 dólares, embora tivesse gasto apenas 13,50 dólares — e chamou o motorista.

No estacionamento, parado do lado de fora da limusine, Spector implorava feito criança. *Só um drinquezinho! Vamos para o castelo!* Por fim, ela cedeu e voltou para dentro do Mercedes. Um pouco envergonhada, disse a Adriano que ia tomar só mais uma. Spector a cortou, ríspido: "Não fale com o motorista! Não fale com o motorista!".

No trajeto de meia hora até a opulenta mansão de Spector, apelidada de Castelo dos Pireneus — literalmente um castelo torreado com 33 quartos erguido nos anos 1920 em uma área arborizada em meio às sinuosas ruas de Alhambra, um monótono subúrbio de Los Angeles —, eles trocaram carícias, deram risadas e assistiram a um filme antigo estrelado por Jimmy Cagney, *O Amanhã que Não Virá* (*Kiss Tomorrow Goodbye*, 1950), confortavelmente instalados na parte de trás da limusine.

Por volta das 3h da manhã, Phil Spector e Lana Clarkson foram para dentro da mansão enquanto Adriano estacionava junto à fonte, onde aguardaria até que tivesse que levar Clarkson para casa. Podia demorar um pouquinho.

Duas horas depois, por volta das 5h, Adriano ouviu um estampido. Não uma explosão ou um estrondo. Apenas um estampido abafado. Ele saiu do carro e olhou em volta. Como não viu nada, voltou para dentro do veículo.

Dali a pouco, Spector abriu a porta dos fundos da mansão e Adriano saiu do carro, pronto para levar a srta. Clarkson para casa. Viu que seu patrão ainda usava a mesma roupa, porém tinha uma expressão atordoada no rosto — e um revólver na mão.

"Acho que matei alguém", disse.

Atrás dele, Adriano pôde distinguir as pernas esparramadas de uma mulher. Ao olhar mais de perto, viu Clarkson meio caída sobre uma cadeira, com as pernas compridas esticadas para a frente. Estava com o rosto salpicado de sangue, que também escorria por sua testa.

"O que aconteceu?", perguntou Adriano, abismado.

Spector deu de ombros e não falou nada.

O motorista surtou. Correu de volta para o carro e dirigiu até o portão principal da propriedade, onde, sob a luz do painel, manuseou desajeitadamente o celular. Não sabia o endereço, o número do patrão, nada. Seus dedos tremiam tanto que mal conseguia apertar os botões. Ligou primeiro para a secretária de Spector, cujo número estava programado na memória do telefone. Como ela não atendeu, deixou uma mensagem e ligou para o 911.

Às 5h02, um operador da polícia atendeu e perguntou o motivo da chamada.

"Eu acho que meu patrão matou alguém."

O operador perguntou por que ele achava que alguém tinha morrido.

"Porque tem uma moça no... no chão", explicou Adriano, agitado, em um inglês titubeante, "e tem uma arma na... na mão dele."

• • •

A polícia encontrou o cadáver de Clarkson caído sobre uma falsa cadeira Louis xiv, perto da porta dos fundos da mansão. As pernas da mulher estavam esticadas para a frente; o braço esquerdo pendia ao lado do corpo e o direito repousava sobre o braço da cadeira. Sua bolsa com estampa de leopardo continuava presa ao ombro direito, com as alças enroscadas no braço da cadeira. Sangue e outros fluidos escorreram de sua boca e seu nariz, e caíram em cascata sobre o vestidinho preto que ela usava.

No chão, sob sua panturrilha esquerda, acharam um revólver Colt Cobra calibre .38, cujo tambor continha cinco balas e uma cápsula deflagrada. Havia sangue espalhado por toda a arma: no punho de madeira, no guarda-mato, no cano... mas, ao que parecia, alguém tinha tentado limpá-la. Um pedaço do dente incisivo de Clarkson — na verdade, uma coroa dentária — tinha se alojado na massa de mira, na parte anterior da arma, e outros fragmentos de dente estavam espalhados pelo chão.

Ao alcance da mão, ao lado da mulher, havia uma cômoda ornamentada com a gaveta de cima aberta. Dentro, um coldre que casava com o revólver.

Sobre outra cadeira do mesmo estilo, não muito longe, repousava a pasta de couro de Spector, que continha, entre outras coisas, uma cartela de três pílulas de viagra com apenas uma restante.

Música suave e romântica ainda tocava ao fundo. A sala de estar contígua estava iluminada apenas por velas em cima do consolo da lareira. Havia um Picasso em uma das paredes, e na outra um desenho de John Lennon. Uma garrafa de tequila quase vazia e uma taça de conhaque com algum tipo de licor dentro tinham sido deixadas sobre a mesa de centro.

Em um banheiro próximo, os agentes encontraram outra taça de conhaque e um par de cílios postiços em cima da pia. No chão, encontraram uma fralda de algodão encharcada de sangue e água.

No quarto principal, no andar de cima, um detetive encontrou, embolado no chão do closet, o jaquetão branco de Spector, salpicado com algumas manchas quase invisíveis de sangue.

Mais de doze horas se passaram desde que a vítima foi baleada até que alguém fosse ao local do crime atestar oficialmente a morte. Moscas já tinham depositado ovos em um dos ouvidos da mulher e também na massa de sangue coagulado em seu peito.

Uma atriz morta. Com um tiro na boca. De madrugada. Na mansão de uma supercelebridade.

Advogados e jornalistas cairiam matando naquele caso, então não havia espaço para erros na necropsia. Porém, o DML local tinha longa experiência com casos de grande repercussão e sabia como proceder.

O dr. Louis Pena, *coroner*-adjunto de Los Angeles, realizou a necropsia na manhã seguinte, e concluiu que Lana Clarkson morreu vítima de uma única lesão por arma de fogo na cabeça e no pescoço. Um projétil com revestimento de cobre, calibre .38, entrou pela boca da mulher, cortou a extremidade de sua língua, perfurou a parte de trás de sua garganta, separou completamente sua medula espinhal do tronco cerebral, e se alojou na base de seu crânio.

A separação instantânea da medula e do cérebro significava que Clarkson nada pôde fazer no momento do impacto a não ser morrer. O coração parou de bater, os pulmões pararam de funcionar, toda a atividade nervosa cessou e a tensão dos músculos se desfez. O cérebro viveu o bastante para consumir a reserva de oxigênio disponível, mas era improvável que ela estivesse consciente.

Mais de doze horas se passaram desde que a vítima foi baleada. Moscas já tinham depositado ovos em um dos ouvidos da mulher e também na massa de sangue coagulado em seu peito.

A bala se deslocou para trás, em uma trajetória ligeiramente ascendente. O coice do revólver despedaçou dois dentes incisivos da vítima, ambos recentemente recapeados. No lado esquerdo da língua havia uma contusão que, segundo o dr. Pena, provavelmente não foi causada pela bala, mas pelo cano da arma ao ser forçado dentro da boca. Ele também encontrou hematomas nas mãos, no punho e no antebraço de Clarkson, os quais indicavam que houve uma luta.

Havia álcool suficiente em seu organismo para deixá-la bêbada, além de traços do poderoso analgésico hidrocodona e de anti-histamínicos. A bolsa de Clarkson continha diversos medicamentos, tanto de venda livre como de uso controlado, inclusive remédios para tratar resfriado e herpes.

A cena do crime fornecia mais pistas, embora fossem tão desconcertantes quanto horripilantes.

No chão, a polícia encontrou uma unha quebrada de acrílico do polegar direito da vítima.

Peritos criminalistas encontraram uma mistura do DNA de Spector e Clarkson por toda parte: no par de cílios postiços no banheiro, nas taças de conhaque, na maçaneta e no trinco da porta dos fundos, e no sangue coletado dos pulsos da mulher.

O sangue de Clarkson também estava no corrimão da escada e na fralda encontrada no banheiro do segundo andar, embora estivesse diluído em água em alguns pontos. Os respingos e as manchas de sangue no punho da manga, ombro esquerdo, bolso, parte externa do lado direito, e parte interna do lado esquerdo do jaquetão também eram de Clarkson, ainda que não fossem muito extensos.

Os peritos encontraram o DNA de Spector no mamilo esquerdo de Clarkson, mas não em sua vagina. Também havia DNA de Clarkson no escroto de Spector, o que sugeria que ela teria feito sexo oral nele. Não encontraram nenhum vestígio do DNA de Spector debaixo das unhas dela.

Mas a constatação mais fascinante — e desconcertante — dos peritos ainda estava por vir: os únicos vestígios de DNA encontrados na arma eram de Clarkson, e apenas as mãos dela continham resíduos do disparo, e não era pouco. As mãos e roupas de Spector estavam completamente livres de qualquer resíduo de pólvora. Salvo os respingos e as manchas de sangue no jaquetão, não havia nenhuma matéria biológica estranha em sua pele, cabelo ou roupas. Não havia nenhuma impressão digital no revólver.

Naquela manhã, a polícia gravou o depoimento de Spector em que ele xingava Clarkson de "merdinha".

"Eu não sei qual era a porra do problema", ele dizia na gravação, "mas ela com certeza não tinha o direito de vir para meu castelo e estourar a porra da cabeça."

Sem acreditar nessa versão, investigadores disseram ao dr. Pena que Spector era o autor do disparo. Não encontraram indícios de que Clarkson tivesse intenções suicidas ou qualquer bilhete de adeus que respaldasse essa hipótese. Acreditavam que Phil Spector tinha atirado em Lana Clarkson, e que no momento do disparo ela estava sentada na falsa cadeira antiga, exatamente como havia sido encontrada. Considerando as provas físicas observadas na necropsia, Pena apostava na hipótese de homicídio.

Duas semanas após o suposto assassinato, as cinzas de Lana Clarkson foram enterradas no Hollywood Forever Cemetery, o cemitério das celebridades em Los Angeles, entre muitas das grandes estrelas que ela admirava. Clarkson tinha mais em comum com algumas delas do que poderia ter imaginado. Enterrada junto do lago estava Virginia Rappe, a ambiciosa atriz iniciante que morreu em 1921 após uma noite de bebedeira em companhia do ator mais bem pago da época, o comediante Fatty Arbuckle. Do outro lado do gramado estava William Desmond Taylor, um famoso diretor de cinema que foi assassinado dentro de casa em 1922, gerando um milhão de manchetes, mas nem uma única prisão. Em outra cripta estava o mafioso Bugsy Siegel, que morreu ao levar um tiro no rosto em uma mansão de Beverly Hills, em 1947. Ninguém foi denunciado pelo crime.

Phil Spector foi preso na manhã da morte de Lana Clarkson, mas liberado após pagar uma fiança de 1 milhão de dólares. Enquanto isso, a polícia e o *coroner* davam continuidade ao inquérito. Spector começou imediatamente a formar um time de estrelas para defendê-lo, com advogados de primeira categoria, como Robert Shapiro[1] e caríssimos peritos criminais, ao mesmo tempo que tramava como contornar as suspeitas da mídia e provar sua inocência, antes mesmo de ser formalmente acusado. Em particular, criticava "amigos" que não se prontificavam a defendê-lo em público. Em estranhos vídeos caseiros, disse que Clarkson tinha se matado inesperadamente com um tiro ("Ela beijou a arma", disse à revista *Esquire*) por razões que ele não sabia e nem se importava em saber.

Mas os investigadores andavam ouvindo muitas histórias sobre Spector e armas. Consta que ele teria brandido pistolas dentro do estúdio em diversas ocasiões na presença de John Lennon, Debbie Harry e outros ícones do rock. Contudo, havia histórias mais sinistras, de mulheres com quem ele saiu ou que trabalharam para ele. Elas contavam que Spector bebia além da conta, e que, quando elas se preparavam para ir embora, ele ficava fora de si, sacava uma arma e tentava impedi-las de sair. Ao que parecia, o famoso magnata da música tinha um profundo medo de ficar sozinho ou de ser abandonado.

Homicídio ou suicídio? Para o DML de Los Angeles, não foi uma conclusão fácil. Não havia dados científicos para embasar a hipótese de assassinato; a decisão final se apoiava mais na sugestão dos investigadores do que em inequívocas provas periciais.

Sete meses após o tiro fatal, o dr. Lakshmanan Sathyavagiswaran — *coroner* de Los Angeles, último em uma longa linhagem de funcionários encarregados de atestar a morte de estrelas de Hollywood — ratificou a conclusão do dr. Pena de que a morte de Clarkson foi oficialmente um homicídio (embora levasse em conta a hipótese de suicídio). Mais tarde, admitiria que a maioria dos ferimentos "intrabucais" por arma de fogo ocorria em suicídios. Em outras palavras: é raro alguém atirar na boca de outra pessoa.

---

[1] Em 1994, Shapiro defendera O.J. Simpson, acusado de assassinar a ex-esposa, Nicole Brown, e um amigo dela, Ronald Goldman. Saiba mais em *American Crime Story: O Povo contra O.J. Simpson* (DarkSide Books, 2016), de Jeffrey Toobin. Trad. Lucas Magdiel. [NE]

Dois meses depois, a Promotoria de Justiça de Los Angeles denunciou formalmente Phillip Harvey Spector e prometeu pedir a condenação do acusado pelo crime de homicídio qualificado ou simples. (No direito penal norte-americano, a premeditação qualifica o delito de homicídio e precisa ser provada, *first-degree murder*; já o homicídio simples, *second-degree murder*, indica a falta de premeditação. Ambos, porém, são dolosos e implicam uma pena máxima de prisão perpétua.) Spector negou as acusações.

Em Los Angeles, no entanto, parecia que as celebridades traziam na manga uma carta de "saída livre da prisão", como no jogo Banco Imobiliário. As absolvições de O.J. Simpson, Robert Blake,[2] Michael Jackson e de tantas outras estrelas deixaram um gosto ruim na boca de muita gente. Dinheiro, influência e amigos poderosos tinham redefinido a justiça em uma cidade onde a sensação de direito adquirido, a paranoia e a egolatria são celebrados como virtudes, não peculiaridades desagradáveis.

Os mais cínicos viam Phil Spector como um estranho homenzinho cujos excessos e demônios o haviam transformado em um troll rico, desvairado e inseguro, que morava em um castelo no topo de uma colina, cercado de pompa e companhias pagas, que encarava com ébrio desprezo os camponeses e vagava pela escuridão em busca de carne fresca para saciar seu ego e suas obsessões. Mas ele era rico e famoso — e estamos falando de Los Angeles. O processo contra ele não seria uma barbada.

A quase 2 km de distância, era o que eu pensava também.

• • •

Um dia, recebi uma ligação da minha amiga Linda Kenney-Baden. Ela era casada com o dr. Michael Baden, antigo colega meu que tinha sido chefe de meu pai no DML de Nova York e hoje é um dos patologistas forenses mais conhecidos do país. Não se tratava, porém, de um telefonema casual. Linda era uma advogada de defesa de primeira linha e fazia parte da equipe que representava Phil Spector, um time em constante mutação. Ele tinha despedido Shapiro e contratado a enérgica Leslie Abramson, que defendera os irmãos Menendez,[3] mas, quando Abramson pediu demissão de repente, Spector contratou Bruce Cutler, o calvo e corpulento brigão do Brooklyn que defendeu o mafioso John Gotti.

Linda precisava de um perito em lesões por arma de fogo.

---

2   Ator mais conhecido por seu papel na série televisiva *Baretta*, acusado de assassinar a esposa, Bonny Lee Bakley, a tiros, em 2001. [NE]

3   Erik e Lyle Menendez, acusados de matar os pais, Jose e Kitty Menendez, em agosto de 1989. Foram sentenciados à prisão perpétua sem possibilidade de condicional em 1996. [NE]

Você teria interesse em dar uma olhada em algumas das provas contra ele?, perguntou-me. *Só para ver se acha algo que possa ajudar a defesa.*

Para ser honesto, eu não tinha um bom pressentimento sobre Spector. Para mim, ele era um sujeito excêntrico, empolado e perfeitamente capaz de atirar em alguém. As alegações contra ele pareciam plausíveis. Já tinha ouvido as histórias estranhas que contavam sobre o homem, mas não tinha visto as provas. Então concordei em dar uma olhada.

E eu não era o único. Spector já começara a formar uma das mais poderosas equipes de peritos forenses já reunida para o julgamento de uma ação penal. Eu conhecia a maioria deles: Baden; Werner Spitz, meu ex-chefe em Baltimore; Henry Lee, especialista em padrões de dispersão de sangue; Robert Middleberg, toxicologista forense; e vários outros. Cobro por meus serviços apenas 400 dólares a hora, mas uma rápida olhada na lista de especialistas contratados por Spector me dizia que ele já devia ter gasto meio milhão de dólares antes mesmo de ir a julgamento.

Os mais cínicos viam Phil Spector como um estranho homenzinho cujos excessos e demônios o haviam transformado em um troll rico, desvairado e inseguro.

Spector tentava desesperadamente evitar a condenação, e os promotores tentavam com igual desespero mandá-lo para a cadeia. A Promotoria de Justiça tinha um longo histórico de fracassos em casos de grande repercussão envolvendo celebridades e queria reverter esse quadro. Jogariam contra Spector todo o peso dos peritos do estado, sem poupar gastos nem esforços.

Eu não sabia se queria me envolver naquilo. Processos judiciais de celebridades costumam ser um pé no saco. Os julgamentos quase sempre focam muito na celebridade em si — em determinar se ele ou ela é criminoso(a) ou vítima — e pouco nas provas materiais. Onde antes os jornais e as emissoras de rádio e tv eram os únicos meios de comunicação de olho em tudo, agora blogueiros, tuiteiros e todo tipo de "jornalistas-cidadãos" autodesignados se juntam ao tropel de "repórteres", todos disputando atenção em meio ao clangor das modernas guerras de informação. O canal por assinatura Court tv transmite julgamentos de ponta a ponta. Na internet, cada minuto está disponível a um clique. A todo momento, criminalistas de poltrona emitem opiniões não muito mais abalizadas que alguém que assistiu a uma maratona de episódios de csi. O resultado final lembra mais um desfile de carnaval do que um processo judicial.

No entanto, concordei em dar uma olhada, e dentro de poucos dias chegou um gordo pacote pelo correio, contendo todos os laudos de necropsia, fotos da cena do crime, resultados de exames periciais de toxicologia e balística e registros policiais. Junto estava também uma parte da autobiografia de Clarkson, que detalhava, em 65 páginas desconexas, sua infância ao lado de uma mãe solteira, hippie e itinerante, entre festivais de rock e viagens de ácido, bem como os anos em que passou cheirando pó e frequentando a alta-roda como musa do cinema B. Entretanto, nada dizia de seus deploráveis anos finais. Ela era uma figura triste e amigável. Hollywood era dura com mulheres de "certa idade", e, aos olhos de agentes de elenco, Lana Clarkson já tinha passado da data de validade.

À medida que eu folheava aquelas centenas de páginas, perguntas surgiam.

Não encontrei provas irrefutáveis da inocência de Spector (nem de sua culpa, aliás), mas podia ver algumas falhas nos argumentos da acusação. Os peritos fizeram um bom trabalho e coletaram muitas provas relevantes, mas elas ainda eram predominantemente circunstanciais. Ele podia ter toda a culpa do mundo, porém não era algo tão certo como pretendiam os promotores.

Em primeiro lugar, em meus 38 anos como médico-legista, já tinha visto centenas de pessoas mortas com um tiro na boca. Todas, exceto três — 99% —, tinham cometido suicídio.

Mulheres não se matam com armas de fogo, sustentam alguns. Na verdade, esse é o método mais comum de suicídio entre mulheres norte-americanas.

Hollywood era dura com mulheres de "certa idade", e, aos olhos de agentes de elenco, Lana Clarkson já tinha passado da data de validade.

Mas uma bela atriz, mesmo se tivesse tendências suicidas, nunca atiraria no próprio rosto. O maior estudo médico-legal já realizado sobre o suicídio revelou que aproximadamente 15% das mulheres que se suicidam atiram na própria boca (é bem verdade que a beleza da mulher não foi considerada como fator).

Ela nunca tentou suicídio antes, nunca falou sobre isso, e não deixou nenhum bilhete de despedida. Apenas 8% dos suicidas já tentaram o suicídio antes, e somente um de cada quatro deixa algum tipo de mensagem. Lana Clarkson nunca ameaçou cometer suicídio de forma explícita, é verdade, mas em geral o suicídio é um ato impulsivo, desesperado, que não requer aviso prévio, sobretudo entre aqueles que manejam armas. Seu histórico médico e pessoal demonstrava que sofria de um antigo quadro depressivo que exigia uma poderosa terapia medicamentosa. Misturar bebidas alcoólicas com hidrocodona pode de fato contribuir para a depressão. Portanto, a combinação de consumo pesado de álcool e drogas, problemas financeiros e uma carreira que andava no limbo podia muito bem ter agravado seu estado emocional.

Tudo isso provava que Lana Clarkson tinha atirado em si mesma? Não, mas, considerando as provas materiais, o homicídio podia não ser a única explicação.

Clarkson era 30 cm mais alta, 13 kg mais pesada, e estava infinitamente mais em forma que Spector, que tinha 65 anos. Ela poderia facilmente subjugá-lo se tentasse. Há duas explicações para não ter tentado: ou foi forçada a se sujeitar sob a mira de uma arma, ou nem mesmo chegou a ser confrontada.

Não havia lesões nos lábios, na língua ou nos dentes de Clarkson que sugerissem que alguém tinha enfiado uma arma à força em sua boca. É natural assumir que ela teria aberto voluntariamente a boca diante de um agressor armado?

A presença de resíduos de pólvora nas duas mãos de Clarkson mas não nas de Spector sugere que era ela quem segurava a arma no momento do disparo, e não ele. Mesmo que Spector tivesse lavado as mãos, ainda haveria traços residuais do disparo em sua pele e roupas. Contudo, foram encontradas apenas duas minúsculas partículas em sua roupa. Elas podiam ter sido transferidas pelo ar, pelas algemas, ou dentro da viatura policial.

O cano curto do Colt estava a uns 5 cm dentro da boca de Clarkson. O disparo gerou uma queima instantânea e violenta de gases a 1.400°C, lançados para fora da arma com uma força de cerca de 350 kgf/cm^2. Em um instante, esses gases preencheram a boca da atriz, inflaram suas bochechas e escaparam pelas vias de menor resistência. Nesse caso, parte dos tais gases saiu pelas fossas nasais, causando danos ao longo do caminho. O restante se precipitou para *trás*, para fora da boca, carregando uma turbulenta nuvem de respingos de sangue, resíduos do disparo, carne pulverizada, dentes e outros materiais biológicos.

A explosão lançou sangue e um fragmento de dente sobre um corrimão a mais de 3 metros de distância. Os ombros e as mangas do casaco de Clarkson, bem como as costas de suas mãos, estavam cobertos de sangue.

É razoável supor que qualquer pessoa a um ou dois metros de distância da vítima seria atingida por uma terrível onda de matéria sangrenta. Se Spector estivesse perto o suficiente de Clarkson para colocar a arma dentro da boca da atriz, acabaria todo ensanguentado, especialmente na manga da camisa, cuja barra estaria a poucos centímetros de distância da mulher.

No entanto, não havia sangue algum. A única gota de sangue na manga da camisa e os pequenos respingos no restante da roupa de Spector podiam ser explicados pela sua presença no vestíbulo no momento do disparo e pelo contato com o sangue da mulher na confusão que se seguiu. Caso tivesse tentado prestar os primeiros socorros ou tocado nela de qualquer forma, isso já seria suficiente para que um pouco do sangue passasse para ele. Podia até ter lavado as mãos, mas não lavou o jaquetão nem o restante da roupa.

Portanto, não havia provas concretas de que Spector empunhava a arma no momento do disparo.

Por outro lado, havia, sim, indícios de que Clarkson segurava o revólver com ambas as mãos quando o gatilho foi acionado. Estavam cobertas de resíduos de pólvora, sangue e material biológico. Ao que parecia, tinha apertado o gatilho com o polegar esquerdo, e o coice da arma quebrou sua unha de acrílico.

Sem que eu soubesse, meus colegas Baden, Spitz e Lee também analisaram as provas e chegaram a conclusões similares.

Esses fatos (associados à falta de provas objetivas que os contrariassem) me levaram a considerar que o suicídio não só era uma forte possibilidade, como era justamente o tipo de tese coerente que deveria ser defendida diante de um júri.

Spector, um gênio atormentado com uma fortuna avaliada em mais de 100 milhões de dólares, não tinha semelhantes de fato, para o bem ou para o mal, mas sua sorte logo estaria nas mãos de um júri.

• • •

O julgamento de Phil Spector teve início mais de quatro anos após a morte de Lana Clarkson.

Em abril de 2007, na Suprema Corte de Los Angeles, o promotor-adjunto de justiça Alan Jackson foi direto ao ponto em suas declarações iniciais: "Por meio das provas, vamos estabelecer o perfil de um homem que, em 3 de fevereiro de 2003, pôs um revólver carregado na boca de Lana Clarkson e a matou".

Prometeu demonstrar que Spector era um homem "que, em certas circunstâncias, diante de certas situações, comporta-se de maneira sinistra e letal".

Entre as testemunhas que seriam ouvidas pelo júri, continuou o promotor, estavam quatro mulheres que sobreviveram às intimidações do réu sob a mira de uma arma. "Lana Clarkson", disse ele, "era apenas a última de uma longa sucessão de mulheres hostilizadas por Phil Spector."

E, por fim, ouviriam o motorista, Adriano de Souza, que narraria o horror daquela noite e a própria confissão condenatória do réu. *"Acho que matei alguém."*

Spector observava da mesa da defesa. Apesar de calmo, tinha um aspecto abatido, e, às vezes, cobria o rosto com as mãos. No primeiro dia do julgamento, vestia uma peruca loira com penteado estilo pajem, terno bege e uma camisa roxa aberta no colarinho. Entretanto, conforme o julgamento avançava, seu estilo de se vestir e suas perucas foram ficando mais extravagantes. Ele também tinha casado (no mesmo vestíbulo onde Clarkson morreu) com uma cantora aspirante de 26 anos que trabalhava como sua assistente pessoal e se sentava todos os dias do julgamento na fileira frontal da galeria, logo atrás dele. Chegavam ao tribunal e iam embora juntos todos os dias, escoltados por três enormes guarda-costas negros.

Evidentemente, Cutler se dirigiu ao júri usando outra abordagem.

"As provas vão mostrar que antes mesmo de que [a polícia] soubesse a causa da morte, e muito menos como a vítima morreu, já considerava aquilo um assassinato", declarou. "Fama e sucesso voltam para assombrar você."

Lana Clarkson, disse aos jurados, morreu enquanto usava o revólver como um "acessório sexual".

Ao longo dos sete meses seguintes, o júri viu e ouviu as provas e os argumentos de ambos os lados, incluindo complicados depoimentos de peritos em padrões de dispersão de sangue, toxicologia, balística, depressão, farmacologia, resíduos de disparo e anatomia. Entretanto, também se falou sobre elementos não científicos, como medo, intimidação, sensação de direito adquirido, fama, insegurança e os limites dos sonhos.

Lakshmanan concordou prontamente que ferimentos intrabucais por arma de fogo em geral estão associados a suicídios e muito raramente a homicídios.

"Seria difícil enfiar uma arma à força na boca de alguém sem deixar marcas de contusão?", perguntou Cutler.

Lakshmanan admitiu que sim, "a não ser que a pessoa estivesse intimidada e com medo de tomar um tiro, e [então] abrisse a boca".

Richard Seiden, especialista em suicídio e ex-professor de psicologia na Universidade da Califórnia, em Berkeley, declarou que suicídios por impulso, em contraste com suicídios planejados, representam cerca de 40% do total de mortes desse tipo.

Segundo ele, a decisão fatal podia levar menos de cinco minutos. A depressão não é o fator preponderante, embora os sentimentos de desesperança quanto ao futuro, falta de dinheiro, a perda de um ente querido, decepções, e dores crônicas — todos elementos presentes no perfil da vítima — possam contribuir fortemente para o suicídio.

A mãe de Clarkson ocupou o banco das testemunhas para contar como a filha estava fazendo planos para trabalhar em um comercial e tinha até comprado sapatos novos. Conforme prometido, quatro mulheres — algumas visivelmente relutantes — relataram as experiências amedrontadoras vividas sob a mira de uma das muitas armas que Phil Spector tinha em casa. Testemunhas discutiram se uma unha desaparecida tinha sido perdida ou escondida pela defesa. E, no momento mais dramático do julgamento, o motorista descreveu os momentos de horror que passou após a morte de Clarkson, e deixou aquelas palavras comprometedoras pairando no ar: *Acho que matei alguém.*

Cutler, porém, argumentou que Clarkson estava deprimida devido a um término recente de relacionamento, estressada por conta de problemas financeiros e assistindo, impotente, à sua carreira de atriz desmoronar conforme chegava aos 40. Debilitada pela bebida e por poderosos analgésicos, ela teria simplesmente pegado o revólver de Spector e se matado.

Os amigos de Clarkson rejeitavam veementemente a tese de suicídio. Lana gostava de fazer drama às vezes, diziam, mas não era autodestrutiva. Tinha planos para os próximos dias e semanas. É assim que um suicida se comporta?

No fim, criou-se um complexo retrato de dois homens bem diferentes, e ambos estavam dentro de Phil Spector: um deles era um sujeito antiquado, cavalheiresco, bem-humorado cujos encontros amorosos incluíam rosas de talo longo, românticos finais de tarde e um beijo de despedida na bochecha. O outro era um grosseiro e agressivo beberrão que volta e meia metia uma arma na cara das mulheres que o rejeitavam.

Ele era como o médico e o monstro, só que na vida real, e ainda por cima ao vivo na TV. Os índices de audiência dispararam.

> Os amigos de Clarkson rejeitavam veementemente a tese de suicídio. Lana gostava de fazer drama às vezes, diziam, mas não era autodestrutiva.

Quando os jurados finalmente se retiraram para deliberar, fizeram uma rápida votação simulada. Quatro se inclinavam pela condenação, cinco pela absolvição, e três estavam indecisos. Ao longo de quinze dias angustiantes, eles revisaram as provas, conferiram os depoimentos — testemunha por testemunha — e discutiram entre si.

No final, dois jurados ainda não estavam de todo convencidos de que Spector tinha atirado em Clarkson. Chegaram a um impasse de dez a favor e dois contra a condenação.

Sem um veredicto unânime, como requer o direito norte-americano, o julgamento foi anulado.

A promotoria, porém, não se deixou desanimar. Uma semana depois, o promotor Jackson anunciou sua intenção de submeter Spector a um novo julgamento, e um ano mais tarde a ideia se concretizava.

Dessa vez, Cutler teve de abandonar a defesa e um novo advogado — o quarto a defender Spector — assumiu o comando. Durante cinco meses, fizemos tudo outra vez: as mesmas provas, as mesmas testemunhas e os mesmos argumentos, com pouquíssimas novidades. Agora a mídia já não estava

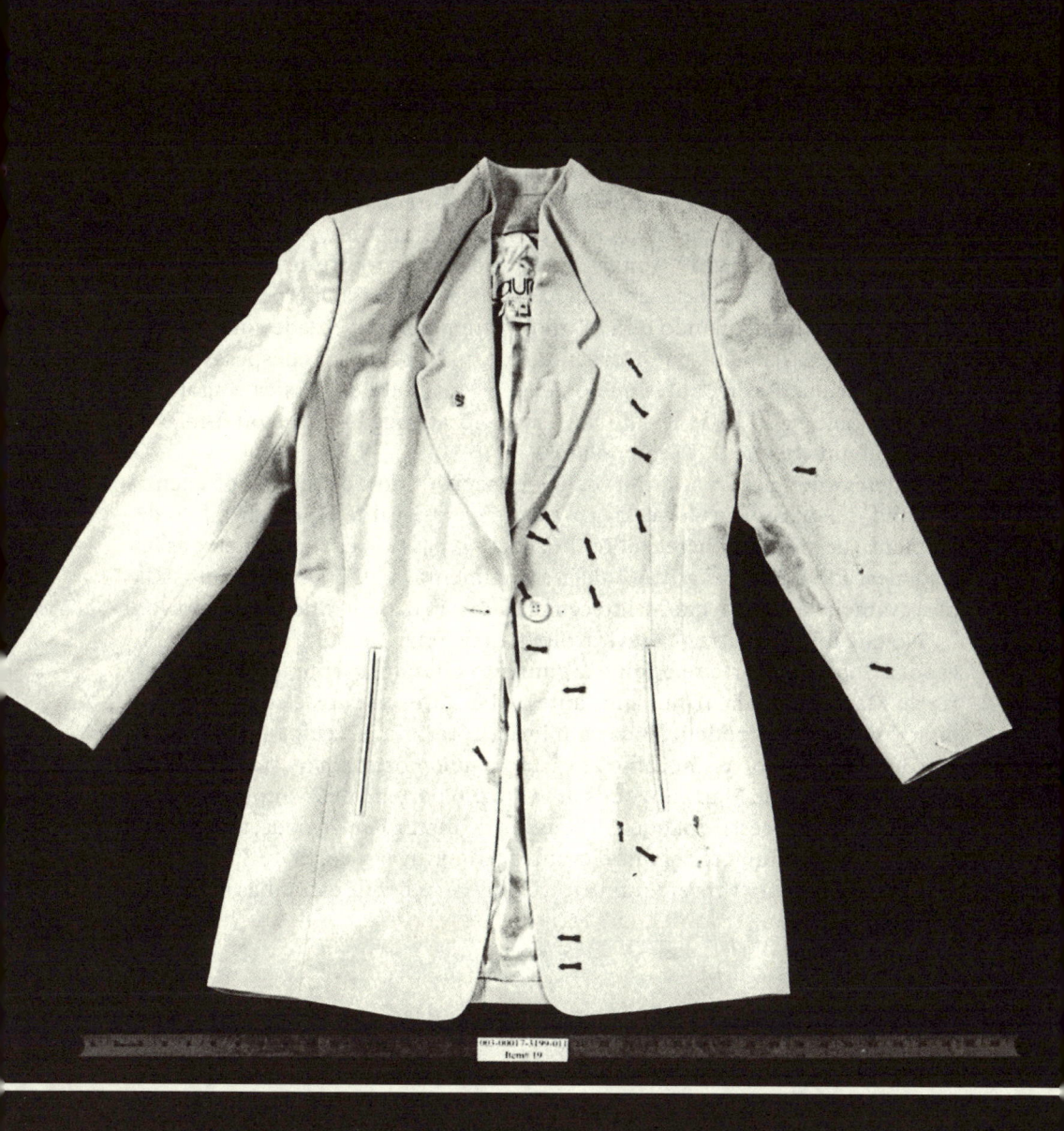

Se Phil Spector tivesse atirado em Lana Clarkson, seu jaquetão branco estaria com manchas de sangue... mas havia muito pouco. As setas do criminalista mostram os pontos em que foram encontradas apenas pequenas gotas de sangue. (DEPARTAMENTO DE POLÍCIA DE ALHAMBRA, CALIFÓRNIA)

tão interessada, Spector usava roupas e penteados mais moderados, e a tensão na sala de tribunal já não era tão palpável. Porém, tudo se resumia à interpretação das provas e do homem sentado no banco dos réus.

Mais uma vez, quando o júri se retirou para deliberar o veredicto, a votação simulada revelou intenções divididas. Contudo, ao longo de trinta horas de discussão, as dúvidas diminuíram e os doze jurados chegaram ao veredicto: Phil Spector era culpado do crime de homicídio.

Em 29 de maio de 2009 — mais de seis anos após a morte de Lana Clarkson —, o juiz condenou o quase septuagenário Spector à prisão perpétua. Precisará esperar até 2028, quando terá 88 anos, para pedir a liberdade condicional.

Como parte da pena, o juiz ordenou que o réu pagasse as despesas do enterro da vítima. Assim, antes que o pequeno magnata da música e agora assassino condenado fosse levado à prisão, seu advogado entregou à mãe de Clarkson um cheque de 17 mil dólares.

A defesa de Spector recorreu da condenação. Entre os muitos problemas apontados pelos advogados estava a natureza irrelevante e prejudicial do depoimento de cinco mulheres sobre situações no passado em que Spector as havia ameaçado com uma arma. A defesa argumentava que tais confrontos não provavam nada sobre o que aconteceu por ocasião da morte de Lana Clarkson.

No que foi uma estranha reviravolta — a última — em um caso já complicado, a Suprema Corte rejeitou o argumento citando a sentença condenatória de Martha Woods, trinta anos antes. Maus atos prévios e simples lógica, disseram os juízes, podem ajudar um júri a determinar a culpa (ou a inocência) de um acusado. Assim como as crianças que morreram ou ficaram doentes aos cuidados de Martha Woods durante um período de 25 anos eram relevantes para o processo em que era acusada de matar Paul Woods, as histórias daquelas cinco mulheres eram relevantes para provar a culpa de Spector.

A morte e a justiça reverberam através das gerações de estranhas maneiras.

• • •

Phil Spector não era o único que estava sendo julgado naquele processo televisionado para todo o país.

Os peritos convocados pela defesa também estavam.

O promotor Alan Jackson rejeitou todos os peritos da defesa, e eu também fui, porque em sua opinião éramos mercenários que aceitaram mais de 400 mil dólares para dizer apenas o que Spector mandasse. (Estranhamente, não mencionou quanto o governo pagou aos peritos da acusação.)

"Como um homicídio pode virar um suicídio?", perguntou Jackson ao júri no segundo julgamento. "Você assina um cheque bem gordo. Se não pode mudar a ciência, você compra o cientista."

É isto o que ocorre em um julgamento: uma das partes convoca peritos para explicar alguma coisa altamente técnica ou de difícil compreensão, e a outra parte os chama de mentirosos, charlatães e mercenários. Ambas as partes dependem do depoimento de peritos e ambas as partes os colocam em uma posição de descrédito. Durante o julgamento de Spector (e de outros), já fui chamado de tudo quanto é nome, nenhum deles elogioso, tanto dentro como fora da sala do tribunal. Por quê? Simplesmente porque minha opinião profissional contrariava as percepções dos espectadores, que já tiraram as próprias conclusões.

Essa queixa não é nova. Já em 1848, o respeitado jurista norte-americano John Pitt Taylor escreveu que os júris deviam adotar certo ceticismo em relação a "testemunhas especializadas" (bem como em relação a escravos, mulheres e estrangeiros).

Há especialistas em todos os assuntos conhecidos pelo homem, da largura apropriada dos degraus de uma escada à função cerebral em nível molecular. O fato é que são tão inevitáveis como necessários. Em um mundo cada vez mais complexo e especializado — que a era digital vem tornando exponencialmente mais complicado —, homens (e mulheres) renascentistas são tão escassos quanto fabricantes de carruagens e políticos honestos. É impossível realizar um julgamento de qualquer complexidade hoje em dia sem o depoimento de peritos. Jurados e juízes não têm mais a profundidade e a amplitude de conhecimento necessárias para tomar decisões de vida ou morte sem se apoiar nas explicações de um especialista.

> Minha opinião profissional contrariava as percepções dos espectadores, que já tiraram as próprias conclusões.

O ponto-chave em qualquer julgamento é transmitir informações de uma forma significativa e útil. Um perito não apenas deve possuir o indispensável conhecimento do assunto sobre o qual é chamado a falar, mas também deve ser capaz de explicá-lo. E é aí que me vem à cabeça uma fala do advogado interpretado por Denzel Washington no filme *Filadélfia* (*Philadelphia*, 1993): "Explique isso para mim como se eu tivesse 6 anos de idade". É uma frase poderosíssima.

Esse elemento mágico de ligação não é nem um pouco comum. O perito mais versado do mundo é completamente inútil se não consegue transmitir seu conhecimento de forma amigável e compreensível. Os melhores peritos são professores também. Como ocorre com tudo, essa habilidade se aprimora com a prática. Assim, os melhores peritos judiciais são aqueles que testemunham com frequência.

Peritos não chegam ao tribunal com todas as respostas que as outras pessoas foram estúpidas demais para inferir. Nem sempre estão certos. Não é o conhecimento deles que sustenta a balança da justiça. Eles são "especialistas", não "a última palavra em tudo".

O que um perito diz deve ser devidamente pesado e avaliado de forma crítica por cada um dos jurados.

Há bons peritos, em medicina e em outras áreas, que não querem depor em juízo porque se sentem pouco à vontade em um ambiente hostil de enfrentamento jurídico. Por que se submeter à tamanha superexposição, ao confuso jargão jurídico, a conflitos com superiores ou colegas, aos xingamentos dos advogados contrários, e da mídia e de todo detetive de poltrona que assiste à Court TV?

Quem sai perdendo quando bons peritos evitam julgamentos por esses e outros motivos é a própria justiça.

Peritos não são mentirosos. Eles dizem a verdade como a enxergam, e todos sabemos que a verdade pode ser interpretada de muitas formas. O caso de Spector nada prova a não ser como um mesmo conjunto de fatos pode ser interpretado de diferentes formas.

O que um perito diz deve ser devidamente pesado e avaliado de forma crítica por cada um dos jurados.

É verdade que existem "mercenários" na patologia forense (a única área da qual posso falar com conhecimento de causa)? Sim, mas não muitos. Em geral, são ineptos, inexperientes e logo acabam desmascarados no tribunal. Mais comuns são os tipos fanáticos que veem a si mesmos como aprendizes de policial que precisam prender todos os bandidos. Eles se identificam mais com policiais e promotores, e tendem, talvez inconscientemente, a encontrar pistas indicativas de culpa. Não se trata de dinheiro, mas o ideal de justiça cega passa longe nesses casos.

Se um perito sempre presta depoimento para um dos lados, é rotulado como uma "putinha". Alguns tentam amenizar as críticas servindo ora como testemunha de defesa, ora de acusação, mas isso só faz com que sejam rotulados como a "putinha" de quem paga mais. É uma situação em que ninguém sai ganhando.

O público nunca sabe quantas vezes um perito recusou a oferta de um advogado ou foi rejeitado porque sua opinião não era de grande ajuda. Eu mesmo me esquivei de muitos casos e fui gentilmente dispensado de diversos outros quando minhas conclusões técnicas simplesmente não respaldavam a estratégia dos advogados.

Desde que o perito consiga convencer o juiz e o júri de que aborda o assunto com a mente aberta, a quantidade de vezes que ocupa o banco das testemunhas ou mesmo a frequência com que é convocado por qualquer uma das partes torna-se efetivamente irrelevante.

Tendo atuado como médico-legista e consultor forense durante toda a minha vida adulta, já prestei depoimento para a promotoria e para a defesa, já fui convocado por autores e réus, já testemunhei em julgamentos penais e civis, em casos de pequeno e grande porte. Minhas conclusões não são influenciadas pelo dinheiro. *Não me coloco a favor da polícia nem contra ela. Não deponho a favor desta ou daquela família. Devo ser imparcial e dizer a verdade.*

Em conclusão, se sua vida está em jogo em um tribunal, e é preciso desesperadamente esclarecer um intrincado conjunto de provas para o júri, você não buscaria a pessoa mais confiável e instruída que estivesse ao seu alcance para deixar tudo claro como água? Talvez não possa bancar o especialista que escreveu o livro, mas ainda tem o direito de chamar alguém que pode explicar o que você não pode.

No final das contas, não há saída. Peritos são profissionais versados em determinada área que estão dispostos a se colocar na linha de fogo do tribunal e, como tal, devem ser pagos por seu tempo. Cabe ao júri avaliar se são qualificados, se recebem uma remuneração justa e se suas conclusões são confiáveis.

Acredito que não há como provar a verdade real dos fatos sem recorrer a profissionais competentes e qualificados, que se valem de seu conhecimento especializado para explicar aos jurados questões técnicas e complexas. Os jurados podem aceitar ou ignorar o que eles têm a dizer, mas devem ouvi-los.

O que acontece quando eles não ouvem?

A morte de Ernestine Perea em Wheatland, Wyoming, serve de exemplo.

Agora deixe-me falar sobre uma cidadezinha chamada West Memphis.

POLICE DEPT.
W. MEMPHIS, AR
ECHOLS
DAMIEN
POLICE DEPT.
W. MEMPHIS, AR
ECHOLS
DAMIEN
POLICE DEPT.
W. MEMPHIS, AR
MISSKELLEY
JESSIE
POLICE DEPT.
W. MEMPHIS, AR
MISSKELLEY
JESSIE
POLICE DEPT.
W. MEMPHIS, AR
BALDWIN
CHARLES
POLICE DEPT.
W. MEMPHIS, AR
BALDWIN
CHARLES

CAP. 9

O SEGREDO DOS CORPOS
DR. VINCENT DI MAIO E RON FRANSCELL

WEST MENPHIS

OS FANTASMAS DE **WEST MEMPHIS**

Três adolescentes problemáticos foram presos, julgados e condenados por torturarem de maneira horrível três garotinhos perto de West Memphis, Arkansas, em 1993. Mas eles realmente cometeram esse crime?
(DEPARTAMENTO DE POLÍCIA DE WEST MEMPHIS, ARKANSAS)

Nada nos comove mais que a injustiça, a sensação de que a justiça não foi feita. Somos os primeiros a nos revoltar diante de uma atrocidade, desde uma simples ofensa contra alguém até um ato negligente que afeta milhões de pessoas. É algo que bons policiais, juízes, advogados e médicos-legistas sentem mais intensamente, já que o trabalho deles é reparar erros, mesmo quando todas as outras pessoas demonstram indiferença e dizem que "a vida é assim". No entanto, querer fazer a coisa certa não é o mesmo que estar certo. Espere coragem de nós, não perfeição. O melhor que podemos desejar é estar certos na maior parte do tempo, e ter tempo e sabedoria para consertar o que fizemos de errado. A ideia não é apenas consertar nosso passado, mas também nosso futuro.

WEST MEMPHIS, ARKANSAS
QUARTA-FEIRA, 5 DE MAIO DE 1993

Em uma tarde quente de primavera, faltando pouco menos de um mês para as férias de verão, ainda havia naquela cidadezinha lugares selvagens que garotos inquietos podiam explorar.

Stevie Branch, Michael Moore e Christopher Byers eram melhores amigos. Eram da mesma turma de segundo ano da Weaver Elementary School, faziam parte do mesmo grupo de escoteiros e, como a maioria dos meninos de 8 anos de idade que têm a sorte de se encontrar, pedalavam incansavelmente em suas bicicletas, indo tão longe quanto seus pais e os limites da cidade permitiam. Às vezes, até mais longe.

Mas tudo bem. Nada de ruim acontecia em West Memphis, Arkansas, uma comunidade rural onde lendas do blues como B.B. King e Howlin' Wolf um dia moraram, trabalharam e fizeram música. Lá as pessoas se sentiam a uma distância segura da incessante violência e das depravações diárias de Memphis, uma das cidades mais perigosas dos EUA, bem do outro lado do rio, no Tennessee. Era apenas uma cidadezinha de interior, como milhares de outras, que a maioria dos norte-americanos só vê de dentro do avião, e que parecia se agarrar precariamente a um rio e a uma estrada interestadual como se fossem a própria vida. E, em alguns aspectos, de fato eram.

Meninos nessa idade não desperdiçam a luz do dia. Como costumava acontecer depois da escola, Stevie, Michael e Chris se encontraram na rua, como se um ímã secreto os atraísse para perto um do outro. Partiram logo — Stevie e Michael, cada qual em sua bicicleta, e Chris, de skate — rumo a um matagal denso e pantanoso, conhecido pelos moradores locais como Robin Hood. Lá podiam apanhar tartarugas, correr de bicicleta entre as árvores por trilhas estreitas ou brincar perto das valas de escoamento. Do outro lado do canal de drenagem, acessível apenas por uma tubulação de esgoto que servia de ponte ou por uma corda que pendia entre uma margem e outra, ficava um matagal mais sombrio conhecido como a Cova do Diabo, que vivia assombrado por mendigos, viciados em drogas e adolescentes farristas.

Em West Memphis, os pais sempre diziam para os filhos ficarem longe daqueles matagais; porém, a proibição só os tornava mais instigantes, dando-lhes um ar de aventura.

Michael não era o mais velho, mas era o líder do grupo. Ele gostava tanto de ser escoteiro que andava com a boina o tempo todo, além de vestir o uniforme sempre que podia.

Chris ganhou o apelido de "Formiga", porque estava sempre em movimento. Não conseguia parar quieto. Naquela mesma tarde, a poucas semanas de completar 9 anos, ele tinha recebido uma bronca do padrasto por não obedecer às regras da casa, e apesar disso lá estava ele, desrespeitando as regras da casa ao sair com os amigos sem permissão.

Stevie era conhecido como "Bubba". Ele gostava das Tartarugas Ninja e esbanjava charme com sua cabeleira loira, olhos azuis e amplo sorriso.

Agora, os três embarcavam em mais uma grande aventura, como no filme *Conta Comigo* (*Stand by Me*, 1986). Logo se embrenhariam no matagal para descobrir os mistérios que lá se escondiam.

Pouco antes das 18h, cruzaram o gramado de um vizinho; minutos depois, passaram pela casa de Michael; e, finalmente, por volta das 18h30, empurravam as bicicletas matagal adentro. Moradores de cidadezinhas como aquela reparam nesse tipo de coisa.

Mas eles não veem tudo.

Os meninos nunca saíram do matagal.

Naquela noite, seus pais ligaram para a polícia local, e uma busca foi iniciada após a meia-noite, mas estava escuro demais para enxergar qualquer coisa.

No dia seguinte, por volta das 13h45, avistaram um tênis flutuando em um riacho sujo que corria através da mata isolada, a apenas 50 metros ao sul da Interstate 55.

Um dos detetives avançou pela margem da vala, obstruída de raízes e coberta por uma grossa camada de folhas e galhos, até o local onde o tênis foi encontrado. Ele observou que uma parte do terreno tinha sido limpa, quem sabe de forma deliberada, abrindo uma trilha através da terra escorregadia e úmida em direção à vala.

Então, entrou na água turva, até a altura dos joelhos. Ao esticar a mão para pegar o tênis, tocou em algo perturbador logo abaixo da superfície opaca. Algo grande e mole. Algo que não devia estar ali.

Um corpo.

Era Michael Moore.

O garotinho estava nu, esparramado dentro da água, os punhos e tornozelos atados com um cadarço preto. Sangue escorria de ferimentos em sua cabeça, seu rosto e seu peito.

Momentos depois, os corpos de Chris Byers e Stevie Branch também foram encontrados submersos na vala, poucos metros adiante. Também estavam nus, amarrados com cadarços, e com marcas de espancamento. Todos tinham estranhas perfurações por todo o corpo. E o pênis de Chris tinha sido decepado.

Nenhuma arma foi encontrada. Duas cuecas tinham desaparecido. As roupas e as bicicletas dos garotos também tinham sido jogadas na água, o que teria apagado quaisquer vestígios deixados pelo assassino (ou assassinos), bem como possíveis resquícios de sêmen dentro ou sobre os corpos.

Os policiais da cidadezinha estavam abalados. Encontraram uma boina de escoteiro flutuando no riacho raso, três tênis e a camisa de um dos meninos enrolada na extremidade de uma grossa estaca de madeira fincada dentro da lama. Encontraram outra estaca desse tipo quando retiraram o corpo de Michael Moore da água. Alguém havia atirado as bicicletas no canal, perto do cano de esgoto que ligava as duas margens.

Os únicos sinais de sangue na cena do crime estavam na água turva e na margem onde os corpos foram colocados após serem retirados do riacho. Duas semanas depois, testes com luminol revelaram abundantes vestígios de sangue na margem, onde o terreno foi limpo.

A cena do crime, entretanto, tinha sido comprometida pela operação de busca e resgate. O *coroner* local só chegou duas horas mais tarde. Alguns itens, incluindo as estacas — que poderiam ter sido usadas como armas do crime —, chegaram a ser tocados, porém só mais tarde foram considerados como provas.

Os investigadores recolheram os corpos dos garotos e temeram o pior. Horas depois, toda a cidade fervilhava com os rumores de estupro, mutilação e assassinato de crianças. Que tipo de gente perversa seria capaz de fazer algo assim com três amáveis garotinhos? Molestadores sexuais que os seguiam? Traficantes ao serem pegos de surpresa? Satanistas com sede de sangue inocente?

Dentro de poucas horas, a polícia já elaborava uma teoria.

• • •

A necropsia dos meninos ficou a cargo do dr. Frank Peretti, veterano médico-legista do Laboratório de Criminalística do estado do Arkansas. Sob a claridade intensa das luzes do necrotério, os ferimentos e as mutilações eram bem piores do que pareceram à primeira vista em Robin Hood.

Peretti estimou por alto que os garotos estavam mortos e submersos na água havia dezessete horas. Todos tinham a pele murcha, enrugada e esbranquiçada devido ao contato prolongado com água, um efeito bem conhecido de quem costuma nadar ou lavar a louça.

Folhas e algas continuavam aderidas aos corpos sobre a mesa de necropsia, e os pulsos e tornozelos dos meninos seguiam atados até que alguém pudesse examinar os cadarços e os nós em busca de pistas.

Michael Moore sofreu ferimentos no pescoço, no peito e na barriga que pareciam ter sido causados por uma faca serrilhada. Escoriações no couro cabeludo foram provavelmente causadas por outra arma, como uma grande vara. O ânus estava dilatado, e os tecidos moles e úmidos em seu interior estavam avermelhados — o que, para o dr. Peretti, era um indicativo de que algo tinha sido introduzido à força dentro dele. Hematomas e feridas abertas em sua boca sugeriam que Michael tinha sido forçado a fazer sexo oral em um homem. Ainda estava vivo ao entrar no canal, porque tinha aspirado água, que encharcou seus pulmões. Morreu afogado.

O corpo de Stevie Branch também apresentava lesões sugestivas nos genitais e no ânus. Peretti acreditava que a coloração vermelho-arroxeada que o pênis do menino exibia da metade para baixo era um possível indício de sexo oral. O lado esquerdo de seu rosto estava grotescamente perfurado e ensanguentado; seus dentes estavam visíveis através da bochecha dilacerada. Cabeça, peito, braços, pernas e costas exibiam diversos cortes irregulares que indicavam que ele se movia quando foi esfaqueado. Também morrera afogado.

Chris Byers parecia ter sofrido o ataque mais brutal.

Peretti também detectou sinais de que ele tinha sido forçado a fazer sexo oral em um homem. Seu pênis tinha sido esfolado; o escroto e os testículos foram arrancados. Cortes sangrentos em volta de seu ânus indicavam que ainda estava vivo quando foram feitos.

Havia feridas profundas e lacerações horríveis em sua cabeça. Uma porção da pele tinha sido arrancada, e um olho estava ferido. A parte de trás do crânio tinha sido fraturada com uma arma pesada, do tamanho de uma vassoura. A parte interna das coxas foi retalhada com cortes diagonais, e Peretti achava que muitos dos cortes foram infligidos com uma faca serrilhada.

Ao contrário de Stevie e Michael, Chris não se afogou. Ele sangrou até a morte antes de ser atirado na água.

Quando um repórter encontrou o pai de Chris Byers, alguns dias depois, o homem, consternado, expressou o horror de West Memphis.

"Não consigo entender por que três meninos inocentes que ainda acreditavam no Papai Noel e no Coelhinho da Páscoa tinham que morrer de forma tão terrível", disse ele.

Enquanto a boa gente de West Memphis arrecadava dinheiro para enterrar os garotos e transformava as cadeiras onde eles se sentavam na sala de aula do segundo ano primário em memoriais improvisados, a polícia se mexia. Havia um sádico assassino de crianças à solta, e era possível que ainda estivesse por perto.

A teoria prevalecente era a de que os garotos tinham sido assassinados em um ritual de adoração ao diabo.

No final dos anos 1980 e início dos anos 1990, a polícia das pequenas cidades era assombrada por três grandes bichos-papões: uma epidemia de metanfetamina barata, gangues urbanas migrando para o interior e cultos satânicos. A metanfetamina era real, as gangues e os fanáticos ocultistas nem tanto. Abusos sexuais e sacrifícios de crianças em cultos satânicos não passavam de lendas urbanas. Porém, na época, todo chefe de polícia de cidadezinha pequena fazia dessas ameaças uma prioridade.

A mutilação, a tortura, o estupro e o assassinato de três garotinhos não pareciam ser trabalho de traficantes de droga ou membros de gangue. Os policiais sentiam que havia um dedo de satanismo naquilo.

Um dia após os corpos serem encontrados, um detetive compartilhou sua teoria de uma possível ligação entre o crime e rituais satânicos com um agente do juizado de menores. *É, tinha um garoto na cidade envolvido com ocultismo e que provavelmente seria capaz de cometer uma atrocidade assim*, disse o funcionário.

O nome do garoto era Damien Echols.

Tinha 18 anos e largara a escola sem concluir o segundo grau. De família pobre, já tinha passagem na polícia por delitos menores, como vandalismo, furto e arrombamentos. Era um garoto estranho, que usava cabelos compridos e gostava da reputação de marginal e esquisitão. Escrevia poemas obscuros e se dizia wiccano. Corriam rumores de que bebia sangue e participava de orgias rituais.

> Um dia após os corpos serem encontrados, um detetive compartilhou sua teoria de uma possível ligação entre o crime e rituais satânicos com um agente do juizado de menores.

Entre 1991 e 1993, tentou o suicídio algumas vezes, por enforcamento, overdose de drogas e afogamento. Passou alguns meses em um hospital psiquiátrico por conta do que um médico diagnosticou como "delírios de perseguição e de grandeza, alucinações auditivas e visuais, alienação mental, capacidade reduzida de discernimento e variações de humor crônicas e incapacitantes".

Começou a usar apenas roupas pretas, incluindo um longo sobretudo que lhe dava um aspecto sinistro. Alguns diziam que andava com uma clava ou cajado, como uma espécie de feiticeiro medieval. Às vezes, lixava as unhas até que ficassem pontudas como garras. Contou aos médicos do hospício que conversava com demônios, pensava muito sobre suicídio e assassinato e lançava feitiços para roubar a energia das pessoas. Chegou a afirmar que o espírito de uma mulher assassinada vivia com ele.

Seu nome verdadeiro sequer era Damien, e sim Michael; havia adotado o nome de um padre católico que se dedicara a cuidar de leprosos no início do século XIX. Os moradores de West Memphis, porém, acreditavam que o nome era na verdade uma homenagem ao garotinho Anticristo do filme *A Profecia* (*The Omen*, 1976) ou quem sabe ao padre Damien Karras de *O Exorcista* (*The Exorcist*, 1973)

Damien não apenas gostava de sua reputação de esquisitão como a cultivava.

Foi interrogado pela primeira vez em seu quarto, no trailer da mãe, em uma área de trailers de West Memphis, e mais tarde na delegacia. O detetive tirou uma foto polaroide do garoto e notou uma tatuagem de pentagrama em seu peito, e a palavra EVIL ("MAL") escrita à tinta nas articulações dos dedos. "Como especialista local em ocultismo, como ele achava que aqueles três garotos tinham morrido?", perguntou o policial.

Provavelmente foram mutilados por alguém, respondeu Damien. Só pelo barato de matar, para ouvi-los gritando, especulou. Tinha ouvido falar que "um cara" mutilou os corpos e que os garotos foram jogados na água e deviam ter se afogado. Disse que era provável que um dos meninos estivesse mais "cortado" que os outros. Segundo ele, o assassino era um sujeito "doente" que vivia da cidade, e dificilmente fugiria. Afinal, "quando mais nova a vítima [...] mais poder a pessoa tira do sacrifício", disse.

Na época, a cidade inteira estava alarmada com rumores e meias verdades sobre os assassinatos. Entretanto, a polícia ainda não tinha revelado que Chris Byers sofrera mutilações piores que os outros.

Finalmente, as autoridades faziam algum progresso, mas ainda não era o suficiente para prender Damien Echols.

Ao longo de um mês, se dedicaram a buscar mais indícios incriminadores contra o rapaz. Nesse meio-tempo, toparam com uma garçonete que se ofereceu para ajudá-los. Disse que podia entrar em contato com um tal de Jessie Misskelley, um amigo de Damien, com problemas mentais, que talvez soubesse de alguma coisa.

A garçonete logo se tornou informante secreta da polícia. Convenceu Jessie a apresentá-la a Damien, que a teria levado até uma área afastada da cidade para um encontro de "bruxas" conhecido como *esbat*: uma dúzia de pessoas nuas entoando cânticos, pintando as caras e apalpando umas às outras no escuro. Conforme relatou aos policiais, ela e Damien saíram cedo, mas Jessie ficou.

Um mês após o crime, a polícia de West Memphis foi visitar Jessie Misskelley, 17 anos, que, assim como Damien, também largara a escola. Disseram a Jessie que havia uma recompensa de 35 mil dólares para quem desse informações que levassem à prisão dos assassinos, e o garoto aceitou depor na delegacia, onde, ao longo de muitas horas, fez um relato chocante.

Tudo começou na manhã do dia 5 de maio, quando um amigo da escola chamado Jason Baldwin o chamou para encontrar com ele e Damien Echols em Robin Hood. Baldwin era franzino e aparentava ter bem menos de 16 anos. Era amigo de Damien, e, como ele, se vestia de preto e curtia heavy metal, embora não fosse nem de perto tão fodão quanto o amigo aparentava ser, e, diferentemente dele, não participava de rituais de magia negra. Ainda estava matriculado na escola, onde se saía melhor em educação artística que em matemática. Já desde os 11 anos, porém, vinha se metendo em problemas com os tiras. Se Damien era o líder, Jason era um fiel seguidor e admirador.

Conforme relatou à polícia, por volta das 9h, os três estavam de bobeira perto do riacho quando três garotinhos chegaram de bicicleta. Baldwin e Echols os chamaram, e eles se aproximaram. (Mais tarde, em seu depoimento, Misskelley estimou que isso acontecera por volta do meio-dia, admitindo que não tinha certeza quanto aos horários. Ele explicou a presença dos meninos dizendo que cabularam aula naquele dia.)

Assim que as crianças se aproximaram, foram selvagemente atacadas por Baldwin e Echols. Segundo disse aos policiais, ele ficou observando enquanto pelo menos dois dos meninos eram estuprados e forçados a fazer sexo oral em Baldwin e Echols.

Em certo momento, um dos meninos — Misskelley o identificou como sendo Michael Moore — tentou fugir, correndo para dentro do matagal, mas ele correu atrás e o trouxe de volta.

Ainda segundo Misskelley, Baldwin pegou um canivete, desferiu cortes nos rostos dos garotos e decepou o pênis de um deles. Em seguida, Echols deu uma forte pancada em outro deles com um grande pedaço de pau do tamanho de um taco de beisebol e forçou-os a se despir. Nus, feridos, e amedrontados, os três foram amarrados. Foi nessa hora que Misskelley saiu correndo da cena do crime, disse o próprio aos policiais.

"Começaram a foder com eles, cortar eles", contou. "Eu vi aquilo, me virei, olhei em volta e então saí correndo. Fui para casa. Depois eles me ligaram e perguntaram por que eu não tinha ficado. Disse que simplesmente não consegui."

O primeiro exame de polígrafo e a entrevista gravada de Misskelley duraram cerca de quatro horas e terminaram às 15h18. Por volta das 17h, ele se sentou diante dos policiais para uma segunda entrevista, e dessa vez os fatos começaram a mudar.

Ele teria recebido um telefonema de Baldwin na noite anterior aos assassinatos. Lembrava-se de ter ouvido o amigo falar que ele e Echols estavam planejando pegar uns garotos e machucá-los.

Afirmou que ele, Echols e Baldwin tinham chegado à área de Robin Hood entre 17h e 18h, mas, após ser questionado por um detetive, admitiu que podia ter sido entre 19h e 20h. Por fim, se decidiu pelas 18h.

Nesse segundo relato, as três vítimas chegaram pouco antes de escurecer. (O sol se pôs oficialmente perto das 20h.)

Dessa vez, Misskelley deu detalhes mais escabrosos da agressão sexual. Tanto Byers como Branch tinham sido estuprados, e pelo menos um deles foi segurado pela cabeça, na altura das orelhas, enquanto era violado.

Todas as vítimas foram amarradas com pedaços de uma corda marrom, mas achava que Chris Byers já estava morto quando ele foi embora.

"Você nos contou que eles estavam com as mãos amarradas", disse um dos interrogadores. "Estavam amarradas de um jeito que não podiam correr?"

"Eles podiam correr", respondeu Misskelley. "Primeiro jogaram eles no chão, depois amarraram. Um segurava pelo braço e prendia no chão de um jeito que ele não podia se levantar, e o outro pegava pela perna."

Misskelley contou que, depois que chegou em casa, Baldwin ligou para ele e disse: "Tá feito" e "O que vamos fazer se alguém tiver visto a gente?". Ele podia ouvir Echols tagarelando ao fundo.

Você já esteve envolvido em alguma seita?, perguntou um interrogador.

Já, admitiu Misskelley. Nos últimos meses, vinha se encontrando com outras pessoas no matagal. Faziam orgias sexuais e rituais de iniciação sangrentos que incluíam matar e comer cachorros de rua. Em um desses encontros, viu uma foto que Echols tinha tirado dos três garotinhos. Echols andava de olho neles, contou.

O que Echols e Baldwin estavam vestindo naquele dia?, perguntou um policial.

Baldwin usava uma calça jeans azul, bota preta de cano longo e uma camisa do Metallica com o desenho de uma caveira, lembrou Misskelley. Como de costume, Echols usava calça preta, camisa preta e botas.

A história de Misskelley não tinha nem pé nem cabeça. Os horários e fatos não batiam e havia um monte de contradições claras. Em primeiro lugar, Jason Baldwin tinha estado na escola o dia todo. O crime aconteceu às 9h, ao meio-dia, ou mais perto das 20h? Baldwin ligou para ele naquela manhã ou na noite anterior? Por que tinha certeza de que os garotos faltaram à escola quando obviamente não faltaram?

No entanto, as provas corroboravam parte da estranha confissão de Misskelley.

Os garotinhos tinham chegado de bicicleta a Robin Hood. Foram violentamente espancados. Dois deles apresentavam ferimentos compatíveis com golpes de um objeto pesado como um taco de beisebol ou um ramo grosso de árvore. Um deles tinha cortes no rosto. Os genitais de Chris Byers tinham sido grotescamente mutilados. Todos apresentavam ferimentos que o médico-legista considerou condizentes com estupro e sexo oral forçado. Michael e Stevie estavam vivos quando entraram na água, mas não Chris, o que batia com a observação de Misskelley de que o menino já estava morto quando ele deixou o local. E os garotos estavam realmente amarrados, ainda que com cadarços, não com uma corda marrom.

Além disso, uma testemunha diria aos detetives que tinha visto Damien Echols perto da cena do crime naquela mesma noite, usando calça e camisa pretas, ambas enlameadas.

Porém, durante o interrogatório, Misskelley passou por um detector de mentiras e ficou sabendo que tinha falhado no teste. Mais tarde, alguns contestariam o resultado do polígrafo. Há quem acredite que o resultado deixou Misskelley confuso. Frustrado, ele teria tentado agradar ainda mais os policiais contando uma história maluca. Outros dizem que ser submetido ao polígrafo só fez com que ele dissesse a verdade.

De qualquer maneira, a atenção da polícia agora estava totalmente voltada para aquele trio de marginais. Damien Echols, Jason Baldwin e Jessie Misskelley foram presos e denunciados com três acusações de homicídio qualificado. A polícia tinha outras pistas de possíveis assassinos, mas estava convencida de ter apanhado os caras certos.

Nas semanas e nos meses seguintes, os investigadores coletaram provas que acreditavam estar relacionadas aos assassinatos. Na casa de Jason Baldwin, encontraram um roupão vermelho que pertencia à mãe do garoto, quinze camisas pretas e uma camisa branca. Na casa de Damien Echols acharam dois cadernos que supunham conter escritos ocultistas ou satânicos e mais roupas. Mergulhadores que vasculhavam o fundo lodoso de um lago atrás da casa de Baldwin descobriram uma faca de lâmina serrilhada.

> Damien Echols, Jason Baldwin e Jessie Misskelley foram presos e denunciados com três acusações de homicídio qualificado. A polícia tinha outras pistas de possíveis assassinos, mas estava convencida de ter apanhado os caras certos.

A polícia confiscou um pingente que Damien usava no pescoço porque parecia ter manchas de sangue. Posteriormente, perceberam que tanto Damien como Jason usavam o colar de vez quando.

Os detetives também localizaram diversas testemunhas que afirmavam que Echols, Baldwin e Misskelley tinham todos de alguma forma confessado o crime.

Um técnico de um laboratório de criminalística declarou que fibras extraídas das roupas das vítimas eram similares com quatro fibras encontradas nas casas de Jason e Damien. Uma fibra de poliéster verde da boina de escoteiro de Michael tinha uma estrutura similar à das fibras encontradas na casa de Damien. E uma fibra vermelha do roupão da mãe de Baldwin era microscopicamente similar às fibras coletadas da camisa de Michael Moore. Não era 100% idêntica, mas similar.

Não foi possível chegar a uma conclusão categórica sobre a faca, embora a lâmina serrilhada remetesse à conclusão do dr. Peretti de que uma faca com o mesmo tipo de lâmina fora usada no crime.

A pequena amostra de sangue extraída no colar não foi muito útil. Os peritos só podiam dizer que o sangue encontrado no objeto pertencia a dois tipos sanguíneos diferentes, um deles compatível com Damien Echols e o outro compatível com Jason Baldwin, a vítima Stevie Branch e 11% de toda a humanidade.

Os três adolescentes negaram as acusações e cada um deles teve dois advogados designados para sua defesa. Todos seriam julgados como adultos, e a confissão de Misskelley — apesar da objeção de seu advogado, que alegava ter sido forçada — seria admitida como prova. Entretanto, por causa de seus depoimentos à polícia, cujo conteúdo supostamente desmentiu dias depois, Misskelley seria julgado separadamente dos outros a fim de que pudesse testemunhar contra eles (algo que acabaria se recusando a fazer).

Menos de dez meses depois que os corpos nus e mutilados daqueles três garotinhos foram retirados das águas turvas de um riacho em West Memphis, seus supostos assassinos eram levados a julgamento. Se condenados, todos podiam receber a pena de morte.

As provas eram puramente circunstanciais, mas dois júris dificilmente deixariam passar a confissão explícita de um dos réus, por mais confusa e inconsistente que fosse.

• • •

Em 18 de janeiro de 1994, teve início a seleção do corpo de jurados para o julgamento de Jessie Misskelley, na pequena vila rural de Corning, no Arkansas. Um júri de sete mulheres e cinco homens foi constituído em um dia, e o promotor abriu a audiência com uma advertência aos jurados: eles veriam erros e incoerências gritantes na confissão de Misskelley — a pedra angular da acusação —, porém tudo podia ser atribuído a uma tentativa desesperada do réu de minimizar sua própria participação nos crimes.

A defesa retrucou que Misskelley sofria de problemas mentais moderados e foi vítima da pressão da opinião pública sobre a polícia para que solucionasse o assassinato mais bárbaro já visto no nordeste do Arkansas em décadas. Para os advogados, desde o início das investigações, os detetives se mostraram obcecados com Damien Echols e nunca chegaram de fato a considerar outros suspeitos ou cenários, e assim acabaram constrangendo um garoto com um QI lamentavelmente baixo a confessar um crime.

As mães dos garotinhos mortos foram as primeiras a testemunhar. Narraram para os jurados e para o mundo seus últimos momentos com os filhos. Na sequência, vieram os vívidos depoimentos da equipe de buscas e da polícia sobre as operações que culminaram na descoberta dos cadáveres, enquanto os jurados olhavam de relance para as bicicletas das vítimas, escoradas contra uma das paredes da sala do tribunal.

A parte mais difícil em um julgamento desse tipo costuma ser aquele em que as fotos da cena do crime e da necropsia são apresentadas como provas. Nesse caso, os promotores exibiram mais de trinta imagens dos meninos mortos, amarrados, pálidos, mutilados e congelados em poses tortas. Em seguida, foi a vez do médico-legista, que mostrou mais fotos pavorosas da mesa de necropsia. Eram closes dos pequeninos corpos brancos envoltos em lençóis ensanguentados, feridas necrosadas, órgãos desfigurados que ninguém queria ver. Os jurados ficaram lívidos.

Em silêncio, ouviram enquanto os promotores reproduziam 34 minutos da confissão gravada de Misskelley. Ouviram-no contar, em suas próprias palavras, como as vítimas morreram.

A acusação concluiu com uma longa discussão sobre as fibras coletadas como provas, e uma curta explanação sobre satanismo e rituais de sacrifício. A defesa, como vinha fazendo a cada passo, revidou.

A equipe de Misskelley montou uma defesa baseada na inexistência de provas plenas.

Entre as testemunhas arroladas pela defesa estava um famoso detetive e examinador de polígrafo que acreditava que Misskelley de fato dizia a verdade quando foi submetido ao teste. No entanto, quando soube que tinha falhado, acabou cedendo e fez uma confissão falsa. O mesmo detetive criticou os investigadores por Misskelley não ter sido levado à cena do crime.

Entretanto, os jurados não chegaram a ouvir a maior parte desse depoimento, pois este foi considerado inadmissível pelo juiz.

Um psicólogo declarou que era possível que o réu tivesse prestado um "falso depoimento" à polícia porque "já não podia suportar o estresse do interrogatório". No entanto, não foi autorizado a expressar sua opinião de que os investigadores constrangeram Misskelley e o coagiram a fazer uma falsa confissão.

Misskelley acabou não depondo em sua própria defesa, como estava previsto, porque seus advogados temiam que o pobre coitado fosse massacrado pelos promotores.

"Se o réu não tivesse perseguido Michael Moore, ele teria ido para casa e hoje estaria com os pais", disse a promotoria nos argumentos finais. "Jessie Misskelley Jr. não deixou Michael Moore escapar. Ele o perseguiu como um animal."

O produtor vencedor do Oscar Peter Jackson, que ganhou sua fama com a franquia *Hobbit*, também produziu o documentário *WEST OF MEMPHIS*, do qual participei. (ACERVO DI MAIO)

"A morte de um ser humano por outro só não é pior que a morte de um homem inocente pelo Estado", concluiu a defesa.

Depois de mais uma semana de fotos macabras, vívidos testemunhos e disputas judiciais, o júri condenou Jessie Misskelley em uma acusação de homicídio qualificado e duas de homicídio simples. Ao ser indagado se tinha algo a dizer, Misskelley respondeu apenas "Não". Foi rapidamente sentenciado à prisão perpétua sem direito à liberdade condicional, além de outros quarenta anos de prisão, e levado embora.

Alguns dias depois, os jurados disseram a um repórter que a vívida imagem de um garotinho amedrontado de 8 anos correndo para salvar a vida antes de ser arrastado para a morte pesou bastante no veredicto.

• • •

Duas semanas mais tarde, Damien Echols e Jason Baldwin foram levados a julgamento em Jonesboro.

Misskelley se recusou a depor contra eles, o que deixava os promotores às voltas com um processo inteiramente baseado em provas circunstanciais, sem que houvesse absolutamente nenhum indício concreto que ligasse os três adolescentes ao crime. Porém, tinham em Echols um réu antipático que deixaria os jurados um tanto desconfortáveis. O rapaz fizera estranhas declarações aos investigadores, como "Todo mundo possui forças demoníacas dentro de si" e "O número 3 é um número sagrado na religião Wicca" — além de ser também o número de garotinhos que ele era acusado de assassinar. Em outras ocasiões, Echols tinha ameaçado devorar o pai, cortar a garganta da própria mãe e matar os pais da ex-namorada. Tudo nele gritava "mau elemento".

Em suas declarações iniciais, a promotoria prometeu provar a culpa de Echols e Baldwin cientificamente e por meio de seus próprios depoimentos; a defesa alegou que a acusação tinha distorcido os fatos para adequá-los ao seu próprio quebra-cabeça surreal. *Não, eles reconheceram, Damien Echols não é o típico adolescente norte-americano. Na verdade, ele é meio esquisito, mas não há nenhuma sombra de prova material sugerindo que matou aqueles meninos.*

Mais uma vez, as primeiras testemunhas da promotoria foram as mães das três vítimas. Um detetive da polícia relatou o interrogatório de Echols, durante o qual ele fez estranhos comentários sobre misticismo e demônios. Uma ex-namorada contou que Echols costumava levar facas escondidas dentro do sobretudo. Um especialista falou sobre os "paramentos de ocultismo" presentes no crime, do derramamento de sangue para extrair força vital e da lua cheia na noite dos assassinatos à potente "energia vital" que pode ser roubada de jovens vítimas.

Peretti, o médico-legista que examinou os corpos, declarou que a faca encontrada no lago atrás da casa de Echols era compatível com os ferimentos que observou no cadáver de Chris Byers, embora, inquirido pela defesa, tenha admitido que outras facas também poderiam ter produzido as mesmas marcas. Também declarou que o pênis de Chris foi esfolado e seus testículos foram cortados enquanto ele ainda estava vivo; que tanto Stevie como Michael foram espancados com um objeto pesado; e que os pulmões de Michel estavam cheios de água, o que indicava que "ao entrar na água, ainda respirava". Interrogado pela defesa, porém, admitiu que as provas periciais não se alinhavam totalmente com o relato de Misskelley. Em outras palavras, não tinha encontrado provas sólidas de que qualquer um dos meninos fora estrangulado, estuprado ou amarrado com uma corda marrom.

Algumas testemunhas de acusação afirmaram que Echols ou Baldwin confessaram o crime em particular. Uma delas, um adolescente que dividia a cela com Baldwin, disse que ele admitiu ter "mutilado" os meninos e "sugado o sangue do pênis e do saco, e colocado as bolas dentro da boca". Fatos chocantes ou autoficção? O júri decidiria.

No final, as únicas provas materiais que a promotoria apresentou ligando Echols ou Baldwin à cena do crime eram escassas: um resquício de cera de depilação na camisa de um dos garotinhos e uma fibra de poliéster na boina de escoteiro de Michael, "microscopicamente similares" a itens encontrados na casa de Echols.

A defesa começou forte. Depois que a mãe de Damien declarou que ele estava em casa com ela na noite do crime, e que conversava com duas amigas no telefone, o adolescente acusado depôs por algumas horas e respondeu calmamente dezenas de perguntas de ambas as partes.

O que você gosta de fazer?, perguntou seu advogado.

"Andar de skate, ler, ver filmes, conversar no telefone", respondeu Echols.

Quais são seus autores favoritos?

"Gosto de ler sobre tudo, mas meus prediletos são Stephen King, Dean Koontz e Anne Rice."

Como é ser wiccano?

"É basicamente ter uma relação próxima com a natureza", explicou ele. "Não sou satanista. Não acredito em sacrifícios humanos ou nada do tipo."

Você é maníaco-depressivo?

"Sim, sou."

O que acontece quando você não toma sua medicação?

"Eu choro."

Por que você mantém o crânio de um cachorro dentro de seu quarto?

"Só achei que era legal."

Por que você tatuou a palavra "EVIL" nos nós dos dedos?
"Porque achei que seria legal."
Por que você sempre se veste de preto?
"Me disseram que eu fico bem de preto. E eu sou muito inseguro sobre, hã, a maneira como me visto."
Você conhecia aqueles garotinhos?
"Nunca tinha ouvido falar deles até vê-los no noticiário."
Você já esteve em Robin Hood?
"Não, nunca."
Como você se sente sendo acusado de matá-los?
"Às vezes, revoltado. Às vezes, triste. Às vezes, com medo."

Foi um heroico esforço para limpar o nome de um assassino que parecia ligeiramente ameaçador, tinha problemas mentais e tentava deliberadamente chocar os vizinhos do Cinturão Bíblico.[1] Entretanto, o comportamento de Echols no tribunal não ajudava: volta e meia soprava beijos para as famílias das vítimas e lambia os lábios de forma lasciva na mesa da defesa. Também dirigia olhares raivosos para a galeria, rosnava para os fotógrafos e ficava se olhando em um espelhinho. Enquanto seus advogados tentavam retratá-lo como um garoto que passava por uma fase difícil, ele dava fortes sinais de que era um manipulador e um repugnante tipinho narcisista que tinha prazer em causar arrepios nas pessoas. E ele se deliciava com toda a atenção que recebia.

A defesa concluiu com um núcleo-chave de testemunhas que refutaram alegações anteriores sobre ocultismo, sugeriram outros cenários e possíveis assassinos (incluindo o pai de Chris Byers e um misterioso homem respingado de sangue que passou por um restaurante local naquela noite), e descreveram a investigação da polícia como desastrada, descabida e desesperada. Jason Baldwin não chegou a depor.

Nos argumentos finais, os promotores pediram aos jurados que examinassem Damien com atenção. Se o fizessem, disseram-lhes, veriam que "não há uma alma ali". Os advogados de defesa de Echols e Baldwin imploravam ao júri que considerasse a ausência de provas plenas de culpa.

Os doze jurados — oito mulheres e quatro homens — deliberaram por onze horas e condenaram os dois réus pelos três assassinatos.

Jason Baldwin foi sentenciado à prisão perpétua sem direito à liberdade condicional.

Damien Echols foi enviado para o corredor da morte.

---

[1] Bible Belt, no original, localiza-se na região sudeste dos EUA, onde a religião protestante, sobretudo a Igreja Batista, é um elemento importa da cultura local e engloba o Arkansas e alguns dos seus estados vizinhos, entre outros. [NE]

• • •

Em 1996, a Suprema Corte do Arkansas manteve as três condenações, convencida de que a justiça tinha sido feita. Echols, Misskelley e Baldwin — agora conhecidos como "os três de West Memphis" — foram isolados na prisão, longe dos olhos da sociedade, o último lar que conheceriam.

Porém, nem todo mundo estava tão convencido.

Naquele mesmo ano, a HBO exibiu o documentário *O Paraíso Perdido: Assassinatos de Crianças em Robin Hood Hill* (*Paradise Lost: The Child Murders at Robin Hood Hill*, 1996). O filme apresentava fortes argumentos de que os três adolescentes esquisitões tinham sido injustamente condenados devido a um trabalho medíocre da polícia em uma cidadezinha dominada por um "terror infundado em relação ao satanismo", em julgamentos farsescos acompanhados por jurados caipirões. O filme convenceu muitas pessoas, especialmente algumas eloquentes celebridades. Logo um site foi lançado, vieram sequências, e outras celebridades se manifestaram. Alguns apontavam para outro possível assassino.

Então, em 2003, o livro *Devils Knot: The True Story of the West Memphis Three* (O Nó do Diabo: A Verdadeira História dos Três de West Memphis, em tradução livre), escrito pela jornalista Mara Leveritt, também defendeu que os julgamentos de 1994 apresentaram graves falhas. (Mais tarde, o documentário *A Oeste de Memphis* (*West of Memphis*, 2012), financiado por Peter Jackson, diretor premiado com o Oscar, e dirigido por Amy Berg, conseguiu trazer novidades e reavivar o interesse pelo caso.)

O filme apresentava fortes argumentos de que os três adolescentes esquisitões tinham sido injustamente condenados devido a um trabalho medíocre da polícia.

As coisas ficaram piores para as autoridades quando, em 2003, a garçonete que afirmou à polícia que tinha ido a um *esbat* com Misskelley e Echols admitiu ter mentido.

O que começou como uma exploração cinematográfica independente de um repercutido caso de assassinato logo se transformou em um amplo movimento civil para libertar os três de West Memphis. Celebridades como o ator Johnny Depp, o cantor Eddie Vedder, do Pearl Jam, o músico Henry Rollins, do Black Flag e da Rollins Band, e Natalie Maines, do trio de música country Dixie Chicks, entre outros, ofereceram suas vozes, seu dinheiro e seu apoio moral. Caros advogados de defesa e uma legião de juristas também se juntaram à festa.

Até mesmo o pai de Chris Byers e a mãe de Stevie Branch estavam convencidos de que os três de West Memphis tinham sido injustamente acusados.

Então, em 2007, veio uma revelação bombástica: testes preliminares indicavam que o DNA encontrado na cena do crime não era compatível com o de Echols, de Baldwin ou de Misskelley — mas um fio de cabelo encontrado em um nó que atava um dos garotos foi considerado "compatível" com o cabelo de Terry Hobbs, padrasto de Stevie Branch.

Um fio de cabelo enroscado em um nó feito pelo assassino e que não pertencia a nenhum dos adolescentes. No mínimo, aquele solitário fio de cabelo representava um grande obstáculo para a promotoria.

Enquanto os advogados de Damien Echols aguardavam os resultados finais, entraram em contato comigo. Queriam que eu examinasse os ferimentos das vítimas e o laudo de necropsia do dr. Peretti em busca de quaisquer detalhes que patologistas forenses, policiais, advogados e juízes pudessem ter deixado passar. Eu topei.

Estava familiarizado com o caso. Como já disse antes, a comunidade médico-legal é pequena, e a mídia é onipresente. Eu tinha me aposentado recentemente, depois de 25 anos como médico-legista no Condado de Bexar, e agora prestava consultoria em diversos casos que precisavam de uma "segunda opinião". Tinha consciência de que muitas pessoas sabiam sobre aquele crime particularmente horrendo, e também tinha conversado casualmente com outros médicos-legistas sobre o assunto. Conhecia bem o dr. Peretti e o considerava um bom patologista. Em um dos casos mais esmiuçados da história moderna, eu duvidava que fosse encontrar algo de novo, muito menos provas que pudessem mudar tudo.

Dias depois, um pacote chegou na minha casa. Continha centenas de páginas de laudos de necropsia, depoimentos, conclusões de peritos e pareceres jurídicos. Os itens mais importantes, porém, eram um fichário e um CD contendo quase 2 mil fotos coloridas em alta definição da cena do crime, além de fotos da necropsia.

Muito rapidamente, como no caso do Wyoming, vi um problema.

A terrível mutilação genital em Chris Byers não tinha, na verdade, sido feita por uma pessoa. Fora causada por animais que roeram os tecidos moles de seu corpo depois que ele morreu. Contusões e cortes profundos nas bocas dos garotos — inicialmente interpretados como indícios de sexo oral forçado — também eram obra de animais. Aquelas estranhas perfurações na pele que pareciam resultado de torturas com faca? Animais mordiscando e mastigando carne morta. As extensas feridas sangrentas que recobriam o lado esquerdo do rosto de Stevie Branch? Também eram danos causados por animais.

Da mesma forma, os ferimentos e as lacerações que o dr. Peretti viu nos corpos não foram infligidos pela lâmina de uma faca. Eram marcas de dentes e garras de animais se alimentando.

Que animais? Tartarugas-mordedoras, gambás, gatos selvagens, raposas, guaxinins, esquilos, cachorros de rua e um ou outro coiote habitavam Robin Wood. Qualquer um desses predadores, atraídos pelo cheiro de sangue fresco, teriam encontrado os corpos muito rapidamente e mordiscado as partes mais macias, mais fáceis de arrancar com os dentes. Para mim, pareciam mordidas de tartaruga.

Os produtores do documentário de 2012, *A Oeste de Memphis*, testaram a teoria. Soltaram várias tartarugas-mordedoras, também conhecidas como tartarugas-víbora, como as encontradas na região de West Memphis, perto da carcaça de um porco. As feridas que os animais infligiram em pouquíssimo tempo tinham um aspecto quase idêntico àquelas que vi nas fotos da necropsia, e que os investigadores e promotores atribuíram a facas de lâmina serrilhada e rituais ocultistas.

Por mais desagradável que seja pensar nisso, é um fato: no momento da morte, o corpo humano vira comida. Bactérias, insetos e animais começam a reciclar músculos mortos, gordura, fluidos e tecidos, transformando-os em alimento para sua própria subsistência. Não levam em consideração um intervalo apropriado para o luto e a reflexão ou um tempo para esfriar os ânimos. As bactérias já estão dentro do corpo vivo, principalmente no intestino, e não morrem junto com seu hospedeiro; insetos e animais selvagens podem demorar um pouco mais para encontrar um cadáver deixado ao ar livre, mas geralmente não levam mais que alguns minutos.

Porém, havia outros sinais sugerindo de que as provas apresentadas ao júri não eram o que pareciam.

Os ânus dilatados das vítimas foram interpretados pelo médico-legista como possíveis indícios de sodomia forçada, pela introdução de um pênis ou de outro objeto. Na verdade, a dilatação do ânus é um fenômeno normalmente observado em uma necropsia. Após a morte, a tensão muscular natural do corpo relaxa. Os músculos do esfíncter também relaxam, e, uma vez submergidos na água por algum tempo, podem parecer deformados e esticados. Não vi sinais de traumatismo do reto, e não acredito que nenhum dos garotos tenha sido sodomizado.

Quanto à descoloração do pênis de Stevie Branch, que foi interpretada como prova de sexo oral forçado, foi causada simplesmente pelo posicionamento de seu corpo após a morte, e não por algum abuso sexual.

Ainda que fosse inquestionável que aqueles garotos foram assassinados, as provas não condiziam com as conclusões dos policiais e procuradores.

Na época, eu não sabia que um fio único de cabelo encontrado em um dos nós de cadarço batia com o DNA do padrasto de Stevie Branch, Terry Hobbs (e também com o DNA de cerca de 1% de toda a humanidade). Isso levantava uma intrigante pergunta: como um fio de cabelo podia estar enroscado *dentro* de um nó de uma corda que amarrava um garotinho momentos antes de ele ser assassinado se o nó não tinha sido feito pelo assassino?

Hobbs, que tinha um histórico de violência doméstica, negou veementemente todas as insinuações e acusações — e foram muitas — de que assassinara os meninos. Alegou que Stevie podia ter transportado o cabelo na roupa, e que o fio devia ter se soltado e ficado preso no nó durante o ataque brutal. Nenhuma denúncia foi apresentada contra ele, embora sua possível implicação no crime ainda seja motivo de acaloradas discussões entre os partidários dos três de West Memphis.

John Douglas, famoso especialista em perfis criminais que já tinha trabalhado para o FBI, também examinou as provas e interrogou testemunhas. Concluiu que os três meninos morreram em um "assassinato de causa pessoal", motivado por conflitos emocionais, não por ganho pessoal ou sexo. Ele acredita que o agressor não era estranho a pelo menos uma das vítimas — um assassino solitário que provavelmente conhecia as vítimas e tinha um passado violento.

O dado mais importante para os três de West Memphis, porém, foi que não viu nada que sugerisse se tratar de um assassinato ritualístico, que era a principal teoria da promotoria.

Por outro lado, o especialista viu indícios de que os assassinatos não foram planejados, e de que o assassino perdeu o controle.

"Havia outra explicação racional e lógica para o criminoso esconder as vítimas, suas roupas e bicicletas na vala de drenagem e no baixio", disse Douglas. "Ele não queria que as vítimas fossem imediatamente encontradas; precisava de tempo para criar um álibi."

Assim, em 2007, armados com novas provas e observações fornecidas por mim e por colegas como os ilustres drs. Werner Spitz e Michael Baden, os advogados dos três de West Memphis solicitaram a abertura de um novo julgamento. A corte estadual negou o pedido, e então eles recorreram.

O dado mais importante para os três de West Memphis, porém, foi que não viu nada que sugerisse se tratar de um assassinato ritualístico, que era a principal teoria da promotoria.

Em novembro de 2010, diante de crescentes dúvidas sobre a real implicação dos três de West Memphis no assassinato, a Suprema Corte do Arkansas finalmente se convenceu de que as provas — tanto as antigas como as novas — deviam ser reexaminadas, e determinou a realização de uma nova audiência de instrução.

Agora, em meio a uma onda de protestos defendendo a inocência dos três de West Memphis, o estado do Arkansas se via em uma enrascada jurídica, financeira e de relações públicas. Novos julgamentos seriam caros e possivelmente embaraçosos. Os promotores também podiam acabar perdendo no tribunal, dada a forte comoção pública gerada pelo caso. As indenizações que seriam devidas a três garotos injustamente condenados poderiam somar dezenas de milhões de dólares, um montante que o estado não tinha condições de pagar.

Ironicamente, as autoridades estaduais se esquivaram de resolver o pepino quando um dos advogados de Damien Echols ofereceu um acordo vantajoso para todos os envolvidos: *E se Echols, Jessie Misskelley e Baldwin optassem por não refutar nem confessar as acusações e, valendo-se do chamado "acordo de Alford", fossem declarados culpados por um juiz e postos em liberdade com o tempo de prisão cumprido?* Os três ganhariam a liberdade e o estado manteria as condenações com poucas despesas, constrangimentos ou indenizações.

O "acordo de Alford" (*Alford plea*, em inglês) é uma rara manobra jurídica que existe desde 1970. Permite que o acusado admita que os promotores têm provas suficientes para condená-lo, embora o dispensem de confessar o crime. Nesses termos, um juiz declara o réu culpado, mas este pode continuar alegando sua inocência caso surjam outras denúncias ou ações judiciais relacionadas.

Quem achou que o acordo seria fácil estava enganado. Jason Baldwin, a quem os promotores ofereceram pena reduzida se aceitasse confessar o crime e depor contra Echols em 1993, quando tinha apenas 16 anos, não queria aceitar a culpa por um crime que não cometeu. Com o passar dos anos, ele foi ficando estranhamente à vontade na prisão. Fazia questão de um novo julgamento para provar sua inocência. Porém, se não aceitasse a oferta, o acordo seria desfeito, e seu velho amigo Echols via-se ameaçado por uma execução iminente.

Em 11 de agosto de 2011, depois de dezoito anos e 78 dias na prisão, Damien Echols, Jessie Misskelley e Jason Baldwin declararam que não negariam as acusações de assassinato apresentadas contra eles em 1993, o que equivalia, na prática, a uma confissão judicial sem efeitos civis. Um juiz acolheu as declarações, determinou a suspensão condicional de suas penas por dez anos e colocou-os em liberdade com o tempo de prisão já cumprido.

O assassino condenado Jason Baldwin resumiu o pandemônio jurídico em uma única frase: "Quando dissemos aos promotores que éramos inocentes, eles nos botaram na prisão para passar o resto da vida. Agora que aceitamos a culpa, eles nos põem em liberdade".

Naquele dia, três jovens ex-detentos saíram do fórum duas vezes mais velhos do que quando entraram. Eles não foram inocentados; as pequenas vítimas não foram magicamente ressuscitadas. O caso não foi resolvido. Erros não foram assumidos.

No entanto, os três de West Memphis estavam livres.

• • •

Vinte anos após o crime, um memorial continua de pé no pátio de recreio da escola primária onde os meninos estudavam. Ouvi dizer que as casas de dois deles foram abandonadas e lacradas com tábuas. O terreno de Robin Hood foi limpo e terraplenado, como que para apagar uma mancha invisível. Agora é apenas um campo vazio ao lado de uma autoestrada.

Os três melhores amigos que morreram juntos hoje descansam em três diferentes sepulturas em três diferentes estados. Chris está enterrado em Memphis; Michael em Marion, Arkansas; e Stevie em Steele, Missouri.

Os jovens condenados, hoje livres, retomaram suas vidas. Echols se casou na prisão, escreveu uma autobiografia[2] depois de ser liberado do corredor da morte, e hoje vive com a mulher em Nova York, onde dá aulas de tarô. Baldwin foi para Seattle, onde trabalha no setor de construção e espera um dia estudar para se formar em direito. Misskelley voltou para West Memphis, ficou noivo e frequenta uma faculdade comunitária.

Tentar novos avanços no espinhoso caso dos três de West Memphis é como se arrastar dentro da vala imunda de Robin Hood. O caminho é turvo, e é impossível encontrar um lugar seguro onde pôr os pés. Apurar fatos se torna especialmente traiçoeiro devido a informações incompletas ou deturpadas, retratações e suposições, ao mau jornalismo, aos trolls da internet, às pretensas provas apresentadas por indivíduos sectários, aos milhares de detetives de poltrona que conduzem investigações desde os porões das casas maternas e ao costumeiro falatório na internet. Cada relato é picado em pedacinhos e relegado ao esquecimento por fãs fervorosos e seus adversários, que buscam apenas as peças que se encaixam em um quebra-cabeça que já resolveram. Hoje, esse caso vale ao mesmo tempo como um exemplo de tudo que está certo e de tudo que está errado em nosso sistema penal. Reina a confusão.

Tentar novos avanços no espinhoso caso dos três de West Memphis é como se arrastar dentro da vala imunda de Robin Hood.

---

[2] *Vida Após a Morte* (Intrínseca, 2013). Trad. Marcello Lino. [NE]

Eu não sei quem matou Chris Byers, Michael Moore e Stevie Branch. Damien Echols, Jason Baldwin e Jessie Misskelley podem muito bem tê-los matado. Outra pessoa cujo nome sabemos pode ter feito isso, ou alguém cujo nome nunca ouvimos antes. Terry Hobbs pode tê-los matado. Não há dúvida de que foram mortos por alguém, e seu assassino (ou assassinos) era um psicopata sádico e cruel. E talvez ainda esteja entre nós. Não faço ideia, e até hoje não surgiram provas irrefutáveis contra ninguém.

Para o estado do Arkansas, entretanto, não há dúvidas. A promotoria e a polícia local têm certeza de que pegaram os verdadeiros assassinos. O caso está encerrado. Sem uma prova irrefutável que tenha sido desconsiderada e/ou alguma confissão inquestionável — algo pouco provável vinte anos depois de um dos assassinatos mais repercutidos dos EUA —, ele jamais será reaberto.

Uma coisa posso dizer com certeza: depois de examinar mais de 25 mil mortes em minha carreira e ler sobre muitas outras, nunca ouvi falar, muito menos vi, uma única morte ritual por uma seita satânica. É algo que existe apenas nos filmes e na internet, e em sonhos paranoicos.

Comprovar a culpabilidade do acusado "para além de qualquer dúvida razoável" é o ônus da prova mais pesado do direito penal norte-americano. "Além de qualquer dúvida razoável" não significa que não existe dúvida, mas que uma pessoa sensata, após examinar todas as provas, deve concluir que há pouquíssimas chances de que o réu seja inocente.

Tudo que sei é que, naquelas fotos terríveis, vi dúvida razoável. Não que eu acredite, como alguns acreditam piamente, que Echols, Baldwin e Misskelley *não* mataram aquelas crianças. Eles são bons suspeitos. Porém, depois de examinar de perto as provas com meus quase quarenta anos de experiência em medicina legal, acredito que a polícia e os promotores não provaram a culpabilidade dos três para além de qualquer dúvida razoável.

Em se tratando de vida e morte, esse é nosso único padrão moral.

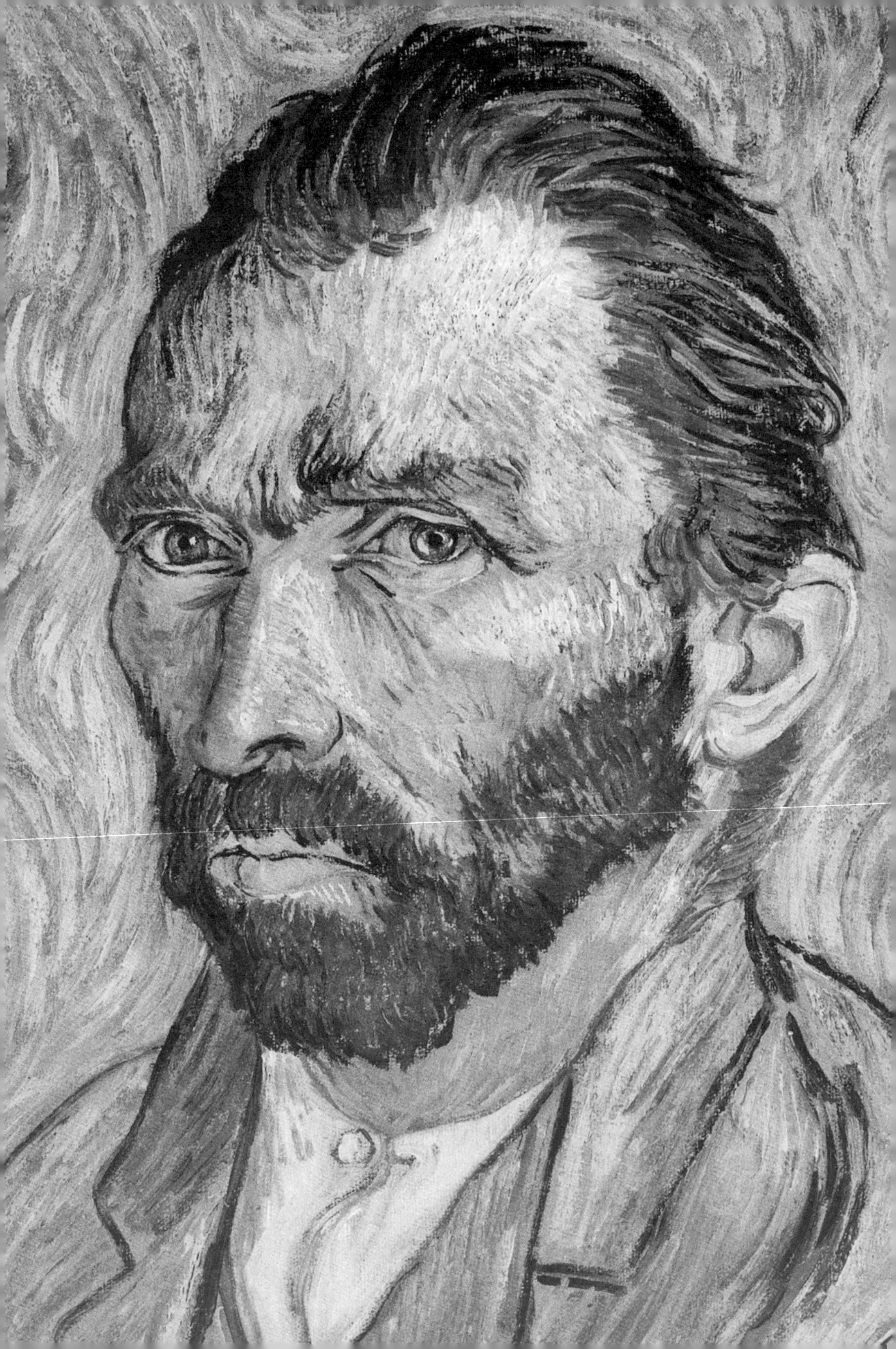

CAP. 10

O SEGREDO DOS CORPOS
DR. VINCENT DI MAIO E RON FRANSCELL

VAN GOGH
A CURIOSA MORTE DE **VINCENT VAN GOGH**

Vincent van Gogh, o gênio perturbado, cometeu suicídio, como diz a história oficial, ou teria morrido de outra maneira?
Autorretrato com Chapéu de Palha, 1887, óleo sobre tela, de Vincent van Gogh, 44,5 x 37,2 cm. Amsterdam, Van Gogh Museum.
(VINCENT VAN GOGH FOUNDATION)

A morte é parte de nosso folclore. É o reino dos mitificadores e poetas tanto quanto dos coveiros e legistas. Nós, humanos, cercamos a morte de certo romance, de um significado que transcende sua triste realidade. A vida dá significado à morte, ou seria o contrário? Contemplamos as duas possibilidades desde que começamos a contar histórias, sejam elas sobre Aquiles, Cleópatra, Jesus Cristo, os espartanos em Termópilas, o czar Nicolau, John F. Kennedy... ou Trayvon Martin. Para mim, a morte é mais mundana. Hoje em dia, quantas pessoas realmente morrem com estilo, com sentido, com propósito? A maioria de nós morre sozinha em uma cama de hospital, em meio a um emaranhado de tubos intravenosos e lençóis sujos. Podemos até desejar que nossas mortes sejam profundas, mas elas geralmente não são. Por mil razões egoístas, nós, vivos, atribuímos uma importância à morte que está mais relacionada aos nossos próprios medos do que à realidade. Ela se torna nossa mitologia. Assim foi com o gênio perturbado Vincent van Gogh.

O último domingo de julho de 1880 amanheceu quente em Auvers.

Por semanas, o estranho holandês com a orelha mutilada e roupas esfarrapadas evitava o contato com os outros e mantinha sua costumeira rotina de pintar nos jardins e campos ao redor do pequeno vilarejo francês, bebendo sozinho no café e se esquivando dos moleques que o provocavam na rua. Eles o julgavam *fou*, louco, e viam-no como um vagabundo esquisito, por causa de sua aparência molambenta e seu jeito pouco sociável. Nada sabiam, porém, de seus demônios, convulsões ou do ano em que passou no hospício.

Aquele dia escaldante não começou diferente de qualquer outro. Durante toda a manhã, pintou desvairadamente no campo, e ao meio-dia, como sempre fazia, voltou para almoçar na estalagem barata onde morava, em um abafado quarto no segundo andar, o nº 5. Era conhecido apenas como "Monsieur Vincent". Comeu mais rápido que de costume, praticamente sem dizer uma palavra. Então pegou o cavalete, a sacola de tintas e pincéis e uma tela incomodamente grande, e voltou a se aventurar do lado de fora, como fazia todos os dias, com ou sem chuva, para pintar até o pôr do sol.

Já tinha escurecido quando a família do estalajadeiro, que ceava na varanda, viu o holandês se aproximar na rua, segurando a barriga, e sem os equipamentos de pintura. Usava o casaco abotoado até em cima, apesar da noite sufocante. Passou por eles cambaleando, não disse uma palavra, e subiu até o quarto.

O estalajadeiro ouviu gemidos e foi até o quartinho escuro. Encontrou o hóspede deitado na cama, encurvado de dor. Perguntou-lhe qual era o problema.

Visivelmente sofrendo, Monsieur Vincent rolou na cama e ergueu a blusa para lhe mostrar um pequeno orifício no lado do corpo, sob as costelas, do qual escorria um pouco de sangue.

"*Je me suis blessé*", respondeu Vincent. "Estou ferido."

• • •

A vida febril e a curiosa morte de Vincent van Gogh se tornaram uma espécie de mito, em parte verdade, em parte o que desejamos que seja verdade. Suas decepções, seu gênio, seus demônios e até seu nascimento ganharam proporções metafóricas. A lenda tinge sua biografia tão vividamente como qualquer tinta que já tenha aplicado sobre uma tela.

Vincent nasceu na Holanda, em 30 de março de 1853. Era o filho mais velho de um austero pastor reformista e da filha de um vendedor de livros. Nasceu exatamente um ano depois de sua mãe dar à luz um natimorto também chamado Vincent. Ter um irmão morto com o mesmo nome e a mesma data de nascimento não pareceu fazer tão mal a Vincent como psicólogos de poltrona viriam a especular, mas já carregava de mau agouro o início de uma vida trágica.

Na verdade, o nascimento de Vincent pode ter sido fisicamente difícil, causando danos fatídicos à sua cabeça e ao cérebro.

Com seus cabelos vermelhos, o pequeno Vincent era uma criança radiante e irrequieta, mas também geniosa, desobediente e muitas vezes sentimental demais. Lia vorazmente e aprendeu a desenhar ainda muito novo. Apesar disso, as visitas o descreviam como "um menino estranho", que demonstrava um nervosismo e uma ansiedade incomuns quando perto das pessoas.

As tentativas de educar o rebelde e insolente Vincent, tanto na escola como em casa, fracassaram. Aos 11 anos, os pais o mandaram para o internato, onde se sentiu profundamente solitário e saudoso de casa. Dois anos depois, foi transferido para uma nova escola, ainda mais distante do lar. Deprimido, seu ressentimento só aumentou. Aos 14 anos, já uma decepção aos olhos do pai, ele literalmente fugiu da escola e nunca mais voltou para lá.

Depois de mais de um ano no refúgio e na solidão da casa dos pais, aos 16 anos, Vincent foi empregado como aprendiz de marchand. Como faria ao longo da vida, ele se atirou no trabalho. Leu todos os livros de arte que encontrou pela frente e se dedicou a estudar os grandes artistas holandeses. Um novo tipo de arte começava então a aparecer na loja onde trabalhava. Era um trabalho vagamente detalhado, imaginativo, impressionista, que agradava uma pequena mas entusiasmada clientela.

Foi modestamente bem-sucedido no ramo e, ao longo de sete anos, trabalhou em galerias de Londres e Paris. Durante esse tempo, seu irmão caçula Theo também se tornou negociante de arte, e Vincent vivenciou sua primeira grande decepção amorosa.

Com seus cabelos vermelhos, o pequeno Vincent era uma criança radiante e irrequieta, mas também geniosa, desobediente e muitas vezes sentimental demais.

Em 1876, com apenas 23 anos, largou o emprego. Voltou para a Inglaterra, depois de mergulhar nas galerias e museus de Londres, e se apaixonou pela obra de George Eliot e Charles Dickens. Tornou-se professor em uma escola congregacional e voltou a mergulhar nos estudos bíblicos, que o inspiraram a se tornar um sacerdote, como o pai.

No início, limitava-se a organizar simples encontros de oração, mas logo ficou obcecado com a ideia de pregar do púlpito. Assim, em outubro de 1876, Vincent proferiu seu primeiro sermão dominical, no qual citou o Salmo 119,19. "Sou um peregrino na terra..."

Também aludiu à relação entre Deus e as cores vibrantes que rodopiavam em sua mente:

> *Certa vez, vi uma imagem muito bonita: era uma paisagem ao anoitecer. Ao longe, no lado direito da tela, uma fileira de colinas surgia azulada na névoa noturna. Acima dessas montanhas, o esplendor do pôr do sol, as nuvens cinzentas com seus rebordos de prata, ouro e púrpura. A paisagem é de uma campina ou de uma charneca, coberta de grama e folhagens amarelas, pois era outono. Através dessa paisagem, uma estrada leva a uma longínqua montanha, no topo da qual há uma cidade onde o sol poente lançava um resplendor. Na estrada caminha um peregrino, com um cajado na mão. Ele esteve andando por um longo tempo, e está muito cansado. Então, encontra uma mulher [...] e lhe pergunta: "Será que a estrada sobe a colina, até o topo?".*
> *E a resposta é: "Sim, até o fim".*

Vincent frequentou por curto tempo uma universidade holandesa para estudar teologia, mas saiu após o primeiro ano. Quando não conseguiu aprovação para ingressar em uma escola missionária, voluntariou-se para pregar para mineiros belgas e suas famílias em horrendos vilarejos carvoeiros, onde acabava dando toda a sua comida, além de dinheiro e roupas para as famílias miseráveis. Embora não tenha conseguido estimulá-los espiritualmente — Vincent não era um pregador muito bom —, começou a desenhá-los.

De repente, aos 27 anos, surgia um novo caminho em sua vida: a arte.

Ainda que tivesse alguma educação artística formal, Vincent era — com sua característica obsessão — sobretudo autodidata. Começou desenhando, e logo passou a pintar em um ritmo febril que nunca cessou.

Em 1882, fez as primeiras experiências com tintas a óleo. Ao mesmo tempo, iniciou um tumultuado romance com uma prostituta, com quem viveu por quase dois anos na miséria enquanto aprimorava suas habilidades de desenho e pintura.

Quando a relação desmoronou, Vincent pôs o pé na estrada. Tornou-se um artista nômade, dedicado a capturar os locais e as pessoas que encontrava pelo caminho.

Em 1886, mudou-se para Paris, onde sua paleta foi subitamente inundada de vermelhos vívidos, azuis, amarelos, verdes e laranjas. Principalmente sua técnica evoluiu para os traços curtos e quebrados valorizados pelos pintores impressionistas que admirava.

Por outro lado, Vincent vinha se tornando progressivamente mais dependente do suporte financeiro de Theo, seu irmão mais novo, com quem se

A Auberge Ravoux ainda funciona como uma pousada em Auvers, mas o pequeno quarto onde Van Gogh morreu não é mais usado.
(HENK-JAN DE JONG/VELSERBROEK, HOLANDA)

correspondeu de maneira assídua durante toda a vida. E mesmo Theo achava que o amado irmão estava cada vez mais instável e irascível.

Em Paris, coisas estranhas começaram a acontecer. Vincent passou a ter convulsões e ataques de pânico, muitas vezes acompanhados de períodos em que ficava confuso ou não se lembrava do que havia acontecido. Conta-se que também começou a beber absinto, uma forte bebida alcoólica popular entre artistas franceses e que podia causar convulsões.

Em 1888, Vincent mudou-se de Paris para Arles com o amigo pintor Paul Gauguin. Na nova cidade, produziu telas arrojadas e brilhantes a uma velocidade prodigiosa, apurando a pincelada única pela qual um dia se tornaria — porque ainda não era — famoso. Nessa época, as pinturas de Vincent ganham um tom surreal e bizarro; suas linhas ondulam, as cores se intensificam, e a tinta é, às vezes espremida, do tubo diretamente sobre a tela. Os temas tornam-se tão oníricos que o próprio artista escreve que "algumas de minhas imagens certamente mostram traços de que foram pintadas por um homem doente".

Em Arles, algumas de suas obras-primas mais transcendentes foram pintadas, incluindo *Quarto em Arles* e *Os Girassóis*.

Porém, é também em Arles que ressurgem os demônios de Vincent. Começa a ter convulsões, ataques de raiva, disforia e surtos de insanidade, sintomas mais graves e sombrios que a costumeira depressão já conhecida por ele de longa data.

Vincent e Gauguin pintaram juntos como irmãos por meses, porém os dois tinham gênios fortes e estavam sempre brigando. Pouco antes do Natal, tiveram uma forte discussão por causa de notícias de jornal. Gauguin saiu bufando de raiva, deixando o outro sozinho. Arrasado e furioso, Vincent decepou parte da orelha esquerda com uma navalha e foi até um bordel próximo, onde entregou a orelha cuidadosamente embalada a uma prostituta, junto com um curto bilhete: "Lembre-se de mim".

Após o surto psicótico, Vincent foi hospitalizado. Um jovem médico diagnosticou epilepsia e receitou brometo de potássio. Em alguns dias, Van Gogh se recuperou, e três semanas depois pintou seu *Autorretrato com a Orelha Enfaixada e Cachimbo*. Não se lembrava de sua discussão com Gauguin, da automutilação, nem de como foi hospitalizado.

Nas cartas a Theo, contou que suas "intoleráveis alucinações passaram; na verdade, estão reduzidas a um simples pesadelo [...]. Eu estou bem agora, exceto por um fundo de vaga tristeza difícil de explicar".

Nas semanas seguintes, foi hospitalizado outras três vezes depois de sofrer acessos psicóticos — sempre depois de beber absinto. Preocupado que seus demônios interiores fossem mais fortes que ele, em maio de 1889, Vincent internou-se voluntariamente em um hospício de Saint-Rémy. Como os médicos dali não deram continuidade ao tratamento com brometo de potássio, foi logo acometido de surtos psicóticos com alucinações aterrorizantes e agitações incontroláveis, geralmente depois que deixava as instalações do hospital para beber com amigos na cidade. O pior desses surtos durou três meses.

No hospício, Vincent continuou a pintar. Mesmo às voltas com seus demônios, desenhou ou pintou mais de trezentas obras, incluindo sua obra-prima, *A Noite Estrelada*, que deve ter representado a escuridão torvelinhante de sua paisagem interior naquele momento. Alguns chegariam a dizer que as estrelas luminosas lembravam as explosivas "tempestades nervosas" que os epilépticos "veem" durante uma convulsão.

No entanto, em maio de 1890, os médicos do hospício declararam que Vincent estava curado. Ele juntou seus poucos pertences e partiu para Auvers-sur-Oise, um pequeno vilarejo perto de Paris onde Paul Gachet, um médico local e amante da arte, tinha prometido a Theo que cuidaria de Vincent.

Van Gogh se instalou em um quarto no segundo andar da estalagem de Gustave Ravoux. Parou de beber e pintava freneticamente o dia todo, todos os dias. Seguia um cronograma rigoroso: tomava café da manhã na pousada, saía para pintar às 9h, aparecia para almoçar pontualmente ao meio-dia, voltava a pintar até o jantar e depois geralmente ficava escrevendo cartas até tarde da noite.

A forma desmazelada com que se vestia e seus hábitos excêntricos logo o tornaram conhecido entre os moradores locais, que tomaram imediata antipatia por ele, julgando-o esquisito. Não importava: ele tampouco queria amizades com aquela gente. Estava louco e sabia disso, mas queria pintar, apesar de sua loucura.

Nos setenta dias que passou em Auvers, Vincent concluiu setenta pinturas e trinta desenhos.

No entanto, apesar de produtivos, aqueles dias não foram necessariamente felizes.

No início de julho, ele foi visitar Theo em Paris. A esposa do irmão tinha acabado de dar à luz o primeiro filho, a quem chamaram Vincent. Com uma nova criança e Theo secretamente doente a ponto de abandonar o emprego, o dinheiro de repente ficou curto. Vincent deixou Paris três dias depois, atormentado por ter se tornado um peso nas costas do generoso irmão, e apreensivo de em breve não poder contar mais com seu apoio financeiro.

Dali a alguns dias, Vincent pintou o delirante *Campo de Trigo com Corvos*, que mostra redemoinhos de nuvens carregadas sobre um agitado campo de cereais cor de âmbar e um bando de corvos fugindo da iminente ventania.

Seria apenas uma pintura vibrante... ou algo mais? Não sei. Ninguém sabe. Para alguns, a imagem é um vislumbre da própria tormenta que se formava dentro de Vincent; para outros, é sua mensagem de adeus. Parece uma conclusão excessivamente melodramática, mas o fato é que nunca saberemos.

Como médico-legista, aprendi que é importante limitar as especulações, conter as emoções e se ater aos fatos.

No que se refere à morte de Vincent, as especulações são abundantes, as emoções correm soltas e os fatos são poucos... a menos que você saiba para onde olhar.

• • •

O que aconteceu entre o apressado almoço de Vincent e o momento em que voltou cambaleando para casa após o escurecer?

Ninguém sabe também. Os relatos sempre foram conflitantes, e, segundo consta, o próprio artista parecia confuso quanto aos detalhes. No entanto, reproduzo a seguir a história que tem sido contada desde o último século, a maior parte dela guardada por sessenta anos na memória da falecida filha mais velha de Gustave Ravoux, Adeline, que tinha apenas 13 quando tudo aconteceu. Era 1953 e Adeline tinha 73 anos quando narrou pela primeira vez o que ouviu de seu pai sobre as circunstâncias em que Vincent foi baleado:

"Vincent arrastou a volumosa carga de equipamentos de pintura e uma grande tela por uma encosta íngreme e arborizada até um trigal situado atrás do imponente Chateau d'Auvers, a quase 2 km da estalagem de meu pai. Lá, ele apoiou o cavalete contra um monte de feno e caminhou por uma estrada à sombra do muro do castelo.

"Em algum ponto do trajeto, Vincent sacou um revólver que trazia escondido, atirou em si mesmo, no flanco, e então desmaiou. Após o pôr do sol, reanimado pelo frescor da noite, andou de quatro pelo chão à procura da arma para terminar o serviço, mas, como não conseguiu encontrá-la no escuro, levantou e desceu cambaleando a encosta, entre as árvores, até a estalagem."

Adeline disse que o pai tinha emprestado a arma a Vincent, que, segundo ela, queria espantar os corvos enquanto pintava no campo.

Em algum ponto do trajeto, Vincent sacou um revólver que trazia escondido, atirou em si mesmo, no flanco, e então desmaiou.

Nenhum revólver jamais foi encontrado, tampouco os apetrechos de pintura e a tela. Ninguém viu Vincent durante as cinco ou seis horas em que esteve fora. A única investigação oficial sobre o incidente foi breve e as autoridades nada reportaram. Assim, restavam apenas as recordações nebulosas e inconsistentes e as fofocas locais.

E um monte de perguntas.

O primeiro médico a ver Vincent foi o dr. Jean Mazery, obstetra no vilarejo vizinho de Pontoise. Quando chegou à estalagem, encontrou Vincent sentado na cama, fumando calmamente um cachimbo.

Segundo o relatório do médico, o ferimento logo abaixo das costelas, no lado esquerdo do abdome, era mais ou menos do tamanho de uma ervilha graúda. Tinha uma orla vermelho-escura e era rodeada de um halo azul-púrpura. Um fino fio de sangue escorria da ferida. O médico examinou o ferimento com uma longa e fina haste de metal, um procedimento doloroso, e julgou que o projétil de pequeno calibre tinha se alojado no fundo da cavidade abdominal.

Mazery acreditava que a bala descreveu uma trajetória descendente dentro da barriga do artista, sem atingir órgãos vitais e vasos sanguíneos. Mas sem abri-lo, não podia averiguar outros possíveis danos.

Logo chegou também o dr. Gachet, que vinha de uma pescaria de domingo com o filho. Levava sua pequena maleta de emergência preta e — sendo adepto do eletrochoque como tratamento terapêutico — uma pequena bobina elétrica. No quartinho apertado de Vincent, examinou o ferimento à luz de velas. Vincent tinha atirado baixo demais e longe demais do flanco esquerdo para ter atingido o coração. Gachet, que se considerava um especialista em distúrbios nervosos, ficou aliviado.

O ferimento estava no lado esquerdo do pintor, na parte inferior das costelas.

O artista implorou aos médicos que o abrissem e removessem a bala, mas os dois se recusaram a operá-lo. Cirurgia torácica era complicada e difícil, mesmo para cirurgiões experientes, coisa que eles não eram. Embora acreditassem que o pequeno projétil não tinha perfurado nenhum órgão vital, assumiram que tinha atravessado a metade esquerda da cavidade torácica e se alojado em algum lugar das costas, possivelmente próximo à coluna vertebral.

Não detectaram sinais de hemorragia ou choque. Na verdade, Vincent estava lúcido e calmo. Sim, ele falava com dificuldade, mas nada indicava que havia sangue se acumulando em seus pulmões ou seu peito, sufocando-o lentamente. Chegou a se sentar na cama e pedir o tabaco no bolso da blusa azul ensanguentada.

Os dois concluíram simplesmente que o ferimento foi causado por uma bala de pequeno calibre que se alojara perigosamente perto da coluna, e que tinha sido disparada em um ângulo incomum, a alguma distância de Vincent.

Podiam ter levado Vincent ao hospital, a apenas 10 km da estalagem, mas não o fizeram. Puseram um curativo e nada mais. Naquela noite, deixaram-no em seu cubículo abafado e insalubre sob o telhado.

Sem alarde, o dr. Gachet julgou o caso perdido e foi embora. Nunca mais voltou. Ravoux, o estalajadeiro, passou o resto daquela noite insone junto da cama do hóspede, que alternava as baforadas do cachimbo com pequenos cochilos.

Na manhã seguinte, dois gendarmes foram à estalagem interrogar Vincent sobre o incidente com a arma, mas ele os tratou com insolência. Aonde tinha ido para atirar em si mesmo? Como ele, um ex-paciente psiquiátrico, tinha conseguido uma arma?

Quando lhe perguntaram se tinha pretendido se matar, Vincent respondeu, de forma ambígua: "Sim, creio que sim". Ele não saberia se quisesse se matar?

Os policiais continuaram a pressioná-lo, mas Vincent vociferou contra a dupla: "O que eu fiz não é da conta de ninguém", teria dito. "Meu corpo é meu e sou livre para fazer o que bem quiser com ele. Não acusem ninguém, fui eu que quis me suicidar."

Estaria Vincent simplesmente temeroso de que a polícia suspeitasse de um crime ou estaria deliberadamente desviando as suspeitas de outra pessoa? Os gendarmes partiram, convencidos de que não houvera crime.

Mas a energia de Vincent não durou muito tempo. Uma terrível verdade sobre ferimentos à bala na barriga no século XIX é que eram quase sempre fatais.

Naquela noite, algumas horas depois que Theo chegou à cabeceira de sua cama, a infecção se apoderou dele. O estado de Vincent se deteriorou depressa. Por volta da meia-noite, sua respiração foi ficando difícil. Sussurrou para o amado irmão Theo, que correu de Paris para ficar com ele: "Eu queria poder partir assim [...] a tristeza vai durar para sempre".

Noventa minutos depois, por volta da 1h30 da manhã do dia 29 de julho de 1890, uma terça-feira, Vincent van Gogh estava morto. Não houve necropsia nem qualquer investigação posterior. O projétil, que nunca foi recuperado, pode ter perfurado o intestino e lançado bactérias na cavidade abdominal. Elas agem rapidamente. Nas cerca de trinta horas desde que Vincent foi baleado, a infecção teria interrompido o funcionamento normal de seu intestino, prejudicando, com gravidade, a absorção de eletrólitos. Muito rapidamente, os rins, o fígado e os pulmões teriam começado a falhar à medida que a peritonite se alastrava pelo corpo.

A tragédia estava completa. A mente inquieta de Vincent por fim se aquietou. Morreu com apenas 37 anos de idade, sem sequer imaginar que se tornaria o maior artista de seu tempo.

Como ele próprio previra, sua estrada foi árdua até o fim.

• • •

O cadáver de Vincent jazia dentro de um caixão artesanal, que, por falta de estrado, foi alocado sobre a mesa de bilhar da estalagem. A paleta e os pincéis do artista foram dispostos no chão. Como amarelo era sua cor favorita, foi cercado de dálias amarelas e girassóis. As pinturas mais novas, algumas sem moldura, outras ainda úmidas, foram penduradas na parede. Por uma triste ironia, o funeral de Vincent foi sua primeira e única exibição individual.

Entretanto, como o pastor local acreditava que Vincent tinha cometido suicídio, recusou-se a fazer um ofício fúnebre na igreja e a sepultá-lo em solo sagrado. Assim, o corpo de Vincent foi enterrado dois dias depois em um minúsculo cemitério, a menos de 2 km do triste e claustrofóbico quarto onde morreu, ao lado do campo onde tinha pintado céus tempestuosos e corvos em revoada dias antes. Theo, a família Ravoux, alguns vizinhos e alguns poucos artistas amigos de Vincent estavam presentes junto à sepultura naquela tarde úmida.

Após o enterro, Theo retornou à estalagem para realizar o desejo final do irmão: doar todas as suas telas mais recentes aos vizinhos do vilarejo onde ele viveu por nove semanas antes de morrer. Porém, enquanto recolhia os pertences do irmão, encontrou uma carta no bolso do casaco dele. A carta era dirigida a Theo, e Vincent a escrevera pouco antes de ser baleado. Nela, aludia ao medo de se tornar um fardo insuportável para o irmão. A última linha dizia:

Pois bem, em meu próprio trabalho arrisco a vida e nele minha razão arruinou-se em parte — tudo bem —, mas você não está entre os mercadores de homens; até onde sei e posso julgar, acho que realmente age com humanidade, mas o que pode fazer

Haveria algum significado no fato de Vincent não ter colocado um ponto de interrogação — ou qualquer outra pontuação — após a última palavra da carta, deixando-a em suspenso para sempre? Não importava. O mundo da arte acabaria por aceitá-la como uma triste carta de suicídio, ainda que não contivesse ameaças ou despedidas claras.

Era apenas uma das muitas perguntas que Vincent deixara no ar.

• • •

Vincent van Gogh vendeu apenas um quadro em vida, mas em seus últimos dez anos criou mais de 2.100 obras de arte, incluindo 860 pinturas a óleo e mais de 1.300 aquarelas, desenhos e gravuras. Nos dias de hoje, colecionadores já pagaram mais por suas obras que pelas de qualquer outro artista na história da humanidade, e sua vida é incessantemente explorada em livros e filmes.

Vincent foi o resultado de um complexo emaranhado que envolvia sua insanidade, sua educação, seu hábitat e seu fervor. Suas pinturas não eram as pinturas de um louco, e sim as pinturas de um homem que por acaso era louco. Alguém menos fervoroso poderia não ter pintado com tamanha genialidade. Mas podemos olhar para sua obra e nos perguntar se ele teria sido um gênio tão grande se também não fosse louco.

Assim, quando os autores Steven Naifeh e Gregory White Smith — ganhadores do Prêmio Pulitzer em 1991 pela biografia de Jackson Pollock, pintor expressionista abstrato, e ambos advogados formados em Harvard — resolveram escrever a história completa da vida de Van Gogh, não esperavam encontrar muitas surpresas.

Naifeh e Smith fizeram uma investigação mais profunda e detalhada que qualquer estudioso de Van Gogh anteriormente. Empregaram um exército de tradutores, pesquisadores e especialistas em informática ao longo de um período de dez anos, e esse trabalho resultou em um livro de 960 páginas, além de mais de 28 mil notas publicadas on-line.[1] Eles não pouparam esforços enquanto sondavam a mente e o coração por detrás das telas.

Encontraram um homem bem mais complexo que a lenda. Vincent era um aluno apático, mas falava fluentemente quatro línguas e era um leitor insaciável. Buscava desesperadamente agradar aos pais, mas era uma total decepção para o austero pai e era malvisto pela mãe. Ansiava por conexões humanas, mas era tão áspero e desagradável que mesmo o irmão Theo, embora o adorasse, não gostava de passar muito tempo com ele. No âmago das crises depressivas e dos surtos de tempos em tempos, Vincent muitas vezes desejava a morte... mas em diversas cartas também considerava o suicídio um ato abominável, terrível, covarde, imoral e desonesto.

> Vincent era um aluno apático, mas falava fluentemente quatro línguas e era um leitor insaciável.

Não se sabe ao certo a verdadeira fonte da loucura de Vincent, porém a causa mais provável, de acordo com muitos especialistas — incluindo os médicos que o trataram depois que ele decepou a orelha, e mais tarde no hospício —, era epilepsia do lobo temporal, desencadeada em seus dois últimos anos de vida pelo hábito de beber absinto que, naquela época, além da alta concentração de álcool, continha um convulsionante. A epilepsia estava provavelmente relacionada a complicações no parto que deixaram Vincent com

---

1 A edição brasileira *Van Gogh: A Vida* (Companhia das Letras, 2012. Trad. Denise Bottmann) tem 1.128 páginas. O livro é complementado pelo site www.vangoghbiography.com (em inglês), com notas bibliográficas e vasto material iconográfico. [NE]

o rosto e a cabeça assimétricos, ou a danos cerebrais agravados pelo absinto. Muitos relatos sobre o artista descrevem episódios de delírio e convulsões, seguidos de longos períodos de amnésia e confusão.

Fora a suposta epilepsia que sofreu durante toda a vida, Vincent também teve pelo menos duas grandes crises depressivas e uma série de episódios maníaco-depressivos, muitas vezes desencadeados pela perda de amantes e amigos, e desequilíbrios emocionais. "Van Gogh já tinha sofrido dois diferentes episódios de depressão reativa, e existem claros sinais de doença bipolar em sua história", observou o *American Journal of Psychiatry*. "Ambos os episódios foram seguidos de prolongados períodos de progressivo aumento de energia e entusiasmo, primeiro como evangelista e logo depois como artista."

"Creio que ele sempre foi insano", escreveu certa vez a própria mãe de Vincent, "e que o sofrimento dele e o nosso resultaram disso."

Em resumo, durante a maior parte da vida, Vincent van Gogh esteve imerso em uma violenta tempestade mental. A triste verdade é que ninguém ficaria surpreso se ele tivesse cometido suicídio.

No entanto, quanto mais fundo Naifeh e Smith cavavam, mais perguntas surgiam sobre a tentativa fracassada de suicídio. A maioria delas não tinha respostas fáceis. Para os dois advogados, a narrativa tradicional parecia ilógica.

Por exemplo, Vincent afirmou que, depois de dar um tiro em si mesmo, procurou a arma no escuro e não a encontrou. Como a arma poderia ter caído tão longe do alcance de Vincent, questionaram Naifeh e Smith, a ponto de ele não conseguir encontrá-la? E o mais intrigante: por que ninguém a encontrou no dia seguinte, em plena luz do dia? Aliás, por que a arma nunca foi encontrada?

O que aconteceu com o cavalete, a paleta, os pincéis e as telas que Vincent levou para o campo? Os apetrechos nunca foram encontrados. Teria alguém escondido as provas?

Como um ex-paciente psiquiátrico tinha conseguido um revólver de pequeno calibre, que não era um item nada comum na França rural daquela época? Vincent não tinha experiência com armas, e ninguém teria lhe entregado um revólver se soubesse que já tinha sido internado por problemas psiquiátricos.

Como teria conseguido, com uma bala na barriga, descer por uma encosta íngreme e matagosa no escuro e se arrastar por quase 2 km até a estalagem?

O que teria desencadeado seu impulso suicida?

Sendo um escritor obsessivo, por que não escreveu um bilhete de suicídio ou pelo menos deixou uma indicação clara de sua intenção?

Se tinha decidido se suicidar, por que escolheu atirar no flanco, em um ângulo tão estranho? Por que não um tiro na cabeça ou diretamente no coração? E talvez o mais importante: como e por que tinha errado miseravelmente a pontaria?

Admiradores regularmente deixam mensagens no túmulo de Vincent van Gogh, em Auvers-sur-Oise, França, onde ele morreu em um estranho suicídio em 1890. (RICHARD TAYLOR/EDIMBURGO, ESCÓCIA)

Naifeh e Smith descobriram que, quase logo após o disparo, os moradores locais de Auvers cochichavam sobre como o louco artista tinha sido baleado acidentalmente por uma dupla de adolescentes que brincava com uma arma. Essa história veio a público pela primeira vez nos anos 1930, graças a um estudioso de arte. A essa altura, porém, já estava arraigada a noção romântica de um artista brilhante e mal compreendido que encontrou saída no suicídio, e ninguém fez muito caso dos "rumores" sobre o disparo acidental.

Então, em 1956, uma nova peça do irresistível quebra-cabeça chegou aos jornais franceses. Um idoso banqueiro parisiense chamado René Secrétan confessou que ele e seu irmão, na época apenas adolescentes, conheceram Vincent em Auvers. Os dois atazanavam o artista e lhe pregavam várias peças, como colocar cobras na caixa de tinta, salgar seu café, salpicar pimenta malagueta nos pincéis que ele costumava segurar na boca enquanto pintava, ou persuadir algumas garotas a fingir interesse amoroso por ele.

René, com 16 anos na época, gostava de vestir um traje de caubói que tinha comprado um ano antes, quando o Wild West Show, de Buffalo Bill, se apresentou em Paris — e provavelmente posou para o desenho *Cabeça de um Menino com Chapéu de Abas Largas*, que Vincent fez em algum momento das semanas que antecederam sua morte.

Mas a caracterização como Buffalo Bill não estaria completa sem uma arma, então René comprou ou pegou emprestado um velho revólver de Gustave Ravoux. Aquela antiquíssima arma, segundo René disse em uma entrevista em 1956, "disparava quando queria".

De repente, um relato de primeira mão dava um pouco de credibilidade ao velho rumor que corria em Auvers de que Vincent tinha sido baleado acidentalmente por dois rapazes. Seriam eles os inseparáveis irmãos René e Gaston Secrétan, munidos da pistolinha defeituosa? Estaria René brincando de caubói quando a arma disparou? Haveria uma de suas provocações finalmente levado Vincent a se envolver em uma briga fatal?

Ninguém sabe. René não foi questionado a respeito e nunca confessou ter atirado em Vincent; em vez disso, sugeriu que o artista lhe roubou a arma da mochila e atirou em si mesmo com ela naquele dia.

René e Gaston desapareceram de Auvers mais ou menos na época da morte de Vincent. Na entrevista que deu em 1956, René afirmou que ficou sabendo do incidente por uma matéria publicada em um jornal de Paris, embora desde então nunca se tenha localizado essa matéria.

Não houve uma segunda entrevista. René Secrétan morreu no ano seguinte.

Nos anos 1960, surge outra peça do quebra-cabeça: uma ex-moradora de Auvers afirmou que seu pai viu Vincent entrar em uma área da fazenda — que ficava na direção oposta do trigal onde afirmou estar — naquela fatídica tarde. Pouco depois, outra pessoa veio a público contar que um disparo foi ouvido no mesmo local, embora nenhum resquício de sangue ou da arma tenha sido encontrado.

Se aquelas lembranças estavam corretas, teorizaram Naifeh e Smith, é provável que Vincent tivesse se ferido em uma fazenda próxima à estalagem de Ravoux, e que os garotos tivessem fugido do local com a arma e seus apetrechos de pintura. O caminho de volta para a estalagem também seria menos penoso para um homem ferido do que a trilha que obrigava a descer por uma íngreme encosta desde os campos de trigo.

Contudo, por que então o artista insistiria em que tinha disparado em si mesmo? A triste resposta, segundo acreditam seus biógrafos, é que Vincent acolhia bem a morte. Pode ter percebido (ou presumido) que estava morrendo e aceitou seu destino. Talvez achasse que sua morte seria melhor para todo mundo. Aqueles garotos tinham feito por ele o que não poderia fazer em sã consciência. Ele devolveu o favor mentindo para protegê-los de uma acusação de homicídio.

Nenhuma prova irrefutável — aliás, nem ao menos a arma do crime — foi jamais encontrada. No entanto, para Naifeh e Smith, essa hipótese fez mais sentido do que a teoria mais aceita — e por demais romantizada — de suicídio. Ela respondia diversas perguntas anteriormente sem resposta: por que a arma nunca foi encontrada? Por que Vincent escolheu se matar de uma forma tão peculiar? Por que teria carregado uma tela pesada, em branco, e todo o equipamento de pintura por quase 2 km se pretendia apenas se matar? Por que suas "confissões" no leito de morte foram tão titubeantes e evasivas?

Alguns no mundo da arte acrescentaram outra pergunta: "Você está de brincadeira, certo?".

Naifeh e Smith tinham blasfemado. Eles podiam igualmente ter emplacado uma tese sobre a impossibilidade da ressurreição às portas do Vaticano.

Vários estudiosos de Van Gogh já haviam demonstrado um vago desconforto com a história do suicídio, mas a teoria homicida de Naifeh e Smith não apenas parecia uma estratégia descarada para promover as vendas do livro, como também ameaçava o simbolismo romântico de um artista que luta contra um mundo indiferente.

"Há muitas razões para reexaminar as circunstâncias que não estão claras", disse o curador Leo Jansen do Museu Van Gogh, em Amsterdã. "Mas não podemos concordar com as conclusões a que eles chegaram porque acreditamos que ainda não há dados suficientes. Não há provas."

Jansen admitiu que a confissão de suicídio de Vincent também não podia ser provada. É o que artista disse, e ele não tinha razão para mentir a respeito.

Enquanto alguns comentaristas de arte e trolls da internet foram mais cáusticos em suas respostas, outros sustentaram que mesmo um suicídio canhestro era uma conclusão muito mais lógica que a teoria de Naifeh e Smith.

O suicídio era, diziam, um derradeiro ato irracional de um homem perturbado que já tinha agido irracionalmente antes. O que há de tão inverossímil no fato de um lunático que mutilou a própria orelha ter decidido se dar um tiro de uma maneira altamente incomum?

E, finalmente, não faltaram os guardiões do mito sagrado.

"Se Vincent van Gogh tivesse morrido de velhice aos 80 anos, em 1933, coberto de glória e com as duas orelhas no lugar, nunca teria se tornado o mito que é hoje", afirmou o jornal holandês *De Volkskrant* em um editorial após a teoria de Naifeh e Smith vir a público. "As psicoses de Van Gogh, suas crises depressivas, seus erros e suas manifestações — uma orelha decepada, um suicídio — são mais pertinentes à narrativa do pintor e à aura impenetrável de mistério que o cerca do que seus ciprestes e trigais."

Em 2013, os pesquisadores Louis van Tilborgh e Teio Meedendorp, do Museu Van Gogh, armaram um ataque frontal vigoroso contra a hipótese de homicídio. No artigo de grande projeção, que publicaram em uma prestigiada revista britânica de arte, argumentaram ponto a ponto que a única inferência genuína era o suicídio.

Como prova, deram ênfase à descrição do dr. Gachet sobre o ferimento — um orifício com uma orla marrom, circundado por um halo púrpura. O anel púrpura, disseram, era um hematoma causado pelo impacto do projétil, e a orla marrom era a pele queimada de pólvora, o que provaria que Vincent tinha apoiado a arma contra a corpo, talvez até mesmo sob a camisa.

Van Tilborgh e Meedendorp defenderam que Vincent estava muito agitado por causa da confusão na vida de Theo e também um pouco desequilibrado em Auvers. No lugar em que, nas últimas pinturas de Vincent, Naifeh e Smith viram pinceladas mais vibrantes e esperançosas, os pesquisadores do museu enxergaram emoções funestas e sombrias.

Os pesquisadores também se opuseram a qualquer interpretação da entrevista de Secrétan como uma "confissão" e descartaram os velhos boatos de segunda mão sobre adolescentes brincando com uma arma.

"Não há absolutamente nada que respalde o raciocínio que os levou a inferir tal cadeia de eventos", resumiram Tilborgh e Meedendorp, "a não ser um rumor do século xx que nasceu a partir da história fidedigna de um pestinha que gostava de bangue-bangue em 1890, e que declarou apenas que Van Gogh devia ter roubado a arma dele. E em nenhum momento duvidamos disso."

Em um artigo na *Burlington Magazine*, dois especialistas em Van Gogh ofereceram mais perguntas que respostas, embora claramente contestassem a nova teoria.

Sob forte ataque, Naifeh e Smith precisavam buscar apoio em provas sólidas, e não apenas circunstanciais, para defender sua tese. Precisavam de um perito em ferimentos por arma de fogo que examinasse todas as provas e chegasse a uma incontestável conclusão científica.

Então, em um dia de verão, meu telefone tocou.

• • •

Foi fácil ver o que não aconteceu. Do ponto de vista médico, a probabilidade de que Vincent van Gogh tenha se suicidado é nula.

Como sei disso? Não posso saber sem sombra de dúvida, assim como não posso saber o que havia na mente e no coração conturbados do gênio louco no dia do disparo. Embora sombrio e debilitado, nada sugere que estivesse em um estado psicótico.

Naturalmente, eu só sabia o que livros e filmes diziam sobre Van Gogh: a instabilidade emocional, a automutilação, a genialidade na arte, o suicídio. Como a maioria das pessoas, eu não sabia que havia alguma controvérsia a respeito.

Todavia, os novos fatos que chegaram até mim 123 anos depois — e tudo que eu sei sobre ferimentos por arma de fogo — falavam em alto e bom som: com quase toda certeza, o ferimento fatal de Vincent não foi autoinfligido.

Havia várias razões para minha opinião.

A primeira foi a localização do ferimento, ainda que nunca tenha sido registrada com precisão. Mazery e Gachet descreveram o local do ferimento de maneira diferente. Um livro de 1928 de Victor Doiteau e Edgar Leroy dizia que o ferimento se estendia "ao longo da lateral da costela esquerda, um pouco antes da linha axilar", uma demarcação vertical imaginária que vai do sovaco à cintura. Em outras palavras, a bala entrou no corpo de Vincent próximo ao ponto onde seu cotovelo tocaria o peito se estivesse de pé com um braço de cada lado do corpo.

Mas o projétil atravessou a caixa torácica ou o tecido mole abaixo das costelas?

Se aceitarmos a observação inicial do dr. Mazery, o ferimento estava localizado no abdome esquerdo de Vincent, bem debaixo da costela.

Por que um suicida se daria um tiro nessa parte do corpo? Quando minha colega Kimberly Molina e eu analisamos dados sobre 747 suicídios para um estudo sobre locais de ferimento por pistola, distância do disparo e modo da morte, descobrimos que o abdome é visado em apenas 1,3% dos tiros autoinfligidos.

Mesmo aceitando o relato de 1928, segundo o qual a bala perfurou o lado esquerdo do tórax de Vincent, descobrimos que apenas 12,7% dos suicidas atiram no próprio peito. Além disso, a esmagadora maioria desses tiros foi disparada diretamente no coração, e não de forma oblíqua na lateral do corpo.

Em suma, pouquíssimos suicidas, não importa o quanto estejam amedrontados ou frustrados, escolhem atirar em si mesmos nessa região.

Supondo que Vincent fosse uma exceção à regra, isso levanta outra questão bem diferente. Uma vez que tivesse escolhido conscientemente atirar na região lateral do próprio corpo com uma pistola, como faria isso?

É fato amplamente aceito que Vincent era destro. Então, mesmo que tivesse decidido atirar em um dos lados do corpo, por que escolheria aquele que exigiria o disparo mais complicado?

Para Vincent, a maneira mais fácil de executar esse disparo seria segurar a parte de trás do cabo da arma com os dedos da mão esquerda e apertar o gatilho com o polegar. Ele poderia até ter firmado a pistola com a mão direita, mas o contato da palma com o corpo da arma causaria "queimaduras de pólvora", devido às chamas, aos gases e à pólvora lançadas explosivamente pelo espaço entre o tambor e o cano.

A dificuldade de usar a mão direita seria ainda mais absurda. Ele teria de cruzar o braço direito sobre o peito, envolver o cabo da arma com os dedos e apertar o gatilho com o polegar. E, novamente, se usasse a mão esquerda para firmar a arma, esta teria sofrido queimaduras de pólvora.

Nenhuma dessas queimaduras foi relatadas por Theo, pelos dois médicos, os dois gendarmes e por nenhuma das pessoas que viram Vincent vivo ou morto depois do tiro fatal.

Mesmo aceitando as contorções que seriam necessárias em ambos os casos, a boca da arma estaria pressionada contra a pele de Vincent, ou, pelo menos, a poucos centímetros dela.

E essa é a mais importante razão para eu não acreditar que o ferimento foi autoinfligido.

Segundo os médicos que atenderam Vincent, o ferimento era do tamanho de uma ervilha, tinha uma orla castanho-avermelhada e estava circundada de um halo azul-púrpura. De resto, a pele estava limpa e não havia sinal de queimaduras de pólvora.

Alguns defensores da teoria do suicídio argumentam que o halo púrpura era um hematoma causado pelo impacto da bala. Não é bem assim. É, na verdade, o sangramento interno de vasos rompidos pelo projétil, e eu já vi isso muitas vezes em pessoas que sobrevivem por algum tempo após serem baleadas. Sua presença (ou ausência) não tem nenhum significado importante.

A borda castanho-avermelhada em volta do ferimento de entrada propriamente dito não é pele queimada de pólvora, e sim um anel de abrasão que pode ser observado em praticamente todos os ferimentos de entrada. Mais uma vez, não diz nada importante, a não ser que se trata de um ferimento de entrada.

Porém, o elemento mais importante desse ferimento era o que não estava lá.

Cartuchos de pistolas dos anos 1890 são carregados com pólvora negra, que produz muitos detritos e fumaça quando queimada. A pólvora sem fumaça tinha sido inventada em 1884, porém, na época do disparo que matou Vincent, era usada apenas em cartuchos de uns poucos rifles militares.

Ferimentos à queima-roupa por projéteis que usam pólvora negra como propelente não são nada bonitos. Quando a pólvora negra inflama, cerca de 55% de sua massa se transforma em resíduo sólido, que se precipita em uma causticante rajada de partículas de carbono.

Se Vincent tivesse disparado contra si mesmo, teria segurado a arma apoiada diretamente contra a pele, ou talvez a alguns centímetros de distância (porque em 98,5% dos suicídios o tiro é disparado contra ou perto da pele). Dessa forma, a pele em volta do ferimento teria formado bolhas devido aos gases abrasadores e ficaria salpicada de fuligem e flocos flamejantes de pólvora. As queimaduras seriam graves, e centenas de partículas de pólvora combusta e parcialmente combusta ainda estariam incrustadas em sua pele.

E se ele tivesse atirado através da roupa? Se Vincent tivesse pressionado a boca da arma contra a blusa, as bordas do ferimento ficariam chamuscadas e enegrecidas. Poderia ou não haver uma zona mais ampla de "tatuagem", mas sua roupa acabaria coberta de fuligem.

Nada disso foi descrito pelos médicos ou por qualquer outra pessoa que viu o ferimento ou teve contato com Vincent após o disparo.

Portanto, a boca da arma não poderia estar encostada no corpo de Vincent. A falta de "tatuagem" de pólvora ou queimaduras de qualquer tipo sugere que a arma estava a pelo menos meio metro de distância quando foi disparada.

Ou seja, Vincent van Gogh foi mortalmente ferido em um local atípico para um suicídio, por uma arma que não poderia ter segurado a uma distância tão grande do corpo.

Provavelmente, nunca saberemos além de qualquer dúvida razoável, o que aconteceu naquela tarde de domingo na França. Ainda que as autoridades civis decidissem exumar Vincent, haveria muito pouco a se descobrir sobre sua morte. Hoje, provavelmente só restam os ossos de Van Gogh. Um corpo bem embalsamado em um caixão de chumbo poderia durar mais de cem anos, mas Vincent não foi embalsamado — não era uma prática comum na Europa do século XIX — e foi enterrado em um caixão de madeira simples e artesanal.

Um perito provavelmente conseguiria encontrar a bala de pequeno calibre que o matou, mas, sem a velha pistola de Ravoux para comparar, nem a moderna balística, com todo o seu aparato tecnológico, poderia determinar com certeza que ela disparou a bala. Poderia ter saído de qualquer pistola pequena. E, além disso, se todos os tecidos moles tivessem se decomposto, não seria possível determinar a trajetória do projétil ou os danos causados. Talvez acabássemos com mais perguntas do que respostas.

Todos investimos no que acreditamos ser verdade, muitas vezes sem nenhuma prova concreta. O mito pode ser mais mágico que a verdade. Você acredita que outra pessoa que não Oswald matou Kennedy?

De modo geral, alguns no mundo da arte resistem à ideia de homicídio, acidental ou premeditado, porque não é nem dramático nem poético o suficiente. Afinal, pintores, poetas e amantes solitários morrem de forma tão mais romântica se bebem de seus próprios frasquinhos de veneno, ou cortam suas veias sob uma pálida lua azul, ou saem nadando mar adentro sem intenção de nadar de volta.

Sim, o incidente que matou Van Gogh — cercado de conclusões especulativas, nunca de fato investigadas, e obscurecido por relatos conflitantes — é um quebra-cabeça. Ninguém que estava lá continua vivo, e só podemos inferir os detalhes a partir de escassas observações da época. Esses detalhes, contudo, não corroboram a mitologia.

Apesar disso, o modo como Vincent morreu se tornou parte da lenda que o cerca, e o mistério pode durar para sempre. E, como ocorre com muitos de meus casos, o que você acredita pode depender mais de no que você quer acreditar do que de provas científicas. As respostas podem estar mais na trágica vida de Vincent do que em sua curiosa morte.

Se ele abraçou a morte ou não, cabe a poetas e acadêmicos discutir, mas os fatos apontam para um atirador que escapou de nossas perguntas.

Meu veredicto pessoal: Vincent van Gogh não atirou em si mesmo. Eu não sei quem o fez ou por quê. Não sei se Vincent queria morrer. Não sei se ele temia o fim ou se o acolheu. Há coisas que nenhum médico-legista pode determinar com seu bisturi, um computador ou testes sofisticados. Talvez ele tenha simplesmente se conformado com a morte acidental. Às vezes, até mesmo a lógica não consegue dar respostas.

Eu não sei o que há dentro de um coração humano.

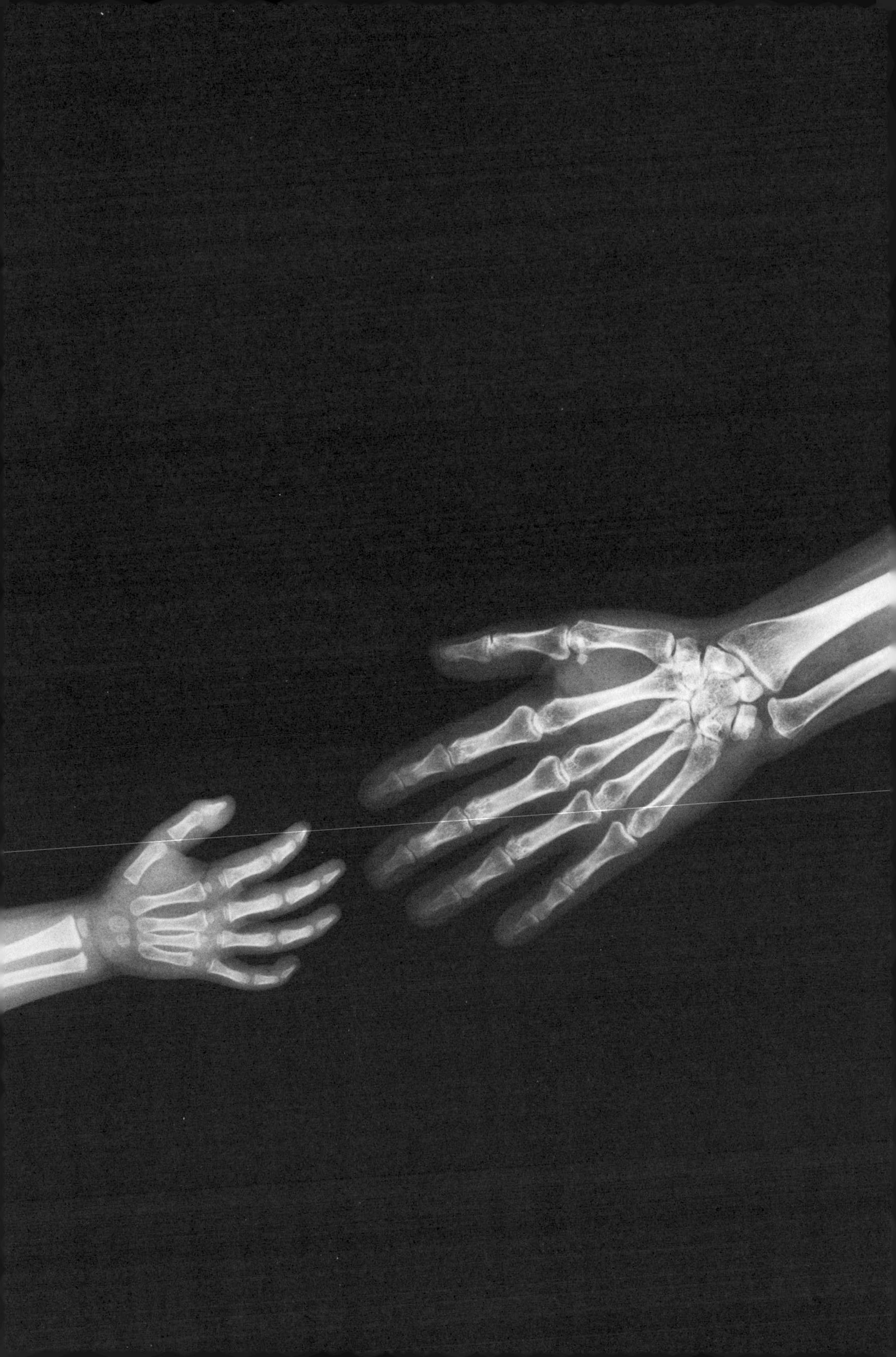

EPÍLOGO

O SEGREDO DOS CORPOS
DR. VINCENT DI MAIO E RON FRANSCELL

FIM
O FIM É PARA TODOS

> "Neste livro, contei histórias sobre desfechos, ao mesmo tempo em que estive contando a história de meu próprio começo. Não ponderei de verdade sobre meu próprio fim. Talvez porque, em meu mundo, o fim chega apenas para outras pessoas. Até agora, pelo menos."

Alguém certa vez disse que, se levar sua infância consigo, você nunca envelhecerá. Linda afirmação, mas não muito verdadeira.

Sou patologista forense há mais de 45 anos. Todos os heróis que eu admirava quando era jovem — Helpern, Fisher, Rose, entre muitos outros — se foram. Meu pai se afastou do posto de legista-chefe da cidade de Nova York com 65 anos e por fim se aposentou por volta dos 85. Até mesmo a maioria de meus contemporâneos está aposentada ou "se foi".

Eu levei minha infância comigo o tempo todo, e mesmo assim aqui estou eu, envelhecendo. Vai entender.

Então temos o seguinte: alguns pesquisadores recentemente concluíram que a percepção de um animal sobre a passagem do tempo é correlacionada inversamente com o ritmo de seus batimentos cardíacos. Quanto mais lento o coração, mais rápido o tempo parece passar. Pelo menos para esse pesquisador, isso explica por quê, conforme envelhecemos e nossos corações diminuem a velocidade, parece que os dias não são mais tão longos. Não sei como isso funciona ou se a teoria tem fundamento, mas muitos camaradas velhos com certeza concordariam.

Nós fazemos coisas assim. Criamos pequenas homilias, postamos memes engraçados no Facebook ou inventamos bocados de ciência popular para nos sentirmos melhor a respeito da morte. Muitos de nós acabam acreditando que ela será poética.

Neste livro, contei histórias sobre desfechos, ao mesmo tempo em que estive contando a história de meu próprio começo. Não ponderei de verdade sobre meu próprio fim. Talvez porque, em meu mundo, o fim chega apenas para outras pessoas. Até agora, pelo menos.

Ainda assim, não romantizo a morte. Já vi mortes vezes demais para não esperar o fim hollywoodiano dos sonhos.

Desde o século XVII, quando panfletos impressos de modo barato espalhavam descrições gráficas de assassinatos locais, os humanos são fascinados por histórias de crimes. As peças de Shakespeare eram repletas de homicídios. Nada vendia mais do que a intriga... e a derradeira vitória da moralidade e do raciocínio sobre a desordem e a depravação. E nada era mais misterioso do que a morte.

Não mudamos muito. A representação da ciência forense na cultura pop moderna, em toda a sua glória esplêndida gerada pelo computador, tende a exagerar o glamour do patologista forense e atribui a solução de todos os crimes e a vitória sobre o mal à fantástica alta tecnologia. Mas, como todas as coisas hollywoodianas, a verdade não é bem assim. Não se trata de tecnologia espetacular.

Deixe-me repetir: as melhores ferramentas de um bom patologista forense são suas mãos e seu cérebro. Com um dia de treinamento em novas ciências como DNA, um legista inteligente dos anos 1940 pode trabalhar em um necrotério moderno com muita habilidade. Por quê? Porque o raciocínio ainda é a ferramenta forense mais poderosa.

As pessoas costumam me perguntar: "Como você consegue trabalhar em uma área tão deprimente?". Eu gostaria de dar uma resposta indiferente, mas não posso. Se você fica deprimido no meu trabalho, então você está no lugar errado. Digo apenas que é uma profissão interessante e desafiadora. Eu nunca poderia trabalhar com crianças morrendo de câncer, mas não tenho nenhuma dificuldade em lidar com cadáveres desfigurados ou em explicar com honestidade (e com delicadeza) às famílias enlutadas como eles morreram. Isso tem alguma importância.

Mesmo assim, minha profissão se encontra em uma encruzilhada. Enquanto escrevo isto, menos de quinhentos patologistas certificados estão em atividade nos Estados Unidos. Trabalhando a todo vapor, cada um deles é capaz de realizar por volta de 250 necropsias por ano. Precisamos do dobro desse número.

Às vezes, não sei se escolhi a medicina ou se ela apenas nasceu dentro de mim, uma semente esperando para florescer. Porém, sei que me tornei médico porque queria ajudar as pessoas.

Computadores e inúmeras ciências forenses estão desabrochando, com mais desenvolvimentos ainda por vir, mas o fator humano está lamentavelmente ficando para trás.

Os futuros patologistas forenses devem concluir quatro anos de ensino superior, quatro anos de faculdade de medicina, de três a quatro anos de treinamento em patologia e um ano de estágio em um dos 36 institutos médicos legais credenciados e ser aprovados em um exame de certificação aplicado pelo American Board of Pathology. Ao fazer isso, eles acumulam, em média, uma dívida de 170 mil dólares.

É possível ganhar muito dinheiro com a medicina — exceto no caso da patologia forense. Em praticamente qualquer outra especialização médica se ganha muito mais. O salário médio de um legista fica pouco abaixo dos 185 mil dólares por ano; um legista-assistente ou legista-chefe se dá melhor, com 190 a 220 mil dólares por ano. Seus salários são muito mais baixos do que os de seus colegas patologistas que trabalham em hospitais, que costumam ganhar em média 335 mil dólares por ano.

E então existem as horas irregulares, os odores estranhos, os traumas emocionais, pacientes que não colaboram, imagens que nunca serão apagadas de suas mentes, a exposição às doenças, os advogados e policiais, os testemunhos em julgamentos, burocratas e orçamentos mais sombrios do que geladeiras de necrotérios. Claro, tudo parece fascinante na TV, e a perspectiva de resolver um mistério na vida real é cativante, mas quem quer realmente vagar em torno de cadáveres todos os dias por menos dinheiro do que seus colegas de classe na faculdade de medicina?

Como resultado, treinamos em média 27 patologistas forenses certificados por ano, mas apenas 21 realmente vão trabalhar como legistas.

Precisamos de mais patologistas forenses. Conforme nossa população cresce e envelhece, conforme confiamos cada vez mais na tecnologia (e cada vez menos nos humanos) e conforme o número de novos patologistas diminui, a patologia forense irá se chocar contra um muro desastroso. Menos legistas significa menos necropsias. As investigações são prejudicadas, provas são perdidas ou negligenciadas, crimes permanecem sem solução.

Se isso acontece, nós não deixamos apenas de ganhar dinheiro ou poupar tempo... nós ficamos sem justiça. Meus pacientes não estão sofrendo mais, mas sei que muitos deles iriam querer justiça. Não posso lhes dar suas vidas de volta, nem mesmo alguns poucos minutos para se despedirem, mas posso lhes dar justiça.

Pl. XXIII.   Tom. I .   P. 327.

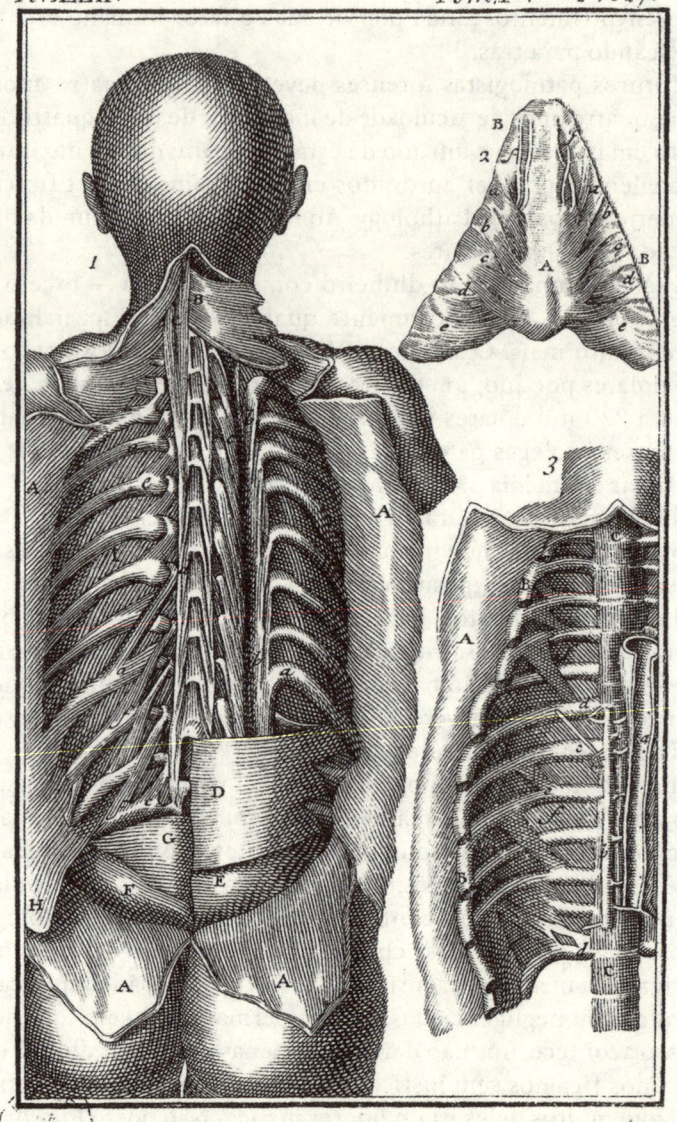

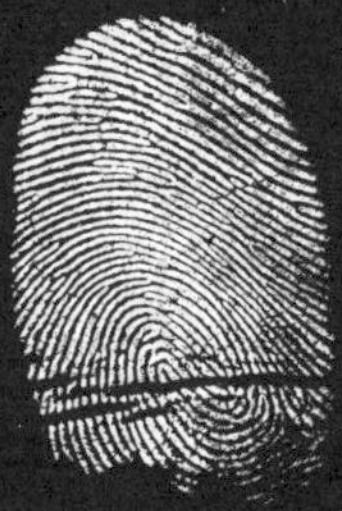

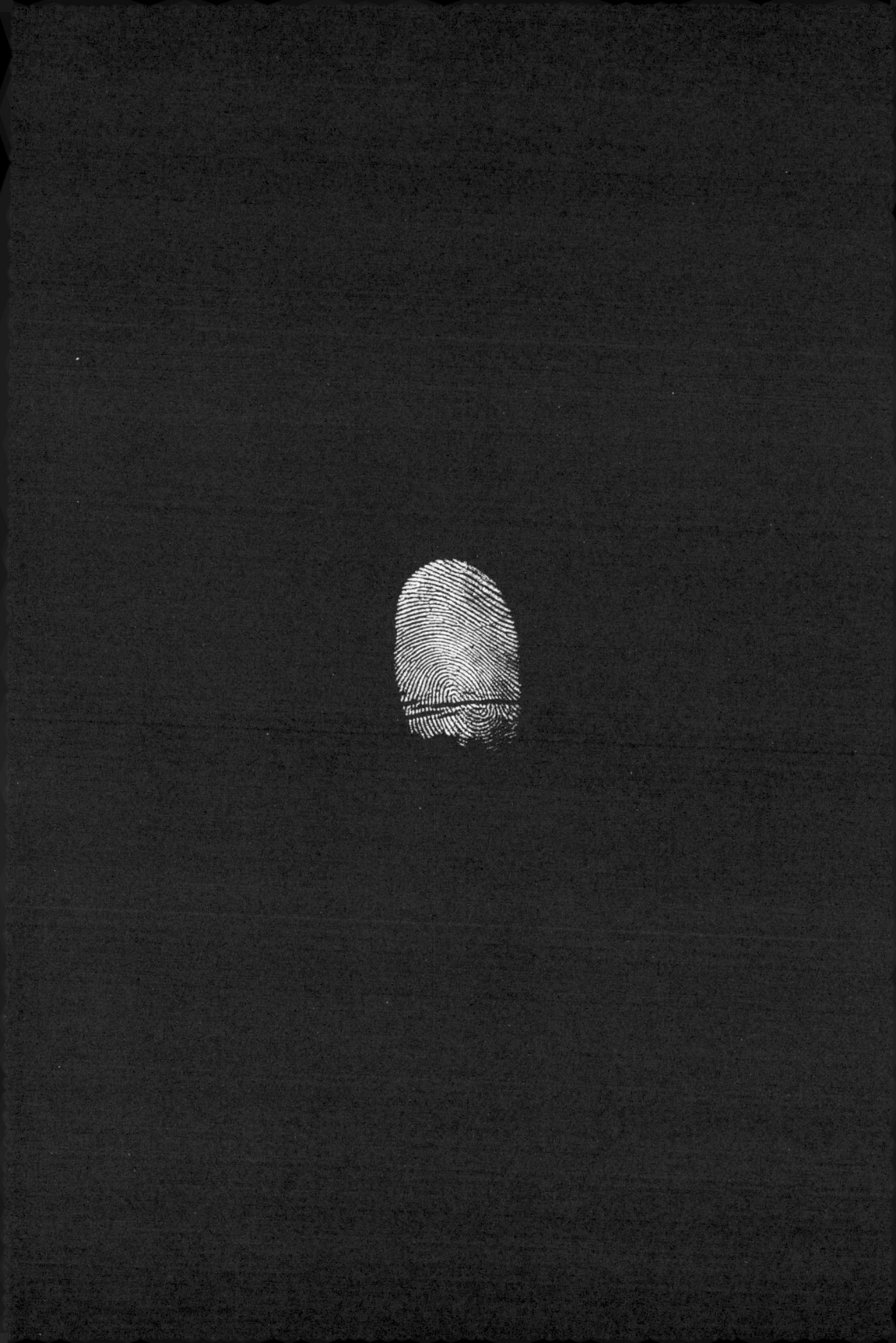

AGRADECIMENTOS

Somos profundamente gratos a muitos dos nossos amigos cujas contribuições, grandes e pequenas, fizeram com que este livro se tornasse possível. Alguns deles se tornaram mais do que meras fontes ao longo dos dois anos em que trabalhamos neste livro, e alguns eram amigos de longa data.

Por suas diversas contribuições, devemos agradecer muitos daqueles que fazem parte da comunidade médica e forense, principalmente: dr. Randall Frost, do Instituto Médico Legal do Condado de Bexar (Texas); dr. David R. Fowler, Bruce Goldfarb e Shea Lawson, do Instituto Médico Legal de Maryland; o *coroner* Phil Martin, do Condado de Platte (Wyoming); dr. Irvin Sopher; dr. Werner Spitz; dr. Douglas Kerr; e o dr. James Cottone.

Também não teríamos conseguido contar estas histórias sem algumas interpretações legais especializadas. Somos gratos pelas mentes legais de Charles Bernstein, Don West, Robert Moxley, Bruce Moats, Mark Drury, David Houston, a defensora pública do Condado de Washoe (Nevada) Jennifer Lunt e Laury Frieber.

E, por suas inúmeras contribuições e gentilezas, também agradecemos Steven Naifeh, Robin e Edward Cogan, Rudolph Purificato, Allen Baumgardner, Leigh Hanlon, Jessica Bernstein, Mark Langford, Lee Miller, da biblioteca pública do Condado de Platte (Wyoming), Lisa Milliken, da delegacia do Condado de Platte (Wyoming), Paul McCardell, dos arquivos do *Baltimore Sun News*, e o policial estadual de Maryland (aposentado) Rick Lastner.

Patrick Connelly, dos Arquivos Nacionais na Filadélfia, foi o único ponto de luz em nossa copiosa pesquisa federal. Ele encontrou a maior parte das 60 mil páginas transcritas do julgamento federal de Martha Woods e tentou encontrar o restante com afinco, sem sucesso. Infelizmente, ficamos desapontados pelo fato de cinco diferentes arquivos do Freedom of Information Acts (FOIA)[1] requeridos em 2013-14 junto ao Arquivo Nacional em Washington, DC, ao Federal Bureau of Prisons e ao Federal Bureau of Investigation (FBI) terem permanecido sem resposta até hoje.

A criação de um livro também requer mentes semelhantes. A dra. Jan Garavaglia, uma ex-colega, tem nosso mais profundo agradecimento pelo lindo prefácio. Muitos agradecimentos ao editor Charles Spicer, a April Osborn e à sua equipe na St. Martin's Press, por produzirem o livro que você tem agora em mãos. E a agente literária Linda Konner vem sendo uma conselheira extraordinária, de valor inestimável.

Mais perto de casa, nós nos apoiamos profundamente nas lembranças e álbuns de recortes das três incríveis irmãs Di Maio — todas elas médicas —, Therese-Martin, Mary e Ann. Sem elas, os segmentos autobiográficos neste livro careceriam de foco e pungência.

E, por fim, agradecemos às duas mulheres que nos apoiaram ao longo deste projeto, Theresa Di Maio e Mary Franscell. Elas sempre estiveram prontas para nos ajudar. Sem essas duas esposas notáveis, não vale a pena contar estas histórias.

---

1   Lei federal que permite a divulgação parcial ou total de informações ou documentos controlados pelo governo dos Estados Unidos previamente não divulgados. [NT]

Vincent Di Maio, M.D., é patologista e perito em ferimentos causados por bala internacionalmente reconhecido. Em quarenta anos de profissão, realizou mais de 9 mil autópsias e teve papel determinante em algumas das investigações criminais e dos julgamentos mais importantes das últimas décadas. Di Maio foi médico-legista chefe de San Antonio, Texas, até 2006. É o editor-chefe da *The American Journal of Forensic Medicine and Pathology* e recebeu diversos prêmios. Foi nomeado em 2014 pela primeira Comissão Nacional de Ciência Forense do Departamento de Justiça dos eua para ajudar a desenvolver normas federais para investigações de morte.

Ron Franscell é escritor especializado em crimes e autor de best-sellers como *The Darkest Night* e *Delivered from Evil*. Colabora com publicações como *Washington Post*, *Chicago Sun-Times*, *San Francisco Chronicle*, *Denver Post*, *San Jose Mercury News*, *St. Louis Post-Dispatch* e *Milwaukee Journal Sentinel*. Cresceu em Wyoming e vive atualmente no Texas.

CRIME SCENE®
D A R K S I D E

"Se ganhamos a vida como um presente,
devemos à natureza uma morte."

O MUNDO MERECE UMA AUTÓPSIA
OUTONO 2017

DARKSIDEBOOKS.COM

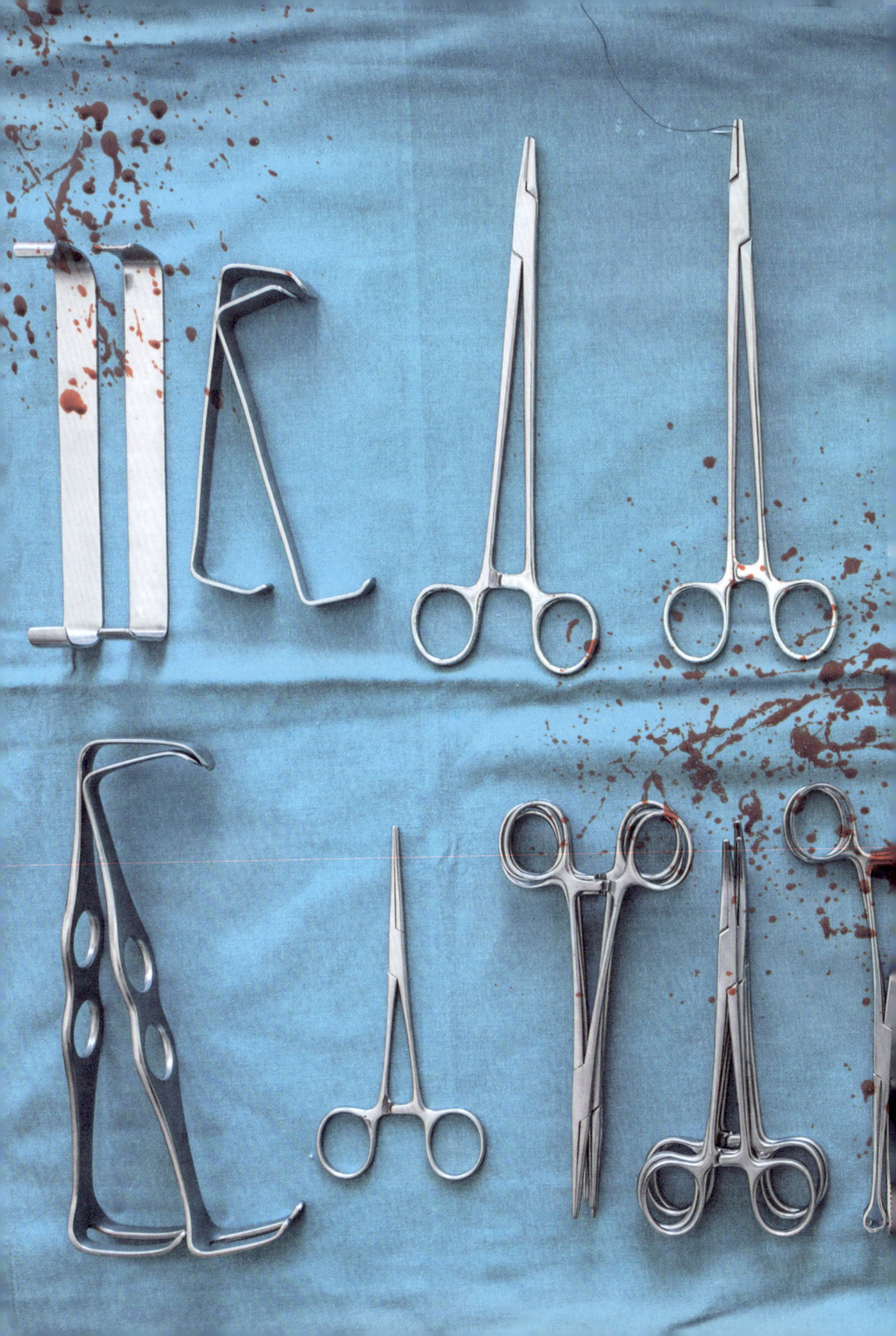